西北大学哲学社会科学繁荣发展计划

中青年特色优势学科团队建设项目

"关学的历史、文献与思想研究"研究成果

西北大学关学研究院

中华关学文化继承与创新系列成果

关学文丛
丛书主编 刘学智

二十世纪前期关学研究文献辑要
张载研究

刘学智 魏冬 辑校

陕西师范大学出版总社

图书代号　SK22N1936

图书在版编目（CIP）数据

二十世纪前期关学研究文献辑要. 张载研究 / 刘学智，魏冬辑校. —西安：陕西师范大学出版总社有限公司，2023.9
（关学文丛 / 刘学智主编）
ISBN 978-7-5695-3273-9

Ⅰ.①二… Ⅱ.①刘… ②魏… Ⅲ.①张载（1020—1077）—关学—研究 Ⅳ.①B244.45

中国版本图书馆CIP数据核字（2022）第212158号

二十世纪前期关学研究文献辑要·张载研究
ERSHI SHIJI QIANQI GUANXUE YANJIU WENXIAN JIYAO·ZHANGZAI YANJIU

刘学智　魏　冬　辑校

出 版 人	刘东风
出版统筹	侯海英　曹联养
责任编辑	张爱林
责任校对	赵荣芳　段敏鸽
封面设计	王伟博
出版发行	陕西师范大学出版总社
	（西安市长安南路199号　邮编710062）
网　　址	http://www.snupg.com
印　　刷	西安五星印刷有限公司
开　　本	787 mm×1092 mm　1/16
印　　张	27
插　　页	4
字　　数	526 千
版　　次	2023 年 9 月第 1 版
印　　次	2023 年 9 月第 1 次印刷
书　　号	ISBN 978-7-5695-3273-9
定　　价	98.00 元

读者购书、书店添货或发现印刷装订问题，请与本社营销部联系、调换。
电　话：（029）85307864　85303629　传真：（029）85303879

顾问

张岂之 赵馥洁 方光华 徐晔 党怀兴

关学文丛总序

在纪念张载千年诞辰之际，陕西师范大学出版总社推出有关张载及关学研究的系列丛书，这是很有意义的学术盛举。

张载（1020—1077）是中国历史上著名的哲学家、教育家。作为宋明理学的奠基人、关学的创立者，他以"勇于造道"的精神，创建了博大精深的哲学体系。张载关学蕴含着丰富而深刻的精湛智慧，包括"太虚即气"的本体智慧、以"德性之知"超越"闻见之知"的认识智慧、由"气质之性"复归"天地之性"的修养智慧、"一物两体"的辩证智慧、"太和所谓道"的和谐智慧、"民胞物与"的道德智慧等等。张载哲学也体现着崇高而笃实的优秀精神，包括"立心立命"的使命意识、"勇于造道"的创新精神、"崇礼贵德"的学术主旨、"经世致用"的求实作风、"崇尚节操"的人格追求、"博取兼容"的治学态度等等。张载关学的这些智慧和精神，是中华传统文化的宝贵资源，是陕西地域文化的思想精华，是值得我们不断探索和发掘的精神宝藏。

对张载及关学的研究一直为历代关学学人所关注，特别是改革开放以来，陕西学人不断推进对张载及关学的学术研究和对关学优秀精神的弘扬。在纪念张载千年诞辰的今天，深入研究关学更有着特殊的意义。陕西师范大学出版总社为纪念张载千年诞辰，进一步推进关学研究，推出的这几种关于张载及关学研究的著作，是学者们近年在张载及关学研究方面成果的汇集。这些成果虽然不一定能全面反映近年关学研究的面貌，但是也从一个侧面体现了关学研究的新进展。其中，由刘学智、魏冬主编的《二十世纪前期关学研究文献辑要》，分为《张载研究》《明清关学研究与关学综论》《关学与陕西历史文化》三卷，集中对20世纪前期关学研究及与关学相关的陕西文化历史文献进行了系统整理。这些成果从侧面说明以现代学术视野和方法对关学进行研究早已开始。刘宗镐撰写的《关学引论》，从哲学之阈阐释关学的思想精髓，即"学以成人"的关学主题、"明道修辞"的关学言说、"体用全学"的关学形态、"崇实致用"的关学精神和"天人合一"的关学智慧等，对关学思想进行了综合研究，这些提法都颇有新意。刘宗镐所著《关学概说》一书，则是对张载关学及其发展演变加以介绍的概要性著作，语言质朴，文字简明，是一本适合初学者了解、学习关学的通俗性读物。魏冬和米文科撰写的《关学谱系与思想探研》一书，是近年他们对张载和关学进行专题研究的论文汇集，对关学文献源流特别是近现代关学研究成果进行了细致的探研与评述。全书以时间为轴，通过对关学谱系文献与思想文献的探研，展现了张载、马理、吕柟、韩邦奇、南大吉、王心敬、张秉直、党晴梵、曹冷泉等人在关学发展史上的重要地位，以及他们的思想特征与传承脉络，展现了关学的历史发展与派别流变。王美凤教授近年着力于清末民初关学多元走向的研究，尤其着力于对柏景伟的文献整理和思想研究。这次出版的是她对以往人们不大关注但在清末关学史上有重要影响的关学学人柏景伟的著作《沣西草堂文集》的校注本，这是关于柏景伟著作的首次整理，对研究清末民初关学思想有着重要意义。《关学名言精粹》（书法版）一书，是为了普及推广张载及关学思想，由当前关学研究领域的专家学者精选关学学人著作中的部分经典名句，按照"人生理想""人生修养""治国理政""读书学习""为人处世"等类别加以编排，并搜集历史上一些著名书法家的书法作品，采取集墨的形式呈现关学思想和精神，可谓别开生面，别有风采。

祝愿张载及关学通过创新性的探索和研究，不断地生发新意、焕发生机！

是为序。

赵馥洁

二〇二二年十一月八日

于西北政法大学静致斋

前言

　　北宋时期，在陕西关中形成了一个以张载为核心、以其创立的新儒学为特征的有全国性影响的地域性学术流派，史称"关学"。张载一生大部分时间在陕西眉县横渠镇度过，并长期在关中著述讲学，人称"横渠先生"，后来又被尊为"关中士人宗师"。其所创立的关学为孔孟儒学在宋代的重建奠定了坚实的理论基础。后人常将张载创立的关学与周敦颐的濂学、二程（程颢、程颐）的洛学以及朱熹的闽学并称为"濂洛关闽"，关学被视为宋代理学的四大学派之一。

　　关学并非一般意义上的"关中之学"，而是指自张载以来的关中理学。从广义上说，关学是对由张载开创及其后一直在关中传衍着的理学的统称；而狭义的关学，则指张载及其后在关中流传的与张载学脉或宗风相承或相通之关中理学。关学在张载去世时已成规模。只因张载去世过早，其弟子为弘扬道学，有的投奔二程门下，于是关学一度陷于寂寥，但到明代又出现了中兴之势，之后直到清末，关学统绪一直未有中断，关学宗风也持续被承传弘扬。由冯从吾所撰《关学编》及王心敬、李元春、贺瑞麟等续补的《关学续编》等关学学术史著作可知，关学统绪绵延不绝，"源流初终，条贯秩然"。随着时代的变化，关学的学术旨趣和思想特征虽有所变化，或与程朱理学融合，或与陆王心学融通，但"横渠遗风，将绝复续"，关学精神，世代相承。事实表明，关学是一个有其本源根基、学脉统绪、学术宗旨，风格独特而又开放包容的多元的地域性理学学术流派。

　　张载之学，特点是"尊礼贵德，乐天安命。以《易》为宗，以《中庸》为体，以孔孟为法，黜怪妄，辨鬼神"（《宋史·张载传》）。他将"历年致思所得"著成《正蒙》一书，其思想之深邃、博大、精严，在宋明理学史上独树一帜，由此他也被视为理学的重要开创者和奠基者。其著名的"为天地立心，为生民立命，为往圣继绝学，为万世开太平"的"四为"句，对激励国人树立志向、提升境界、塑造人格、彰显使命产生了积极的作用，并开显了儒家广阔的胸怀和宏大的气度；其被历代学人称颂和推崇的《西铭》，在"天人一体"思想基础上阐发的仁孝之理、"民胞物与"的仁爱精神和伦理境界，锻铸了关学学人特有的精神气象和人格气质，形成了理学史上颇具特色的关学学派品格。其思想和学派宗风一直影响着历代关中儿女，是人们处理人己关系、人与自然的关系、人的身心关系的方向指引和精神引领，也是中华民族和谐发展的重要价值理念，更是当今时代构建人类命运共同体的重要思想文化资源。

张载以其深邃的哲学思想，把汉唐以来的儒学推向一个新的高度。其在宇宙论上提出的"知太虚即气，则无无"的命题，以太虚之气的聚散对世界的存在做了富有哲理性的说明，从而把汉代以来以气为本原的宇宙生成论提升到本体论的高度；其"以易为宗"，以"幽明"之别纠正以往以"有无"之分对世界本质的说明，终结了历史上的"有无"之辩；他提出的"天地之性"与"气质之性"，以及"知礼成性""变化气质"的思想，使"性与天道为一"的"天人合一"思想得到系统的说明，从而使其哲学从宇宙论过渡到伦理观，从知识论走向价值论，使理学伦理本体化的目标得以实现。张载承继孟子"尽心""知性"的心性论路向，又汲取荀子"礼以成性"的思想，以"诚则明，明则诚"即"尊德性"与"道问学"的双向互动，实现了以虚静为涵养功夫而"养心"与以礼检束行为而"化性"相统一的"合内外之道"，使"知礼成性"即理想人格的培养落到了实处。

关学有一个鲜明的特征，就是重视躬行礼教，笃实践履。关学使关中文化既有隆礼重仪的古朴雅韵，又使其涌动着鲜活的生命力。关学学人一般都有一种坚持真理、不畏权贵、刚正不阿、崇尚气节的人格节操，有"无求生以害仁，有杀身以成仁"的理想信念，有"不降其志，不辱其身"的人生信条，有"富贵不能淫，贫贱不能移，威武不能屈""于公勇，于私怯"的大丈夫气概。他们的品格使儒家的优良传统在历史上一直闪烁着熠熠光芒。

张载创立的关学绵延八百余年，其文化精神不仅在中国历史上影响了一代代关中士人的风格、品行和节操，而且以其在社会生活中的丰厚遗存和深刻影响，至今仍然塑造和培育着当代关中人的精神风貌和行为方式，培育着关中乃至陕西人纯朴、质实、耿直、坚韧、诚信的文化性格，也对关中乃至陕西人形成求真务实、勇于担当、恪守正道、博取包容的品格和精神风貌产生了积极的影响。

2020年适逢张载千年诞辰，在这特殊的时刻，为了使广大读者缅怀张载，感受张载及关学学人的人格节操和精神风貌，感受包括关学在内的中华优秀传统文化的无限魅力，也为使大家了解、学习和领会张载及关学的核心思想、发展脉络，知悉20世纪前期关学研究的基本状况，应陕西师范大学出版总社刘东风社长之约，我们编撰了这套《关学文丛》。《关学文丛》推出的图书有8种，分别是：由刘学智、魏冬教授辑校的《二十世纪前期关学研究文献辑要·张载研究》《二十世纪前期关学研究文献辑要·明清关学研究与关学综论》《二十世纪前期关学研究文献辑要·关学与陕西历史文化》，由魏冬和米文科二位教授撰写的《关学谱系与思想探研》，由王美凤教授校注的《〈沣西草堂文集〉校注》，由刘宗镐博士撰写的《关学引论》和《关学概说》，以及由国际儒学联合会与陕西省孔子学会编写（刘峰、张亚林为执行主编）的《关学名言精粹》。其中，《二十世纪前期关学研究文献辑要》对自戊戌变法前后到中华人民共和国成立这一时期的关学研究文献进行了较为系统的搜集整理，其中包括马一浮、刘师培、蔡元培、谢无量、钟泰、吕思勉、钱基博、钱穆、陈垣、冯友兰、张岱年、侯外庐等一百多位学者关于张载及关学的很有见地的研究著述，以及这一时期从文化视域重构关学及与关学相关的陕西文化的重要论著，说明从现代视野对关学进行研究与重构在这一时期已经开始且取得了丰硕的成果。《关学谱系与思想探研》是魏冬、米文科近年对张载和关学进行专题研究的论文汇集，书中对关学文献源流特别是近现代关学研究成果进行了细致的探研与评述，通过对关学谱系文献与思想文献的探研，展现了张载、马理、吕柟等诸多关学学人的思想及其传承脉络，也展现了党晴梵、曹冷泉等近现代学者在 20 世纪三四十年代关学研究方面的成就。《〈沣西草堂文集〉校注》是王美凤教授对以往人们不大关注但在清末关学史上有重要影响的关学学人柏景伟著作的校注本，对于研究清末民初关学思想有着重要的参考价值。《关学引论》是刘宗镐博士从哲学之阈阐释关学思想精髓的专论，书中论及"学以成人"的关学宗旨、"明道修辞"的关学言说、"体用全学"的关学形态、"崇实致用"的关学精神和"天人合一"的关学智慧等方面，是对关学思想进行综合研究的著作，许多论述颇富新意。《关学概说》是刘宗镐博士对张载关学及其发展演变加以介绍的概要性著作，通俗易懂，是适合初学者学习和了解关学的不可多得的普及性读物。《关学名言精粹》（书法版）是由国际儒学联合会与陕西省孔子学会动议并支持编撰的一部旨在普及推广张载及关学思想的通俗性读物，由原《关学文库》的部分作者精选关学学人著作中的部分经典名句并予以释义，由西北大学刘峰博士和陕西大家书画研究院张亚林院长负责编辑和统稿。这一简明易懂、图文并茂的读本，选取关学史上十九位代表学人的至理名言约三百条，以"人生理想""人生修养""治国理政""读书学习""为人处世"的主题分类编排，内容以书法体的形式予以展现，字体是从王羲之、颜真卿、于右任等历代名家作品中集墨而成，形式新颖，别具特色。

这套丛书的编纂出版得到了陕西师范大学出版总社刘东风社长、侯海英主任的大力支持和精心安排，编辑胡杨、张爱林也为这套丛书付出了大量心血。在此我对刘东风社长、侯海英主任以及胡杨、张爱林两位编辑对丛书的大力支持和辛勤付出表示衷心感谢！时任国际儒学联合会秘书长牛喜平先生对本套丛书的编纂出版也给予了大力支持，在此一并表示诚挚的感谢！

在这套丛书动议之初及编写过程中，张岂之先生、赵馥洁先生、方光华先生、徐晔先生、党怀兴先生等都给予了殷切关注、适时指导和大力支持，在此也对各位先生表示诚挚的感谢！

由于时间仓促，我们的编撰工作会有不少疏漏乃至错误，希望广大读者朋友予以指正，以便我们在今后对其进一步加以完善。希望这套丛书能对大家了解和学习关学有所帮助。

刘学智

二〇二二年十月五日

序言

为往圣继绝学：张载研究的现代开启[①]
——二十世纪前期张载研究述评

清末民初时期，关学出现了多元发展的趋向：以贺瑞麟为代表的清麓一系，学宗程朱；以柏景伟为代表的沣西一系，克绍横渠，笃行践履；以刘古愚为代表的烟霞一系，"学古以审时"，把心学与西学结合，主经世致用。以上诸说都没有跳出理学的樊篱，仍是传统关学在清末民初之延续。二十世纪初则是中国传统学术向现代学术转型的时期，与这一转型时期的方法和语境相联系，中国哲学史的研究也在尽力挣脱旧的樊篱，开始向现代学术转向。所谓现代学术，即在方法论上采取了有别于传统的汉学或宋学的方法，而进入科学主义或人文主义或马克思主义方法的讨论和运用。在这一学术视野转变的背景下，关学研究既有沿着传统学术前行的思想轨迹，也有以现代学术视野和方法对关学进行的审视和研究。人文主义方法、科学主义方法、马克思主义方法相融合，为二十世纪前期的关学研究开了新生面。该时期既有对关于道德心性等价值论问题研判的人文主义关切，也有马克思主义唯物史观的运用，同时也受到西方逻辑方法、分析方法的极大影响。总之，该时期的关学研究从总体上说，已进入现代的学术视野。

该时期以现代学术方法对张载及关学和关学史进行研究，几乎涵盖了近几十年来中国哲学界关于张载及关学讨论的大部分学术视域，如张载思想的历史渊源、

[①] 本文参考了刘学智所撰《关学思想史》（西北大学出版社 2020 年增订本）的第一章第二节部分内容。

思想特点、历史定位、哲学体系、研究方法，以及关学史上诸多学人如吕大钧、吕大临、冯从吾、李二曲、刘古愚等的思想特点、历史传承等问题。据已查到的文献看，早在1911年就有学者发表《张横渠先生论学问之方》（郭希仁，载《曝社学谭》1911年第3期、第4期），之后有陈正谟的《张横渠的哲学研究》（载《学林》1922年第1卷第6期）、何联奎的《张横渠教育学说》（载《括苍》1924年第3期），甘蛰仙于1924年发表于《晨报副刊》的《戴东原与张横渠》的系列论文等。而关于张载思想研究颇有代表性的作品，有谢元范的《张横渠的哲学》（载《光华期刊》1929年第4期），姚步康的《张横渠之神化论》（载《小雅》1930年第3期），张泽民的《张载的哲学》（载《光华大学半月刊》1934年第2卷第7期），李源澄的《横渠学术论》（载《重光》1938年第3期），钱基博的《张子之学》（载《国师季刊》1939年第4期），钱穆的《〈正蒙〉大义发微》（载《思想与时代》1947年第48期）等，以及关于冯从吾、王徵、李二曲、刘古愚等思想研究的论文。其文可谓丰矣！

关于张载的学术地位，谢元范在《张横渠的哲学》中做了这样的评价："张横渠在北宋诸子中，为最有条理的、最有系统的、最大胆的思想家"，"他的见解的卓越，思想的透辟"，"高出于他同时的学者之上"。张泽民在《张载的哲学》中，在叙述了张载所有著作之后说："其中《正蒙》一书，最可窥见其思想，为北宋哲学著述中最大的一书。"对于张载在北宋五子中的地位，罗事宜在《张子立心立命之说即〈礼运·大同〉之义》一文中指出：在北宋五子中，"然求其规模闳大，制行坚卓，纯然道者，实无如横渠"（原载《聚学》1947年第2期）。这些说法都对张载及其思想的地位给予了充分肯定和高度评价，且这些评价合乎事实，绝非溢美之词。

关于张载的思想体系，陈正谟在所撰《张横渠的哲学研究》一文中，从宇宙论、人生哲学、政治哲学等方面分别进行了分析。关于宇宙论，他首次提出张载对秦汉以来的"有无"关系的论争有历史性的突破。他指出，从老子的"有生于无"到汉代《淮南子》的有无之辨，再"到了横渠，才来把'有无'的问题打破，在中国哲学史上树了一个不朽的纪念碑"。他认为，张载以"气之聚散，演成万物的生灭"，由此揭示出了宇宙的真谛；以"体物""无我""虚心"揭示了人生哲学的奥秘；以"放任主义""恢复井田"标其政治之主张。张泽民所撰《张载的哲学》，则从本体论、伦理观、人性论诸方面对张载哲学进行了深入分析。他认为张载在宇宙论上以"'太虚'为宇宙之本体，太虚便是无形之气"，已明确以"虚—气"统一论作为宇宙的本体，这与今人的看法已十分接近。他指出张载的伦理观是"以本体为基础，倡天人合一万物一体之说"，这在《西铭》中表现得更为明显。关于人性论，他指出，张载以太虚之气论人性，以为"太虚之本性为虚明，人既生于太虚，所以人性亦为虚明，然既凝聚则不免有清有浊，此即所谓'气质之性'"。这一说法是对张载"天地之性"和"气质之性"以"虚—气"为本做出的明晰界说。不过他又指出，"生就是气"，"性则为生之理"，"天地之性，惟圣人得之"，"至于圣人以外的人，则不免有纯杂"，这种将"天地之性"与"气质之性"以"圣""凡"分殊的说法虽然不尽符合张载的人性论，但其坚持以"虚—气"为本说明人性的理路还是有价值的。关于修养方法，他主张张载是"内正心""外重礼"，这与张载强调的"敬以直内，义以方外"的"敬义一道"（《横渠易说·上经》）之说相合。张泽民的观点与近四十年来学界论张载思想体系的观点已十分接近。

值得注意的是，姚步康发表于1930年的《张横渠之神化论》一文，已对一些学人往往以西洋哲学的分析方法研究中国哲学的倾向进行了检讨，他说：

> 近来研究中国哲学的人，好像都趋于分析叙述方面，也用了西洋的方法，分出本体论、认识论、伦理观、方法论等等，或者政治哲学、教育哲学、人生哲学、自然哲学等等。这种方法固属便于叙述，但是用来整理中国先哲的思想，是不是能适合？这是一个大疑问。

他怀疑这种方法把握中国学术思想的准确性。由此他主张："我们应当就我国学术自身方面，用综合的眼光，研究一时代的思想、一派的思想或一人的思想，看他们的学说怎样融会，怎样籀绎，怎样组织起来。"按照他的说法，就是"找到他们（指中国学人——引者注）学说本来的系统，不必用西洋哲学的系统"。他已经发现当时学界有一种以西方哲学方法简单地分解中国哲学的倾向，主张要关注中国哲学自身的特点。他主张要将以中国"学说本来的系统"研究中国哲学的方法贯穿到张载哲学的研究中。例如，他认为张载是"以《周易》组成他的本体论，以《论语》组成他的心性观，以《中庸》组成他的方法论"，由此他抓住张载"神化"二字切入，"以神化论打成一片，构成他的学说的系统"，认为张载正是以"神化"阐发其"本体论气一元说"，即认为"气的本性是包含两方面，在静的方面是'神'，在动的方面是'化'"，这是颇有新意的说法。

李源澄于1938年发表了《横渠学术论》一文，也贯彻了姚步康所说的关注中国"学说本来的系统"的方法，以此进一步探讨张载哲学思想渊源和思想交融的一些深层理论问题。首先，他认为张载言及"性与天道"与晚周儒家为近，"盖晚周儒者已融合道家之学说也"。其所说已融合道家的"晚周儒者"的著作，当指《易大传》等。他指出张载"其学术渊源，经世本于《礼》，明体本于《易传》《语》《孟》《中庸》，得于《易传》者尤多。实与道家之精神相接"。他认为研究张载，尤其要突出张载"以易为宗"的特征。其次，他认为张载《西铭》如杨时所说，有"同于墨家者"，而二程"以'理一分殊'解之，非横渠本意"，"横渠以分殊为有我，非以分殊为善也"。再次，他认为"太虚无所谓善恶，而万物则有善恶"，故人有天地之性和气质之性。所谓气质之性，即《语录》所谓"习"，并引张载"气者在性习之间"的说法，认为天地之性是善的来源，而人之所以有恶，盖因"一以为气所蔽，一以为有我"，故张载"其修养工夫亦有二，从有我为蔽说则曰大心，从气之昏蔽说则曰变化气质"。"大心与虚心，得礼与变化气质"，就是张载所说的"内外发明，此合内外之道"。但他认为张载《西铭》欲彰仁体的思想与其"变化气质"说有矛盾。这些分析虽不一定都准确，但确已达到相当的理论深度。

钱基博于1939年发表的《张子之学》，则对张载思想体系的形成提出了新的有价值的见解。他说，《中庸》说"天命之性"，孟子道性善以"修率性之道"，但尚未有体系，此为有"理而不为学"。至周敦颐、张载出，乃"本《中庸》以上推之《周易·系辞传》，而后天命之性，率性之道，有体有系，厘然秩然"，指出了《易传》对于张载思想体系建立的基础性意义，从而具体诠释了《宋史》所谓张载"以《易》为宗，以《中庸》为体，以孔孟为法"的说法。他将张载与周敦颐的思想体系之异同做了比较，指出："大抵周敦颐之学，以老子为祧，以《易》为祖，以《中庸》为宗，以诚为本，以主静立诚，而己之性无不尽；而载之学，以老子为祧，以《易》为祖，以《中庸》为宗，以仁为体，以礼行仁，而人之性无不尽。"其指出周、张二者的区别在于周子"以诚为本，以主静立诚"，侧重于个人的"修己"，故能"尽己之性"；而张子则"以仁为体，以礼行仁"，侧重于在社会群体中"以礼行仁"的践行，故能"尽人之性"。

该时期的关学研究有诸多新论点提出，并且在文献考据方面亦多有新见。例如，关于关、洛之学先后问题，学界至今众说纷纭。学界多尊崇吕大临《行状》和《伊洛渊源录》《宋史·张载传》《宋元学案》之成说，或谓"横渠之学，其源出于程氏"（《杨龟山集》卷五），或谓"横渠平生学问，实多得力于二程者"（《伊洛渊源录》卷六）。虽然有学者曾提出质疑并做了一些辨析，但至今难成定论。张德钧于1941年发表《关洛学说先后考》（载《图书月刊》1941年第1卷第6期）一文，提出直到今天看来都比较前卫的观点。他认为，上述记载实为"退横渠为伊洛附庸，实大悖伊川之心。非但后诬横渠，抑所谓几于无忌惮也！"其论据有五：其一，据吕大临《行状》所说，范仲淹劝张载读《中庸》，"未以为足，又访诸佛老之书，累年尽究其说。知无所得，反而求之六经"，由此知"是横渠先已自瘖佛、老无得"，而转向儒家六经，"固不由于二程也"。其二，所谓嘉祐初见二程"共语道学之要"之后，乃"乃尽弃异学"，并不合于事实。他考证说："是年横渠年已三十七，明道则才二十五，伊川年才二十四。"从伊川述《明道行状》可知，"二程于此时乃返求六经，已后于横渠矣，何得言横渠反受启示耶？"况且"二程此时涵养，亦未得粹然"，谓二程此时"已能以其所得，大影响于横渠，诚恐未然"。其三，再考伊川所说"吾四十以前读诵，五十以前研究其义，六十以前反复绅绎，六十后著书"（《遗书》卷廿四），可知程子在"四十以前，犹少真得。谓横渠学出于彼，真谩语也！"其四，他认为张载之学更多地影响了二程，而非相反。他指出，不仅二程对张载《西铭》评价很高，而且二程的许多观点受到张载的极大影响，如程子言："论性不论气不备，论气不论性不明。"（《遗书》卷六）朱子对此也很肯定，但这话"实则是横渠有天地之性，有气质之性之注脚也"，可见张载对二程启发良多。其五，对后人形成洛先关后说有较大影响的是这样的一桩公案，即张载在京师讲《周易》，说二程"深明《易》道，吾所弗及，汝辈可师之"，遂"撤去虎皮"一事。对此张德钧指出，此记载出自《和靖语录》，而"不见余家笔记，《行状》及《东都事略》亦不见载。元脱脱等修《宋史》，始摭入于传"。他认为此事载于嘉祐初"甚可疑"，其重要的疑点是："伊川自著家世旧事，谓此年过礼泉（见《伊川文集》卷八），则并未在京师也。而横渠于次年即登进士第，始仕祁州司法参军（见《横渠行状》）。则何得论学不如，遂遽归陕西。非所谓年月事迹差谬欤？"况且此事也与《横渠易说》《伊川易传》所记"诚多不同"。张德钧的考证有理有据，然今人的诸多著作仍多从成说。罗事宜在《张子立心立命之说即〈礼运·大同〉之义》一文中提出与此相近的观点，说："横渠之学，与伊洛殊名，而年辈在伊洛上；徒以后继无人，学脉早斩，后世□之，遂以伊洛为径焉。"他也指出张载之学当在先，只是由于张载早逝，学脉"早斩"，以致人们后来都"以伊洛为径"，张载关学未能得以彰显。

不过，对张德钧关于"关洛学说先后"的辨析，其师马一浮则不完全赞同，他对张德钧《关洛学说先后考》一文做了批注，指出张文之失，主要有：一是张所列《伊洛渊源录》谓横渠学问"实多得力于二程者"，实乃"退横渠为伊洛附庸"。对此马一浮批注道：此"安有以张、邵为附庸之意？"二是指出《近思录跋》以周、程、张并称，"岂有轩轾存乎其间"，即三者并称并没有高下优劣之分。三是杨时所说"横渠之学，其源出于程氏"，只是要说明"二家本无异耳"，没有对张载"甚之、訾之意"。四是关于"撤去皋比"之事，恰"正是美谈"，此"尤见横渠冲德"，不要对此事过于认真，更不要"必以为诬"。他指出张德钧本想为张载"雪屈"，但实际上乃是"以私意窥测，反成赃诬古人"，认为古人"师友往还，即言语小异"本属正常，"绝无一毫人我胜劣、门庭盛衰之见"，并建议张德钧认真读张载的书，"莫作此间计校"，否则若张载知此，一定会指斥此为"俗气"。（见《示张德钧》）师生间这种真诚的学术交流，反映出马一浮先生治学之严谨和为人之宽厚。但是，对张德钧的辨析之价值也不能低估，其涉及的一些学术是非也是不可含混的。

冯友兰的《中国哲学史》、范寿康的《中国哲学史通论》、张岱年的《中国哲学大纲》①等著作，在论述北宋五子或宋代濂、洛、关、闽之学时，对张载思想也重点进行了论述。冯友兰在《中国哲学史》一书中指出，濂溪（周敦颐）、康节（邵雍）、横渠"俱为道学家中之有力分子"。他在该书中对张载的气学给予了充分的关注，称"在道学家中，确立气在道学中之地位者，为张横渠"。他看到横渠之学与程朱之学有同有异，如认为"'气质之性'之说，虽为以后道学家所采用"，"在横渠之系统中，颇难与其系统之别方面相融洽。但就横渠别一部分之言论观之，则横渠可维持其'气质之性'之说，而同时亦不至与其系统之别方面相冲突"。②冯氏称自己"接着（理学）讲"，实则是会通理学与西学而加以创造。如张岱年所说，冯友兰在研究方法上"是比较完整意义上的中西结合"③。大约与冯氏同时的范寿康，在其所著《中国哲学史通论》中，亦提到张载的"气一元论"和"天人合一"特征，如说"横渠以为宇宙的本体，乃是太虚一元之气"，并"认定吾人之体是宇宙的体，吾人之性就是宇宙的性"。④这些说法是关于张载主"气本论"的先声。这些研究一面注意到张载关学的道德心性论特质，一面又注意到张载的"气"论思想，遗憾的是，他们没能把张载体系中道德论与宇宙论的内容进一步内在地贯通起来。

总之，该时期涌现出一批张载关学研究的开拓者，成果卓著，影响深远。他们的研究涉及张载的性理学特质、思想渊源、思想体系及"性道不二""天人合一"的特点，以及关洛之学及其关系等诸多理论问题。重要的是，学者们能顺应时代趋势，尽力突破传统的理学方法，在现代学术视野下，以中国"学说本来的系统"对关学进行开拓性的研究，遂开启并深化了张载及其关学的研究，也为此后的关学研究奠定了坚实的基础。在国难当头、战乱频仍的社会条件下从事如此艰深的研究，用"筚路蓝缕，以启山林"来形容前辈们探索之艰辛，是最合适不过的。我们向该时期关学研究的先驱们致敬！

本书比较全面地考察了二十世纪前期前辈们关于张载研究的成果，从中选录了六十多篇有代表性的研究文献，将其汇集成书，以飨读者。由于该时期的语言习惯和行文格式与今人有诸多差异，标点符号的使用习惯也与今人有所不同，所以我们在编辑过程中尽可能地依照今人的写作规范和行文习惯，在不改变原意的

---

① 张岱年《中国哲学大纲》一书于1935年开始撰写，1937年撰成，但直到1958年才由商务印书馆出版。
② 冯友兰：《中国哲学史》下册，商务印书馆，1930，第868—869页。
③ 张岱年：《冯友兰先生"贞元六书"的历史意义》，见王中江、高秀昌编《冯友兰学记》，生活·读书·新知三联书店，1995，第93页。
④ 范寿康：《中国哲学史通论》，上海书店，1936，第342、344页。

情况下做了一些必要的调整和校勘。凡校正之处我们在注释中尽可能地做出说明，其中如有不妥，望读者朋友予以指正。同时，限于当时的印刷条件，现存文献中有些字迹已十分模糊，难以辨认，我们尽可能查找可以用来比对的文献进行修复，必要时也使用了理校。对于其中某些涉及当时政治倾向的词句，本次整理过程中也做了处理。由于二十世纪前期关学文献的整理和研究目前仍处于起步阶段，加之我们视野和学力有限，其中难免存在选入不当或点校失误之处，诚请读者朋友予以指正。

刘学智

二〇二一年七月六日

辑校说明

一、文献收录范围

1. 本书所收文献，基本以20世纪前期国人用传统或现代学术方法研究张载关学的学术成果为范围，所收文献，以对张载研究的论文以及相关论著中关于张载研究的有关论述为主要内容。然对与这一时期张载研究相关的成果，亦适当有所延展，如1898年日本学者大桥铁太郎所译《周濂溪张横渠二子哲学论》即是一例。1926年由商务印书馆出版、日本学者渡边秀方原著、刘侃元译述的《中国哲学史概论》，对当时中国哲学史研究影响较大，故本书亦收入其中关于张载哲学的相关论述。

2. 本书所收张载专题研究文献，大抵以出版或发表时间为依据。完成时间与出版、发表时间差距较大的，以完成时间为依据。如张岱年所著《中国哲学大纲》，虽至1958年才出版，但其完成时间则在1937年前后。故本书亦将其中关于张载哲学的论述，作为20世纪前期关学研究文献收入。

二、文献辑校原则

1. 本书以所收文献最早底本为依据录入命名。本书所收文献，大抵出于20世纪前期所出版报刊、著作。对于当时发表于各报纸、杂志的文章，尽辑校者所能尽量全面收入。同一文章多次连载的，合为一篇收入。同一文章多次发表的，一般以首次发表时的文章为底本。对于出版著作，以最早出版底本为依据，择取其中有关关学的论述，根据内容重新拟定标题录入。

2. 本书所收张载专题研究文献，基本以出版或发表时间为序排列。完成时间与出版、发表时间差距较大的，以完成时间为依据。

3. 本书所收文献，每篇均加"编者按"，以说明所取文献底本简况、整理编校基本原则，以及作者的相关简介。对于与所收文献关系紧密的附记等资料，也适当在文中、文后收录，并加"编者按"予以说明。

4. 本书对所收文献予以重新编辑。本书所收文献虽有横排、竖排之别，但底本均为繁体，标点符号用法、文献引用等多不规范，文字错讹之处亦有不少。今为阅读方便，统一改为简体横排，按照标点符号规范重新标点。对于原文中的错讹文字予以改正，对于原文中所引用文献也选择相应底本予以校订。但对于当时的习惯用词，如"发见（发现）""景响（影响）"等不影响文义的用词则不做改动；对于作者节摘引用的文献，也尊重作者本意一般不做补充；而对有些可能影响文义理解的文献错讹，则尽量予以改正。另对所收文献中带有政治倾向的字眼做了必要处理。

三、未收文献说明

1. 对于 20 世纪前期有关张载及其著作的诗歌、书法、祝赞、故事类作品等，如东园所作《正蒙赞》《西铭赞》（均载《小说新报》1916 年第 2 卷第 11 期）及张卓人所作《读武功志横渠先生绿野亭讲学事感赋》（载《虞社》1933 年第 199 期）等文，本文不做收录。

2. 对于当时发表于各报刊的张载著作或语录节选、提要，以及发表于当时报刊，但为 20 世纪之前学者所撰关学评述，如李贽所撰《张横渠易说序（代作）》（发表于《国粹丛编》1907 年第 1 卷第 10 期《〈李氏焚书〉卷之三：杂述》），本书不做收录。

3. 对于 20 世纪前期出版的编纂类文献，如张骥所编《关学宗传》及陈叔谅、李心庄编撰的《重编宋元学案》中的张载传记类文献，因其取自前人所作传记、行状等史料，学术研究特点不够突出，故本书也不予收录。

4. 20 世纪前期张载研究文献分布范围广泛，难以搜求，部分文献由于字迹模糊，整体难以辨识，故而这次搜集整理只能将其暂时搁置。比如《蜀一旬刊》1930 年第 1 期所载《论张子西铭之旨与墨子兼爱不同》，因为原稿墨迹斑斑，无法辨识，所以只能放弃；再如一些著作虽然其中有不少论述张载思想的内容，如归曾祁所编《西铭汇纂》、吴召宣注释的《大同新释》（国民出版社 1939 年版）中对《西铭》的解释，因搜求困难，也只能暂时搁置。

由于编者视域及学力有限，其中遗漏、错讹当在不少，后续有待继续补充完善。

目 录

正蒙讲义 ·· 康有为 / 001
周濂溪张横渠二子哲学论
　　——译西七月十日《哲学报》 ············ ［日］大桥铁太郎 译 / 004
论横渠之学
　　——《南北学派不同论》中关于张载的论述 ············ 刘师培 / 009
张横渠的伦理学
　　——《中国伦理学史》中有关张横渠的论述 ············ 蔡元培 / 010
横渠先生论学问之方 ······························ 郭希仁 / 012
横渠先生年谱 ···································· 归曾祁 / 020
张横渠的哲学思想
　　——《中国哲学史》中关于张横渠的论述 ·············· 谢无量 / 027
宋张横渠有民胞物与之说申而论之 ···················· 金夕阳 / 035
书张子《西铭》后 ································ 周维新 / 036
《西铭》解 ····································· 武　淑 / 037
张横渠的哲学之研究 ······························ 陈正谟 / 038
张子大义 ······································· 唐文治 / 049
张横渠与佛教
　　——《宋儒与佛教》中有关张载的论述 ················ 林科棠 / 061

张横渠教育学说
　　——拙作《张横渠学说之研究》中之一编………… 何联奎 / 069
戴东原与张横渠 ………………………………………… 甘蛰仙 / 077
张横渠哲学概论 ………… ［日］渡边秀方 原著　刘侃元 译述 / 107
张载理学常识
　　——《理学常识》中关于张载理学的论述………… 徐敬修 / 116
横渠之学 ………………………………………………… 吕思勉 / 118
张子《西铭》书后 ……………………………………… 褚应章 / 126
张横渠的哲学 …………………………………………… 谢元范 / 127
张载的哲学
　　——《中国哲学史》中关于张载哲学的论述……… 钟　泰 / 135
张载之二元论 …………………………………………… 陈钟凡 / 139
张横渠之神化论 ………………………………………… 姚步康 / 149
《西铭》解 ……………………………………………… 陈荣珪 / 158
张横渠的哲学
　　——《中国哲学史》中关于张横渠哲学的论述…… 冯友兰 / 161
张横渠的教育学说
　　——《中国教育史》中关于张横渠教育学说的论述 …… 陈青之 / 173
横渠学说之我见 ………………………………………… 李　果 / 180
张载的哲学 ……………………………………………… 张泽民 / 183
广张子《西铭》 ………………………………………… 江　谦 / 191
读张横渠《东铭》《西铭》 …………………………… 缪　篆 / 193
论张子与吕蓝田 ………………………………………… 贾丰臻 / 207
张横渠的哲学 …………………………………………… 范寿康 / 215
张载的"气一元论"及复古的政治论 …………………… 谭丕模 / 218

张横渠的教育思想
　　——《中国教育思想史》中关于张载的论述 ……… 任时先 / 223
张横渠的政治思想
　　——《中国政治思想史》中关于张载的论述 ……… 杨幼炯 / 225
张横渠的哲学
　　——《中国哲学大纲》中关于张载哲学的论述 …… 张岱年 / 227
横渠四句教 …………………………………………… 马一浮 / 255
四部合唱《横渠四句教》附说 ………………………… 丰子恺 / 258
横渠学术论 …………………………………………… 李源澄 / 260
张子之学 ……………………………………………… 钱基博 / 264
张子《西铭》的抗战哲学 …………………………… 查猛济 / 269
张子《东铭》 ………………………………………… 查猛济 / 277
《西铭》笺释 ………………………………………… 杜天縻 / 279
张子《西铭》注译 …………………………………… 王缁尘 / 284
读《西铭》 …………………………………………… 朱逸人 / 290
张子《西铭》注 ……………………………………… 毛夷庚 / 295
张子《西铭》讲演 …………………………………… 毛夷庚 / 297
张子《西铭》论 ……………………………………… 毛夷庚 / 302
关洛学说先后考 ……………………………………… 张德钧 / 307
跋《张子全书》 ……………………………………… 张德钧 / 311
示张德钧 ……………………………………………… 马一浮 / 313
释《西铭》 …………………………………………… 孙常钧 / 316
张载与邵雍 …………………………………………… 易　戈 / 327
《西铭》新话 ………………………………………… 王建新 / 331
《西铭》注 …………………………………………… 陈敦仁 / 339

《西铭》述评

　　——《宋明儒家哲学述评》中关于《西铭》的论述 … 冯友兰 / 343

《西铭》哲学之精神

　　——《新原道》中关于《西铭》的论述 ………… 冯友兰 / 345

横渠哲学 ………………………………………………… 李相显 / 347

横渠之学 ………………………………………………… 钱　穆 / 367

《正蒙》大义发微 ……………………………………… 钱　穆 / 372

张子立心立命之说即《礼运·大同》之义 …………… 罗事宜 / 392

《西铭》口授 …………………………………………… 枯　木 / 395

张横渠的理学

　　——《理学纂要》中关于张载理学的论述 ……… 蒋伯潜 / 398

后　记 …………………………………………………………… / 405

正蒙讲义

康有为

编者按：本文选自《康有为全集》（中国人民大学出版社 2009 年版）第二集之《南海师承记》卷一。《南海师承记》系康有为门人张伯桢根据 1896—1897 年于万木草堂听讲的笔记整理而成。本文所录部分是康有为 1896 年八月、九月的讲稿。原稿有两部分，标题分别为《讲〈正蒙〉》和《续讲〈正蒙〉及〈通书〉》，今合为一稿，改标题为《正蒙讲义》，并重新标点。康有为（1858—1927），中国近代思想家、维新派领袖，后为保皇会首领。原名祖诒，字广厦，号长素，又号更生，广东南海丹灶（今属佛山市南海区）人。清光绪十四年（1888）上书清帝建议变法，后组织强学会、保国会宣传变法维新，促成百日维新。著有《新学伪经考》《孔子改制考》《大同书》等。今辑有《康有为全集》等。

讲《正蒙》

通宋代言义理，最精者《正蒙》一书，皆凿凿说出。朱子谓其中有勉强的说，非也。周、程、张、朱四先生，以横渠为奇伟，《正蒙·诚明篇》"诚明所知，乃天德良知[①]"，王阳明良知之学本此。《诚明篇》"义命合一存乎理"，即孔子纬书所谓"正命"也。黄百家以为横渠破荒之言，亦未知孔子之义也。《中庸》发"诚"字，言"不诚无物"，"物"即果一样，不诚则不发生矣。学者如或浮华粉饰诈伪，直橄榄核一般耳，外观甚多，言不能发生，故君子以诚之为贵。横渠亦谓："诚有是物，则有终有始。伪实不有，何终始之有？""尽性，然后知生无所得，则死无所丧。"与"心终无得亦无丧"同，庄、列亦多发此旨。

通天下之理，不外一交而已。君与臣交，兄与弟交，夫与妇交，朋与友交，人与物交。佛之四大六根，老于声色之欲，皆欲绝之，孔子则节之而已。张子每

[①] 原文脱"良知"二字，据张载《正蒙·诚明篇》补入。

说,必天人合一,故言"至于命,然后能成己成物,而不失其道"。张子、程子说理,皆从高大落想。荀子言"性恶",气质之性也。程子言"学至变化气质,方是有功",张子言"形而后①有气质之性。善反之,则天地之性存焉",既要"变化""善反",非性恶而何?宋儒窃荀子而反攻荀子,不细心读书故也。朱子谓"气质②之说,起于张、程,极有功于圣门,有补于后学",而不知荀子已先言之也。(丙申八月讲授)

续讲《正蒙》及《通书》

《正蒙》为宋儒第一篇文字,精深莫如《正蒙》,博大莫如《西铭》。王船山发挥《正蒙》甚精。其次《太极》《通书》,《识仁》《定性》皆好,均出自《系辞》。世之议张子者,谓其近于墨氏"兼爱";其云"民同胞,物同与",以为近于佛氏之"爱物"。就张子论之,其与墨子《兼爱》《尚同》二篇相同者甚多,不必为其回护,然皆孔子所有也。张子未有言差等,故近于墨。墨子与孔子异者,不在"兼爱"二字。孟子以"兼爱"攻墨子,尚未甚的。"天地之塞,吾其体"二语,张子发挥最精。佛氏颇有此境,然佛氏以影,张子以理。宋儒有从佛者,则以幻为性;有从儒者,以气相通为性。《列子》之鲍焦,亦发挥同类之说。佛氏不能行于印度,不能灭婆罗门。西藏之僧亦食肉。圣人之道,必要可行,佛不能行,是以佛不如儒。佛号"能仁",圣人言"大生""广生",佛言"众生",程子谓"佛逆天",其说甚是。程子言天道,不如张子言天人。

宋儒深造独得者,莫如张子《正蒙》之言"聚散",即佛氏"一切有为法,如梦幻泡影,如露亦如电"之意。周子发挥"几"字最精。《易》言"刚柔",尽天下之人,不外刚柔。《洪范》"思曰睿",《管子》谓"思之思之,鬼神来告之",《中庸》言"慎思之",《诗》"思无邪",《孟子》"思则得之",孔子言"有欲",周子言"无欲",各名一是,均持之有故,言之成理。以诚为祖,以无欲为宗,以几为用,以静为止,此《通书》之大旨也。

《中庸》《系辞》似出于子思手笔,周子《通书》实从此出也。《中庸》专发一"诚"字。周子言"诚者,圣人之本。大哉乾元,万物资始,诚之原也",此语极精。《易经》"乾道变化,各正性命",周子首章能拈出。周子言"纯粹,至善也","至善"二字,非圣人本意,得之于佛、于孟子。又言"诚无为,几善恶","几"字下得甚精。朱子之学,得自程子;程子之学,得自周

---

① 原文脱"后",据张载《正蒙·诚明篇》补入。
② "气质",原文作"气节",据黎靖德《朱子语类》(中华书局1986年版)改。

子。周子诚实、光明、勇猛，诚一代大儒。周子言："寂而不动，诚也；感而遂通，神也。"庄生所言孔子为"神人"，"礼先乐后"，亦是精粹之言。教众人要有欲，教学者要无欲，其道不同。《通书》止静，与《太极》同。研究《通书》，当并研究《正蒙》，而后张子、周子两学派自见。（丙申九月讲授）

周濂溪张横渠二子哲学论

——译西七月十日《哲学报》

[日]大桥铁太郎 译

编者按：本文原载《东亚报》1898年第5期、第6期，为日本学者大桥铁太郎对载于当年西文七月十日《哲学报》的吉田静致的论文《周张二子の哲学（周子を略说し张子を详论す）》的节译。大桥铁太郎，曾任《静冈日报》《神户新闻》《九州岛日报》《北国新闻》《东京每日新闻》等报记者、编辑长等职。《东亚报》于戊戌政变后停刊。

哲学者，谓观于形而起其意识也，尸摇配痕哈乌贤路氏（叔本华——编者注）曰："观人生之所为，与地球之所生，而不详其出，心大不安也。凡眼之所观，万象森罗，日日观之，不觉自动其智识，此即人之情已。"然则哲学非一人所私有，不以古今别也。泰西自昔有捕拉托痕（柏拉图——编者注）、亚利托铁斯氏（亚里士多德——编者注），近世又有卡痕托（康德——编者注）、歇呆路（谢林——编者注）、哈路托马痕（黑格尔——编者注）等诸氏；东太平洋亦在昔有老、庄诸子，近世有周、程、张、朱、陆、王诸儒（印度、日本哲学，暂置而不论）；然今日言哲学者，专潜心于泰西学，予未见其当也。至中国近代哲学，论其本体，说心说性，颇极深奥，与泰西卡痕氏（康德——编者注）以后近代哲学较比，未尝稍逊。夫东、西两洋哲学，各自立起源，为自立发达。然究其归，则所见若合符节。可知两国形面学，同其源，并同其流，故亦同其归也。

中国古来哲学者，推老子为最，至近代则推濂溪为最。二子各以其时，新创哲学，然则如周子者，在中国哲学，绝不可无之。其能解释先哲未言之事，以利哲学者，厥功非细。后世诸子，皆不能出其范围。除周子外，为张、程、朱、陆诸氏，不免失其意义。盖其所系，犹近世泰西哲学之于卡痕托氏，向微卡痕托氏，此后学者，俱不能了解哲学，而且卡痕托氏，解释先哲未言之事，后世学士，亦不能出其言外，故泰西哲学，决不可无卡痕托氏。卡痕托氏以前，有笛路托（笛卡尔——编者注）、斯皮诺若拉（斯宾诺莎——编者注）、威捕尼兹

（莱布尼兹——编者注）、培哥痕（培根——编者注）、熙由磨氏（休谟——编者注）。周子以前，亦唐陆淳、赵匡，宋孙明复、陈图南、种放、穆修，又有佛教、道教等义。至于周秦以前，其殆如古希腊乎？孔、老以下，庄、列、孟、管、荀、墨、申、韩，各立创见，异想群起，颇有绚烂之视。迨至汉、晋以降，乃无一人出而创说者。间即有一二卓识，少唱异论，然此时佛教已入中国，又不欲身入其途，故不得不取古圣贤糟粕，祖述其说；至稍有能力者，亦只解释其训诂，以矜博洽，卒不免烦琐之讥。西欧中世纪时，亦皆以捕拉托痕、亚利托铁列斯氏等所说，为不可易者，学士屈从此辈，无一人自出其意识，即令不为所囿，亦只倾心于西教之义，如笛卡路托（笛卡尔——编者注）、培哥痕辈，乃尸祝此等教义，自成一家。发表其新意见，以为近世新哲学先驱者，亦犹陆淳、赵匡排斥三传，孙明复笑墨守古意，陈图南出《指玄篇》《寓言》《钓潭》等说，为周子以后新哲学者渡津之筏也。然此辈虽为新哲学先驱，识力究不及周子，故未说周子所说。盖中国哲学，最焕发于周子之时，欲解近世哲学者，必不可不熟读周子，无待余赘言也。然则周子哲学，何可废乎？即今继周子者为张子，然张子之哲学无他，亦只略述周子而已。虽周子在哲学上，其论议未必详细如张子，实则张子就周子所说者，益加推阐，非自辟一途也。故能通张子，则周子之说自明。若微周子，即无张子，盖张子即周子之扩而大焉者也。欲详周子，不如讲张子也。张子与二程子共承周子学，传之朱子，使朱子集其大成。然则所谓宋学者，乃周、朱间桥梁也。

  不论中国内外何等人类，当其注心万物，皆自得抽象学。即以君权言之，养民与化民而已；以人事言之，厚生与利用而已；以生初言之，亦唯知快与不快而已，如利害相悬，即触于利害而自发者是。至人之言行，其能以理断夫利害，而渊源亦出于知其利害也。盖观于形而起其意识，凡物皆然。故人性易离此利害，亦宜烛此利害。即在其根本原始外，别出一意识，以研究偶发抽象学理，只能为此事者，早已论心性说形式。至如中国人民，以保守为性者，其于抽象之学发达甚缓。此种学派出自政教上，而以君为主者。故欲与政教相离，成精纯抽象学之形，殊非易易，以习惯已成自然故也。中国自古以君主为民师，辅政者共垂其教，当养民则告民以事理。凡示教者即与矣。立执政治民之人，以君主为最优于学艺，故臣民皆服君主教训，而不敢致疑，遂终始奉一人以为师。彼以其独想见施，抽象讨究于事物上者，未尝有也。其讨究抽象，发现所谓学问真正意义者，实自周始。盖当时君主贤圣治道得宜，凡治平之策虽讲究，亦属无稗此君主贤圣治道得宜之故也。迨至暗主驭世，忧国之士，乃讲此策，以献谋于君侧，此理所宜然也。若朝廷不用其策，遂不得已，欲求知己于后世，退而述其经纶以笔之书，以吐露其不可遏抑之情，此亦自然之势也。于是，始离其实而以空言讲究抽象，学问之端缘兹起焉。夫圣哲以空言吐露一家意见，论究实际以外者，实以孔子、老子为滥觞。其始愤己策不用，激为此言。故从其所感之浅深，以判抽象之多少。孔、老皆不容于世，然孔子不幸，比老子犹浅；若老子之不幸，实深于孔子也。彼等既启抽象学问之端，其继起者，假令彼用于世，承其余流，即可大振宗风，无如天竟厄之也。老子之后有庄、列二子，相续出世。孔子之后有子思，论及人性并鬼神。迨至孟子，更论性善、养气、尽心，益增抽象之度。顾当时儒家所说虽已称正正堂堂，然研究纯粹学理，为哲学考察者，究以儒家开祖孔子为最。后世宋儒论太极性理，虽名道学，而以思想统系论之，仍属儒家派也。原来中国学者，专于师事例，疏于言性理，概以保守遵奉为归。老、庄说万物自然状，渐涉性理，而犹法五帝三皇，以取信于天下。孟、荀、管、墨，虽并不说性理，犹有执而未化之弊。彼昔挥自由思想者，尚且如是，况于秦汉萎靡不振之时乎！

故自汉末以还，魏晋各马、郑、王、何、贾逵、服虔等，皆徒事训诂记诵，甘于尝古人糟粕。当时虽佛教已入中国，然政教之权，全在儒道，故潜心于儒学者，不屑与佛教争是非。爰欠研究佛教之机会，依然恪守旧规，不出新说。两晋时，人渐厌汉末儒者拘陋，老庄佛学乃颇行于世，然亦只寻章摘句，未脱古来习惯，浮华相当，不过以老庄佛义理为清谈放言之资而已。虽然汉唐训诂学殆极其弊，而自由思想亦渐发动，其机运方熟于此时代。中国人民虽喜保守遵奉，不复永龌龊于古圣桎梏之下，遂有"昔人之书，不可不信，不可尽信，顾于理如何耳"等语，从此祖述古人之风渐止，而自省其理之心亦渐兴。唐中世如陆淳、啖助、赵匡，共驳三传，举汉儒相传经义，每为批评家所议。泰山孙明复，承陆淳之后，著《春秋尊王发微》十二篇，独辟町畦，慨儒者溺于汉唐训诂弊，不知研究义理。且曰："天下之士，皆致力于声病、对偶之间，其探索圣贤之间奥者，百无一二。非挺然特出之士，孰克舍彼而取此！其讥墨守旧注者曰'专守王弼、韩康伯之说而求《易》'，吾未见其能尽《易》也。专守左氏、公羊、穀梁、杜衍（疑为"杜预"之误——编者注）、何庄氏之说而求《春秋》，吾未见其能尽《春秋》也。专守毛苌、郑康成之说而求《诗》，吾未见其能尽《诗》也。专守孔子之说而求《书》，吾未见其能尽《书》。"此等论，岂非鼓吹儒道革新者乎？矧当时佛教盛行，频翻译经论以阐宗风，佛教哲学，渐出学者口中，其说间与儒教所言若合符节，故谈性理者喜为究之。柳宗元生于此时，欲折衷儒、佛、老，以为一家言。虽不幸早逝，然革新思想，与研究义理之基，全肇于此，以至诱起宋儒太极、性理新说。夫宋儒太极、性理新说，虽儒教哲学所发明，其实融合儒、道、佛三教而成者也。当宋儒未成新说之前，欲合而不遽合，观于道学所说，一则近于儒，一则近于佛。即为两者相合之媒，而其机未转动，此即宋学以前形况也。迨至开新哲学之时，其机已迫，而明眼达识之思想家，遂生其际。爰立新统系于哲学史上，周、邵二子是也。二子既出，发前人未发之秘，又岂偶然哉！试分中国自上古以至近今，其学风异同如下：

一、创始并立时代。

二、守旧专攻时代。

三、融合独想时代。

融合时代，实始于宋儒理学之说。至创始时代，则自开辟以至春秋。守旧时代，则自秦汉以及唐宋。在秦以前，虽创始儒、道、刑、名、兵、医、乐、历诸学，然皆自立门户。焚书以后，至汉世访残经断简于遗老，甚且求之壁中，务稽古而不务通今，遂为守旧恶习，致使汉世以后学者，造诣不及邹鲁之盛，此吾儒所共知也。夫拘古学问之渊源，取其一端而专修之，虽自设独有心得，而卒无一人能脱旧套范围，如盖公之于黄老，贾谊之于刑名。《易》有施雠、孟喜、梁丘贺、京房之学，《书》有欧阳生、夏侯胜、夏侯建之学，《诗》有辕固、韩婴、申公之学，无一不专于守古，皆不愧为圣教羽翼。然古来习惯者乃益滋，其当此积弊既极之时，即有脱古圣哲教权，而开学风改新之机。然儒、佛欲合而不合者，亦由于习惯之故也。至唐末，始有会其通者。然此非拘守古训所能见及。必脱出圣教□外者，乃克毅然为之，如柳宗元，有欲合同三教为一团之志，早逝不果。韩愈极力排佛，而其志将使儒、佛合同，观其《与李翱书》可以知之，然则渐脱古圣贤羁绊，已昭昭于此时。然儒、佛尚未全合，至宋则其机大转。古圣教权外，别有自由考察达识者出焉，于是立一系说，尽将三教融合，使中国哲学史上耳目一新，是实宋儒之功也。然彼等此言，决不蹈袭前人之说，盖以意识自由独想至此。故予谓："宋儒太极性理学，为融合三教之旨也。"至欲详说"融合"二字之义，譬如本非物理混合，而在化学结合。宋儒太极性理之学，非儒教，非道教，又非佛教，其性质本与此三者异。而宋儒即以此三者，结合于元素化学中，亦犹水素、硫素、酸素结合，而其性不带水素，不带硫素，不带酸素，自成别物者也。宋学调和方内方外，此即宋学所以为宋学也。何则？老子游于方外，谈天地未成之前，未曾论其经验；孔子游于方内，论天地既成之后，未曾论其形面。庄周出自老子，自天而及人；孟轲得之孔子，自人而言天。是老庄与孔孟正为两极端：一则出于方外，一则入于方内；一则超越实际，一则就实际而推之。此两极端，混然相合者，实在宋学，亦犹西国卡痕托氏，欲调和实经派与观念派也。宋学中，其论究方法，大有与从来异者。试分古今来中国论究方法如下：

具体论究法；

传说抽象论究法；

独立抽象论究法。

具体者，专以事理为本，即基之以说其道也。孔子设"吾欲托之空言，不如见诸行事之深切著明"，非以事理为师者耶？抽象者反之，不必拘于事理，而自能别究其理，如老、庄、列、关尹诸子，及宋儒性理论者是也。

论横渠之学

——《南北学派不同论》中关于张载的论述

刘师培

编者按：本文选自刘师培《南北学派不同论》(《国粹学报》1905年第6期)中《南北理学不同论》之论述横渠一节。题目为编者根据内容拟定。刘师培（1884—1919），字申叔，号左盦，江苏仪征人，经学家，为近代学科意义上中国史学、文学、学术史研究之先驱。著有《左盦集》八卷、《左盦外集》二十卷、《左盦诗录》四卷、《词录》一卷。著有论经学、史学、文学专著七十四种，收入民国二十三年（1934）宁武南氏刊本《刘申叔先生遗书》。

横渠崛起关中，由二程而私淑濂溪（故书中多称濂溪）。然关中之民，敦厚崇礼，故横渠施教，亦以礼乐为归（如《正蒙三十篇》，《王禘篇》之言礼，《乐器篇》之言乐是也），旁涉象纬历律之术（如《参两篇》《天道篇》是），于名数质力之学，咸契其微（《正蒙》一书，多几何之理，如言"两不立则一不可见"诸条是也。且知地球之说），与阴阳家相近（其学多出邹衍）。此皆北学之菁英也。然立说之旨，不外知性知天。穷鬼神之术（见《天道篇》），明生死之源（见《天道篇》《动物篇》，出于庄列），上溯太极、太虚之始（见《天道篇》《神化篇》，其说亦出于《列子》中），此知天之学也。居敬穷理（见《大心篇》中），由诚入明（见《诚明篇》），以求至正大中之极（见《中正篇》），此知性之学也。极深研几，间符《大易》，惟存心至公，流为无欲（如张子言，无所为而为之，谓之人欲）。观化之极，自诩通微（如《参两篇》《天道篇》屡蹈此失），则又老释之绪余（程子、张子皆从老释入手），濂溪之遗教也。此亦南学北行之证。

张横渠的伦理学

——《中国伦理学史》中有关张横渠的论述

蔡元培

编者按：本文依据蔡元培《中国伦理学史》（商务印书馆1910年版）第三期"宋明理学时代"之第五章"张横渠"录入。题目为编者根据内容拟定。蔡元培（1868—1940），字鹤卿，又字仲申、民友，乳名阿培，曾化名蔡振、周子余，浙江绍兴山阴县（今浙江绍兴）人，祖籍浙江诸暨。近代著名的革命家、教育家、政治家，民主进步人士。曾任北京大学校长、中法大学校长、中央研究院院长等职。曾数度赴德国和法国留学、考察，研究哲学、文学、美学、心理学和文化史，为改革封建教育奠定了思想基础。著作主要有《中国伦理学史》《石头记索隐》《伦理学原理》《哲学大纲》《中国新文学大系导论集》等。

小传 张横渠名载，字子厚。世居大梁，父卒于官，因家于凤翔郿县之横渠镇。少喜谈兵，范仲淹授以《中庸》，乃翻然志道，求诸释老，无所得，乃反求诸六经。及见二程，语道学之要，乃悉弃异学。嘉祐中，举进士，官至知太常礼院。熙宁十年卒，年五十八。所著有《正蒙》《经学理窟》《易说》《语录》《西铭》《东铭》等。

太虚 横渠尝求道于佛老，而于老子由无生有之说，佛氏以山河大地为见病之说，俱不之信。以为宇宙之本体为太虚，无始无终者也。其所含有凝散之二动力，是为阴阳，由阴阳而发生种种现象。现象虽无一雷同，而其发生之源则一。故曰："两不立则一不可见，一不可见则两之用息，虚实也，动静也，聚散也，清浊也，其究一也。"又曰："造化之所成，无一物相肖者。"横渠由是而立理一分殊之观念。

理一分殊 横渠既于宇宙论立理一分殊之观念，则应用之于伦理学。其《西铭》之言曰："乾称父，坤称母，予兹藐焉，乃浑然中处。天地之塞，吾其体；天地之帅，吾其性。民，吾同胞；物，吾与也。大君者，我之宗子；大臣者，宗子之家相。尊高年，所以长其长；慈孤弱，所以幼其幼。圣，其合德；贤，其秀也。凡天下之病、癃、残、疾、惸、独、鳏、寡,皆吾兄弟之颠连而无告者也。"①

天地之性与气质之性 "天地之塞,吾其体",亦即万人之体也。"天地之帅,吾其性",亦即万人之性也。然而人类有贤愚善恶之别,何故?横渠于是分性为二,谓为天地之性与气质之性,曰:"形而后有气质之性,能反之,则天地之性存。故气质之性,君子不性焉。"其意谓天地之性,万人所同,如太虚然,理一也。气质之性,则起于成形以后,如太虚之有气,气有阴阳,有清浊。故气质之性,有贤愚善恶之不同,所谓分殊也。虽然,阴阳者,虽若相反而实相成,故太虚演为阴阳,而阴阳得复归于太虚。至于气之清浊,人之贤愚善恶,则相反矣。比而论之,颇不合于论理。

心性之别 从前学者,多并心、性为一谈,横渠则别而言之。曰:"物与知觉合,有心之名。"又曰:"心者,统性情者也。"盖以心为吾人精神界全体之统名,而性则自心之本体言之也。

虚心 横渠以心为统性与知,而以知附属于气质之性,故其修为之的,不在屑屑求知,而在反于天地之性,是为合心于太虚。故曰:"太虚者,心之实也。"又曰:"不可以闻见为心,若以闻见为心,天下之物,不可一一闻见,是小其心也,但当合心于太虚而已。心虚则公平,公平则是非较然可见,当为不当为之事,自可知也。"

变化气质 横渠既以合心于太虚为修为之极功,而又以人心不能合于太虚之故,实为气质之性所累,故立"变化气质"之说。曰:"气质恶者,学即能移,今之人名使气。"又曰:"学至成性,则气无由胜。"又曰:"为学之大益,在自能变化气质。不尔,则卒无所发明,不得见圣人之奥,故学者先当变化气质。变化气质,与虚心相表里。"

礼 横渠持理一分殊之理论,故重秩序。又于天地之性以外,别揭气质之性,已兼取荀子之性恶论,故重礼。其言曰:"生有先后,所以为天序。小大高下相形,是为天秩。天之生物也有序,物之成形也有秩。知序然,故经正;知秩然,故礼行。"彼既持此理论,而又能行以提倡之,治家接物,大要正己以感人。其教门下,先就其易,主日常动作,必合于礼。程明道尝评之曰:"横渠教人以礼,固激于时势,虽然,只管正容谨节,宛然如吃木札,使人久而生嫌厌之情。"此足以观其守礼之笃矣。

结论 横渠之宇宙论,可谓持之有理。而其由阴阳而演为清浊,又由清浊而演为贤愚善恶,遂不免违于论理。其言理一分殊,言天地之性与气质之性,皆为创见。然其致力之处,偏重分殊,遂不免横据阶级之见。至谓"学者舍礼义而无所猷为,与下民一致",又偏重气质之性。至谓"天质善者,不足为功,勤于矫恶矫情,方为功",皆与其"民,吾同胞"及"人皆有天地之性"之说不能无矛盾也。

---

① 底本此处引文有误。按《西铭》原文,此处"大君者,我之宗子",当作"大君者,吾父母宗子";"病、癃、残、疾",当作"疲、癃、残、疾"。

横渠先生论学问之方

郭希仁

编者按： 本文原载《瞰社学谭》1911年第3期、第4期。第4期题名为《张横渠先生论学问之方（续第3期）》。郭希仁（1881—1923），原名忠清，字时斋，又字思斋，后改字希仁。陕西临潼（今陕西西安临潼区）人。辛亥革命后废原名，以字行世。光绪三十年（1904）会试未中，三十一年（1905）主讲于渭北学堂。三十三年（1907）赴日本考察，后加入中国同盟会，为同盟会陕西分会领导人。曾反对袁世凯复辟，策划讨袁斗争。五四时期，坚持尊孔读经。重实学，曾对李仪祉兴办水利事业产生积极影响。著作主要有《春秋随笔》《儒学纲要》《圣迹备考》《从戎纪略》《国史讲演录》《思斋文存》《说文漫录》《欧洲游记》等。本文引文原无文献出处，入编时于句末补入。

愚素好读横渠先生书，以其所言，多著实切近，明白易行。光绪丙午，在横渠学堂，曾刺取《张子全书》《理窟》《语录》中语，辑为《横渠先生读书说》《问说》以自课。兹复广之，题曰《横渠先生论学问之方》。间窃附己意，以质同志。

　　万物皆有理，若不知穷理，如梦过一生。（《张子语录·语录中》）[1]
　　穷理亦当有渐。见物多，穷理多，从此就约，尽人之性，尽物之性。[2]（《横渠说·说卦》）
　　学愈博则义愈精微。舜好问，而好察迩言，皆所以尽精微也。（《经学理窟·气质》）
　　博学于文者，只要得习坎心亨，盖人经历艰难，然后其心亨通。（《经学理窟·学大原下》）

---

[1] 原文无引文出处，此次整理补入。所补文字依据章锡琛点校本《张载集》（中华书局1978年版）。以下改正、补充作者引用张载语句及出处，皆以此书为依据，简称"《张载集》"。

[2] "从此就约，尽人之性，尽物之性"，原文作"如此，可尽物之性"，据《张载集》改。

上数条言学以穷理为主，而穷理必资乎经历。盖学能穷理，则立身处世，自有当然准则，不至摘埴索涂而冥行。穷理而由经历，处处征实，不至流于空虚也。

  读书少则无由考得义精。盖书以维持此心，一时放下则一时德性①有懈。读书则此心常在②，不读书则终看义理不见。（《经学理窟·义理》）

读书者，借前人之经历以为经历也。人当为学之初，心中全无把握，故必读书，方有入手处。《学记》"离（读去声）经辨志"，正为是也。又一人之经历有限，读书则可以无数人之经历为经历。所谓读书得之，最博也。

  观书且不宜急迫了，意思则都不见，须是大体上求之。言则指也，指则所视者远矣。若只泥文而不求大体则失之，是小儿视指之类也。常引小儿以手指物示之，而不求物以视焉，只视于手，及无物则加怒耳。（《经学理窟·义理》）

前人因经验事物有得而著之书，以为后人门径。后人必因书言以征诸事物，而后方有实得。若读书而不求其所指，其弊必流于虚浮隔膜，不但误己误世，兼诬古人。小儿视指而不及物，可谓罕譬而喻。书生学究，观此可以惺悟。

  观书以静为心。（《经学理窟·义理》）
  今人自强自是③，乐己之同，恶己之异，便是有固、必、意、我，④无由得虚。学者理会到此虚心处，则教者不须言，求之书，合者即是圣言，不合者则⑤后儒参入也。（《经学理窟·义理》）

心静且虚，公理自出。盖先圣后圣，心理本同，以心印心，自能符合。不可强书就我，亦不可以我徇书也。

---

① "德性"，原文作"德行"，据《张载集》改。
② "在"，原文作"存"，据《张载集》改。
③ "今人自是"，原文作"人之自强自是"，据《张载集》改。
④ "便是有固、必、意、我"，原文作"便有意、必、固、我"，据《张载集》改。
⑤ "则"，原文作"即"，据《张载集》改。

所以观书者，释己之疑，明己之未达，每见每知所益，则学进矣。于不疑处有疑，方是进矣。（《经学理窟·义理》）
　　在①可疑而不疑者只是不曾学，学则须疑。譬之行道，将之南山，须问道路之由自②，若安坐，则何尝有疑？（《经学理窟·学大原下》）
　　不知疑者，只是不便实作，既实作则须有疑，是问是学处也。无则只是未尝思虑来也。③（《经学理窟·气质》）

由疑而至不疑，方能了悟。怀疑，正所以求信也。

　　义理有疑，则濯去旧见，以求新意④。（《经学理窟·学大原下》）

虚心而后有疑，祛疑更须虚心。西哲发明公理，悉由此术。

　　观书不可以相类，泥其义不尔，则字字相梗⑤。当观其文势上下之意⑥，如充实之谓美与《诗》之言美，轻重不同。（《横渠易说·说卦》）

此解书要指，所谓各还分际也。考据家胶执纷拿，正坐不知此尔。

　　观书必总其言而⑦求作者之意。（《经学理窟·义理》）

如此读书，乃能得其要，否则开卷了然，掩卷茫然。

　　书须成诵，精思多在夜中，或静坐得之，不记则思不起，但通贯⑧得大原⑨后，书亦易记。（《经学理窟·义理》）
　　经籍亦须记得，虽有舜禹之智，喑而不言，不如聋盲之指麾⑩。故

---

① "在"为衍文。
② "由自"，《张载集》作"出自"。
③ 《张载集》记为："既实作则须有疑，必有不行处，是疑也。譬之通身会得一边或理会一节未全，则须有疑，是问是学处也，无则只是未尝思来也。"此处有修改。
④ "意"，原文作"义"，据《张载集》改。
⑤ "相梗"，原文作"皆梗"，据《张载集》改。
⑥ "之意"为衍文。
⑦ "而"，原文作"以"，据《张载集》改。
⑧ "通贯"，原文作"贯通"，据《张载集》改。
⑨ "原"，原文作"源"，据《张载集》改。
⑩ "麾"，原文作"挥"，据《张载集》改。

记得便说得,说得便行得,故始学亦不可无记诵。(《经学理窟·义理》)

上二条可以破后人废记诵之谬论,书不必尽要熟记,然精要之书,则决不可不熟记。我辈今日自审,所恃以佟口而谈者,非蒙师所逼迫熟读之两部书乎?甚勿昧厥本原,以误后生也。

要见圣人,无如《论》《孟》为要。《论》《孟》二书,于学者大足,只是须涵泳。(《经学理窟·义理》)

义理之书,所以立体须涵泳,方有自得居安资深、左右逢源之趣。

学得《周礼》,他日有为,却做得些实事。(《经学理窟·学大原上》)

经济之书,所以致用,亦当细心讲求。

《中庸》文字辈,直须句句理会过,使其言互相发明。(《经学理窟·学大原下》)

《大学》《中庸》二书,首尾接续,脉络贯通,桐城吴氏所谓"撰著之书,故必用以上读法,方能有得",此读精要书之法也。

六经须循环读,义理尽无穷,待自家长得一格,则又见得别。[①](《经学理窟·义理》)
六经循环,年欲一观。(《经学理窟·义理》)

阅历世故,方知圣贤之言真切,以科学哲学理解回观经籍,更觉有味。近人亦有论及此者,实即待自家长得一格则又见得别之说也,但学科繁多,事变缠扰,无暇肆力于此。或于年节暑假,仿顾亭林读史之法,聚友会读,其益当不少也。

心中苟[②]有所开,即便札记,不思则还塞之矣。更须得朋友之助。

[①] 此句有脱文。张载原文作:"故唯六经则须着循环,能使昼夜不息,理会得六七年,则自无可得看。若义理则尽无穷,待自家长得一格则又见得别。"
[②] "苟",原文作"更",据《张载集》改。

日间朋友论著，则一日间意思差别，须日日如此讲论，久则自觉进也。（《经学理窟·学大原下》）

上一条，因札记更及讲论。古人云："一朝谈论，胜如十年读书。"故曰："讲论得之，最速也。"窃愿同志，移其闲谈之光阴精神，用以讲究学问，积久将大有裨益。

学者潜心略有所得，即且志之纸笔，以其易忘，失其良心。若所得是，充大之以养其心，立数千题，旋注释，常改之。改得一字即是进得一字。始作文字，须多其词以包罗意思。（《经学理窟·义理》）

上条专论札记。横渠先生讲学时，终日危坐一室，左右简编，俯而读，仰而思，有得则识之；或中夜起坐，取烛以书。圣贤进德修业，亦多由铢积寸累而来，前人已试之效，后学所当取法也。

读书求义理。编书须理会有所归著，勿徒写过。（《近思录拾遗》）

理会有所归著，即理会其有何用处也。如此编书，乃有实际。

人之迷经者，盖己所守未明，故常为语言可以移动。己守既定，虽孔孟之言有纷错，亦须不思①而改之。复锄去其繁，使词简而意备。（《经学理窟·义理》）

朱子亦云："即孔子所言，亦须明白讨个是非。"盖读书原为自己明白，非为圣贤作辩护之人。宋儒讲学，以心得为主，于此可见。
此条语有费解处，观者会其意可矣。

观书解大义，非闻也，必以了悟为闻。（《经学理窟·学大原下》）

离书而义理常在，方是了悟。

闻见之善者，谓之学则可，谓之道则不可。须是自求，己能寻

---

① "亦须不思"，原文作"亦不须思"，据《张载集》改。

见义理，则自有旨趣，自得之则居之安矣。（《经学理窟·义理》）

当自立说以明性，不可以遗言附会解之。若孟子言"不成章不达"，及"四体不言而喻"。此非孔子曾言而孟子言之，此是心解也。（《张子语录·语录中》）

"自立说以明性"，非与圣贤立异也。盖学以自得为主，自得则自有所见，发为论说。言辞虽与前人不同，而义理则通，方是真自得。若以遗言附会解之，前人曰如何，我亦曰如何，依样葫芦，如鹦鹉学语，究其实一无所得，是乃不善学者也。

经义不过取证明而已[①]，故虽有不识字者，何害为善！（《经学理窟·义理》）

此与陆象山"六经皆我注脚，不识一字，须还我堂堂大丈夫"之言相类。人必知此而后博览经籍，方无理障、文障之弊。

有言"经义须人人说得别"，此不然。天下义理只容有一个是，无二个是。（《经学理窟·义理》）

义理为立身制事之准，不衷于一，在群群必败，在事事必坏。若夫学术所从入之途，以及经济才能，事业所就，尽可自繇，以收互相补助之效，不必一致也。

以上多论读书之法。或谓："读书不足以尽学。"愚谓："读书虽不足以尽学，然固可得其大凡。现当过渡时代，一般人为年齿、家计、时势所限，不能尽从事于学堂，若非借径于读书，将不免为门外汉矣。况学堂为课程所拘迫，不遑博览群籍。循此以往，数十年后，恐欲求一淹通之才，亦将如凤毛麟角矣。横渠所言，籍愿同志勿忽之也！"

人多是耻于问人，假使今日问于人，明日胜于人，有何不可！如是则孔子问于老聃、苌弘、郯子、宾牟贾，有甚不得。聚天下众人之善者是圣人也，岂有得其一端而便胜于圣人也！（《经学理窟·学大原下》）

[①] "而已"，原文作"耳"，据《张载集》改。

学有为之于己者，经历是也；有取资于人者，读书问人是也。读书是取资古人及今人之远者，问人是取资今人之近者。"聚天下众人之善者是圣人"一语，最为精要，学者当留意焉。

> 善取善者，虽于不若己采取亦有益。心苟不求益，则虽日与仲尼处何益？君子于不善，见之犹求益，况朋友交相取益乎？（《经学理窟·气质》）
>
> 于不贤犹有所取者，观己所问何事。欲问耕则君子不如农夫；问织则君子不如妇人；问夷狄则君子不如夷人；问财利则不如问商贾。（《经学理窟·气质》）

问夷狄，不如问夷人。岂有讲学人而不读西书者！
以上二条，明人当善取益。

> 人言必善听乃能取益。（《经学理窟·学大原下》）
> 柔其心则听言敬且信。（《经学理窟·气质》）

上二条明取益在乎善听，善听当先柔其心。荀子所谓"以学心听"，亦此意也。

> 苟能屈于长者，便是问学之次第云尔。（《经学理窟·气质》）

近时学者知此义者，鲜矣。然为求学取益，当勉强行之也。

> 人多以老成则不肯下问，故终身不知。又为人以道义先觉处之，不可复谓有所不知，故亦不肯下问。从不肯问遂生百端欺妄[①]人，我宁终身不知。（《近思录拾遗》）

观张子此言，看其胸中是何等光明磊落！当日与二程论《易》，二程言善，即撤坐辍讲，而屈于晚辈（二程于横渠为晚辈），豪杰气概，古今无两！千载而下，观其行，读其言，令人鄙吝顿销，圣人百世之师，信哉斯言！

[①] "妄"，原文作"罔"，据《张载集》改。

上条言幼少者当屈己，此条言长者当下问。

凡事蔽盖不见底，只是不求益。有人不肯言其道义所得，所至不得见底，又非于吾言无所不说。（《经学理窟·义理》）

蔽盖不见底，如病者不肯言其病状以试医，此是学人通病，无问长与幼也。董仲舒有云："子曰：'人而不曰如之何、如之何者，吾末如之何也已矣。'故匿病者不得良医，羞问者圣人去之。玉至清而不蔽其恶，内有瑕秽必见于外。故君子不隐其短，不知则问，不能则学，取之玉也。"与张子之言，互相发明。

横渠先生年谱

归曾祁

编者按： 本文原载《孔教会杂志》1913年第1卷第6期。标题下原署名"常熟归曾祁小宋"。归曾祁（生卒年不详），字小宋，江苏常熟人。近代学者。著有《西铭汇纂》《四裔制作权舆》《归玄恭先生年谱》等。本年谱涉及的张载著述、吕大临所撰《横渠先生行状》，据明徐必达万历三十四年（1606）辑刻《合刻周张两先生全书》之《张子全书》及其附录核校。

先生讳载，字子厚，世大梁人。曾祖某，生唐末，历五代不仕；以子贵，赠礼部侍郎。祖复，仕真宗朝，为给事中、集贤院学士，赠司空。父迪，仕仁宗朝，终于殿中丞、知涪州（今四川重庆府涪州）事，赠尚书都官郎中。涪州卒于西官，诸孤皆幼，不克归，侨寓于凤翔郿县（今陕西凤翔县郿县）横渠镇之南大振谷口，因徙而家焉。先生娶南阳郭氏，有子曰因。（吕氏大临《张子行状》）

[曾祁案]《郿县志》："张氏宗子在郿世系，一世迪，二世载、戬，三世因，四世炎，五世彔，六世晋。晋自郿徙郧，复食邑于滦，遂为滦人。"

张子名载，字子厚。其先宋人，世居大梁。父迪，仕仁宗朝，终于殿中丞、知涪州事，赠尚书都官郎中。涪州卒，诸孤皆幼，不克归，侨居于凤翔郿县横渠镇之南大振谷口，因家焉。（朱子《伊洛渊源录》）

载学古力行，为关中士人宗师，世称横渠先生。著《正蒙》《东西铭》行于世。（朱子《纲目》）

载学古力行，为关中士人宗师，世称为横渠先生。著书号《正蒙》，又作《西铭》。（《宋史》四百二十七本传）

宋真宗天禧四年，庚申，一岁

[曾祁案]朱子《伊洛渊源录》："先生生于真宗天禧四年庚申之岁。"仅知生年，月、日、时无可考。吴氏荣光《历代名人年谱》："张子厚，一作生于天圣九年辛未，年四十七。"此系先生之弟戬，非先生也。且戬生于天圣八年，

亦非九年。详下。

天圣①八年，庚午，十一岁

先生弟戬字天祺，生。

［曾祁案］《张子全书》："《弟戬圹志》：卒于熙宁九年，年四十七。"则生于是年也。

康定元年，庚辰，二十一岁

先生上书谒范文正公，公劝之读《中庸》。

［曾祁案］先生年二十一，谒范文正公。吕氏《张子行状》："康定用兵时，先生年十八，慨然以功名自许，上书谒范文正公。"叶氏分类《近思录集解》及文正《年谱》引《行状》作"年十八"，孙氏《理学宗传》、刘氏《理学宗传辨正》、黄氏全氏《宋元学案》、《祁州志》均作"年十八"。朱子《伊洛渊源录》："先生生于真宗天禧四年庚申之岁。仁宗康定元年庚辰，年二十，尝以书谒范文正公。"《纲目》亦作年二十。《宋史》本传："年二十一岁，以书谒范文正公。"熊氏《学统》："先生年十八，慨然以功名自许，欲结客取洮西之地。年二十一，上书谒范文正公。"《凤翔府志·人物》亦作"年二十一"。《行状》《渊源录》《纲目》皆误。以生年甲子考之，庚申至庚辰，正二十一年。《宋史》《学统》《府志》是也。（《学统》于先生'年十八'上云"当康定用兵时"，则又非也。）茅氏星来《近思录集注》首列《渊源录》，与下原列《行状》，一作"二十"，一作"十八"，未深考也。江氏永《近思录集注》同。

庆历二年，壬午，二十三岁

著《庆州大顺城记》。

［曾祁案］《记》："庆历二年某月日，经略元帅范公仲淹镇役总若干，建城于柔远塞东北四十里故大顺川。越某月日，城成，汴人张载谨次其事，为之文，以记其功。"

嘉祐元年，丙申，三十七岁

先生初至京师。

［曾祁案］吕氏《行状》："嘉祐初，见洛阳程伯淳正叔昆弟于京师，共

---

① "天圣"，原文作"乾兴"，误，径改。

语道学之要。先生涣然自信，曰：'吾道自足，何事旁求。'乃尽弃异学，淳如也。"《二程外书》："横渠昔在京师，坐虎皮说《周易》，听从甚众。一夕二程先生至，论《易》。次日横渠撤去虎皮，曰：'吾平日为诸公说者皆乱道。有二程近到，深明《易》道，吾所弗及，汝辈可师之。'（原注：逐日虎皮出，是日更不出虎皮也。）横渠乃归陕西。"

朱子《张子像赞》："勇撤皋比，一变至道。"

熊氏《学统》引广平游氏曰："子厚少时，自喜其才，故从之游者多能道边事。既而得闻先生（明道）论议，乃归。谢其徒，尽弃其旧学，以从事于道。其视先生虽外兄弟之子，而虚心求益之意恳恳如不及。逮先生之官，犹以书抵扈，以'定性未能不动'致问。先生为破其疑，使内外动静道通为一。读其书可考而知也。"

孙氏《理学宗传》："嘉祐初至京师。"

二年，丁酉，三十八岁

先生成进士，授祁州司法参军，迁云岩令。

［曾祁案］吕氏《行状》："嘉祐二年，登进士第，始仕祁州（今直隶保定府祁州）司法参军，迁丹州云岩（今陕西延安府宜川县）县令。又其在云岩，大抵以敦本善俗为先。每以月吉具酒食，召乡人高年会于县庭，视为劝酬，使人知养老事长之义。因问民疾苦及告以训诫子弟之意。有所告教，常患文檄之出不能尽达于民，每召乡长于庭，谆谆口谕，使往告其里闾。间有民因事至庭，或行遇于道，必问：'某时命某告某事，闻否？'闻既①已，否则罪其受命者。故一言之出，虽愚夫孺子无不预闻。"

李氏焘《续资治通鉴长编》："嘉祐二年，赐进士章衡等及第出身共三百八十八人。"

《凤翔府志·选举》："嘉祐二年，章衡榜登进士第。"（《陕西通志》同。）

神宗熙宁元年，戊申，四十九岁

迁著作佐郎、签书渭州军事判官。著《与蔡帅边事画一》《泾②原路经略司论边事状》《经略司画一》。

［曾祁案］先生迁著作佐郎、签书渭州（今甘肃平凉府平凉县）军事判官。

---

① 原文脱"既"，据《张载集》附《行状》补。
② "泾"，原文作"经"，据《张载集》改。

渭帅蔡子正特所尊礼，军府之事，大小咨之。先生夙夜从事，所以赞助之力为多。(《理学宗传辨正》《学统》)

二年，己酉，五十岁

先生为崇文院校书。

［曾祁案］吴氏《历代名人年谱》，此条列在冬十二月，非。

弟戬为监察御史里行。(吕氏《张戬行状》、《宋史》)

闰十一月，先生案狱浙东。

［曾祁案］明道文集《论遣张载按狱》注：熙宁二年闰十一月上，时为监察御史里行。

［曾祁案］吕氏《行状》："熙宁二年，被召入对，除崇文院校书。又既命校书崇文，先生辞未得谢，复命案狱浙东。或有为之言曰：'张载以道德进，不宜使之治狱。'执政曰：'淑问如皋陶，犹且谳囚，此庸何伤？'"

《宋史》："熙宁初，御史中丞吕公著言其有古学，神宗方一新百度，思得才哲士谋之，召见问治道。对曰：'为政不法三代者，终苟道也。'帝悦，以为崇文院校书。他日，见王安石。安石问以新政。载曰：'公与人为善，则人以善归。公如教玉人琢玉，则宜有不受命者矣。'明州(今浙江宁波府)苗振狱起，往治之，末杀其罪。"刘氏《理学宗传辨正》："以吕公著荐，被召入对，除崇文院校书。辞未得遂，命按狱浙东。明道程子争之曰：'载以经术德义进，而使之按狱，非朝廷所以待贤之意也。'安石曰：'淑问如皋陶，犹谳囚，此何伤？'命竟下，实疏之也。"

三年，庚戌，五十一岁

先生移疾归横渠。

［曾祁案］《行状》于"二年"下云："明年移疾。"则是年移疾归也。又狱成还朝，会弟天祺以言得罪。(《二程外书》《邵氏闻见录》载，伯淳先生尝曰："熙宁初，王介甫行新法，张天祺以御史面折介甫，被责。")先生益不安，乃谒告西归，居于横渠，遂移疾不起。横渠至僻陋，有田数百亩，以供岁计，约而不足。人不堪其忧，而先生处之益安。终日危坐一室，左右简编，俯而读，仰而思，有得则识之；或中夜起坐，取烛以书。其志道精思，未始须臾息，亦未尝须臾忘也。刘氏《理学宗传辨正》："会先生弟戬与明道同为御史里行，并以论新法得罪，同时补外。先生按狱还，明道等已出。乃谒告西归，屏居终南山下。(《郿县志》引《通典》"郿有终南山"，又引《元和郡县志》"山在郿县南三十里"。)敝衣疏食，危坐一室，俯而读，仰而思，有得则识之；或中夜

起，取烛以书。其志道精思，未尝须臾息也。"

［又案］张子《经学理窟》（《宋元学案》作《横渠理窟》）："某既闲居横渠，说此义理，自有横渠未尝如此。"则《经学理窟》《正蒙》等书皆成于居横渠之时。《正蒙》见下。

四年，辛亥，五十二岁
居横渠。

五年，壬子，五十三岁
居横渠。

六年，癸丑，五十四岁
居横渠。

七年，甲寅，五十五岁
居横渠。

八年，乙卯，五十六岁
居横渠。有《老大》诗一首云："老大心思久退消，个中终日面岩峣。六年无限诗书乐，一种难忘是本朝。"

［曾祁案］先生诗作不多①，集中只十余首。除《别馆中诸公》一首外，大抵皆居横渠时作，无年月可分录。惟《老大》一首中有"六年"句，先生自居横渠至是正六年，当是是年作。

九年，丙辰，五十七岁
三月丙辰朔，弟戬暴疾卒，年四十七岁。（张子《弟戬圹志》、吕氏《张戬行状》、《宋史》、《宋元学案》）

［曾祁案］《行状》："既冠，登进士第。"则戬登进士，当在皇祐时。而《陕西通志》《凤翔府志·选举》皆作"宁宗庆元二年，邹应龙榜"。张戬登进士，岂别有一张戬耶？抑纪年之误耶？刘氏长华《历代同姓名录》二张戬：一唐表清河文琮子，江州刺史；一宋道学载弟，字天祺，官监察御史里行，知公安县（今湖北荆州府公安县）。是则宋只一张戬也。

---

① "诗作不多"，原文作"诗不多作"，据文意改。

秋，先生感异梦。

［曾祁案］《行状》："熙宁九年秋，先生感异梦。忽以书属门人，乃集所立言，谓之《正蒙》。出①示门人曰：'此书予②历年致思之③所得，其言殆于前圣合与，大要④发端示人而已。其触类广之，则吾将有待于学者。正如老木之株，枝别固多，所少者润泽华叶尔。'"《二程外书》："张横渠著《正蒙》时，处处置笔砚，得意即书。伯淳云：'子厚却如此不熟。'"朱子曰："横渠教人道：夜间自不合睡，只为无可应接。他人皆睡了，己不得不睡。他做《正蒙》时，或夜里默坐彻晓。他直是恁地勇，方做得。"

十年，丁巳，五十八岁

春，知太常礼院。冬十一月，再移病西归。乙亥，卒于临潼馆舍。

［曾祁案］《行状》："十年春，复召还馆，同知太常礼院。是年冬，谒告西归。十有二月乙亥，行次临潼（今陕西西安府临潼县），卒于馆舍，享年五十有八。是月，以其丧归殡⑤于家，卜以元丰元年八月癸酉，葬于涪州墓南之兆。（《郿县志》："横渠镇在郿县五十里，张子故宅及墓祠皆在焉。"）又殁之日，惟一甥在侧，囊中索然。明日，门人之在长安者，继来奔哭之，赙襚始克敛，遂奉柩归殡以葬。"张氏舜民《乞追赠张载疏》："熙宁末年，再至阙下，神宗方将任用，使行其所言，其疾再作，谒告西归，死于道路。"孙氏《理学宗传》、刘氏《理学宗传辨正》、黄氏全氏《宋元学案》皆云："九年，以吕大防荐，召知太常礼院。"《辨正》又云："冬十一月，置潼关，沐浴更衣而寝。比旦，视之，则卒矣。"九年误，十一月是也。李氏《长编》："十一月戊申朔，十二月丁丑朔。以戊申下推之，二十八日乙亥，二十九日丙子，十二月朔丁丑，乙亥日明在十一月也。且吴氏《历代名人年谱》'十年十一月，同知太常礼院张载卒，年五十八'，亦作十年十一月。是则九年及十二月皆非也。"

［又案］《邵氏闻见录》："横渠再移疾西归，过洛见二程先生，曰：'载病不起，尚可及长安也。'行至临潼，沐浴更衣而寝。及旦视之，亡矣。门人衰绖挽车以葬。"《二程遗书》："张子厚罢太常礼院，归关中，过洛而见程子。子曰：'比太常礼院所议，可得闻乎？'子厚曰：'大事皆为礼房检正所夺，所议惟小事尔。'子曰：'小事谓何？'子厚曰：'如定谥及龙女衣冠。'子曰：

---

① 原文脱"出"，据《张载集》附《行状》补。
② "予"，原文作"于"，据《张载集》附《行状》改。
③ 原文脱"之"，据《张载集》附《行状》补。
④ "要"，原文作"凡"，据《张载集》附《行状》改。
⑤ 原文脱"殡"，据《张载集》附《行状》补。

'龙女衣冠如何？'子厚曰：'当依夫人品秩。盖龙女本封善济夫人。'子曰：'某则不然。既曰龙，则不当被人衣冠。矧大河之塞，本上天降祐，宗庙之灵、朝廷之德，而吏士之劳也。龙何功之有？又闻龙有五十三庙，皆曰三娘子。一龙耶？五十三龙耶？一龙则不当有五十三庙，五十三龙则不应尽为三娘子也。'子厚默然。又子厚言：'今日之往来俱无益，不如闲居，与学者讲论，资养后生，却成得事。'正叔言：'何必然。义当来则来，当往则往尔。'"《二程外书》："正叔谓子厚在礼院所定龙女衣冠，使封号夫人品秩为准。正叔语其非，此事合理会。夫大河之塞，莫非上天降鉴之灵，官吏勤职，士卒效命。彼龙，水兽也，何力焉？今最宜与他正人畜之分，不宜使畜产而用人之衣冠服。"

［又案］先生尝以礼教人，此行本拟可以有为。所以有"吾是行也，不敢以疾辞，庶几有遇焉"之语。及议行冠婚丧祭之礼不决，正郊庙之礼而众莫之助，郁郁以疾，卒于馆舍。惜哉！明道哭以诗，曰："叹①息斯文约共修，如何夫子便长休。东山无复苍生望，西土谁供后学求。千古声名联棣萼，二年零落去山丘。寝门恸哭知何限，岂独交亲念旧游！"

［又案］《宋史》："宁宗嘉定十二年，赐谥'明公'。理宗淳祐元年，封'郿伯'，从祀孔子庙庭。"《宋元学案》："嘉定中，赐谥。淳祐初，追封'郿伯'，从祀学宫。原注：太常初拟曰'达'。众论未叶。再拟曰'诚'，又拟曰'明'，俱未用。后定谥曰'献'。"《学统》："嘉定中，赐谥曰'明'。淳祐初，追封'郿伯'，从祀孔子庙庭。明嘉靖中，祀称'先儒张子'。"《东华录》："雍正二年，先生父迪从祀夫子庙，称'先儒张氏'。"

曾祁读《西铭》既以注说集录一编，名曰《西铭汇纂》；又将《先生行状》及《宋史》本传等按年分注，成《年谱》一卷。惜事迹少而著述又无年月可稽，寥寥数纸，不足尽先生万一，愿有道者鉴正焉。宣统辛亥首夏，归曾祁谨记于金陵小南强室。

---

① "叹"，原文作"歉"，据王孝鱼点校本《二程集》（中华书局1981年版）改。

张横渠的哲学思想

——《中国哲学史》中关于张横渠的论述

谢无量

编者按：本文选自谢无量所著《中国哲学史》（中华书局1916年版）第三编上"近世哲学史（宋元）"之第五章"张横渠"。题目为编者根据内容拟定。谢无量（1884—1964），四川乐至人，原名蒙，字大澄，号希范，后易名沉，字无量，别署啬庵。近代著名学者、诗人、书法家。1901年与李叔同、黄炎培等同入南洋公学。清末任成都存古学堂监督。民国初期任孙中山先生秘书长、参议长及黄埔军校教官等职。之后从事教育和著述，任国内多所大学教授。中华人民共和国成立后，历任川西博物馆馆长、中国人民大学教授、中央文史馆副馆长。著有《中国大文学史》《中国哲学史》《诗经研究》《佛学大纲》《楚辞新论》《中国古田制考》《中国妇女文学史》《谢无量书法》等。

张载，字子厚，其先大梁人，侨居凤翔郿县横渠镇。少即志气不群，喜谈兵。年十八，上书谒范文正公，公知其远器，责之曰："儒者自有名教可乐，何事于兵！"手《中庸》一编授焉，遂翻然志于道。已求诸释老，乃反求之六经。嘉祐初，至京师，见二程子。二程于横渠为外兄弟之子，卑行也。与语道学之要，厌服之，因涣然曰："吾道自足，何事旁求！"于是尽弃异学。是时横渠已拥皋比讲《易》京邸，听从者甚众。既见二程，乃告学者曰："今二程兄弟，深明《易》道，可往师之，吾不及也。"即日辍讲。历任外官。熙宁初，以吕正献公荐召对。神宗问治道，对曰："为治不法三代，终苟道也。"时王安石方行新法，横渠不善之，久之托疾归。终日危坐一室，左右简编，俯读仰思，冥心妙契，虽中夜，必取烛疾书，曰："吾学既得诸心，乃修其辞命。命辞无失，然后断事。断事无失，吾乃沛然。"盖其志道精思，未始须臾息也。告诸生以学必如圣人而后已，以为知人而不知天，求为贤人而不求为圣人，此秦汉以来学者之大蔽也。故其学以《易》为宗，以《中庸》为的，以《礼》为体，以孔孟为极。深信《周礼》，以为必可行于后世。谓仁政必自经界始，经界不正，即贫富不均，教养无法，虽欲为治，牵架而已。与学者将买田一方，画为数井，以推明先生之遗法，未就而卒。所著曰《东铭》《西铭》《正蒙》《理窟》《易说》等。《西铭》旨意尤纯粹广大，程门专以《西铭》开示学者云。

一、气一元论

横渠宇宙论，实自树一宗，故非老子有生于无之说，又非释氏为执无而不知有。当时诸家论宇宙，如周子之言太极，邵子之言先天，程子之言理气，横渠并不取之。独由虚空即气之作用，以解释宇宙之本体及现象，故今名之曰"气一元论"。《正蒙》开首即曰："太和所谓道。"太和是指阴阳会合冲和之气，则谓气即道也。太和之中涵有浮沉、升降、动静、相感之性，既发则二气摩荡，而生胜负、屈伸，如寒暑往来是也。聚则是胜而伸，散则是屈而负。气之流行，其始潜乎默运，极于几微简易，其究广大坚固。此气一鼓，万物化生，而无迹可见者，为乾之易；庶物繁生，巨细毕达，而有迹可见者，为坤之简。乾以此始物，坤以此成物，要皆气之变化之客形；其清通不测之神，乃为本体，即太虚无形者也。无本体则无此变化之客形，总是一气，非有二也。故气之交感、升降、浮沉，直如野马飞尘之相络，往来不息，是之为太和。太和充塞宇宙而无有间。故曰：

> 太和所谓道，中涵浮沉、升降、动静、相感之性，是生絪缊、相荡、胜负、屈伸之始。其来也几微易简，其究也广大坚固。起知于易者，乾乎！效法于简者，坤乎！散殊而可象为气，清通而不可象为神。不如野马、絪缊，不足谓之太和。语道者知此，谓之知道；学《易》者见此，谓之见《易》。（《太和》）

程子曰："横渠立言，诚有过者，乃在《正蒙》。"又曰："子厚以清虚一大名天道，是以器言，非形而上者。"又曰："横渠立清虚一大为万物之原，恐未安，须兼清浊虚实，乃可言神。道体物不遗，不应有方所。"朱子亦谓："以太虚、太和为道体，却只是说得形而下者，皆是'发而皆中节谓之和'处。"盖横渠虽立太虚、太和二者，而首言太和，实就气之流行处言，即太虚亦只是一气，不过因其本体谓之太虚耳。乃论气之变化曰：

> 气坱然太虚，升降飞扬，未尝止息，《易》所谓"絪缊"，庄生所谓"生物以息相吹""野马"者欤？此虚实、动静之机，阴阳、刚柔之始。浮而上者，阳之清，降而下者，阴之浊，其感遇聚散，为风雨，

为雪霜，万品之流行，山川之融结，糟粕煨烬，无非教也。(《太和》)

然此变化者，非自外来，非有二物，皆气之本体所为也。故曰：

> 太虚无形，气之本体，其聚其散，变化之客形尔。至静无感，性之渊源，有识有知，物交之客感尔。客感客形，与无感无形，惟尽性者一之。(《太和》)

朱子曰："'客感客形'与'无感无形'，未免分截作两段事。圣人不如此说，只说形而上形而下而已。"于是乃申论气之聚散曰：

> 天地之气，虽聚散攻取百涂，然其为理也，顺而不妄。气之为物，散入无形，适得吾体；聚为有象，不失吾常。太虚不能无气，气不能不聚而为万物，万物不能不散而为太虚。循是出入，是皆不得已而然也。然则圣人尽道其间，兼体而不累者，存神其至矣。彼语寂灭者，往而不反；徇生执有者，物而不化。二者虽有间矣，以言乎失道则均焉。聚亦吾体，散亦吾体，知死之不亡者，可与言性矣。(《太和》)

横渠所谓"语寂灭者"指释氏，知散而不知聚者也；"徇生执有者"，指道家长生久视之说，知聚而不知散者也，故均失之。犹恐人未喻也，更极释、老不知形性之本曰：

> 知虚空即气，则有无、隐显、神化、性命通一无二，顾聚散、出入、形不形，能推本所从来，则深于《易》者也。若谓虚能生气，则虚无穷，气有限，体用殊绝，入老氏"有生于无""自然"之论，不识所谓有无混一之常；若谓万象为太虚中所见之物，则物与虚不相资，形自形，性自性，形性、天人不相待而有，陷于浮屠以"山河大地为见病"之说。此道不明，正由懵者略知体虚空为性，不知本天道为用，反以人见之小，因缘天地。明有不尽，则诬世界乾坤为幻化。幽明不能举其要，遂躐等妄意而然。不悟一阴一阳范围天地、通乎昼夜、三极大中之矩，遂使儒、佛、老、庄，混然一途。语天道性命者，不罔于恍惚梦幻，则定以"有生于无"为穷高极微之论。入德之途，不知择术而求，多见其蔽于诐而陷于淫矣。(《太和》)

盖气之聚散，即是实理，无聚不散，无散不聚，性无生死，何有灭亡？惟阴阳之常道，宇宙之常理则然，而非所谓轮回之说也。故又曰：

> 气之聚散于太虚，犹冰凝释于水。知太虚即气，则无无。故圣人语性与天道之极，尽于参伍之神，变易而已。诸子浅妄，有有无之分，非穷理之学也。（《太和》）

然则气外无道，道外无气，故又曰：

> 由太虚，有天之名；由气化，有道之名；合虚与气，有性之名；合性与知觉，有心之名。（《太和》）

皆是气也，此横渠穷理尽性之极功也。

横渠乃又推气之一本，以论鬼神。盖世人每一道及鬼神，无不以为一种怪异之灵物，而哲学上所谓鬼神之意义，固无有此。《尔雅》曰："鬼之为言归也。"或曰："气之屈者为鬼。"《韩诗外传》曰："人死肉归于土，血归于水，骨归于石，魂升于天。"此亦言人死归其本之义。故就造字之本意释之，则"鬼者，归也；神者，伸也"，即气之伸者为神，气之屈者为鬼。屈者谓其气消散，反其本原；伸者谓其气伸张，生成万物。即《易》所谓阴阳之谓神也。然则鬼神不过气之一伸一屈者而已，横渠实本此义以立其鬼神说。故曰：

> 鬼神者，二气之良能也。圣者，至诚得天之谓；神者，太虚妙应之目。凡天地法象，皆神化之糟粕尔。天道不穷，寒暑已；众动不穷，屈伸已；鬼神之实，不越二端而已矣。（《太和》）

又曰：

> 鬼神，往来屈伸之义，故天曰神，地曰示，人曰鬼。（《神化》）

然则凡天神、地示、人鬼者，皆指二气变化之良能，而非有其他也。则古人为祭祀之义，亦见此阴阳造化之神妙不穷，故斋明盛服以承祀之耳。

二、伦理学

（甲）天地万物一体之仁

横渠于学堂双牖，右书《订顽》，左书《砭愚》。伊川曰："是起争端。"改《订顽》曰《西铭》，改《砭愚》曰《东铭》。东西铭者，伦理之总要，而教学之根本也。《西铭》规模尤大。故周子《太极图说》之于哲学，横渠《西铭》之于伦理，其功并为至伟。《太极图说》综古来圣贤所言宇宙创造之理，《西铭》综古来圣贤所示人生至善之鹄。盖天地万物，其理本一，惟廓然大公，无一毫有我之私，而后融化洞澈，物我无间，可以契仁之体。《西铭》，即善言此仁之体者也。故杨龟山曰："《西铭》只是要学者求仁而已。"或问朱子《西铭》仁孝之理。朱子曰："他不是说孝，是将这孝来形容这仁。事亲底道理，便是事天底样子。"天地间本是一理，万物即一理之所分。人本与天地同大，因其自小，所以不能全乎仁；若能自处以天地之心为心，便是与天地万物同体，此《西铭》之所谓仁也。今录《西铭》全文如下：

> 乾称父，坤称母；予兹藐焉，乃混然中处。故天地之塞，吾其体；天地之帅，吾其性。民，吾同胞；物，吾与也。大君者，吾父母宗子；其大臣，宗子之家相也。尊高年，所以长其长；慈孤弱，所以幼吾幼。圣，其合德；贤，其秀也。凡天下疲、癃、残、疾、惸、独、鳏、寡，皆吾兄弟之颠连而无告者也。于时保之，子之翼也；乐且不忧，纯乎孝者也。违曰悖德，害仁曰贼，济恶者不才，其践形惟肖者也。知化则善述其事，穷神则善继其志；不愧屋漏为无忝，存心养性为匪懈。恶旨酒，崇伯子之顾养；育英才，颍封人之锡类。不弛劳而厎豫，舜其功也；无所逃而待烹，申生其恭也。体其受而归全者，参乎；勇于从而顺令者，伯奇也。富贵福泽，将厚吾之生也；贫贱忧戚，庸玉汝于成也。存，吾顺事；没，吾宁也。

程子曰："《西铭》明理一而分殊。"又曰："《订顽》之言，极纯无杂，秦汉以来学者所未到。"又曰："《西铭》某得此意，只是须得子厚笔力，他人无缘做得。孟子以后，未有人及此。"朱子《西铭论》曰：

> 天地之间，理一而已。然乾道成男，坤道成女，二气交感，化

生万物，则其大小之分，亲疏之等，至于十百千万而不能齐也，不有圣贤者出，孰能合其异而反其同哉！《西铭》之作，意盖如此。程子以为明理一而分殊，可谓一言以蔽之矣。盖以乾为父，以坤为母，有生之类，无物不然，所谓理一也。而人物之生，血脉之属，各亲其亲，各子其子，则其分亦安得而不殊哉！一统而万殊，则虽天下一家，中国一人，而不流于兼爱之弊；万殊而一贯，则虽亲疏异情，贵贱异等，而不梏于为我之私。此《西铭》之大指也。观其推亲亲之厚，以大无我之公，因事亲之诚，以明事天之道，盖无适而非所谓分殊而推理一也。夫岂专以民吾同胞、长长幼幼为理一，而必默识于言意之表，然后知其分之殊哉！且所谓称物平施者，正谓称物之宜以平吾之施云尔，若无称物之义，则亦何以知夫所施之平哉！

按：《西铭》首尾贯通，天人一体；《东铭》则戒戏言戏动、过言过动，以示修身之要者也。

（乙）天地之性与气质之性

程伊川、朱晦庵皆言有气质之性与本然之性两种，大抵本之横渠所谓天地之性、气质之性，横渠尤重变化气质。朱子曰："气质之说，起自张、程，极有功圣门，有补后学，前此未曾说到。故张、程之说立，诸子之说定矣。"《正蒙·诚明篇》曰：

> 形而后有气质之性，善反之，则天地之性存焉。故气质之性，君子有弗性者焉。

盖天命之所流行，赋与万物而纯粹至善者，曰天地之性；气聚成形，其气质有纯驳偏正之异者，曰气质之性。若能变化气质，则天地之性，不失其初，而能复于本然之善矣。然本然之性，非离气质而别存；气质之性，亦非纯出于恶。惟气质有所杂糅，故不能一于善耳。学者当变化其气质之恶以进于善，又当充其所谓善者焉。故曰：

> 人之刚柔缓急，有才与不才，气之偏也。天本参和不偏，养其气，反之本而不偏，则尽性而天矣。性未成则善恶混，故亹亹而继善者，斯为善矣。恶尽去则善因以亡，故舍曰善，而曰成之者性。（《诚明篇》）

又曰：

> 湛一，气之本；攻取，气之欲。口腹于饮食，鼻舌于臭味，皆攻取之性也。知德者属厌而已，不以嗜欲累其心，不以小害大、末丧本焉尔。（《诚明篇》）

盖恶之所起，由于气之有偏，审其本末、大小而善反之，斯可矣。然如何而后可以善反？则不外以德胜气，以致于中道之善。故曰：

> 德不胜气，性命于气；德胜其气，性命于德。穷理尽性，则性天德，命天理，气之不可变者，独死生修夭而已。故论死生则曰有命，以言其气也；语富贵则曰在天，以言其理也。此大德所以必受命，易简理得而成位乎天地之中也。（《诚明篇》）

朱子释之曰：

> 张子只是说性与气皆从上面流下来。自家之德，若不能有以胜其气，则只是承当得他那所赋之气；若是德有以胜其气，则我之所以受其赋予者皆是德。故穷理尽性，则我之所受皆天之德，其所以赋予我者皆天之理。气之不可变者，惟死生修夭而已。盖死生修夭，富贵贫贱，这却还他气。至义之于君臣，仁之于父子，所谓命也有性焉，君子不谓命也，这个却须由我不由他。欲去气禀之偏，要须是以德胜气。能以德胜气，而合于中道，斯为善也。故曰："极善者须以中道，方谓极善。故大中谓之皇极，盖过则便非善，不及亦非善。"（《语录》）

至于所以以德胜气，所以去偏就中，又终不出一心之作用，横渠所谓"心统性情"者，此也。

横渠至是乃谓学者修养之功，莫先于变化气质。能变化气质者，亦是此心而已。故曰：

> 为学大益，在自能变化气质。不尔，卒无所发明，不得见圣人之奥。故学者先须变化气质，变化气质与虚心相表里。（《理窟·义理》）

又曰：

变化气质。孟子曰"居移气，养移体"，况居天下之大居者乎！居仁由义，自然心和而体正。更要约时，但拂去旧日所为，使动作皆中礼，则气质自然全好。《礼》曰："心大体胖。"心既弘大，自然舒大而乐也。若心但能弘大，不谨敬则不立；若但能谨敬，而心不弘大，则入于隘。须宽而敬。大抵有诸中者，必形诸外。故君子心和则气和，心正则气正。其始也，固亦须矜持。古之为冠者以重其首，为履以重其足，至于盘盂几杖为铭，皆所以慎戒之。（《理窟·气质》）

变化气质，虽一心作用，又待师友讲劝而成者也。

宋张横渠有民胞物与之说申而论之

金夕阳

编者按：本文原载《同南》1917年第6期。金夕阳，生平事迹不详。

旷观宇宙之间，万象森罗。道生之，德畜之，物形之，势成之，是以万物一体也，天地一家也，而其秀出者为人。人之心，澄然清明，开朗无翳，本灵，本神，本明，本广大，本变化无方。天下万世之人心，如出一辙，随处能发，不必求诸幽深！以羊易牛之心，孟子称之以王。故圣人之学，心学也。尧舜禹之相授曰："人心惟危，道心惟微，惟精惟一，允执厥中。"此心学之源也。道心精一之谓仁，故子贡致疑于多学而识，而以博施济众为仁。夫子告之以"一贯"，而教以能近取譬，盖使之求诸其心也。迨墨子之言仁，至于摩顶放踵，而告子之徒，又有"仁内义外"之说，心学于是乎之大坏。孟子辟之曰："仁，人心也。学问之道无他，求其放心而已矣。"

宋张横渠先生有民胞物与之说，要亦求夫心之仁，异其言而同其旨欤！夫载以郿县侠客，少喜谈兵，至欲结客取洮西。后屏居终南山，志道精思，世之重仰其人者，以其德不以其术，故其传不广，而所著又不多。息观夫彝伦攸斁，豺狼食人，河决鱼烂，不可收拾，发为此有激之言欤！吾夫子尝曰："道二，仁与不仁而已矣。如是则为仁，反是则为不仁，仁即此心也。求则得之，得此心也；先知者，知此心也；先觉者，觉此心也。爱其亲者，此心也；敬其兄者，此心也；见孺子将入井而有怵惕恻隐之心者，此心也；羞恶辞逊者，此心也。敬，此心也；义，亦此心也；内，此心也；外，亦此心也。心含万象，融会精粗。张子创为"民同胞，物吾与"之说，充其量将智周乎万物，德侔乎天地，是心学也，亦即仁学也。杜正献公曰："士君子做事行己，当履中道，不宜矫饰。"此求诸心之真诠也。嗟乎！人心已死，天理将亡，而假仁假义之名词，目不绝见，耳不绝闻。人禽之界，相去几何？此民、此物，孰胞与之哉，嘻！

书张子《西铭》后

周维新

编者按：本文原载《青年进步》1919年第19期。题目下署名"广东宝安李浪传道院周维新"。周维新，生平事迹不详。

予读张子《西铭》"民胞物与"之说，至谓"凡天下疲癃、残疾、惸独、鳏寡，皆吾兄弟之颠连而无告者也"，心未尝不怦怦而动焉。夫常人之情，莫不爱其兄弟也。惟其爱之，故见兄弟之痛苦犹己之痛苦而思所以救助之，见兄弟之陷溺犹己之陷溺而思所以拯拔之。所谓骨肉之情，出乎天性者也。使人能知凡圆颅方趾含灵赋气之侪皆属天帝之赤子，即皆为吾之兄弟，而推其爱骨肉兄弟之情，以爱属天之兄弟，乐与同乐，忧与同忧，和衷共济，以图人群之幸福，则大同和乐之世界何难即现乎哉！无如人类堕落以来，物欲滋生，惟知利己自营，而仁爱之心遂日以剥丧。于是见他人之痛苦陷溺，漠然不动者有之；甚或幸灾乐祸，坠井下石者有之；更甚至骨肉之亲视如秦越，祸起萧墙操戈同室者，不可胜数也。乃知吾人自私自利之劣根性弗除，则慈爱之心弗生。既无慈爱之心，则虽见骨肉兄弟之颠连无告，亦将漠然不顾，何能恤及乎天下疲癃、残疾、惸独、鳏寡之人哉！然则自私自利之劣根性，将奚自而除之乎？恃人力之克修欤？则滔滔皆是，而谁与易之？故吾敢断言曰：徒恃人力自克，其不失败灰心者几希！必也归心基督，以其情欲故态磔诸十架，赖圣灵之重生，恒厥心交乎上帝，则劣根性去，慈爱之心自生，而种种慈善事业亦必乐为之矣。爰即张子之说以进之。

《西铭》解

武 淑

编者按：本文原载《仪光阁杂著》第2—3页。武淑（1850—1921），女，字怡鸿，号仪光阁主，陕西富平人，适临潼吕申。宣统元年（1909），应陕西提学使之聘，任陕西省女子师范学堂首任监督（校长）兼教习，为当时陕西妇女主持教育之第一人。宣统三年（1911），辞女师监督，回到家园重温诗画生涯。所著《仪光阁诗钞》《仪光阁杂著》，与其夫吕申合著《华洁馆诗文集》，由其弟武澄编成四卷，于1921年在西安自费刊印。

《西铭》言虽约而理无余，彻上彻下，文理密察，有条不紊。程门专以此开示后学，盖深有味乎其言之也。验其间文意高浑，词旨奥衍，当时如陆□定、郭冲敏、陆子美、林黄中诸人，颇多置疑于其际。即贤如龟山杨子，犹不能无流于兼爱之说。迨朱文公出而解注之，而后《订顽》一书，涣然冰释，怡然理顺。夫《西铭》之旨，理虽一而分则殊，知其理一，所以为仁；知其分殊，所以为义。仁尽而义至，则与《孟子》性善养气同功。夫何至流于墨氏之徒哉！若刘安节谓"申生过乎中庸，不当侪诸大舜"，则程子固已解之矣。读者由辞以得意，则其言虽阔略，要无不可反求诸身而自得。然而见道尽高，所言虽无弊，恐非初学猝能领悟也。

张横渠的哲学之研究

陈正谟

编者按：本文原载《学林》1922年第1卷第6期，为未完稿。陈正谟，号季民，湖北汉阳人。北京大学哲学系毕业，民国十二年（1923）九月经陶孟和介绍入编译所，在哲学教育部任编辑。据有关资料记载，民国十二年时，陈正谟28岁，由此推知他当生于1896年。卒年不详。著有《现代哲学思潮》，翻译过弗兰克·梯利的《西方哲学史》，发表过多篇有关农村土地制度、人口问题和经济税收等文章。

绪　论

张横渠名载字子厚，陕西凤翔府郿县横渠镇人，人因名之为横渠；生于宋真宗天禧四年（西历1020年），死于神宗熙宁十年（西历1077年）。他少时喜谈兵，尝聚集豪杰，想征服西夏。年十八时，曾上书于范文正以自荐。文正见其大器可成，便把他责备了一番，说道："儒家自有名教可乐，何事于兵？"同时又给《中庸》一部。自此以后，横渠遂弃丢他的赳赳武夫的精神，抱了一个彬彬学者的志愿。为学之始，偏注于释老，这原来是应当时的时髦，后与他的表侄大小二程谈学问，受了他们的感化，就把释老丢了，专挂儒家的招牌。他生平极有豪气，抱负实在不凡，常欲"为天地立心，为生民立命，为往圣继绝学，为万世开太平"。他的宇宙论以气为中心点，不像周、邵二人那样多的道士气。他的人生哲学主张利他的主义，教育哲学提出一个变化气质的观念，使中国教育史上多增一点材料。他的政治的主张，拿现在的话形容，就是国家社会主义。他晚年曾本着他的主张，约集几个同志，试办一个新村，没有成功，他就死了。他的著述有：《正蒙》《理窟》《易说》《东铭》《西铭》《语录》。现在我先就他的宇宙论说起。

宇宙论

一

自从老子说了"天下万物生于有,有生于无",于是"有无"就成了中国哲学史上半期的问题。谈起这个问题来,总是"恍兮忽兮",耐人思索,令人讨厌。尤其令人捉摸不着的,就是《淮南子·俶真训》中说的什么"有'有'者,有'无'者;有未始有'有无'者,有未始有夫'未始有有无'者。"到了横渠,才来把"有无"的问题打破,在中国哲学史上树了一个不朽的纪念碑。

横渠以为宇宙之始,虽是虚空,但不能说他是"无"(non-being),因为他是一团"气"。所以他说:"太虚无形,气之本体。"(《正蒙》)又说:"太虚者,气之体。"(《正蒙》)太虚是一团气,便是"有"(being)了,既是"有",怎能说他是"无"?所以他说:"知太虚即气,则无'无'。"(《正蒙》)又说:"知虚空即气,则'有无'、'显隐'、'神化'、'性命'、'通一无二'。"(《正蒙》)一般道家讲自然,不知此理,所以他骂他们道:"诸子浅妄,有'有无'之分,非穷理之学也。"(《正蒙》)又道:"《大易》不言'有无',言'有无',诸子之陋也。"

二

宇宙之始,既是一团气,然则万物怎样有了的呢?横渠以为是由气之聚集。他说万物之生灭,全由于气之聚散。我们在叙述他的这个问题之先,须得把他所想象的气的性质预先提出,以为叙述他的建设的哲学之张本。他对于气的性质,未曾下一个概括的简明的定义,不过只有下列几种说法:

(一)气有阴阳,推行有渐为化,合一不测为神。

(二)气之性,本虚而神,则神与性乃气所固有。

(三)气有阴阳、屈伸、相感之无穷,故神之应之也亦无穷;其散无数,故神之应之也无数。虽无穷,其实湛然;虽无数,其实一而已。阴阳之气,散则万殊,人莫知其一也;合则混然,人莫见其殊也。

把这三种说法归纳起来,用概括简明的话表现出来,则气之性质如下:

感应神妙,运动敏捷,聚散离合,靡有一定。

横渠的知识论,有一部分即建设于"感应神妙"的观念上,他的"万物说"完全建设于"运动敏捷,聚散离合,靡有一定"之上。试看他的物理学、生物学就知道了。他说：

> 气块然太虚，升降飞扬，未尝止息，《易》所谓"絪缊"，庄生所谓"以息相吹""野马"者欤！此虚实动静之机，阴阳刚柔之始。浮而上者，阳之清；降而下者，阴之浊。其感遇聚散，为风雨，为霜雪，万品之流形，山川之融结，糟粕煨烬，无非教也。（《正蒙》）

这就是说，宇宙之始，乃是一大团昏昏沉沉的气，清的向上飞，浊的向下降，翻上翻下，极其敏速，又没止息，遇着一堆，便成万象。我们若再看他的风雨雷霆霜雪的详细解释，越发明白他的这道理。他说：

> 阴性凝聚，阳性发散。阴聚之，阳必散之，其势均。散阳为阴，累则相持为雨而降。阴为阳得，则飘扬为云而上升。……凡阴气凝聚，阳在内者不得出，则奋击而为雷霆；阳在外者不得入，则周旋不舍而为风。其聚有远近虚实，故雷风有大小暴缓。和而散，则为霜雪雨露；不和而散，则为戾气瞖霾。（《正蒙》）

以上是他的物理说，以下再叙他的生物说。他说：

> 动物本诸天，以呼为聚散之渐。植物本诸地，以阴阳升降为聚散之渐。物之初生，气日至而滋息。物生既盈，气日反而游散。（《正蒙》）

他又特别的以气解释人，说道：

> 气于人生而不离，死而游散者谓魂；散成形质，虽死而不散者谓魄。（《正蒙》）

又说：

> （气）聚亦吾体，散亦吾体。知死之不亡者，可与言性矣。（《正蒙》）

死生既可以气解释，鬼的问题当然也可以气解释。所以他说：

物之初生，气日至而滋息。物生既盈，气日反而游散。至之为神，以其伸也。反之为鬼以其归也。（《正蒙》）

又说：

鬼神者，二气之良能也。（《正蒙》）

又说：

鬼神往来屈伸之义，故天曰神，地曰示，人曰鬼。（《正蒙》）

这些说法，总而言之，就是说鬼神不是什么别的东西，只是阴阳二气变化的本能。

三

气之聚散，演成万物的生灭，既然如此，然则气之聚散，物之生灭，是循着条理呢，还是不循着条理呢？他说：

天地之气，虽聚散①攻取百涂，然其为理也顺而不妄。气之为物，散入无形，适得吾体，聚为有象，不失吾常。（《正蒙》）

这就是说气之聚散，不是乱七八糟的，是有条理的。因其觉得是有条理的，所以他就觉得天下万物，无一物无理；而谈知识论来，就主张尽物而穷理。

气之散聚，既有条理，然则是有主宰呢，还是无主宰呢？他说：

太虚不能无气，气不能不聚为万物，万物不能不散为太虚。循是出入，是皆不得已而然也。（《正蒙》）

"不得已"就是自然主义的一个观念，既是自然，哪里还有主宰呢？横渠原先曾研究过道家的学说，道家尹文说："圆者之转，非能转而转，不得不转也。方者之止，非能止而止，不得不止也。"（《尹文子·大道篇》）横渠的"不得

---

① 原文脱"散"，据《张载集》补。

已"的观念，或者得自道家也未可知。他这个观念，在他的政治哲学上极有影响。

既是"气不能不聚为万物，万物不能不散为太虚"，那么，我们就不能一方面否认万物非实有，他方面也不能承认万物永存了。可是佛家否认山河大地为实有，说山河大地是见病所致，岂不是只见到"万物不得不散为太虚"，没见到"气不能不聚为万物"吗？方士以人可以炼丹成仙，长生不死，承认万物永存，岂不是只见到"气不能不聚为万物"，没见"万物不能不散为太虚"吗？所以横渠评他们道：

> 彼语寂灭者，往而不反；徇生执有者，物而不化。二者虽有间矣，以言乎天道则均焉。（《正蒙》）

语寂灭的，是指佛家。"往而不反"，是说佛家只见到万物不得不散为太虚一方面。"徇生执有者"，是指方士。"物而不化"，是说方士只见了气不得不聚为万物一方面。两者虽然完全不同，却都是一偏之见，不能合乎天道。

四

横渠的宇宙论，可用他自己两段话作结论。他说：

> 游气纷扰，合而成质者，生人物之万殊。其阴阳两端，循环不已者，立天地之大义。（《正蒙》）

又说：

> 气之聚散于太虚，犹冰释凝于水。知太虚即气，则无"无"。……诸子浅妄，有"有无"之分，非穷理之学也。（《正蒙》）

横渠这种宇宙论，与希腊元子论者的宇宙论颇相似。元子论者说，元子飞散空中，聚散离合，以演成万物生灭的现象，其持论实与横渠之"气说"不相上下。横渠的万物说，与庄子的万物说同一理。庄子说："万物皆出于几，皆入于几。"横渠的意思是："万物皆出于气，皆入于气。"两人所不同的，无非一人以"几"作为万物组织的单位，一人以"气"作为万物组织的单位。

横渠的这种宇宙论，完全是一种形而上学的，若由科学的哲学家的眼光去批评，实在站不住。但只现在的天文学家和物理学家都承认电子的假说，说世界是由电子组织成的。电子甚微小，甚活泼，甚玲珑；其中有阴性的，有阳性的。

阴阳二性，互相吸引。因其吸引上的组织不同，遂生出世界上形形色色的现象。这种假设，与横渠的假设所不同的，不过是"电子"与"气"的名称罢了，其他可以说完全相若。所以我们若承认电子说，则横渠的气一元论，也不能说其荒诞无稽。

横渠的宇宙论，其优点仅在打破有无的问题。至于万物皆出于气，皆入于气的观念，汉代王充早已提出。王充说："天地施气，万物自生。"（《论衡·自然篇》）又说："阴气逆物而归，故谓之归。阳气导物而生，故谓之神。神者，伸也。伸复无已，终而复始。人用神气生，其死复归于神气。……气之于人，犹冰之于水也，水凝为冰，冰释为水。人死复神，其名为神也，犹冰释，更名水也。"（《论衡·论死篇》）

试看王充这两话语，关于万物生灭问题、鬼神问题，何尝不是横渠的学说的渊源？

人生哲学

一

横渠的人生哲学，是根据他的宇宙论来的。他的人生哲学上最重的观念，有三个：一曰体物，二曰无我，三曰虚心。现在依次说下去。

体物 体物的"体"字，在他的知识论上，作"认识"解；在他的人生哲学上，作"仁民爱物"解。原来他觉得万物皆出于气，皆入于气，气是万物的本源，万物皆同一体，所以他就主张人对于人，要互相关爱，对于物，也当有相当的爱。这个意思，在他的《西铭》中发挥的尽致，兹录于下：

> 乾称父，坤称母，予兹藐焉，乃混然中处。天地之塞，吾其体；天地之帅，吾其性。民，吾同胞；物，吾与也。大君者，吾父母之宗子；其大臣，宗子之家相也。尊高年，所以长其长；慈孤幼，所以幼其幼。圣，其合德；贤，其秀也。凡天下疲、癃、残、疾、惸、独、鳏、寡，皆吾兄弟之颠连无告者也，于时保之，子之翼也。

这就是说，我是天地的儿子，处于天地之间。充塞天地的万物，都是由天地间之气生的，与吾同体。万物由天地所禀得的性，都是想满足生活，与我一样。因为人和物都是与我同性同体，又同处于天地之间，所以人就是同胞，物就是党与。人既是同胞，那么，君虽尊，不过是我祖先长房的儿子；其大臣虽贵，不过长房儿子的家奴。以此之故，人人都应该尊重高年以尽其养老的责任，慈爱幼弱，以尽其抚子的义务。至于天下的那些疲、癃、残、疾、惸、独、鳏、寡的人，都是我们可怜的兄弟，应该要养护他们，以尽儿子辅羽父母以抚养兄弟的责任。横渠的这种主张，可真不减于墨子的博爱了。

人既该博爱，博爱有何好处呢？横渠说：

> 爱人者能保其身。能保其身，则不择地而安。不择地而安，盖所达者大矣。（《正蒙》）

又说：

> 我体物未尝遗，物体我，吾知其不遗也。（《正蒙》）

这是说博爱的好处。但只不博爱又有什么害处呢？横渠说：

> 挤人者，人挤之。侮人者，人侮之。出乎尔者，反乎尔，理也。（《正蒙》）

这是说不博爱的害处。博爱有那样好处，不博爱有这样害处，何以许多人不博爱呢？横渠以为这是知识上的问题。寻常人只凭感官认识外界，感官所接触的又有几何呢？因其所接触的狭隘，于是不能扩大其胸襟。胸襟不扩大，所以就不能体物博爱。若是大人物呢，不以感官认识外界，而以德性认识外界。以德性认识外界，则所认识者广，因此而胸襟扩大，因此而体物博爱。所以横渠说：

> 大其心，则能体天下之物。物有未体，则心为有外。世人之心，止于闻见之狭，圣人尽性，不以见闻①梏其心，其视天下无一物非我。（《正蒙》）

又说：

> 大人者，有容物，无去物，有爱物，无徇物。（《正蒙》）

---

① "见闻"，原文作"闻见"，据《张载集》改。

又说：

> 性者，万物之一源，非有我之所得私也。惟大人尽其道，是故立不具立，知必周知，爱必兼爱，成不独成。（《正蒙》）

无我 人之所以不博爱，既是由于凭着感官以意识外界，却是感官又是什么呢？感官就是物质的我，就是"有我"。横渠体会着此理，于是提出一个"无我"的观念，以为达到博爱的工具。他说："无我而后大，大成性而后圣。"成了圣，则"圣人尽性，不以见闻梏其心，其视天下无一物非我"。

虚心 无我即能博爱，然则如何而后可以无我呢？横渠说：

> 浩然无害，则天地合德。照无偏系，则日月合明。……天地合德，日月合明，然后能无方体。能无方体，然后能无我。（《正蒙》）

这是说反乎天道，就能无我。因为天道"浩然无害，照无偏系"。简而言之，就是公平正大，就是"虚"。天道是"虚"，横渠曾特别提出说过。他说："天地之道，无非以至虚为实。"又说："天地以至虚为德。至善者，虚也。虚者，天地之祖。天地从虚中来。"天道是虚，所以能"浩然无害"，能"照无偏系"，人若反乎天道，自然也能"浩然无害"，"照无偏系"。所以他说："能以天体物，则能体物也不疑。"

据横渠说来，虚心对于人持身涉世，实在有许多好处：

（一）虚心则无外物以为累。

（二）心既虚则公平。公平则是非较然易见，当为不当为之事自知。

（三）虚则生仁，虚者仁之源。

（四）天地之道，无非以至虚为实，人须于虚中求出实。圣人虚之至，故择善自精。金石有时而腐，山岳有时而摧。凡有形之物，即易坏，惟太虚无动摇，故为至虚。——这简直是发挥老子的"虚其心"主义了。

虚心在横渠的教育哲学上占一个极重要的位置，也是他对于教育最大的贡[①]献，到了说他的教育哲学时再说。

二

横渠的利他主义，杨龟山很疑猜是兼爱，把他当作墨子一流的人看待。程伊

---

① "贡"，原文作"供"，据文意改。

川以其亲戚的关系，不愿横渠被墨者的声名，很替他辩护了一番，说横渠是"讲理一分殊"——这原来是伊川自己的主张——仍是儒家的意思。据我看来，《西铭》中的"尊高年，所以长其长；慈孤幼，所以幼其幼"，分明是墨子的兼爱，与孟子的"老吾老以及人之老，幼吾幼以及人之幼"既不相同，与孔子的"老者安之，少者怀之"也有异。但只与墨子的兼爱也有不同的地方：墨子的爱，范围限于人类而止，横渠的爱，却推及于物了，恐怕这是受了佛家的影响。横渠教人博爱，与墨子教人兼爱，方法上也不相同。墨子教人兼爱的方法是：非攻，勤俭。横渠的是：无我，虚心；在政治上是井田。横渠的博爱，与惠施的"泛爱万物"主义极类似。二人的理论的前提，也不相上下。惠施以时间空间不可分割，见得"天地一体"，故主张"泛爱万物"（从胡适之先生说）。横渠以气是万物的本体，万物同体，故主张博爱。

政治学

一

横渠的政治学，一方面是主张放任主义，一方面主张国家社会主义——恢复井制。其恢复井田，固然是达到他的仁民主义，却也是当时政治上、经济上的状况所唤起的反动。宋代有"磨勘法"：凡做官的，只要无过，即或无功，文的也能三年一升级，武的也能五年一升级。又有"任子法"：文官至三品，武官至二品，都可以一年举一个儿子做官。儿子举完了，侄子孙子都可以被举。宋代君主，多崇道教，官立庙宇，布满天下。各庙官产极多，凡大官告老回家，都可以就近请领庙产以收租课。因此种种缘故，所以财阀在当时，容易铸成功。财阀一起，兼并之事，在所不免。王安石深恶痛恨，在未得志时，就作《兼并》诗一首，以诚讽世俗，说道：

> 三代子百姓，公私无异财。
> 人主擅权柄，为天持斗魁。
> 赋予皆自我，兼并乃奸回。
> 奸回法有诛，势亦无自来。
> 后世始倒持，黔首遂难裁。

（《临川文集卷三》）

及得志，就施行青苗法、市易法，以图抵制资本家盘剥小民的重利。横渠对于当时政治经济，也是很抱悲观，很想改造，惟其守着"信而好古"的信条，与王安石不同趋旨，所以神宗召他问治道，他就对道："为治不法三代，终苟道也。"三代是什么政治呢？就是井田与封建，所以他说：

> 治天下不由井地①，终无由得平。周道止是平均。(《理窟②·周礼》。宋代倡恢复井田，不始于张横渠，而始于李觏。)

土地私有，久已成例，骤行井田——把土地变为公有，从何下手呢？人民不反对吗？横渠说：

> 井田至易行，但今朝廷下一令，可以不笞一人而定，尽人无敢据土者。又须使民悦从，其多有田产者，使不失其为富。如大臣有据土千比者，不过封与五十里之国，则已过其所有。其他随土多少，与一官，使有租税，人不失故物。(《理窟·周礼》)

做官的人，据有土地的，可以分他一国，或给他一官以了事，但只平民中资本家又将如何处置呢？横渠说："但先以天下之地，棋布画定，使人各授一方。……前日大有田产之家，虽以田授民，然不得如分种，如租种矣；所得虽差少，然使之为田官，以掌其民。使人喻此意，人亦乐从，虽少不愿，然后悦者众，而不悦者寡矣。"

有土地的人，就给他官做，终是富家翁，若相沿不改，终究大资本家推不倒，减不少。横渠对此，也有计划。他说："其始虽分公田与之，及一二十年犹须别立法。始则因命为官，自后则是择贤。择贤而立，财阀就可以因此减少。"

把土地化为公有，由天子分给人家世管，于是发生封建制度，所以横渠说："井田率归于封建。"横渠以为井田在调和国家经济，封建在便利国家教育和行政。他说："井田而不封建，犹能养而不能教；封建而不井田，犹能教而不能养。"这是说封建于教育上的重要。又说："所以必要封建者，天下之事，分得简，则治之精，不简则不精。故圣人必以天下分之于人，则事无不治者。"这是说封建在行政上的重要。

---

① "井地"，原文作"井田"，据《张载集》改。
② "理窟"，原文作"礼窟"，据《张载集》改。

二

以上是说横渠的国家社会主义，以下再说他放任主义。

横渠的放任主义，一来是受了他的天道观念的影响，二来是意在反对王安石的新法。王安石的新法，如保甲法、保马法，多少总带点干涉主义。但是虽带干涉主义的色彩，可是在当时又为强国的要政，这是不可否认的。当时的道学先生无法攻击，只得说他是有意为善。有意为善，就不合乎自然了。所以攻击道：

> 不得已当为而为之，虽杀人皆义也。有心为之，虽善皆意也。……有意为善，利之也，假之也。无意为善，性之也，由之也。有意在善，且为未尽，况有意于未善也。

这是说安石的法度，在当时有些虽是好的，却是有意为的。有意就是干涉，不是"性之""由之"——放任不得为至善。因为放任主义是好的，所以横渠论政府的行为道：

> 不得已而后为，至于不得为止，斯智矣夫！

但只横渠的放任主义，不专在攻击王安石，也是由于见到天道是自然。他说："天道——四时行，百物生，无非至教。……天何言哉？"因为天不言，能够"体物不遗"，"为物不贰"，所以他说："天下何思何虑？行其所无事，斯可矣。"这就是由自然主义派生出来的放任主义。

横渠的政治学，因我于政治无大研究，不敢妄加批评，只得留待旁人批评。

张子大义

唐文治

编者按：本文选自唐文治《性理学大义》（1936年版）。《性理学大义》为"无锡国学专修学校丛书"之十三，发行者为无锡国学专修学校及无锡城内西溪唐宅，印刷者为无锡光复路民生印书馆。此书的完成时间在民国十一年（1922）冬。《张子大义》为其中一卷。此次整理予以重新标点校正。唐文治（1865—1954），近现代著名教育家、学者。字颖侯，号蔚芝，江苏太仓人。清光绪十八年（1892）进士，历任户部主事、总理各国事务衙门章京、商部左侍郎、署理农工商部尚书等职。光绪三十二年（1906）丁内艰南归。后转而从事教育事业，任邮传部上海高等实业学堂（原名南洋公学）监督、无锡国学专修学校校长，培养人才甚多。工古文辞，精研理学。著有《茹经堂文集》《茹经堂奏疏》《十三经提纲》《紫阳学术发微》《阳明学术发微》《性理学大义》等。

《张子大义》自叙

张子其深明治道者乎！《西铭》一书，或疑其近于兼爱，而不知后世方盛行兼爱之说，固当以张子之说救之也；《正蒙》一书，或疑其涉于轮回，而不知后世方盛行轮回之说，固当以张子之说救之也。

张子之言曰："民，吾同胞；物，吾与也。"此后人所疑为兼爱者也。然曰"同胞"，曰"与"，则固有辨别矣；又曰："大君者，吾父母宗子；其大臣，宗子之家相也。"则固有等差矣。"物有本末，事有终始，其本乱而末治者，否矣。"程子谓："《西铭》明理一而分殊。"盖由一本而推之万殊，老吾老以及人之老，幼吾幼以及人之幼，亲亲而仁民，仁民而爱物，扩而充之，有无限之等级，即有无限之经纶，此岂爱无差等者所可同日语哉！《大学》曰："其所厚者薄，而其所薄者厚，未之有也。"《孟子》亦曰："于所厚者薄，无所不薄也。"盖惟厚其所薄，而后薄其所厚，"违曰悖德，害仁曰贼"。薄骨肉而戕天性，此正无等之弊也。故曰："当以张子之说救之也。"

张子之言曰："太虚不能无气，气不能不聚而为万物，万物不能不散而为太虚。""圣人尽道其间，兼体而不累者，存神其至矣。"此亦后人所疑为轮回者也。然要知人身中各有魂魄，即人心中俱有神明，往来屈伸，出入变化，无非神明之作用。彼邪妄之徒，利欲熏心，沦于禽兽，然平旦之气，好恶相近，诏以良知，或有能憬然悟者，以其神明之尚存也。故曰："存其心，养其性，所以事天也。"又曰："体物而不可遗。""夫微之显，诚之不可掩如此夫。"然则吾儒之存神也，盖所以养其性天；而异学之存神也，乃适以滋其迷信。此所谓"失之毫厘，谬以千里"者也。而其尤要者，在辟有无之说，其言曰："大《易》不言有无，言有无，诸子之陋也。"圣人仰观俯察，但云知幽明之故，不云知有无之故。可见一阴一阳之道，只可言隐显，不可言有无。盖无则生理绝乾坤息。道家谓"有生于无"，释氏谓"山河大地为幻梦"，更可不攻而自破矣。（王氏推重之，以为张子言无非《周易》立天立地立人，反经研几，精义存神，以纲维三才，贞生而安死，往圣之传，非张子其孰与归？）且夫古圣人为治之要，将使人日新其德，使人自洗其心。《正蒙》《太和》《参两》《天道》《神化》诸篇，大抵阐乾坤易简之旨，无非《易·系辞》之精蕴，即无非治天下之经猷。故曰："张子盖深于治道者也。"

张子之言曰："治天下不由井地，终无由得平。周道止是均平。"又曰："仁政必自经界始，贫富不均，教养无法，虽欲言治，皆苟而已。此法纵不能行之天下，犹可验之一乡。"云云。（《经学理窟》及《文集》附录中屡言之。）斯言也，尤为治平之纲领，地方自治之权舆。三代而下，未有能毅然行之者。而张子卓然独见及此，岂非圣贤豪杰之志与？然近世之士，方欲借均贫富之名，以惑乱天下，似是之非，易淆观听。此文治所以于张子井田之议，谨师其意而尚未敢采用其辞也。（陆桴亭先生谓："欲行封建井田，非先复古学校，令学者人人知三代之治，知封建井田之法，而又斟酌变通于古今之间，未可漫言复也。"其说最确。）

至其文章之雄厚，程子尝谓："《西铭》非子厚笔力不能作，而《正蒙》一书，精深奥曲，为秦、汉以后诸子所不能逮。"近张清恪公作注外，王船山、李榕村两先生又先后为之注，则此书之见重于天下可知矣。兹故汇而录之，傥有好学深思、心知其意者，绝学之兴，庶有望乎！

癸亥春正，后学唐文治谨叙

张子厚先生行状

门人吕大临撰

先生讳载,字子厚,世大梁人。曾祖某,生唐末,历五代不仕,以子贵,赠礼部侍郎。祖复,仕真宗朝,为给事中、集贤院学士,赠司空。父迪,仕仁宗朝,终于殿中丞、知涪州事,赠尚书都官郎中。涪州卒于西官,诸孤皆幼,不克归,侨寓于凤翔郿县横渠镇之南大振谷口,因徙而家焉。

先生嘉祐二年登进士第,始仕祁州司法参军,迁丹州云岩县令,又迁著作佐郎,签书渭州军事判官公事。熙宁二年冬,被召入对,除崇文院校书。明年,移疾。十年春,复召还馆,同知太常礼院。是年冬,谒告西归。十有二月乙亥,行次临潼,卒于馆舍,享年五十有八。是月以其丧归殡于家,卜以元丰元年八月癸酉,葬于涪州墓南之兆。先生娶南阳郭氏,有子曰因,尚幼。

先生始就外傅,志气不群,知虔奉父命,守不可夺,涪州器之。少孤自立,无所不学。与邠人焦寅游,寅喜谈兵,先生说其言。当康定用兵时,年十八,慨然以功名自许,上书谒范文正公。公一见知其远器,欲成就之,乃责之曰:"儒者自有名教,何事于兵!"因劝读《中庸》。先生读其书,虽爱之,犹未以为足也,于是又访诸释老之书,累年尽究其说,知无所得,反而求之六经。嘉祐初,见洛阳程伯淳、正叔昆弟于京师,共语道学之要,先生涣然自信曰:"吾道自足,何事旁求!"乃尽弃异学,淳如也。间起从仕,日益久,学益明。

方未第时,文潞公以故相判长安,闻先生名行之美,聘以束帛,延之学宫,异其礼际,士子矜式焉。其在云岩,政事大抵以敦本善俗为先,每以月吉具酒食,召乡人高年会于县庭,亲为劝酬,使人知养老事长之义,因问民疾苦,及告所以训戒子弟之意。有所教告,常患文檄之出不能尽达于民,每召乡长于庭,谆谆口谕,使往告其里闾。间有民因事至庭,或行遇于道,必问某时命某告某事闻否,闻即已,否则罪其受命者。故一言之出,虽愚夫孺子,无不预闻。

知京兆王公乐道尝延致郡学,先生多教人以德,从容语学者曰:"孰能少置意科举,相从于尧舜之域否?"学者闻法语,亦多有从之者。在渭,渭帅蔡公子正特所尊礼,军府之政,小大咨之,先生夙夜从事,所以赞助之力为多。并塞之民,常苦乏食而贷于官,帑不能足,又属霜旱,先生力言于府,取军储数十万以救之。又言戍兵徒往来,不可为用,不若损数以募土人为便。

上嗣位之二年,登用大臣,思有变更,御史中丞吕晦叔荐先生于朝曰:"张载学有本原,四方之学者皆宗之,可以召对访问。"上即命召。既入见,上问治道,皆以渐复三代为对。上说之,曰:"卿宜日见二府议事,朕且将大用卿。"

先生谢曰:"臣自外官赴召,未测朝廷新政所安,愿徐观旬月,继有所献。"上然之。他日见执政,执政尝语曰:"新政之更,惧不能任事,求助于子,何如?"先生对曰:"朝廷将大有为,天下之士,愿与下风。若与人为善,则孰敢不尽!如教玉人追琢,则人亦故有不能。"执政默然,所语多不合,寖不说。既命校书崇文,先生辞,未得谢,复命案狱浙东。或有为之言曰:"张载以道德进,不宜使之治狱。"执政曰:"淑问如皋陶,犹且献囚,此庸何伤!"狱成,还朝。会弟天祺以言得罪,先生益不安,乃谒告西归,居于横渠故居,遂移疾不起。

横渠至僻陋,有田数百亩以供岁计,约而能足,人不堪其忧,而先生处之益安。终日危坐一室,左右简编,俯而读,仰而思,有得则识之,或中夜起坐,取烛以书,其志道精思,未始须臾息,亦未尝须臾忘也。学者有问,多告以知礼成性变化气质之道,学必如圣人而后已,闻者莫不动心有进。又以为教之必能养之然后信,故虽贫不能自给,苟门人之无资者,虽粝蔬亦共之。其自得之者,穷神化,一天人,立大本,斥异学,自孟子以来未之有也。尝谓门人曰:"吾学既得于心,则修其辞命,辞无差,然后断事,断事无失,吾乃沛然。精义入神者,豫而已矣。"

近世丧祭无法,丧惟致隆三年,自期以下,未始有衰麻之变;祭先之礼,一用流俗节序,燕亵不严。先生继遭期功之丧,始治丧服,轻重如礼;家祭始行四时之荐,曲尽诚洁。闻者始或疑笑,终乃信而从之,一变从古者甚众,皆先生倡之。

先生气质刚毅,德盛貌严,然与人居,久而日亲。其治家接物,大要正己以感人,人未之信,反躬自治,不以语人,虽有未谕,安行而无悔,故识与不识,闻风而畏,非其义也,不敢以一毫及之。其家童子,必使洒扫应对,给侍长者;女子之未嫁者,必使亲祭祀,纳酒浆,皆所以养逊弟,就成德。尝曰:"事亲奉祭,岂可使人为之!"闻人之善,喜见颜色。答问学者,虽多不倦,有不能者,未尝不开其端。其所至必访人才,有可语者,必丁宁以诲之,惟恐其成就之晚。岁值大歉,至人相食,家人恶米不凿,将舂之,先生亟止之曰:"饥殍盈野,虽蔬食且自愧,又安忍有择乎!"甚或咨嗟对案不食者数四。

熙宁九年秋,先生感异梦,忽以书属门人,乃集所立言,谓之《正蒙》,出示门人曰:"此书予历年致思之所得,其言殆于前圣合与!大要发端示人而已,其触类广之,则吾将有待于学者。正如老木之株,枝别固多,所少者润泽华叶尔。"又尝谓:"《春秋》之为书,在古无有,乃圣人所自作,惟孟子为能知之,非理明义精,殆未可学。先儒未及此而治之,故其说多穿凿,及诗书礼乐之言,多不能平易其心,以意逆志。"方且条举大例,考察文理,与学者绪正其说。

先生慨然有意三代之治，望道而欲见。论治人先务，未始不以经界为急，讲求法制，粲然备具，要之可以行于今，如有用我者，举而措之尔。尝曰："仁政必自经界始。贫富不均，教养无法，虽欲言治，皆苟而已。世之病难行者，未始不以亟夺富人之田为辞，然兹法之行，悦之者众，苟处之有术，期以数年，不刑一人而可复，所病者特上未之行尔。"乃言曰："纵不能行之天下，犹可验之一乡。"方与学者议古之法，共买田一方，画为数井，上不失公家之赋役，退以其私正经界，分宅里，立敛法，广储蓄，兴学校，成礼俗，救灾恤患，敦本抑末，足以推先王之遗法，明当今之可行。此皆有志未就。

会秦凤帅吕公荐之曰："张载之学，善发圣人之遗意，其术略可措之以复古，乞召还旧职，访以治体。"诏从之。先生曰："吾是行也，不敢以疾辞，庶几有遇焉。"及至都，公卿闻风慕之，然未有深知先生者，以所欲言尝试于人，多未之信。会有言者欲请行冠婚丧祭之礼，诏下礼官。礼官安习故常，以古今异俗为说，先生独以为可行，且谓"称不可非儒生博士所宜"，众莫能夺，然议卒不决。郊庙之礼，礼官预焉。先生见礼不致严，亟欲正之，而众莫之助，先生益不悦。会有疾，谒告以归，知道之难行，欲与门人成其初志，不幸告终，不卒其愿。

没之日，惟一甥在侧，囊中索然。明日，门人之在长安者，继来奔哭致赙禭，始克敛，遂奉柩归殡以葬。又卜以三月而葬，其治丧礼一用古，以终先生之志。

某惟先生之学之至，备存于书，略述于谥议矣，然欲求文以表其墓，必得行事之迹，敢次以书。

西　铭

乾称父，坤称母。予兹藐焉，乃混然中处。

［朱注］天，阳也，以至健而位乎上，父道也。地，阴也，以至顺而位乎下，母道也。人禀气于天，赋形于地，以藐然之身，混合无间而位乎中，子道也。然不曰"天地"而曰"乾坤"者，天地其形体也，乾坤其性情也。乾者，健而无息之谓，万物之所资以始者也；坤者，顺而有常之谓，万物之所资以生者也。是乃天地之所以为天地，而父母乎万物者，故指而言之。

［文治案］乾称父，坤称母，故人皆为天之子，而于万物中为最贵。然若失其为人之格，则不独有负乎天地，实有负此藐然中处之身矣。

故天地之塞，吾其体。天地之帅，吾其性。

［朱注］乾阳坤阴，此天地之气，塞乎两间，而人物之所资以为体者也，故

曰"天地之塞，吾其体"。乾健坤顺，此天地之志，为气之帅，而人物之所得以为性者也，故曰"天地之帅，吾其性"。深察乎此，则父乾母坤，混然中处之实可见矣。

［文治案］孟子曰："浩然之气，塞于天地之间。"又曰："夫志，气之帅也。"为此"塞"字"帅"字之所本，志为气之帅，天地之帅，即《礼运》所谓"天地之心"也。

民，吾同胞；物，吾与也。

［朱注］人、物并生于天地之间，其所资以为体者，皆天地之塞；其所得以为性者，皆天地之帅也。然体有偏正之殊，故其于性也，不无明暗之异。惟人也，得其形气之正，是以其心最灵，而有以通乎性命之全体，于并生之中，又为同类而最贵焉，故曰"同胞"，则其视之也，皆如己之兄弟矣。物则得乎形气之偏，而不能通乎性命之全，故与我不同类，而不若人之贵。然原其体性之所自，是亦本之于天地而未尝不同也，故曰"吾与"，则其视之也，亦如己之侪辈矣。惟同胞也，故以天下为一家，中国为一人，如下文所云"物，吾与也"，故凡有形于天地之间者，若动若植，有情无情，莫不有以若其性，遂其宜焉。此儒者之道，所以必至于参天地、赞化育，然后为功用之全，而非有所强于外也。

［文治案］因朱子之言，益见人之可贵。而人轻其身以徇无涯之欲，甚者侈谈同胞同与，实则利欲熏心，私意充塞，所作所为，无非戕贼吾同胞同与，岂不哀哉？

大君者，吾父母宗子；其大臣，宗子之家相也。尊高年，所以长其长；慈孤弱，所以幼其幼。圣，其合德；贤，其秀也。凡天下疲癃残疾惸独鳏寡，皆吾兄弟之颠连而无告者也。

［朱注］乾父坤母，而人生其中，则凡天下之人，皆天地之子矣。然继承天地，统理人物，则大君而已，故为父母之宗子。辅佐大君，纲纪众事，则大臣而已，故为宗子之家相。天下之老一也，故凡尊天下之高年者，乃所以长吾之长；天下之幼一也，故凡慈天下之孤弱者，乃所以幼吾之幼。圣人与天地合其德，是兄弟之合德乎父母者也；贤者才德过于常人，是兄弟之秀出乎等夷者也，是皆以天地之子言之，则凡天下之疲癃残疾惸独鳏寡，非吾兄弟无告者而何哉。

［文治案］此乃谓之同胞，乃谓之平等。禹思天下有溺者，由己溺之；稷思天下有饥者，由己饥之；伊尹思天下之民，匹夫匹妇，有不被尧、舜之泽者，若己推而纳之沟中，此皆人道之当然者也。人道以救人、济人为急，惟亲亲仁民爱物，当有差等耳。孔子言博施济众，尧、舜犹病，后人因之，以为非儒者之事，不知圣贤无日不以博施济众为事，而其心惟恐不及，故曰尧、舜犹病耳。若借此语以为推诿之地，可哂亦可痛也。

于时保之，子之翼也。乐且不忧，纯乎孝者也。

［朱注］畏天以自保者，犹其敬亲之至也。乐天而不忧者，犹其爱亲之纯也。

［文治案］"翼"，敬也。《诗》曰"小心翼翼"是也。《易传》："乐天知命，故不忧。"盖乐天则循理安命，决不为非分之事，故曰"纯乎孝"。不安命则不孝，罪通于天矣，可不畏哉！

违曰悖德，害仁曰贼。济恶者不才，其践形惟肖者也。

［朱注］不循天理而徇人欲者，不爱其亲而爱他人也，故谓之悖德。戕灭天理，自绝本根者，贼杀其亲，大逆无道也，故谓之贼。长恶不悛，不可教训者，世济其凶，增其恶名也，故谓之不才。若夫尽人之性，而有以充人之形，则与天地相似而不违矣，故谓之肖。

［文治案］悖德，非人也；贼，非人也；不才，非人也。惟肖天乃为人，故《西铭》一篇，所以立人格。

知化则善述其事，穷神则善继其志。

［朱注］孝子，善继人之志，善述人之事者也。圣人知变化之道，则所行者，无非天地之事矣；通神明之德，则所存者，无非天地之心矣。此二者，皆乐天践形之事也。

［文治案］释此节，不可沦于空虚。圣人本喜怒哀乐，以为礼乐刑政，驯致万物各得其所，故所过者化，所存者神，此谓善述天之事，善继天之志。

不愧屋漏为无忝，存心养性为匪懈。

［朱注］《孝经》引《诗》曰"无忝尔所生"，故事天者，仰不愧，俯不怍，则不忝乎天地矣。又曰"夙夜匪懈"，故事天者存其心，养其性，则不懈乎事天矣。此二者，畏天之事，而君子所以求践夫形者也。

［文治案］释此节，亦不可沦于空虚。不愧屋漏，慎所独知也。存心养性，敬以养神也。人道以慎独为要，慎所独知，自不敢为非分之事，若破去"慎独"二字，则无忌惮而无所不为矣。《小宛》之诗曰："我心忧伤，念昔先人，明发不寐，有怀二人。"又曰："我日斯迈，而月斯征，夙兴夜寐，无忝尔所生。"此诗宛转抑扬，最宜吟诵，人诚能于明发不寐及夙兴夜寐之时，养此一点良心，俾之虚灵不昧，而又时时省察我之居心制行，其能无忝所生否？倘对人对己，有所愧怍之处，是即有忝于祖宗父母也。惟无忝于亲，庶几无忝于天，而后可以为人也已。

恶旨酒，崇伯子之顾养。育英才，颖封人之锡类。

［朱注］好饮酒而不顾父母之养者，不孝也。故遏人欲如禹之恶旨酒，则所以顾天之养者至矣。性者，万物之一源，非有我之得私也，故育英才，如颖考叔之及庄公，则所以"永锡尔类"者广矣。

［文治案］大禹菲饮食而致孝乎鬼神，故曰"顾养"。《诗》曰："孝子不匮，永锡尔类。"能教育则可以传吾之学说而广吾之孝行，故人道以教育为最重。

不弛劳而厎豫，舜其功也。无所逃而待烹，申生其恭也。

［朱注］舜尽事亲之道而瞽瞍厎豫，其功大矣，故事天者，尽事天之道，而天心豫焉，则亦天之舜也。申生无所逃而待烹，其恭至矣，故事天者，夭寿不贰，而修身以俟之，则亦天之申生也。

［文治案］不弛劳而厎豫，乃乐天之学；无所逃而待烹，乃安命之事。

体其受而归全者，参乎；勇于从而顺令者，伯奇也。

［朱注］父母全而生之，子全而归之。若曾子之启手启足，则体其所受乎亲者而归其全也。况天之所以与我者，无一善之不备，亦全而生之也。故事天者，能体其所受于天者而全归之，则亦天之曾子矣。子于父母，东西南北，惟令之从。若伯奇之履霜中野，则勇于从而顺令也。况天之所以命我者，吉凶祸福，不容参以人欲之私，故事天者能勇于从而顺受其正，则亦天之伯奇矣。

［文治案］体其受而归全。何谓受？无所不知，无所不能之学识也。何谓全？凡五官百骸所能为而所当为者皆是也。体之归之者，以吾一身所当任之天职，尽之于世界中而无所亏缺也。若仅以身体发肤不敢毁伤言之，犹浅也。"勇于从而顺令者"，勇于为善，如孟子言舜之闻一善言，见一善行，若决江河，沛然莫之能御也。

富贵福泽，将厚吾之生也。贫贱忧戚，庸玉汝于成也。

［朱注］富贵福泽，所以大奉于我，而使吾之为善也轻。贫贱忧戚，所以拂乱于我，而使吾之为志也笃。天地之于人，父母之于子，其设心岂有异哉？故君子之事天也，以周公之富，而不至于骄，以颜子之贫，而不改其乐；其事亲也，爱之则喜而弗忘，恶之则惧而无怨，其心亦一而已矣。

［文治案］此节余以为当深一层讲。尝读《易传》曰"崇高莫大乎富贵"，心窃疑之，以为圣人何重富贵若此。又读《易传》曰"崇效天"，乃恍然于"富贵"二字，盖指天而言，至富贵者莫如天，善养人者亦莫如天。人能体天之心以养之，斯谓之富，反是谓之贫；人能体天之心以教人，斯谓之贵，反是谓之贱。譬诸一人之力，能教养十百人，乃竟教养千万人焉，谓之大富贵可也。一人之身，能教养千万人，乃并不能教养一二人焉，谓之至贫贱可也。古有以匹夫而任教养之责者，孔子是也，不得不谓之大富贵也；有以天子而不能任教养之责者，桀纣是也，不得不谓之至贫贱也。故富、贵、贫、贱四字，乃系能教养与不能教养之分，不当以境遇而言。自后人误解以利禄为富贵，以穷窭为贫贱，是为贪鄙之所由起，而志气亦因之日短矣。此节教人不以富贵为厚，而以贫贱为玉成，可发猛省，然不若深一层讲，尤得真诠也。

存，吾顺事；没，吾宁也。

［朱注］孝子之身存，则其事亲者，不违其志而已，没则安而无所愧于亲也；仁人之身存，而其事天者，不逆其理而已，没则安而无所愧于天也。盖所谓朝闻夕死，吾得正而毙焉者，故张子之铭以是终焉。

［文治案］如何而可以为顺？如何而可以为宁？必能保我之良心，无所愧怍于天，乃为尽其为人之道，而可以顺而宁耳。余尝谓《西铭》专发明大公之道，读是篇者，当先辨公私二字。公则有以尽民胞物与之量而可以事天，私则适以窒民胞物与之量，遂至无以为人。故人道宜先辨居心之公私，若以民胞物与为口头禅，而居心则甚私焉，恐为天所不容，而人道将自此灭矣。

朱子论曰：天地之间，理一而已。然乾道成男，坤道成女，二气交感，化生万物，则其大小之分，亲疏之等，至于十百千万而不能齐也，不有圣贤者出，孰能合其异而反其同哉！《西铭》之作，意盖如此，程子以为明理一而分殊，可谓一言以蔽之矣。盖以乾为父，以坤为母，有生之类，无物不然，所谓理一也。而人物之生，血脉之属，各亲其亲，各子其子，则其分亦安得而不殊哉！一统而万殊，则虽天下一家，中国一人，而不流于兼爱之弊；万殊而一贯，则虽亲疏异情，贵贱异等，而不梏于为我之私，此《西铭》之大指也。观其因亲亲之厚，以大无我之公，因事亲之诚，以明事天之道，盖无适而非所谓分殊而推理一也。夫岂专以民吾同胞，长长幼幼为理一，而必默识于言意之表，然后知其分之殊哉！且所谓称物平施者，正谓称物之宜，以平吾之施云尔。若无称物之义，则亦何以知夫所施之平哉！龟山第二书，盖欲发明此意，然言不尽而理有余也，故愚得因其说而遂言之如此，同志之士，幸相与折衷哉！

熹既为此解，后得尹氏书云："杨中立答伊川先生论《西铭》书，有释然无惑之语。"先生读之曰："杨氏也未释然。"乃知此论所疑第二书之说，先生盖亦未之许也。然《龟山语录》有曰："《西铭》理一而分殊，知其理一所以为仁，知其分殊所以为义。所谓分殊，犹孟子言亲亲而仁民，仁民而爱物，其分不同，故所施不能无差等尔。"或曰："如是，则体用果离而为二矣。"曰："用，未尝离体也。以人观之，四肢百骸具于一身者，体也。至其用处，则首不可以加履，足不可以纳冠。盖即体而言，而分已在其中矣。"此论分别异同，各有归趣，大非答书之比，岂其年高德盛，而所见始益精与？因复表而出之，以明答书之说，诚有未释然者，而龟山所见，盖不终于此而已也。

诸儒《西铭》论说

刘蕺山先生《西铭后记》

此篇旧名《订顽》，程子谓起争端，故易之。"订顽"云者，医书以手足痿痹为不仁。视人之但知有己而不知有人，其病亦犹是。则此篇乃求仁之学也。

仁者以天地万物为一体，真如一头两手足，合之百体然。若其付界之初，吾体吾性，即是天地，吾胞吾与，本同父母，而君相任家督之责，圣贤表合德之选，皆吾一体中人也。然则当是时，而苟有一夫之不得其所，其能自已于一体之痛乎？于时保之，畏天以保国也；乐且不忧，乐天以保天下也。反是，则违天，则自贼其仁，甚焉济恶，则亦天之戮民而已。然则君子宜何如以求其所为一体之脉，而通之于民物乎？必也反求诸身。即天地之所以与我者，一一而践之。及其践之，践之心即是穷神，践之事即是知化。而工夫则在不愧屋漏始，于是有存养之功焉，继之有省察之要焉，进之有推己及人以及天下万世者焉。天之生斯民也，使先知觉后知，使先觉觉后觉，如是而已矣，庶几以之称天地之肖子不虚耳。若夫所遇之穷通顺逆，君子有弗暇问者，功足以格天而赞化，尚矣。其或际之屯，亦无所逃焉。道足以守身而令终，幸也。其或濒之辱，亦惟所命焉。凡以善承天心之仁爱，而生死两无所憾焉，斯已矣，此之谓立命之学。至此而君子真能通天地万物以为一体矣，此求仁之极则也。历引崇伯子以下言之，皆以孝子例仁人云。明道先生云："《订顽》之言，极纯无杂，秦汉以来学者所未到。"又曰："《订顽》一篇，意极完备，乃仁之体也。"愚按：终篇之意，本体工夫都无漏义，读者知之。

又按：此篇之意，大抵从周先生《图说》来。但周先生自先天说来，由造化而人事，其义精。此篇从后天说起，由本体而工夫，其事实。至《西铭》之所谓"仁"，即《图说》之所谓"极"；《西铭》之所谓"屋漏"，即《图说》之所谓"主静立极"之地与！

陆桴亭先生《西铭讲义》

《西铭》一书，乃有宋横渠张子所作。有宋之世，大儒迭起，为周、程、张、朱五先生。予尝遍读五先生之书。周子，至矣尽矣；孔子而后，蔑以加矣；朱子，其集诸儒之大成者乎！大程纯，而次程正。惟张子之书，文义多艰深，如《正蒙》《易说》《经学理窟》之类，间有未尽合者，于四先生似稍逊。然后世卒与四先生并称，此非过情之誉，原有个实落处。伊川先生曰："《订顽》（即

《西铭》）之书，极纯无杂，秦汉以来学者所未到。"又曰："自孟子以后，未见此书。"朱子亦云："《西铭》，合下便有乾健坤顺意思。"至注释训解，与《太极图说》同，此却为何？只为横渠作《西铭》，其开辟力量实有与他人不同处。其不同处如何？《西铭》一书，只是善于言仁。"仁"之一字，自孔门以来，无人识得。韩昌黎，唐之大儒，其作《原道》，乃云："博爱之谓仁。"夫仁者，以天地万物为一体，岂仅"博爱"二字可以当之？即云"博爱"矣，然其所以博爱之故，原有个源头；而一总博爱之中，又有个差等，此却从无人知道，从无人说过。张子说"乾吾父，坤吾母，予兹藐焉，混然中处，天地之塞，吾其体；天地之帅，吾其性"，这便是博爱之源头；"民，吾同胞；物，吾同与"至"颠连无告者也"，便是博爱的差等。盖源头不明，虽有博爱之心，终不亲切，尔为尔，我为我，何处见得必当博爱？稍一退转，便渐渐走入杨氏"为我"一边去。惟见得乾真是我大父，坤真是我大母，吾之体即天地之气，吾之性即天地之理，则凡天下之人，皆是父天母地，皆是同得天地之气以为形，同得天地之理以为性者，然后对天下之人，觉得亲亲切切，真真实实，虽欲不博爱，而自然不能不博爱也。差等不分，则一闻博爱之说，便无主意，此亦当爱，彼亦当爱，何处见得有分别？略一认真，便漫漫陷入墨氏"兼爱"一边去。惟见得民乃是我同胞，物仅为我同与，而同胞之中，大君又为宗子，大臣又为家相，高年为吾老，孤弱为吾幼，圣贤为合德秀出之子孙，疲癃残疾惸独鳏寡为颠连之兄弟，然后对天下之人，觉得有条有理，有伦有脊，虽未尝博爱，而实未尝不博爱也。合而观之，岂不是个天地万物为一体么？既知天地万物为一体，则畏天乐天，如人子之于父母，自有不容已者，故曰："于时保之，子之翼也，乐且不忧，纯乎孝者也。"其有不知天地万物为一体，而违天、害仁、济恶，是谓悖德之子、贼亲之子、不才之子。其能践形尽性，不虚天地之赋畀者，惟天之肖子耳。天之肖子如何？有穷神知化之圣人，此即天善继善述之孝子也；有不愧屋漏存心养性之贤人，此即天无忝所生夙夜匪懈之孝子也。试以征之古人，有以善自治者，如恶旨酒，此崇伯子之顾养也；有以善及人者，如育英才，此颖封人之锡类也；有先天而天弗违者，如舜能得亲，而使亲厎豫，此舜之功也；有后天而奉天时者，如申生不能违亲，而坐以待烹，此申生之恭也；有处常者，此体其受而全归之参乎；有处变者，此勇于从而顺令之伯奇也。总之，识得此意，则处顺境而富贵福泽，固是天之厚吾之生；处逆境而贫贱忧戚，亦是天之玉汝于成，而生则顺而不悖于天，死亦宁而无愧于天矣。果能如此，岂非浑然是仁，而与天地万物为一体乎？

然《西铭》不但是善于言仁，兼亦善于言义。程子曰："《西铭》明理一而分殊。"龟山杨子曰："知其理一，所以为仁；知其分殊，所以为义。"义，即是仁也，仁是义之统体处，义是仁之条理处。而今学者要识得仁义，须是如何？

亦曰"居敬以穷理"而已。居敬，则仁之体存。塞为吾体，帅为吾志，恍然与天地同其量也；穷理则义之用见，民吾同胞，物吾同与，油然使万物各得其所也。故居敬穷理，为千圣千贤入手之关键，学者读《西铭》识仁体，不可不讲求仁之功；欲讲求仁之功，不可不于"居敬穷理"四字加之意也。

东 铭

戏言，出于思也；戏动，作于谋也。发乎声，见乎四支，谓非己心，不明也；欲人无己疑，不能也。过言，非心也；过动，非诚也。失于声，缪迷其四体，谓己当然，自诬也；欲他人己从，诬人也。或者以出于心者，归咎为己戏；失于思者，自诬为己诚。不知戒其出汝者，归咎其不出汝者，长傲且遂非，不知孰甚焉！

朱子曰："横渠学力绝人，尤勇于改过，独以戏为无伤。一日忽曰：'凡人之过，犹有出于不知而为之者。至戏则皆有心为之也，其为害尤甚。'遂作《东铭》。"

横渠学堂双牖，右书《订顽》，左书《砭愚》。伊川曰："是起争端，改《订顽》曰《西铭》，《砭愚》曰《东铭》。"

朱子答江仲谋曰："二铭虽同出于一时之作，然其词义之所指，气象之所及，深浅广狭，迥然不同。是以程门专以《西铭》开示学者，而于《东铭》，则未之尝言。盖学者诚于《西铭》之言，反复玩味，而有以自得之，则心广理明，意味自别。若《东铭》，则虽分别长傲遂非之失于毫厘之间，所以开警后学，亦不为不切，然意味有穷，而于下学功夫，盖犹有未尽者，又安得与《西铭》彻上彻下、一以贯之之旨同日而语哉！"

张横渠与佛教
——《宋儒与佛教》中有关张载的论述

林科棠

编者按： 本文选自林科棠所著《宋儒与佛教》（商务印书馆1923年版），由其中有关张载的论述汇集而成。题目为编者根据本书主题及相关内容拟定。林科棠（1893—1960），浙江衢县（今衢州）人。曾在衢州中学、樟潭小学、鹿鸣小学、徐州铜山中学、金华七中、衢州师范等学校从教。中华人民共和国成立后曾任衢州师范学校校长。曾任职于商务印书馆编译所，参加王云五《万有文库·国学小丛书》的编著工作。在《万有文库》第一集中，林科棠编译了《宋儒与佛教》《中国算学之特色》《算术·复名数》。

一、张、程二子学说之前后[①]

自张横渠、二程、程门诸子至朱子等，悉上受欧阳修之风而排斥老佛。就中论锋之最锐利者，以张横渠为最，二程及朱子所论，不过绍述之而已。就张、程二子之关系论之，学者每有异论，有以为张子受于程子者，有以为程子受于张子者。从来一般学者，皆以为张子受于程子，予独不以为然。考张子长明道十二岁，二子初会京师时，张子三十七岁，明道二十五岁。其时正张子不满释老之书反而求诸六经之际，故语及道学之要云："吾道自足，何事旁求！"于是悉弃异学，纯为儒者。其后关于定性之实际问题，张子与程子问答，又以葬叔，访程子。故初事张子、卒从程子之吕与叔作《张子行状》，云："见二程，尽弃其学"云。杨龟山跋张子与伊川之简云："虽至细务，资于二程。"朱子亦以为《定性书》为明道二十二三时所作。然尹和靖以吕作之《行状》语伊川，伊川惊云："已使削除之，犹存其语耶？"盖张子为醇乎学者，轻名利，一生以穷措大自居，二程则终身以兴儒学为天职；就两方关系论，仅互相尊重而已。张子赞程

[①] 此标题为编者所加。

子云:"其兄弟十四五时,已脱然欲学圣人。故卒得圣人不传之学,为诸儒倡。其言旨如布菽粟然"云。伊川论张子《西铭》云:"扩前圣所未发,与孟子之性善养气论同功。"又赞之云:"其道高,其言醇,孟子以后,无此见识也。"同时,邵康节于两者之间,亦有交际。伊川简张子云:"喜听邵尧夫说《易》,今夜试来共听之。"由此等事实观之,所谓张子受程子之影响,不过程门诸子阿师之语耳。伊川作《明道行状》云:"自十五六时,出入老释几十年。"夫"几十年"一语,可视为近十年,亦可视为数十年。予意以为据后说解之,则明道与张子会见之际,年仅二十五六,犹未进于醇乎之域也。张子以《正蒙》付嘱弟子,时在死前五十七岁。程子学说,虽无根据《正蒙》之理,然程门有杨龟山、谢上蔡、游定夫、吕与叔等大弟子从学,乃在张子卒后,明道四十七岁以后。伊川为醇乎硕儒,殆亦在此时。此正与《行状》所云"出入老释几十年"相应。世传尹和靖云:"张子在京说《易》时,一夕二程来,闻其论《易》,即对诸弟子云:'我说不及二程,汝等师事之可也。'即拥皋西归。"然张子评二程云:"今尽四十,尚不及颜闵之徒。伊川能如颜子,恐不及颜子之无我。"予以为信和靖之语,不如信此说也。

张、程二子学说之前后,乃一重大问题也。故予列举烦琐之事实,以为予之意见之根据。综合此等事实,则程子之理气说及二种性说,可视为受于张子。虽有张子临死一年两方会谈等事,然有助此作旁证之价值。故程子之排佛,由大体上观之,视为受于张子,亦无不可。夫宋儒一般之风尚,均脱老佛之影响,尽力排除,然公平观察之,终不能谓为脱离二氏之影响也。①

二、张载之宇宙论、性论、实际论②

(一)宇宙论③

宋儒之宇宙,大约为"无极太极本体论"与"虚气对立论"二种。"无极太极论"创于周茂叔,"虚气论"创于张横渠。前者可视为江南儒者之代表,后者可视为江北儒者之代表。④

张横渠之宇宙论,与周子相比,别有特色。盖张子终身不离洛阳、长安,长

---

① 此部分从林科棠所著《宋儒与佛教》(商务印书馆1923年版,以下同)第一章"宋儒之勃兴"中摘录。
② 此标题为编者所加。
③ 此标题为编者所加。
④ 此段从《宋儒与佛教》第二章"宋儒之宇宙论性论实际论"第一节"宇宙论"中摘录。

安即以有为范畴之唯识、华严宗之中心地也。其费毕生心力之《正蒙》，以《太和篇》为始。太和者，以浮沉升降动静相感之性为内容之所名，其命于人，即所谓性也。太和为世界原理，性为人间原理，正当于佛教之法界一心。其太和中有虚与气之对立，即当于佛教之静动（即不变，随缘）二面，乃理气对立说之起源也。虚者非无，非物，即理也。唯由无动无感无穷无形一面言之，则云虚耳。张子批评老子"有生于无"，以为"错了"，可知其立脚于有也。就虚与气之关系言，张子以为气非生于虚，又以为虚不能无气，气聚而为万物，万物散而为虚，不得已而然云，是其认两者之间有相资相待之关系也。其断为虚即气，是其认动静之间，有二而不二之关系也。万物有虚气两面之性，是万物为一源，即当于佛教之所谓阿赖耶识。其识既内包无限之种子，故名之为"太和"云。性既为万物之本源，当然万物一体；万物既一体，则万物之间有合感之理，有合异成一之素质。此即华严宗之所谓感应也。

兹有附言者：张子之术语与佛教所用者不同。张子以"识"之一字为客感，即当于佛教唯识说之前五识，以心为万殊，以成心有心为意与同一，即当于第六识。其所谓性，即当于阿赖耶识。在佛教，有以"识"通用于全体者，有以"识"指为前五识、"意"指为第六识、"心"指为阿赖耶识者，故不能以用语同一之故，直同视之而下批评。宋儒则不善解释佛教之性之语义，时用自己使用之"识"之义，又不严格分别性情两者，而下错误之批评。然在佛教单云性之时，即理之义；宋儒对于"性"之一字，时而以为理之义，时而以为识又情之义，此又宜辨别者也。①

（二）性论②

张子分性为天地、气质二种，用以说明人有善恶。是善恶原因，周子所未言者，张子已言之，盖由《楞严经》第四之本然和合二性及第一以后所见之性心、缘心等而来也。张子以为害性者为气，害气者为习；恶之本源，由于习熟之缠绕，此殆受佛教一般通行之无明妄执说之影响也。其二性说、习熟说，后来程、朱均祖述之。③

张子云："以万物为有性，是犹告子以生为性。"盖以《涅槃经》之悉有佛性为难解也。昙颖以为三才万物皆性，张子此言，殆对昙颖而发欤？惟悉有佛性说，虽可视为自然主义，然昙颖所云，为性起说，乃超绝善恶对立者，故张子之批评，不能谓为精当也。又程明道云："蠢动之含灵，不能谓皆有佛性。"此亦

---

① 此部分从《宋儒与佛教》第二章"宋儒之宇宙论性论实际论"第一节"宇宙论"中摘录。
② 此标题为编者所加。
③ 此段从《宋儒与佛教》第二章"宋儒之宇宙论性论实际论"第二节"性论"中摘录。

对佛性之批评也。惟张子以"性为万物之一源",程子云"性外不见物,物外不见性",而又否定性之普遍者,乃一方于理论上立性之普遍,他方于实际上又立性之差别也。盖二子所云云者,乃对佛教之平等性,而由气质上以批评之,无怪其龃龉不合。此宋儒云性,所以一方有理之义,而他方又有情之义也。其说虽由性分为二而来,虽在佛经亦有之,然佛教单云性时,仅指普遍常住之理耳。①

(三)实际论②

张子之学,要为知礼与成性。其能知礼以解习熟之缠绕,变气质性,实现天地性者,即成性云。盖气害性,习害气,故入道之要,第一在以礼脱善恶之习。习脱,则得穷理之明与尽性之诚,倾于宽或褊而胜于气,复为本来之性。惟性为虚,所谓本来之性,乃无形无感与客形客感合一之境,天道为一之境,成天性而塞于天地之境。故性与天道合一,不见大小之别,则知生无所得,死无所丧,而死生如一。至斯境者,神化自在之发现,悠然自得,应物而动,无不中正契当。以是言之,是张子之学,要在以礼为门户,以虚为堂奥,以神化为发现也。礼、虚与神化三者,乃张子学问中之三大节目,就中,虚为中枢,礼为入虚之手段,神化则由虚而自然发露之结果也。张子理想中之圣,乃至诚得天之仁与知性命之智合一,而大能成性,天下之物我无不睹者,故圣者无方而变化自在之神化,自然流露焉。关于张子之礼,程门间有批评之者,以为过于重礼,故无弟子。然张子之所谓礼,当于佛教之戒律,与明道之义以方外,伊川之严肃静坐,不过名称不同耳。神化一语,实张子所力说。朱子以为此二字虽程子亦未明白,惟张子明白。儒者亦有以比夸为儒所以盼佛者,然就菩萨之大愿大行言之,恐不免流于虚骄也。

总之,张子之学问,乃内外儒佛之大综合,举凡《易》之阴阳、神化、穷理、尽性命,《老子》之太虚、冲和,《论语》之忠恕、仁、礼,《中庸》之至诚、诚明、率性、天命,《荀子》之气质之性,与夫佛教之本然性、和合性、习熟缠绕、无我、去妄、必除纤恶等,一切纵横错杂之而成一大组织者。盖在宋儒中,殆可位于第一也。③

概括周、张、二程之特色,则可云周子在乎静,张子在乎礼,明道在乎敬,伊川在乎知。考周子之静,实以动为内容,非仅消极的。然其理论上、实际上,均以静为中心,则无人能否认者。张子以由礼入虚,而出于神化,非仅止于礼,然张子乃一私德颇高之人,其人格已为礼之具体化。明道亦非止于敬,其究极乃

---

① 此段从《宋儒与佛教》第二章"宋儒之宇宙论性论实际论"第四节"佛性论"中摘录。
② 此标题为编者所加。
③ 此部分从《宋儒与佛教》第二章"宋儒之宇宙论性论实际论"第三节"实际论"中摘录。

欲以敬得诚体仁，然其功绩乃在于用内心为主之敬，以代《易》入心外之礼。盖明道敬虔而有仁德，其言动自能化人也。伊川虽活用明道之敬，以为学者修道之目，然其究竟之目的，乃在于致知。盖伊川以知为目的，颇与明道之仁异趣，因之，其学说乃影响于人格，而多圭角。益以厉行严肃之静坐，其圭角益甚。故世人以明道为春风，伊川为秋霜。而伊川未没时，弟子即散尽，即为此故也。朱子于理智之点，继绍伊川，且尤为甚。陆子则不然，继绍明道，流入与致知反对之方面，期得一心之诚明。盖朱陆主张不同，乃由于江南、江北学风之不同也。周子为江南派之祖，立脚于无，以观心为主；张子则为江北派之祖，立脚于有，以教相为主。成此观心与教相（即理论与实际）者，即谓为周、张二子，亦无不可也。二程不仅为江北之学者，且多因缘于张子，而自立脚于有。虽明道长于观心一方，伊川长于教相一方，各有不同，然共生于江北，其与张子同调，自深于周子。朱子与陆子虽共为江南之学者，然朱子祖述程子，故其学风属于江北派，立脚于有，而以教相为主。陆子则不然，正发挥江南之特色，立脚于无，而以观心为主。此种对立之二大系统，无论何代均常有之。然以宋儒六子，分二大系统而观，则一方由周子历明道而传于陆子，他方则由张子经伊川而传于朱子。二者传统中，虽江南江北糅杂，然以师资之关系，自显如斯之不同焉。

三、张横渠之学佛与排佛论[①]

（一）学佛[②]

世传张子与周子均得常聪之性理论及太极之传。考张子实有与程明道终日讲学兴国寺之事，其寺中殆必有相当之禅师。初，范仲淹授张子以《中庸》，张子虽爱之而以为未足，更访佛老之书，犹无所得，后乃求诸六经。是其人曾染指佛书，必然无疑。又其批评《楞严经》，恐非读之亦必不能。虽读后自信不受影响，然平心言之，其与佛教之间，殆有几多连络。其所谓现于人为性之太和，自此出发，置太虚于气质性之根柢而名之为天地性，正与《楞严经》第四之"世间诸相杂和成一体者，名和合性；非和合者，称本然性"者，息息相通。张子又以为："云性则为虚与气之和合，中含浮沉升降动静相感之性质。"又以为："进一步言之，则仅天地性可云性，至气质性，实不能为君子性，不过气质性落于有象之边，君子性则落自无象之边"云。盖君子之意味，乃合于佛教之性之语义也。其所谓"待天下之性为一，犹告子之生之为性"，是以气质性批评天地性

[①] 此标题为编者所加。

[②] 此标题为编者所加。

也。张子以为，"虚与气有相即之关系，自害性之气，以至害气之习，均以宿习为恶之根源。天下之事物虽非同一，然悉体阴阳之气，故有感应行于其间。妨其合感者，乃宿习之所使然也。故解之以礼，除恶去妄，而成无我。彼正己而正物者，犹不免有意之累，惟无意而为善，乃为性之本来"云云，是正与佛教动静二门之关系、无始以来之无明、差别平等之关系、万法一如观，以及应一如而有差别之无明烦恼、以戒律入门之法断修行、有所得无所得之对立等等相应。此谓为直得自佛教可，谓得自学佛之后，亦无不可也。又修道方面，张子主张自穷理之明进于尽性之诚，其顺序正与周子、明道主张自诚而明者相反，惟朱子于此点则继绍张子。盖周子同于禅家，张子则同于教家也。①

（二）排佛②

张横渠之排佛说，归结于下列五点：

（1）以世界人生为幻妄、为幻化，是不知理、不知性、不知命。

（2）溺空沦静，不知神化。

（3）赋性于万物，犹告子以生为性。

（4）不知人，故厌世。

（5）不知鬼，故说轮回。

上中殊极力攻击者，即（1）之世界观、人世观，其他不过由此追寻而出。儒教徒欲神化之作用实现于人世，对于佛老之空平等观，自觉不快。此点为攻击之眼目，不惮烦而揭其要语于下：

> 以山河大地为见病，……以人见之小，因缘天地，不能明尽，是诬世界乾坤为幻化。语其实际，以人生为幻妄，以有为赘疣，以世为荫浊。
>
> 不知天命，以心法起灭天地，以小缘大，以末缘本，而不能穷，此之谓幻妄。
>
> 妄意天性，不知范围天用，反以六根之微，因缘天地，不能明尽，是诬天地日月为幻妄，蔽其用于一身之小，溺其志于虚空之大，此语大语小所以皆失其中也。其过大也，以六合为尘芥；其蔽于小也，以人世为梦幻。此可谓穷理乎？不知穷理，可谓尽性乎？谓为无所不知，可乎？以六合为尘芥，是以天地为有穷也。以人世为梦幻，是不能究

---

① 此段从《宋儒与佛教》第三章"宋儒之学佛"第二节"张横渠"中摘录。
② 此标题为编者所加。

夫明与所以来处也。

以山河大地为见病，以六合为尘芥，以人世为梦幻，或所谓销碍入空，皆以《楞严经》为背景而攻击之也。（《楞严经》代表佛教，其理由述于第五章。）《楞严经》之世界观、人世观，张子视为走于空平等之一面，而不知假差别之他面。夫所谓语寂灭、往而不反，乃大乘佛教徒常以批评小乘佛教者。苟为大乘佛教，不论属于何宗何派，无不以假差别之大用为必须。惟假差别之大用，可使自由以之为前提，不外极言空平等之半面。不然，终不能超脱差别之域。因之，大用终不大用，自由反成束缚矣。张子对幻妄的世界观之攻击，其文章雄浑，实有冲佛老弱点之处。惟此虽暂以为可，而以为佛教不知神化，是由不知大乘佛教无住处涅槃之妙境，非免片断的批评，适足以证其自身犹止于方内，而未能至超脱之域也。①

兹有附言者，即宋儒与佛教之用语不同是也。若不知此，则意义混杂。举其一例言之，如性即是。佛教云性，必相对的，含有理性、本性、体性之意味，故以为性上一切平等，非善非恶。宋儒之性，一方与道或理同义，故虽有理性、本性、体性之意味，而据一般用例言之，则仅适用于人。佛教之心性，又用于识性之意味，而其中有时用于理性之意，有时用于气质性之义，不区别之，则易混乱。张子谓虚与气之合谓之性，以性为万物之源，以为仅现之于人。其所谓天地性、气质性，类于佛教之阿赖耶识说。阿赖耶识为世界原理，同时又为个人原理。张子之性中之虚与气，相当于佛教之识中之性：虚即性，上立平等观；气即相，上立差别观。如斯分别言之，张子之性，当于佛教之识；佛教之性，当于张子之虚。若不之区别而下漠然之批评，则龃龉时起矣。张子云："以万物之性为一，犹告子以生为性。"盖经昙颖之性辨，对佛教平等观之批评也。然其意义，颇不明了。第一，由张子之学说言之，万物有一源之性，则万物之间不得不成立平等观；第二，以告子生之为性与佛教之理性为同一，其比较实不能成立。盖张子之意，殆谓人与物之间，即人与人之间，自有先天的差别，此即所谓气质性也。信如此，则其批评不区别二种之性，且对平等观之性而以差别观之性言之也。佛教单指性时，其意义有一定，不能如斯混淆。宋儒之性，有佛教之所谓性相之二意，故其间常不免分别不清。明道亦犯此病，一方以道为性，以为性不能说，一方以为性仅用之于人，有好底不好底二种，因而谓蠢动之灵不能皆有佛性。此盖与张子相同，亦对平等性而加以差别观也。②

---

① 此部分从《宋儒与佛教》第四章"宋儒之排佛论"第一节"张横渠"中摘录。
② 此段从《宋儒与佛教》第四章"宋儒之排佛论"第四节"朱考亭"中摘录。

四、结论①

张子之排佛,关于思想方面,正对《楞严》而发,其后之程子亦然,亦以当时居士辈爱玩《圆觉》《楞严》之故也。然则欲适当理解宋儒之学说,非至少谈《楞严经》一部不可。张子之言气质性、天地性,似出于《荀子》及《礼记》注疏中。(《荀子》中已言及气质性;《礼记》注疏中已有性情对立之文字。)然《楞严》首卷言缘心、性心,第四卷言和合性、本然性,张子或由此推论而得气质性与天地性亦未可知。若以此为受《楞严》之影响,则至少于此一点,一切宋儒,亦必受佛教之影响。况其他方面,尚有几多之证迹乎?强言之,佛教之内容,可视为适用儒道二教言语之处亦不少也。②

---

① 此标题为编者所加。
② 此段从《宋儒与佛教》第五章"宋学与佛教之关系"中摘录。

张横渠教育学说

——拙作《张横渠学说之研究》中之一编

何联奎

编者按： 本文原载《括苍》1924年第3期。何联奎（1903—1977），字子星，浙江松阳人。1921年入北京大学学习，1928年留学法国巴黎大学，后赴英国从事民族学、社会学研究。曾在北平大学、中央大学任教。著有《民族文化研究》《中国社会研究》《台湾省志·礼俗篇》《蔡元培民族学论著》《何联奎文集》等。

目　次

一、总论
　　A.略传
　　B.教育原理
二、教育方法论
　　A.训育
　　B.教材
三、治学方法
四、结论

一、总论

A. 略传

张横渠，名载，字子厚。陕西长安人。生于公历一〇二〇年（宋天禧四年），卒于公历一〇七七年（熙宁十年）。年五十八岁。

少孤无所不学，善谈军事。至欲结客（即指焦寅）取洮西之地。

年二十一，以书谒范文正公仲淹。一见知其远器，乃劝读《中庸》。载读其书，遂幡然知性命之求。然犹以为未足，又求诸释老者累年，穷究其说，知无所得，反而求之六经。

嘉祐二年，载在京师坐虎皮讲《易》，听从者甚众。一夕，二程至，与论《易》。次日，语人曰："平日为诸公说者，皆乱道。比见二程，深明易道，吾所弗及。汝辈可师之。"遂撤坐辍讲。继与二程共语道学之要，乃尽弃异学，归吾道之正。其论政治，则抱"三代之治为必可复"之复古思想。尝语曰："为天地立心，为生民立命，为往圣继绝学，为万世开太平。"其气魄之伟大如此！

熙宁三年，载移疾屏居横渠故地。整日危坐一室，左右编简，俯读仰思，有得则识之。或中夜起坐，取烛以书。其专精治学，有如是者！朱子谓："横渠之学，苦心力索之功深。"诚哉斯言！

载敝衣蔬食，与诸生讲学，每告以"知礼成性，变化气质之道，学必如圣人而后①已"。故其学，尊礼贵德，安命乐天；以《易》为宗，以《中庸》为体，以孔孟为法。

程子曰："载之学，更先从杂博中过来。"朱子曰："蚤悦孙吴，晚逃佛老。勇撤皋比，一变至道。精思力践，妙契疾书。"其于横渠学术思想之变迁，言之无遗矣。

其教育根本思想，在于变化气质。惟其偏重理性教育而轻视知识教育，与周、程……如出一辙。至于治学方法，于教育思想史上甚有可表彰之价值焉。

B. 教育原理

强学——变化气质

"变化气质"一语，为横渠之创见。推其说，盖有所本焉。孔子曰："性相近也，习相远也。"子思曰："虽昏必明，虽柔必强。"横渠原其说，特创"气质"之见以发挥之耳。

变化气质，即为横渠之教育根本思想。其言人之本性，无不善。其所以不善者，乃气禀之偏也。其言曰：

性于人，无不善。系其善反不善反而已。

又曰：

形而后有气质之性。善反之，则天地之性存焉。气质之性，君

---

① 原文脱"后"，据《张载集》补。

子有弗性者焉。

又曰：

　　人之刚柔缓急，有才与不才，气之偏也。天本参合而不偏。养其气，反之本而不偏，则尽性而天矣。

又曰：

　　为学大益，在自能变化气质。不尔，则率无所发明，不得见圣人之奥。故学者须先变化气质。

准上数说以观，横渠对于性之见解，可就两方面区别言之：

（一）天赋方面

天地之性，即本然赋予万物而纯粹至善之谓。故人之性本善，乃先天所赋予者也。此与现代心理学"本能"之说近似。本能，亦谓之本然之冲动（natual impulses），即伊川所谓本然之性。（拙作《伊川教育学说》曾已言之。两者之说颇近）

（二）气习方面

气质之性，乃得之于气习者也。盖人之性，本为得天地之理。因有人之形，则所得天地之性，局于人气习之中。习于正者，则气清而明，纯而美；习于偏者，则气浊而昏，驳而恶。故气质有美恶昏明之殊者，盖由气习而异也。横渠有言曰：

　　气者，自万物散殊时各有所得之气。习者，自胎胞中以至于婴孩时，皆是习也。

其言气禀之旨，至为深切著明矣。即今心理学所谓"本能之变态"是也。横渠以为学者当下"反之"之工夫，以变化其昏浊偏邪之气质，而复其本然之性焉。其"反之"之方法，则在学习——教育之感化。其教育目的，则在养成"天人合一"之健全人格而已矣。即横渠所谓"学必如圣人而后已"。

二、教育方法论

A. 训育

横渠绝对以矫强主义变化气质之性。即其所谓"强学以胜其气习"。横渠既以强学为变化气质之极则，而其方法，可分为五，试申述之。

（1）立志

横渠以立志为学之中心。学之能成就与否？惟视立志如何而后判也。志，即谓"心之所之"之方向。立志，即立一定之方向也。其言曰：

> 学者不论天资美恶，亦不专在勤苦。但观其趋向着心处如何。

此言为学当先立一定之志。若志不立，天资虽美，学虽勤苦，则如无柁之舟，漂荡中流，无所底止也。横渠既以立志为学之准的，且谓立志宜远大坚勇焉。其言曰：

> 人若志趣不远，心不狂焉，虽学无成。人惰于进，道无自得达。

又曰：

> 学者不宜志小气轻。志小则易足，易足则无由进。气轻则虚而为盈，约而为泰，亡而为有。以未知为已知，未学为已学。

又曰：

> 有志于学者，都更不论气之美恶，只看志如何。匹夫不可夺志也。惟患学者不坚勇。

就上所举观之，可知横渠视立志之重且大矣。彼以为立志须远大坚毅，以奠修学之强固的根本基础。审如是，则德性之养成，气质之迁革，皆基于此。其意不亦深切哉！

（2）存养

横渠教人以存养为学之要，而以虚静为存养之功夫。其言曰：

虚心，则无外以为累。

又曰：

　　变化气质，与虚心相表里。

又曰：

　　敦笃虚静者，仁之本。不轻妄，则是敦厚也。无所系阂昏塞，则是虚静也。

此言学者当下敦笃虚静之功夫，以养其内心而免外物之累。变化气质，亦庶乎于此系之。不然，则心驰外骛，昏塞不明矣。横渠于教育方法上视存养为重。大抵宋理学派，殆皆同然。如程子主存养，则在敬义。所持方法，亦无甚出入也。

（3）习礼

横渠既以虚静为涵养内心之功夫，而又以礼检束外界之行为。二者表里交用，互相发明，以达"天人合一"之境。故其言曰：

　　立本既正，然后修持。修持之道，既须虚心，又须得礼。内外发明，此合内外之道也。

横渠以为人不可以不学礼。学礼则可守定不移，而世俗之习气亦可祛除也。故曰：

　　……只为学礼，则便除去了世俗一副常习熟缠绕。譬之延蔓之物，解缠绕即上去。上去，即是理明矣，又何求？苟能除去了一副当世习，便自然洒脱也。又学礼，则可以守得定。

彼于学礼外，又重实践。其言曰：

　　变化气质，《孟子》曰："居移气，养移体。"况居天下之大居者乎？居仁由义，自然心和而体正。更要约时，但拂去旧日所为，使动作皆中礼，则气质自然全好。

又曰：

> 君子庄敬日强，始则须拳拳服膺，出于牵强。至于中礼，却从容如此，方是为己之学。乡党说孔子之形色言谨亦是敬。此皆变化气质之道也。

观上两说，横渠以礼绝对抑制人之行为，亦云严格矣。其意盖谓凡人之举动言笑，皆须正容谨节，庄敬端严，而不可犯乎礼；由之气质变化，而进于善，规规焉养成"斯文君子"之习惯焉耳。故其又作《东铭》，戒人戏言戏动，以纳其于伦理矩范中。甚至教儿童绊己不出入。其说于伦理上，固未为不安。然于教育方法上，则偏于矫强而失诱导之方矣。

（4）朋习

为学大患，则在独学无友。无友，则孤陋而少进。故朋友为攻错学问所不可缺者也。横渠视此为重。其言曰：

> 学不长者，无他术，惟是与朋友讲治，多识前言往行，以蓄其德。

又曰：

> 心中苟有所闻，即便札记。不思，则还塞之矣。更须得朋友之助。

又曰：

> 日间朋友论著，则一日间意思差别。须日日如此讲论，久则自觉进也。

综上三说，即谓学问非独学所能进，必得与良朋益友互相砥砺讲习，以收集思揣摩之益。庶乎优柔厌饫，学底于成也。

（5）努力

横渠教人为学当具有"向上奋进"之精神。若畏难则逡巡自画，学无所就。其言曰：

> 慕学之始，犹闻都会纷华盛丽，未见其美，而知其有美不疑。

步步进，则渐到。画则自弃也。……今人为学，如登山麓。方其迤逦之时，莫不阔步大走。及到峻峭之处，便止。须是要刚决果敢以进。（此言与伊川同旨，惟二者词句相同，殊为可疑，待考。）

此言为学当有努力，经历艰险，向前奋进，勿畏苦难而却步也。此与程子同旨，实给学者一大方向也。

B. 教材

横渠斥闻见，重德性；而于智识教育甚薄视之。其言曰：

上智与下愚不移。充其德性，则为上智。安于见闻，则为下愚。

故其于教材上，主张多采关于"畜德"方面的理性书籍以养德性之知。至于文史（非指"六经皆史"之史）等等方面，则非其所重视也。其言曰：

尝谓文字若史书历过见得无可取，则可放下。如此则一日之力可以了六七卷书。又学史不为为人，对人耻有所不知，意只在相胜。医书虽圣人存此，亦不须大段学。……如文集文选之类，看得数篇无所取便可放下。如道藏释典，不看亦无害。既如是，则无可得看，唯是有义理也。故唯六经则须着循环，能使昼夜不息，理会得六七年，则自无可得看。若义理则尽无穷。待自家长得一格，则又见得别。

观此，可知横渠偏重于理性教育矣。此为宋理学家之通病，不独横渠为然。

三、治学方法

怀疑之精神

在宋一代，提倡怀疑之说者，厥惟横渠，其次则为伊川。故怀疑一说，为横渠于教育上最大之贡献。其言透澈精辟，诚发前人所未发。开示后学，厥功匪浅。横渠教人读书求学须具有怀疑之精神，穷理致知，以求其实。其言曰：

不知疑者，只是不便实作。既实作，则须有疑。必有不行处，是疑也。譬之通身会得一边，或理会一节未全，则须有疑，是问是学处也。无则只是未尝思虑来也。

又曰：

> 所以观书者，释己之疑，明己之未达。每见每知所益，则学进矣。于不疑处有疑，方是进矣。

又曰：

> 在可疑而不疑者，不曾学。学则须疑。譬之行道者，将之南山，须问道路之出自。若安坐，则何尝有疑。

观上三说，横渠言怀疑之透辟如此。其意即谓求学须求实，求实必自求疑始。所谓求疑，非仅于义理中不通处致疑，且于不疑处找出有疑。而疑必待思辨心悟，推微知著，发明新意，以求至是之归。其说颇近现代科学之精神矣，而其影响于后世思想界教育界者，岂浅鲜哉！

四、结论

横渠教育学说，绳之以现代教育思潮，固不足多。然就时代眼光观察之，横渠在宋代教育史上，应予以相当之位置。综观其教育学说，多建筑在理性教育严格教育基础上。故其斥闻见之知，而重德性之知；以人格之活动，为其教育基本目的耳。至于教育方法，则偏于矫强檃栝而置兴趣诱导于不顾。此其一大缺点也。惟立志存养朋习努力诸方面，吾辈学者所宜效则焉。庶乎敦笃砥砺[①]，学就德进者，其在斯欤？其在斯欤？且而横渠提倡怀疑之说，指示学者"读书求实"之一大途径。洵足嘉尚也。

[①] "砥砺"，原文作"砥厉"，据文意改。

戴东原与张横渠

甘蛰仙

编者按：本文原载《晨报副刊》1924年8月24日至8月31日，是甘蛰仙发表于该刊的系列文章《戴东原的名学史观》中第33—37篇。现为阅读方便，将其内容合为一篇，并删去每次发表时的标题，总题为《戴东原与张横渠》。甘蛰仙，原名甘大文，字蛰仙，四川大竹人。约生于清光绪十八年（1892），其卒年无考。[①] 曾就读于中国大学、北京大学等，为胡适、林纾的弟子。其关学研究论著主要有《戴东原与张横渠》《冯从吾之哲学》等。

现今谈一谈张横渠的名学，略作戴东原与张横渠之比较观底准备（横渠哲学，拟另作专篇详论之）。我们宜附带注意的，就是他的人格化的名学思想之渊源。关于此点，史家以为导源于范高平。范文正曾教横渠看一部儒家的哲学书——《中庸》。子厚当时研究的方面很多，初不以此自限；然其观察力之致密刻入，却非寻常人所能及。子厚自己也说过："某观《中庸》义二十年，每观每有义，已长得一格。"（临潼横渠书院本《张子全书》卷六《经学理窟·三·义理篇》）

他如此看重《中庸》，益令人联想到他和希文的关系之密切。然而能有此种致密刻入的观察力者，横渠先生也！横渠的判断力之锐进，即从观察力之训练得来。所云"观义"，"观"者，观察之谓；"义"者，判断之谓也。所云"每观每有义"，即谓判断力之推行，每随观察力之递增而迁进也。续云"已长得一格"，即谓人格之长成，皆观察判断种种推理之学的精诣所醇化也！他的名学，不愧为一种人格化的名学，其主要之论据，于此可见一斑矣。戴东原昌言义理之学，力从"明其区分精其裁断"上作鼓吹。若执其说以释横渠，则东原之所谓"明其区分"，犹横渠之所谓"观"也，有事于观，所以明理也。东原之所谓"精其裁断"，犹横渠之所谓"义"也，观辄有"义"，所由精义也。存"理"

[①] 参见刘中文：《甘蛰仙及其对陶学的贡献》，载《九江学院学报》（社会科学版）2014年第2期。

集"义"，务期自己"长一格"，此为己之学也。欲明张、戴两家的共同路线，须先于此中求之！

横渠哲学的路线，有时作直线形，有时作曲线形，表现不同，言诠自异。由名学的眼光观之，直所从言之异路；在他哲学的系统上，初无所谓矛盾。所以他有时从形上学言之，有时从美学上言之，有时从认识上言之，有时从工夫论上言之，有时从行为论、政治论上言之，……参伍错综，相络如网；究切观之，义本相成，于问学上德性上皆有裨益，学者所宜理会也。横渠说：

> 学者方用心未熟，以《中庸》文字辈，直须句句理会过，使其言互相发明。纵其间有命字未安处，亦不足为学者之病。（凤郡祠本《张子全书》卷七叶二《经学理窟·四·学大原下》）

果以他读《中庸》的方法重绎横渠之书，使其言互相发明，未必非张子之所许也。则试分析论列之。

形上学的名学

从前的人，咸刻意于名分，而不闻性道；咸醉心于玄学，而屏绝言蹊；虽皆持之有故，究未执其两端；及横渠出，始有意折衷，而先在形上学的名学方面开一新机运。横渠说：

> 形而上者，得意斯得名，得名斯得象；不得名，非得象者也。故语道至于不能象，则名言亡矣。（《全书》卷二叶九《正蒙·天道篇第三》）

又说：

> 形而上者，得辞斯得象矣。神为不测，故缓辞不足以尽神；化为难知，故急辞不足以体化。（同上，《神化篇第四》）

又说：

> 形而上者，得辞斯得象矣。故变化之理，须存乎辞；言所以显变化也。易有圣人之道，而曰以言者尚乎辞；辞者，圣人之所以圣。（《全书》卷十一《易说》叶十五）

据此三证，可见子厚之治形而上学，实从名学入手。"得名""得辞""以显变化"；其所显者，宇宙也，实境也；其所以显者，认识也，名言也。名言既可以显实境，那么宇宙也当是人们所能认识的了。若谓能尽认识，横渠又将不以为然。他明明谓有"难知""不测"而"不能象"者在：此即言形而上学之可以离认识论而独立也。戴东原答言："义有所通，亦有所穷。"（《戴氏遗书·文集》卷三叶九）吾谓认识之于本体，有所通亦有所穷，其说殆为张学与戴学之一共通点矣。

曷言乎有所穷也？前不云有"难知"而"不测"者存耶？"不测"者，"神"也；"难知"者，"化"也。云何"神化"？横渠说：

> 神化者，天之良能，非人能；故大而位天德，然后能穷神知化。（《张子全书》卷二叶十《正蒙·神化篇第四》）

惟"非人能"，故认识之力，有时而穷，不能不质成于神化也。横渠所谓"神化"，非他，即天德良能而已，犹孟子所谓"圣而不可知之"者也。横渠的不可知论，即植基于此。他说：

> 圣不可知者，乃天德良能。立心求之，则不可得而知之。（同上，叶十一）

超乎经验之上者，不必为感官之所辖，故云"不可得而知"；纯乎理性的本然之善，乃天之所予我者，故谓之"天德良能"。良能者，孟子所谓"不学而能"者也；此种本能，他无所由，乃出于天，不系于人，故谓之"天德良能"，故谓之"神"。戴东原之"心能说"的精神论，实与此说相近。东原说："思者，心之能也。"又说："心之精爽有思，……所谓神也。"（《疏证》卷上叶六）照此说来，戴氏之所谓神，即是心之精爽，即是心之能，与横渠之"良能"说的"神化"观，其意实互相发明也。①

复次，横渠之"天德"说的"神化"观与"良能"说一致，回味前言，已可了然矣；知"天德"与"良能"之为一致，则宇宙的共通原理与生命的根本原理之为一致，亦可了然矣。戴东原之宇宙观与人生观之为一致，于天德的观察点

---

① 原文此处有"未完"二字。以上内容原载于《晨报副刊》1924年8月24日1—2页，标题为《戴东原的名学史观（下篇）》"三十三　戴东原与张横渠一"。

上，亦可窥见一斑焉。东原以仁、礼、义为天德之纲领，至善之条目。其言曰：

> 生生者仁乎！生生而条理者，礼与义乎！（《文集》卷三叶十七《原善》下）

又云：

> 同于生生条理，则圣人之事。（《原善》卷上叶二）

所谓"生生"，即生命之创造的、永续的进化也。横渠亦云：

> 生生，犹言进进也。（《全集》卷十一叶九《易说》）

永续不断的生命之创造的进化，即所谓"难知"之"化"，"不测"之"神"也。顾转化之"神"，虽绝难测知，而以言显之，则"神"不离"知"；推理之"知"，或不专述"神"，而欲其藏主，则"知"不离"神"。横渠说：

> 非神不能显诸仁，非知不能藏诸用。（《全书》卷十一叶十八《易说》）

"神"即东原之所论"生生"者也；"知"即东原之所谓"生生而条理"者也。显藏无间之旨，东原实继横渠而转发之。东原说：

> 生生之呈其条理，显诸仁也；惟条理是以生生，藏诸用也。（《原善》卷上叶四）

申言之，生命之呈其逻辑，见本体之不离现象也；由逻辑以体验生命，见现象之不离本体也。即本体即现象，即生命即逻辑；能所不二，体用一源。达斯神旨，"天德位"矣，可与"穷神"而"知化"矣。横渠云"大而位天德，然后能穷神知化"，正谓此也。东原之条理化的生生论，实与此说相通。明乎横渠之主"知"论的演"化"观，"天德"说的"神化"观，与东原之说，实互相发；则于形而上学的名学之真谛，思过半矣。

《易》曰："形而上者谓之道，形而下者谓之器。"谓之器，所以示别于道也；形而下与形而上之区别，益复显然。欲说明形而上的道学之本义，自须先有酌定其界域，以示别于其他。横渠与东原，其于此义，盖先后各有所发明焉。横渠说：

> 形而上，是无形体者也，故形而上者谓之道也。形而下，是有形体者也，故形而下者谓之器。无形迹者即道也，如大德敦化是也。有形迹者即器也，见于事实，如礼义是也。（《全书》卷十一叶二十一《易说》）

超客观的、抽象的、浑融的德化，此形上之道也；纯客观的、具体的、散着的事物，此形下之器也。此横渠之道器观也，亦其形上学所由示别于形下者也。东原说：

> 成形质者则器也；其体物者则道也。（《原善》卷上叶二）

体贴人物之衷情者，直觉也；裁成现象之关系者，推理也。直觉几于道；推理涉乎器。此东原之道器观也。虽未如横渠之断言形上形下的区别；然比而观之，固可推见他俩皆各有所自得焉。

横渠东原，虽皆道器并重，而在本体论上则颇侧重"道"的观念。横渠说：

> 运于无形之谓道；形而下者，不足以言之。鼓万物而不与圣人同忧，天道也，圣不可知也。无心之妙，非有心所及也。（《全书》卷十一叶二十二《易说》）

东原说：

> 盈天地之间，道其体也。（《文集》卷三叶十五）

本体即是本体，运于无形，不滞于迹；执此而名之曰道，得毋与体用一源之旨有不合欤？由横渠的意思解答之，并无不合。为的是"方其不形也，有以知明之故"，故其浑言"运于无形"，乃所以统摄形而下者，而济其所未足也。更端言之，自可反求。果能洞悉"幽""明"之故，则最高的共相——法象以立，而形上学之论理的基础，益见巩固矣。横渠说：

> 盈天地之间者，法象而已。文理之察，非离不相睹也。方其形也，

有以知幽之故；方其不形也，有以知明之故。(《全书》卷十一叶六《易说》)

由"其形以知幽之故"，此言从现象推到本体；由"其不形以知明之故"，此言从本体推到现象；一切"幽明之故"，皆系乎法象。东原推本易学，益复深信"法象莫大乎天地"之说，重新建设一种"法象论"的宇宙观(《文集》卷三叶十四《法象论》，宜精读)，可说是横渠先生启之也。《法象论》一篇，语语精纯，于"成象""效法"之义，知之甚审。由分化以知生之故，而在"道问学"的路线上开一新机运；由集化以知息之故，而在"尊德性"的路线上开一新机运。博观条理，约举统会；而孔颜之相授受，及孟氏之所透发者，咸可于戴氏的《法象论》中，得一新概念焉。饮水思源，益不能不归功横渠之启发矣！东原之言曰：

君子之学也如生，存其心以合天地之心如息。为息为生，天地所以成化也。

所云"君子之学也如生"，此言问学上事；"存其心以合天地之心如息"，此言德性上事。尊德性的理据，近于唯理论；道问学的理据，近于经验论。唯理论与经验论，通常列入认识论的范围；但在主张将认识论与本体论融为一片者，则又列之于本体论的范围内。世尝言认识论为超绝的名学，吾亦谓本体论为超绝的名学也。融合此两者为一，则东原所谓"道之至也"。东原说：

天所以成象，地所以成形，圣人所以立极，一也，道之至也。(《文集》卷三叶十六)

此戴氏《法象论》的宇宙观之诣，亦即形而上学底究竟观，通于认识论者也。形上的认识，亦即戴氏之所谓"天德之知"。他说："天德之知，人之秉节于内，以与天地化育俟者也。"(《原善》卷中叶一)"知天德"斯可语"知天"矣。他说："言乎条理之极，非知天不足以尽之。"(《疏证》卷下叶十三)"尽"乎"条理之极"，则"道之至也"。横渠说：

知崇，天也，形而上也。通昼夜而知，其知崇矣。(《全书》卷三叶五《正蒙·至当篇第九》)

横渠所谓"知崇",犹东原所谓"条理之极"或"道之至"也,皆言"形而上"的真理也。所云"昼夜",乃时间也。古今旦暮,莫非时间也。昼夜不舍,犹言旦暮遇之,往古来今之相续不穷,亦犹是也。于时间之转化中,可理会到创造的绵延,此"通古今而知"之所为可贵,而"通昼夜而知"之所以为"知崇"也。于时间之创造的绵延,可理会到生命之创造的绵延。生命之永续的创造,与宇宙相融合相终始:此即东原之所谓"善"也。善者,共相也,戴氏的系统哲学之名学的中心点也。东原说:"言乎其同谓之善。"(《原善》卷上叶十六)"善以言乎天下之大共也。"(同上,叶三)此善为共相之显证也。共相,一名也;此"善"之名所举之实维何?东原连一点也不迟疑地答道:"言乎人物之生,其善则与天地继承不隔者也。"(叶三)是则此所谓"善"者,亦"人物之生"而已矣,一生命而已矣。生命者,能为永续的创造者也,能与宇宙的创化相融合相终始者也。放大言之,则如东原说的"与天地继承不隔";缩小言之,则如横渠说的"通昼夜而知"。其"通"而"不隔"一也,其"知天"一也。横渠说:

> 学至于知天,则物所从出,当源源自见,知所从出,则物之当有当无,莫不心喻,亦不待语而知。(《全书》卷十三《文集》叶一《答范巽之书》)

横渠的"知天"说,与东原说的,意多相通。诚使相信"条理之极,惟知天足以尽之",而组成一种新形而上学的名称之体系,宁独成横渠、东原两先生之美而已哉?——以上述形上学的名学略见,往下再谈他们的美学的名学、认识论的名学等等。[①]

美学的名学

在作横渠、东原之美学的比较观之前,须先问一问美学与名学是否有关。如果与名学丝毫无关,自不必列入名学史观之内。但是由秩序论上看来,美根于逻辑,美与逻辑是并行的,或者也可说是交互为用的。不过就美学与名学二者比较起来,觉得为解说的方便起见,须先治名学后治美学,这是次序上的分别。我所以说:"固然,情感方面的学问,也大有研究的必要,即美学亦不失为名学之最亲爱的益友;然使不先承认名学有存在的价值,则言语道断,连美学也无从说起,又安有所谓美学?"由今思之,先秦汉唐的名学,我已经按照前定的计划,略加分析了;名学所固有的存在的价值,已算是有了承认的表示。惟于美学尚付

---

① 原文此处有"本节完"三字。以上内容原载于《晨报副刊》1924年8月25日1—2页,标题为《戴东原的名学史观(下篇)》"三十三 戴东原与张横渠一(续)"。

阙如，此殆有待而然。及夫重释横渠先生之遗书，乃益觉美学的名学之形成，宜归功于横渠也。自横渠出，而先秦儒家的美学，始大有复兴的趋势；自横渠出，而先秦儒家的美学，始与名学重新结合，而通于人格化的生活观，是应横渠创造力的表现也。横渠说：

> 知至学之难易，知德也；知其美恶，知人也。知其人且知德，故能教人使入德；仲尼所以问同而答异以此。（《全书》卷二叶二十四《正蒙·中正篇第八》）

读此，则名学的美学的人格感化之妙用具见矣。原来归纳的名学最重要之大法，在求同求异及同异交求。而伟大的人格者之施教也，一面务就所教的诸对象求其共性所同然；一面又就所教的各个对象求其自性的异撰；最后又要使这些共通性相（共性）与其特殊性相（自性）得其调和，而彻始彻终出其能施教能推理的原动力（心能）为之枢纽，若是者可以说是一种名学的教育或是一种教育观的名学。而且这能施教能推理的原动力（心能）也分两方面发展。其能"知至学之难易"的知，发展到极限，可以"尽是非之极致"；能"知其美恶"的知，发展到极限，可以"尽美丑之极致"。东原说：

> 惟人之知，小之能尽美丑之极致，大之能尽是非之极致。（《疏证》卷下叶三）

这句话实与横渠之说相发明。"美丑是非"，皆判断也；惟美丑之知，泰半是直接的；是非之知，泰半是间接的。间接之知，多根于学识（经验的）；直接之知，或本诸才性（合理的）。直接知之最精粹者，是即横渠、东原之所谓美也。横渠以为人们有"才甚美"的，也有"才未美"的。（《全书》卷三叶二十二《正蒙·乐器篇第十五》）这种区分，严格说来，恐怕也该属于间接之知？（或亦可以证明美根于逻辑之说。）但是他的原意，总以为与其寻方法论上的根据，不如求认识论上的根据。而合理主义的认识论，以先天的善性为出发点，尤有本体论上的根据，所以横渠三致意焉。他说：

> 向善急，便是性美。性不美，则学得亦转了。（横渠书院本《全书》卷十二叶五《语录抄》）

又说：

> 充内形外之谓美。(《全书》卷二叶二十四《正蒙·中正篇第八》)

"向善急"的善，犹横渠所谓"知崇"，东原所谓"天下之大共"也。对"向善急"下一肯定，说"是性美"，即肯定此大共，而以性美为之名状也；美又性之名状也。这样理性主义的美学，导源于先秦儒家，而通于诗学；超经验主义的名学之通于"礼"学，在美学史、名学史上均有相当之价值。横渠对于儒家的美学，得力于孟子者最深。除《西铭》一篇透发"自同然而之独然"（理一分殊）之旨，足以代表他自己的唯美的人格主义（人格化的美学）的见解外，当推"充内形外之谓美"一语，最能道出美底真正意义矣。孟子云"充实之谓美"，此语殆为横渠的美论所自出。充言充遍，实言实现。美体者，充遍宇宙者也；美相者，实现于人生者也。此种唯美的宇宙观及其人生观，其最幽邃的心源，就是孟子所谓"浩然之气"。吾前言"孟子解释浩然之气……不限于名学"，为其悟性已深入美学的门奥而新铸成一种超绝的名学故也。今观横渠的美论，亦带有超绝的名学的色彩，故知其深有得于孟氏之学也。横渠说：

> 凡不形以上者，皆谓之道，惟是有无相接与形不形处，知之为难。须知气从此首，盖为气能一有无，无则气自然生，是道也，是易也。（凤郡祠本《全书》卷十一叶二十一《易说》）

联想到孟子书里"敢问何谓浩然之气？曰：难言也……"，孟子之"难言"，谓是气难以名言尽也。横渠说的"知之为难"，亦谓气化所从来这个问题的中心，知识底效力不易透入，因之不易得到圆满的解决也。然若畏其难知，而不思所以解决之，横渠又将不谓然矣。他以为研究此问题，须取证于真正时间的创化及其在名学上的最高的肯定。他说：

> 天之化也运诸气，人之化也顺天时。非气非时，则化之名何有？化之实何施？
> 所谓气也者，非待其蒸郁凝聚，接于目而后知之。苟健顺动止浩然湛然之得言，皆可名之象尔。然则象若非气，指何为象？时若非象，指何为时？（《全书》卷二叶九《正蒙·神化篇第四》）

横渠运超越的名学眼光，以观照浩然湛然的才性之美，而是认其在名学上应得的肯定，其有合于孟氏之学，大略可见。戴东原所昌言的"德性之美""才质之美"，在在与子舆氏及横渠之说相发明，实有作比较的会通的研究之价值。

东原说：

> 德性之美，不可胜数。（《疏证》卷下叶十五）
> 若夫德性之存乎其人，则曰智曰仁曰勇：三者才质之美也。因才质而进之以学，皆可至于圣人。（同上，叶十二）

又说：

> 质美者进之于礼，无饰貌情漓之弊。（同上，叶十四）

关于"才质之美，德性之美"的问题，可以隶属于本体论认识论（超名学）底范围内。其对于质美性美所下的界说，与横渠不必尽同；而其"进之以学""进之于礼"云云，这种严正的、精卓的名学鼓吹，却与横渠的意思十分相合。他们俩的意思，都主张美学底名学化，由美学的观感再进一步受名学的训练，为什么要这样呢？横渠说："天质美不足为功……"（横渠书院本《全书》卷五叶十四）东原说："才虽美，犹往往不能无偏私。"（《疏证》卷下叶四）看来有了美学的素养的人，最好再治名学以锻炼心能，而使美感高情随真知灼见而骈进：此横渠、东原的美学的名学底比观之所由作也。①

认识论的名学

横渠之认识论的名学与他的形上的美学的名学，极有依倚关系。至于认识论的主要问题，自不外乎知识来源问题、知识本质问题及知识界限效力问题。横渠的认识论的资料，颇可与此相印证；而其原用的术语，如"德性""问学"云云，与后来的尊德性派、道问学派非无关系；在横渠自己的哲学系统上，亦颇关重要。从德性方面建立一种理性主义，从问学方面建立一种经验主义；更兼取两者之长，而组成一种批评主义：在宋明哲学界，差不多成了共同的路线，共同的目标。从他们学风的影响上说，其影响最大者，自然是，北宋要推伊川，南宋要推晦庵，明代要推阳明；若从学风的背景及其交光上说，则其他诸家，均有研究的必要。而横渠的《西铭》，首揭唯美的人格主义之目标，为纯理性的超经验的哲学者力导先路，虽以程朱之醇懿深博，犹先后俯首悦释焉，则其在学术史上固有的位置，更可深长思已。

横渠之纯理性的、超经验的认识论之形成，纯由名学的功能，锻炼成熟，因

---

① 以上原载于《晨报副刊》1924年8月26日1—2页，标题为《戴东原的名学史观（下篇）》"三十四 戴东原与张横渠二"。

此"合其异而返其同",组合各样殊异的经验而返于人类共同的理性之域;而先在的理性与后天的经验相得益彰而不至于相悖,则批评哲学之特色也。从理性论上言之,其特征在明"一统而万殊";从经验论上言之,其特征在明"万殊而一贯"。理性的本体世界是唯一的相同的;经验的现象世界是多面的悬殊的。依据一元论的根本学理建立理性主义,而不屏绝"万殊",则不至于偏废经验矣。再酌多元论的相当理由组成一种经验主义,而不违反"一贯",则不至于蔑弃理性矣。照此说来,横渠对于理性经验所持的态度,纯是一种极公允极切至的批评态度;他的理性主义,可说是批评的理性主义;他的经验主义,也可说是批评的经验主义。分别异同,各有归趣,正所谓"分立而推理一也"。此横渠的批评主义的哲学,在认识论的名学史上大放异彩者也。由东原的哲学上言之,则其所云"生生之呈其条理",实与横渠的"一统而万殊"的意趣相近。东原所云"惟条理是以生生",实与横渠的"万殊而一贯"的意趣相近。此亦治史者之所当察也。

横渠之批评的理性主义,以先天的综合原则为根据,故其论点多涉及形上学。他说:

> 天地之塞,吾其体;天地之帅,吾其性。(《张子全书》卷一叶一《西铭》)

此言性体之取法于宇宙也。其前提在"乾称父,坤称母,予兹藐焉,乃混然中处"云云,晦庵解得最好:

> 乾者,健而无息之谓;万物之所资以始者也;坤者,顺而有常之谓,万物之所资以生者也。是乃天地之所以为天地而父母乎万物者,故指而言之。(同叶,紫阳朱熹注)

又说:

> 乾阳坤阴,此天地之气,塞乎两间,而人物之所资以为体者也:故曰天地之塞吾其体。
> 乾健坤顺,此天地之志,为气之帅,而人物之所得以为性者也:故曰天地之帅吾其性。深察乎此,则父乾母坤,混然中处之实可见矣。(同上)

参照晦庵所下的解释,则横渠所举的宇宙与生命之实——先天的因子,约略可

见。其根据此点发展出来的一条总合原则,就是"民吾同胞,物吾与也"(《西铭》)。这条原则,晦庵解得极好:

> 人物并生于天地之间,其所资以为体者,皆天地之塞;其所得以为性者,皆天地之帅也。然体有偏正之殊;故其于性也,不无明暗之异。
>
> 惟人也,得其形气之正,是以其心最灵,而有以通乎性命之全,体于并生之中,又为同类而最贵焉,故曰同胞;则其视之也,皆如己之兄弟矣。
>
> 物则得乎形气之偏,而不能通乎性命之全,故与我不同类,而不若人之贵;然原其体性之所自,是亦本之天地,而未尝不同也,故曰吾与;则其视之也,亦如己之侪辈矣。
>
> 惟同胞也,故以天下为一家,中国为一人。惟吾与也,故凡有形于天下之间者,若动若植,有情无情,莫不有以若其性,遂其宜焉:此儒者之道,所以必至于参天地,赞化育,而非有所资于外也。(同上,叶二,朱注)

吾以为横渠之先天的综合原则论——超越的演绎论,实由《易经》《孟子》诸书里导演而得(于墨学中最精粹的一部分,亦有相当的受用),故其造论涉乎"乾坤"而察乎"天地"。晦翁而外,东原的学说极于横渠的相近,特未如晦翁之明言"予作《西铭解》"耳。东原说的"人物之生,其善与天地继承不隔"(前面已征引过),此察乎"天地"之证也;其所谓者,犹晦翁说的"其所资以为体,所得以为性者";"皆天地之塞,皆天地之帅",故曰"以言乎天下之大共也"。(戴氏语)此张、朱、戴三家哲学中的共相,所据以建立先天的综合原则,而"原其体性之所自",不惜在本体论上作全称的肯定断定者也。不宁唯是,东原所断言的"成象之谓乾,效法之谓坤"(《文集》卷三叶十四《法象论》),此涉乎"乾坤"之证也;其所谓"成象",犹晦翁所谓"健而无息";所谓"效法",犹晦翁所谓"顺而有常"。其所以谓的名虽或不同,而其所谓之实则并无不同。其务以心能中所起之名举"乾坤"之实,是则张、朱、戴三家之所同。此亦研究他们的超越的演绎论者所宜注意观察也。

复次,横渠的"民胞物与"这条原则,晦庵从同类、不同类的观点上去下注脚,实开戴氏之先声。东原复以"类"的观念为人的"性"格与物的"性"格之所由分;而于"类"的异同,辩之甚审。他说:

性虽不同，大致以类为之区别。

一类之中，又复不同。

言同类之相似，则人物之性，咸分于道，成其各殊者而已矣。

异类之不相似明矣。（《疏证》卷中叶六）

运用分"类"法的根本学理以解释人格（人的性格）问题与物格（物的性格）问题，此东原学风近于考亭之点。考亭之注解《西铭》，本来多以孟子学以为基础；至东原则明言疏证孟子，而暗合于横渠学说；以相似、不相似为类的异同之所由分，托源于孟子，而横渠的《西铭》的重大意义乃益为之复昭；则以张子之学，本由孟子书得来；其疏证孟子，实亦治横渠哲学所应由之路也。若推引东原之说，以同类相似的性，为"民胞"观念的基础，以异类不相似的性，为"物与"观念的基础，而复组合之以解释横渠之说，然后再与晦庵所加大解释作比较观，或当有如下之结论：

运用求"同"求"异"的归纳法以从事于分"类"：此朱、戴两家之所同也。然戴氏分"类"，纯从性相的相似与否的观点上去下事实判断；而朱子则不徒下事实判断，且言"人……于并生之中……为最贵，……物……不若人之贵"，参用其价值判断焉，是则相异之点也。

前文不云乎，子厚的"民胞物与"这条原则，是从先天的综合判断发展出来的？更端言之，民胞也，物与也，两样对举，仍是带有相对性的分析的判断，不必尽为绝对的综合判断也。依此推来，横渠的理性主义，至少带有一点经验的意味；不趋于一极端，不多下无限制的断定。我所以说："他的理性主义，可说是批评的理性主义也！"

然则他的经验主义又何如耶？自我观之，亦批评的经验主义而已。[①]

横渠之批评的经验主义，以后天的分析判断为要件，其论点多涉及方法论。方法论（工夫论）与形上学（本体论）是交互为用的，所以横渠的《西铭》，极力提挈本体，仍复有教人做工夫处。朱晦庵评判此篇，批郤导窾，语语精要。他说：

横渠说这般话，体用兼备，岂似他人只说得一边？

又说：

[①] 原文此处有"未完"二字。以上内容原载于《晨报副刊》1924年8月27日1—2页，标题为《戴东原的名学史观（下篇）》"三十五　戴东原与张横渠三"。

《西铭》前一段如棋盘，后一段如人下棋。

棋盘以喻本体，人下棋以喻作用："体用"两喻，故曰"兼备"也。又说：

民吾同胞，至颠连而无告者也，乃统论如此。"于时保之"以下是做工夫处。（《全书》卷十五附录叶六。可参看卷一《西铭》原文）

所云"统论"即言乎综合原则之确立；所云"做工夫处"是即分析判断之所存也。他又说：

横渠《西铭》初看有许多节，却是狭；充其量是什么样大。合下便有个乾健坤顺意思，自家身已便如此，形体便是这个事物，性便是这个事物；同胞是如此，吾与是如此，主脑便是如此。尊高年所以长其长，慈孤弱所以幼其幼，又是做工夫处，后面节节如此。于时保之，子之翼也；乐且不忧，纯乎孝者也，其品节次第又如此。

晦庵所言"主脑"，即指横渠之综合原则也；所言"其品节次第"，即指横渠之分析判断也。其分辨"品节次第"，即是说明"做工夫处"。晦庵用此等名以举《西铭》后一段之实，恰如其翼。见得横渠之分析判断，其理据多涉及工夫论，是诚研究横渠的经验哲学者所宜遵之梯航也已！若由东原之说评释之，则其"合则得其和"云云，可移评横渠之批评的理性哲学；东原的"分则得其专"云云，可移评横渠之批评的经验哲学。而且，在横渠哲学底批判这种路线上，晦庵所说的"主脑"，犹东原所谓"道之统会"也。东原又云：

分也者，道之条理也；合也者，道之统会也。条理明，统会举，而治化出矣。（《文集》卷三叶十四《法象论》）

此言于横渠的"理一分殊"之旨，尤若合符节也。治斯学者，更安可不"合其异而反其同"耶？

如前所说，横渠的《西铭》，含义宏深，可算是他的哲学的代表杰作。此外还有一部《正蒙》，亦是他的哲学的代表杰作。两种著作，均皆纲举目张，并不囿于一曲。比而观之，《西铭》精简，《正蒙》严密。惟精简也，故多直下承当之论；惟严密也，故寓条分缕析之法。若运批评主义的认识论的眼光观之，则《西铭》可谓批评的理性主义的代表杰作，《正蒙》可谓批评的经验主义的代表杰作也。

横渠说：

> 别生分类，孟子所谓"明庶物，察人伦"者与？（《全书》卷三叶五《正蒙·作者篇第十》）

所云"分""别"，就是经验论的出发点。感觉的经验，可据以辨察伦类，明核群物。而耳目者，感官也，所以承受感觉所经验的种种事物的印象者也。横渠颇能采取近于经验论的看重感觉的说法，而参以一己所自得，新建一批评的经验主义。他说：

> 人谓己有知，由耳目有受也。（《全书》卷二叶十七《正蒙·大心篇第七》）

又说：

> 耳目虽为性累，然合内外之德，知其为启之之要也。（同上）

若舍却耳目感觉之知，而徒恃冥想，则是遗弃外物而空守其内，非"合内外"之道也，非所以"明庶物察人伦"也。横渠于此，不甚谓然，故宁承认耳目见闻之知为"启之之要"以便察言观色，善竭其耳力目力。然犹处其偏于经验论的一极端也，故又欲人回顾理性论而知"合内外于耳目见闻之外"。他说：

> 人之有受，由内外之合也。知合内外于耳目之外，则其知也，过人远矣。（同上）

又说：

> 人病其以见闻累其心，而不务尽其心；故思尽其心者，必知心所从来而后能。（同上）

又说：

> 见闻之知，乃物交而知，非德性所知。德性所知，不萌于见闻。（同上）

"德性所知"是理性上的直觉，可说是直接之知；"见闻之知"是经验上的推理，可说是间接之知。理性本是良好的，然若误以幻觉错觉为直觉，则不能体物矣；经验有好的也有不好的，若于好坏之间，不能选择，不善判断，则误妄见为真知，而反以"梏其心"：此横渠之所深惧也。他说：

> 大其心，则能体天下之物。物有未体，则心为有外。世人之心，止于闻见之狭；圣人尽①性，不以见闻梏其心，其视天下无一物非我；孟子谓尽心则知性知天以此。天大无外，故有外之心不足以合天心。（《正蒙·大心篇第七》）

谈及"知性知天"，则不独回顾理性主义的认识论，并且追溯到本体论上去矣。言"尽心"则超经验的合理性的工夫在焉；故尽其量则"能体天下之物"，而并不"止于闻见之狭"：是真批评的经验主义之特采也。

横渠之批评的理性主义既如彼，其批评的经验主义又如此；则再进一步组合为一种纯理性的超经验的批评主义，亦是很合理的事。横渠重新提出"明诚"二字，其思想之进展，正循此执也。他说：

> 自明诚，由穷理而尽性也。自诚明，由尽性而穷理也。（《全书》卷二《正蒙·诚明篇第六》）

穷理者即物而穷其理之谓也，犹东原所谓"因物而通其则"也；尽性者，尽其所率之性之谓也，犹东原所谓"以其则正其物"也。因物通则，即归纳法；以则正物，乃演绎法。先归纳而后演绎，是谓"由穷理而尽性"，即横渠所谓"自明诚"也。"自明诚"以理性为前提，此尊德性之特征也，犹东原所谓"存其心以合天地之心"也。"自明诚"以经验为阶梯，此道问学之特征也，犹东原所谓"进之以学"也。尊"经验"而又"言超经验"者，何也？盖欲其不与理性相违反也。横渠说：

> 不尊德性，则学问从而不道（《全书》卷二《正蒙·中正篇第八》）

学以为己，故有道问学底必要。自我批导（道）以视一味盲"从"他界而自己漫

---

① "尽"，原文作"德"，据《张载集》改。

无主脑者,倜乎远矣;非善尊经验而能不与理性相违反者,其孰能与于斯?东原一面贵"效其能"以容受感觉的经验;一面尤贵"正其可否",运用大我的批导力,使与先天的良能(理性)相融合,可谓知"道"者矣。

如前所述,横渠的认识论的名学之根据,可见涯略;他的系统的认识论,以纯理性的超经验的批评主义为中心,尤足代表关学之主潮,而与濂洛哲学并美齐辉。虽说关于知识本源问题之理据,几居泰半;但是关于知识本质问题的见解,亦附见焉;其主脑不外乎以能"合内外之德"能认识的本性为知体;殆介乎实在论与观念论之间而近于现象论焉。其关于知识界限效力问题之见解,虽于独断论与怀疑论无所偏废,然其由怀疑论入手,则颇显而易见。他说:

> 所以观书者,释已之疑,明已之未达;每见每知所益,则学进矣,于不疑处有疑,方是进矣。(《全书》卷六《经学理窟·义理篇》叶五)

又说:

> 在可疑而不疑者,不曾学。学则须疑。譬之行道者,将之南山,须问道路之出,自若安坐,则何尝有疑?(《全书》卷七《经学理窟·学大原下》叶四)

又说:

> 义理有疑,则濯去旧见以来新意。(同上)

读此数条,横渠之怀疑主义的精神,虽如与吾侪相接矣,此种主义之运用,横渠亦不做斟酌。他生平不肯轻作无限制的断定,故曰:"无不知则无知。"(《全书》卷二叶二十四《正蒙·中正篇第八》)他以为酌下有限制的断定,这却是发展知识能力开拓知识范围的正当途径,故曰"有不知则有知"(同上)。据此看来,他的怀疑论,可说是有定的怀疑论,故其所持的态度是积极的,不是消极的。若要讨论他的积极的思想态度,是否成功为一种积极主义,那就须得再研究他的工夫论(方法论)的名学;在认识论的名学的污点上,暂且做到这里为止。读者若能取法横渠"于不疑处有疑",而更兼采东原"空所依傍"的长处,返而认识自己,则此节认识论的名学之比勘,庶不为徒托空言也已。[①]

---

① 原文此处有"本节完"三字。以上内容原载于《晨报副刊》1924年8月28日1—2页,标题为《戴东原的名学史观(下篇)》"三十五 戴东原与张横渠三(续)"。

工夫论的名学

横渠与东原的工夫论（方法论）的名学之比观，是戴学化的名学史观的主要部分之一。若兼运戴氏之批评的哲学见解，去评述横渠的方法论的哲学，则可注意的论点，凡有十端：

1.有趣味的前进

横渠、东原之教人做学问也，其先施的口号都不外乎"前进！前进！"。东原说：

> 理义在事情之条分缕析，接于我之心知，能辨之而悦之；其悦者必其至是者也。（《疏证》卷上叶六）

"至是"者"明其区分，精其裁断"之极诣；换言之，即最高的真理也。臻于"至是"者，成学之事；而"悦"其"至是"，则始学之事也。理性悦心，最高的美趣存焉：此习学之所以贵能悦也。横渠说：

> 慕学之始……知其有美不疑；步步进则渐到。（《全书》卷七叶一《经学理窟·四·学大原下》）

慕学者，悦学之谓也，有做学问的趣味之谓也。东原又云：

> 其悦者必其尤美者也。（《疏证》卷上叶六）

此与横渠"慕……其有美"意颇相近。谈到"步步进"，则上正式做学问之坦途矣。东原说：

> 惟学可以增益其不足而益进于智。（《疏证》卷上叶六）

教智之言，令人起敬，而横渠之进学观，则又其先得我心者也。横渠说：

> 为学须是要进，有以异于人。（《全书》卷六叶九《经学理窟·三·学大原下》）

前进复前进，其从学问中得来的乐趣，亦为之相引无穷，故云：

> 乐则生矣。学至于乐则自不已，故进也。（同上，叶十一）

有趣味的前进，在工夫论的名学上的意义，大略如此。

2.大其心以见夫道之大

东原说：

> 非大其心无以见夫道之大。（《文集》卷五叶四）

他这句话在已说过有趣味的前进之后，颇觉得有重大意义。横渠之哲学系统，中间尤有先立其大之概。他说：

> 立本既正，然后修持。（《张子全书》卷五叶十）

又说：

> 极其大而后中可求。（《全书》卷二叶二十《正蒙·大心篇第七》）

此言欲下折持沉中的判断，须先立宏大的规模也。又云：

> 学者大不宜志小气轻。（《全书》卷七叶六《经学理窟·四·学大原下》）

又云：

> 学者所志大，犹恐所得浅，况可便志其小？（《全书》卷五叶十《经学理窟·二·气质篇》）

又云：

> 心大则百物皆通。（同上，叶九）

又云：

> 大其心则能体天下之物。(《全书》卷二叶二十一《正蒙·大心篇第七》)

此言持志体物，宜以"大其心"为要件也。其下"大"之界说，尤贯通儒墨。其言曰：

> 大者兼之富。(《全书》卷三叶四《正蒙·至当篇第九》)

又云：

> 塞乎天地之间之谓大，大能成性之谓圣。(《大心篇第七》)

其充实光辉，视孟子何多让焉？从方法论的哲学上言之，与颜子之博文，极有依倚关系；而立言造论，与东原所谓"立乎至博"，尤觉后先同揆。横渠又说：

> 欲以致博大之事，则当以博大求之：知周乎万物，而道济天下也。

东原释"知周""道济"数语，亦云："此□于道之谓也。"横渠又说：

> 只为持得术博，凡物常不能出博大之中。(《全书》卷五叶九《经学理窟·气质篇》)

熟玩横渠之言，则东原的"大其心以见乎道之大"，在工夫论的名学上之根据，又可略推矣。

3.精其心以察乎义之精

东原又说：

> 非精其心无以察夫义之精。(《文集》卷五叶四)

这一条例，与前面说的"大其心以见夫道之大"，应该并重。横渠博学，极博大又极精审，确已做过"大其心，精其心"的实功。从他的哲学系统上看，颇复带博学于文的特彩。他说：

> 道理义须从理生；集义又须是博文。(《全书》卷七叶十一《经学理窟·四·学大原下》)

又说：

> 博文则可以力致。（《全书》卷五叶九《经学理窟·二·气质篇》）

又说：

> 博文所以崇德。（同上）

照此说来，条理（或原理）是辞义的来源；为集义起见，不可不立乎至博，不可不从博文方面切实致力。其始也，致力于问学以增益其学力；其究也，由学术的精诣醇化而完成其道力，故曰"博文所以崇德也"。顾其学文既已博矣，而必思所以表显之，则辞尚焉。修其辞乃所以察夫义之精也，故欲精其心者，益不可不从事修辞。横渠说：

> 辞之尽理而无害者，须出于精义。（横渠书院本《张子全书》卷十一叶十一《易说下》）

又说：

> 必至于圣人，然后其言乃能无蔽，盖由精义所自出也；故辞不可以不修。（同上）

盖谓从事知"言"解"蔽"之学，须从修辞入手，而以精义为其所从出也。东原说："精义者，精其裁断也。"吾则以为判断力之训练，总在事事审求其是，决去其非；积累久之，心与理一，自然无入而不自得。如此则辞气之肯定否定，纯由心中发出；而其辞之精芜亦纯由自己负责任：此真"精其心"之要道，而亦治横渠哲学者之所当察也。熟玩横渠之言，则东原的"精其心以察夫义之大"，在工夫论的名学之根据，又可了然矣。

4. 公平

东原说："极高明者，不以私害之，夫然后能道中庸。"又说："道中庸，是以不私也。"所云"不以己之私害之"，即言公平之足尚也。东原深信公平之有益，以"道中庸"为尚公持平所必由之轨辙；与横渠之潜观《中庸》一书，用意初无违反。但横渠之"公平"观，以虚心为出发点，此则两相殊异之点。他说：

> 心既虚则公平，公平则是非较然易见，当为不当为之事自知。(《全书》卷六叶九《经学理窟·学大原上》)

横渠此言，最为精当。诚能虚心以受，公平以施，则动静交养之道见矣。东原的意思，亦颇有足相印证者。他说：

> 官乎动者，其用也施；官乎静者，其用也受。天之道施，地之道受。施，故遍物也；受，故不有也。(《文集》卷三《原善》上叶十九)

引申言之，善受者无私，善施者无蔽。惟无私也，故不占有不捣毁；惟无蔽也，故能创造能整理。应用在此，受用亦在此，故曰"动静交养之道也"。且夫"不有"之端，人皆有之，"遍物"之端，人皆有之，惟贤者能无丧耳，亦惟贤者能扩而充之耳。其虚心以受，所以扩充其"不有"之端也；公平以施，所以扩充其"遍物"之端也。方其扩之，方其充之，若火之始然，泉之始达；宇宙观、人生观之真际咸在焉。要是想在工夫论上求得欂柄，则横渠的"见知"二字尽之矣。见义理之是非，知事体之当为不当为，则知明而行无过矣。苟不能见其是，则真理莫由显；不能见其非，则妄见无由袪；不知其所当为，则不能为其所当为；不知其所不当为，则不能不为其所不为：此性之事能之训练，所为有赖于真知灼见也。而横渠之希见知之圣，于虚受平施之道，尤三致意焉，其卒能绍前圣，开来学，信非偶然也。——此横渠公平之训练，在工夫论的名学上之根据，良亦兼治张戴之学者所宜澄心以观其会通也。①

5. 通变

东原之论变也，谓"非智之尽能易，辨察事情而准，不足以知之"。横渠之不肯轻议变，意亦近是。横渠说：

> 学未至而好语变者，必知终有患。盖变不可轻议；若骤然语变，则知操术已不正。(《全书》卷六叶一《经学理窟·义理篇》)

观此，则知语变宜俟诸学既至之后，并非反对演变之说矣。故又云：

---

① 原文此处有"未完"二字。以上内容原载于《晨报副刊》1924年8月29日1—2页，标题为《戴东原的名学史观（下篇）》"三十六　戴东原与张横渠四"。

> 变则化，由粗入精也；化而裁之谓之变，以著显微也。（《全书》卷二叶十《正蒙·神化篇第四》）

从工夫论的名学上看来，由粗入精，以著显微，纯是严格的归纳的法程，与汉儒的"推见至隐"的儒家名学观足相印证也。清儒戴东原所昌言的"因物而通其则"，其要义与此相通。此亦兼治张、戴名学者所宜三复也。

6. 贵能化

能化与通变，似同而实异。变之特征在乎改造，化之特征在乎融会。改造不遗其粗且著者，而融会则以吸取精华为要务。以东原、横渠之力尊客观，而均不以记问之学自限，诚贵其化也。东原说：

> 记问之学，入而不化者也。

又说：

> 苟知问学犹饮食，则贵其化，不贵其不化。（《疏证》卷上叶九）

说得精切之至！横渠说：

> 大而未化，未能有其大。化而后能有其大。（《全书》卷二叶二十《正蒙·中正篇第八》）

又云：

> 化则无成心矣；成心者，意之谓与？（叶十九《大心篇第七》）

此所谓"意"，犹东原所谓意见也。东原极力破除意见，而横渠贵无成心；要其贵乎能化，则一而已。此项工夫，亦兼治张、戴名学者之所宜留意也。

7. 比较的研究

比较的研究，与归纳的研究，其价值之重要实相等。横渠、东原于归纳的研究法之外，颇复注意比较的研究法。东原论学，极欲比而合之以解天下之惑。其从事著述，务必"比类合谊"，"期其灿然，端委毕著"。横渠之析理入细，亦得力于比事。他说：

其始亦但知大总，更去其间比较，方尽其细理。（《全书》卷十二《语录抄》）

固然，他说的"总"，与前言"形上学的名学"一段极有关系；他说的"知其大总"，与前言"认识论的名学"一段极有关系；但是就工夫论的名学上说的，则"比较"二字，尤可谓"顶门一针"也。此比较的研究，亦兼治张、戴名学者之所当注意也。

8.求诸前哲之言与事

比较的研究及融化的功力，诚可贵矣；然使不多搜客观的资料，研究对象先已贫乏，其将何所凭借以为比勘或融铸之资耶！惟有力从自然界或实际社会，多方采集原料，并留意他人的意思，然后其所凭借者多，而可以自广。然犹虑其为时代状况、时代思潮所拘束也，故尤必放开炯眼，通观千载。东原于此，妙能用极严肃的否定语气，激发后学积极向上的精神。他说：

　　不求诸书古贤圣之言与事，则无从探其心于千载下。（《文集》卷二《郑学斋记》中语）

对于过去思想过去事实之注意研讨，其意义之重大，有如此者。横渠云：

　　修持之道，既须虚心，又须得礼，内外发明，此合内外之道也。当是畏圣人之言，考前言往行以畜其德，度义择善而行之！（《全书》卷五叶九《经学理窟·气质篇》）

又云：

　　人平居又不可以全无思虑，须是考前言往行，观昔人制节如此，以行其事而已！（同上）

横渠屡言"考前言往行"，犹东原之研"求前古贤圣之言与事"也；此亦最重要之工夫论，为兼治张、戴名学者所宜三致意也。

9.不以己自蔽

东原之自道也，谓"其得于学，不以己自蔽"（下篇第八节"戴东原与郑康成"引）。由横渠哲学之观点上解释之，即"无我"观的工夫论是已。横渠说：

学者当无我。(《全书》卷七叶六《经学理窟·四·学大原下》)

又说:

　　无我而后大。(卷二叶十《正蒙·神化篇第四》)

又说:

　　无我然后得正己之尽。(同上,叶十二)

力言无我的训条之必要及其在宇宙观人生观上的根据,要归于不以己自蔽而已。此破除己蔽的名学观,亦兼治张、戴的工夫论者之所宜注意也。

10. 不以人蔽己

东原之自道也,又谓"其得于学,不以人蔽己"(下篇第八节"戴东原与郑康成"引)。若由横渠哲学之观点上解释之,其积极的目的,乃在乎自寻义理。而能寻者,己心也;非由外铄我也,我固有之也。横渠说:

　　正心之始,当以己心为严师。(《全书》卷六叶九《经学理窟·学大原上》)

能自得师,归求有余,绝非死守一先生之言,姝姝而自悦者可比,此真所以能"不以人蔽己",而于义理之学,卓然独辟一新国土也。他说:

　　学者只是于义理中求。(卷七叶四《经学理窟·学大原下》)

又说:

　　道理须义从理生。(同上,叶五)

又说:

　　义理之学,亦须深沉方有造。(卷六叶三《义理篇》)

其勉人深造自得之意,至深切矣。他又说:

> 闻见之善者，谓之学则可，谓之道则不可。须是自求！已能寻见义理，则自有旨趣；自得之则居之安矣。（同上，叶二）

夫既"自求"而"自得之"矣，尚何有"以人蔽己"者耶？此横渠之深造自得，为他的工夫论的名学之极诣，与东原"不以人蔽己"，实先后同揆者，吾人不可不深长思也！

上述横渠、东原之工夫论的名学，提出十点，促人注意：有趣味的前进，一也；大其心以见夫道之大，二也；精其心以察夫义之精，三也；公平，四也；通变，五也；贵能化，六也；提倡比较的研究，七也；探求前哲之言论与事实，八也；不以己自蔽，九也；不以人蔽己，十也。此十条目，虽说多半是以戴释张，然横渠精意之所宜存，正可于此中求之也。横渠、东原之工夫论的名学，其共通的纲领、共同的目标，在乎特创一种思辨哲学的新学风！换言之，就是谋自出其思辨哲学之体系，与学术界共见！东原深信"思"为"心之能"，其所自具之建设能力，又足以副其所见，故批评界往往以"精思"美之；横渠则力从精思上做工夫，自言"精思多在夜中"，凡是过来人都应该深识此中甘苦，尤妙在"精思"所得，居然"断得出"，此其名学所以为知言之学也。晦庵先生说得好：

> 横渠云："吾学既得于心，则修其辞；命辞无差，然后断事；断事无失，吾乃沛然。"看来理会道理，须是说得出！一字不稳，便无下落：所以横渠中夜便笔之于纸，只要有下落！（《全书》卷十五附录叶七）

又说：

> 横渠之学，是苦心得之。
> 近看得横渠用功最亲切，直是可畏！（同上，叶八）

呜呼！可"畏"者，圣哲之言也。横渠能知言，能立言，能自运其精心，切实做苦功，而卓然完成其严密之系统，在中国文化史学术史上，建设一最大之光荣；则其为晦庵之所深畏也，亦宜。

明乎此，则知横渠之名学系统，实由他自具的高峻健实的人格的活力醇化而成。吾常昌言人格化的名学，欲使名学化成人格的。经过这番工夫以后，益信工夫论的名学，实为人格化的名学之最要阶梯；而横渠先生做工夫的过程，尤为后人治学之正路。设使舍正路而不由，不独非所以自名，亦且深负横渠先生教智之苦心已。——以上述横渠之工夫论的名学（或横渠与东原的工夫论的名学之比观）略竟。①

前面四节，对于横渠、东原名学之比观，系根据形上学美学认识论工夫论的见地，从事说明，所以名之曰形上学的名学、美学的名学、认识论的名学、工夫论的名学；在相当限度内，颇复撷取两家论据之足相发明者，以为对勘融贯之资。现今趁着尚未总结横渠之名学的系统之先，再就政治论行为论的见地上，说明横渠名学的人格化之可能及其价值；仍复采取东原之说相印证，而名之曰行为论的名学、政治论的名学，继于前四者之后。

行为论的名学

东原之行为论的名学，与横渠的说法，果真足相印证耶？曰：恶在其不足相印证也？东原说得极好：

> 圣人之言，无非使人求其至当以见之行。（《疏证》卷下叶二十三）

看来既详作知识论以后，尤不可不厉躬行也。详论知识，所以立乎至博也，效厉躬行，所以立乎至约也。东原说：

> 约谓得其至当。语行之约，务在修身而已；语知之约，致其心之明而已。（《疏证》卷下叶二十二）

必行其所知，乃可谓之真知底实行化，真理底实务化。故又云：

> 行也者，行其人伦日用之不蔽者也。（《疏证》卷下叶十九）

而所以养此行其所不蔽之实者，仍存乎智严。故云：

> 智也者，言乎其不蔽也。（《疏证》卷下叶十六）

---

① 以上内容原载于《晨报副刊》1924年8月30日1—2页，标题为《戴东原的名学史观（下篇）》"三十六 戴东原与张横渠四（续）"。

所举之行实，与所以举之名言，融无间，斯无蔽矣。无蔽无间，斯得其至当矣。故就其至约处言之，其与横渠之"精思力践"（晦庵赞横渠语），正复异代同符也。横渠自己不曾说过"命辞"与"断事"的交互关系么？谓必断事无失，其心乃沛然；则其判断力之运用，必验诸行事，从可知矣。至其判断之标准，务以求是为鹄，与欧阳永叔"唯是之求"意颇相通；惟从拟议上谈到言动，尤见其行为论在认识论之根据。横渠说：

> 《易》曰"拟之而后言，议之而后动"，只是要求是也。（《全书》卷十一叶十一《易说》）

又说：

> 凡一言动是非可不可随之而生，所以要慎言动。拟之而后言，议之而后动，不越求是而已！（同上）

探求良心之肯定于言论行动之中，其视河间献王实事求是主义之精神，岂多让哉？横渠说：

> 汉儒极有知仁义者，但心与迹异。（《全书》卷六叶九《经学理窟·学大原上》）

病其知行之不合一也。此固一时矫枉之义；然其超汉学之精神，正可于此得其仿佛焉。钱竹汀之称东原也，谓其"实事求是，不偏主一家；亦不过骋其辨以排击前贤"（《潜研堂文集》卷三十九叶十四《戴先生传》）。余谓以横渠之精于思辨，度越昔贤，而仍盛称"汉儒极有知仁义者"，此所谓"不过骋其辩以排击前贤"者非耶？东原受学江氏，而戴学之独立自若也；横渠受学范公，而关学之独立自若也；亦岂"偏主一家"，不能戛戛独造者哉？东原致书其友，兢兢焉以"得于行事"与"得于学"者并举。竹汀传之，极力保证东原所自遵者之可靠，而东原之真知底实行化，乃益永著不朽。君子以是益叹横渠之精思力践，不得专美于前矣。——横渠东原之行为论的名学之比观，其略如此。

政治论的名学

横渠、东原之政治论的名学，亦有比较研究的可能。横渠的政治论，循着他所理想的均平的原则而发展；于绝对真理、相对真理所以为政治哲学之先决问题者，辨之最审。其论绝对的原理之最高的肯定，则曰：

> 天下义理，只容有一个是，无两个是。（《全书》卷六叶四《经学理窟·三·义理篇》）

此绝对求是之论也。然而评判实际问题，则必默察当时此地之特殊现状，而变通尽利，以求协于时宜；最好相对求是，而不必多唱过高之论调，动辄下全称的否定，予他方面以难堪。他说：

> 天下国家无皆非之理。（《全书》卷二叶二十三《正蒙·大心篇第七》）

又说：

> 必物之同者，已则异矣。必物之是者，已则非矣。（《全书》卷二叶二《正蒙·至当篇第九》）

特此种鉴空衡平的态度，以评判政治问题，绝不至卷入党争的漩涡，绝不染党同伐异、嚣竞诡讦之恶习。由或种意义解释之，他这种超然客观的态度，在政治舞台方面，虽然比较的难于腾达；然而横渠品格之高洁正在乎此；其判断的心能之运用，比他人平允得多，亦由于此。当时诸贤，除了范祖禹外，恐怕只有吕大防，能够有以合乎横渠这种鉴空衡平的轨辙，吕氏固横渠之同乡也。若东原者，其所处的时代，所见的事势，均与横渠不侔，宜其思想之互异矣；然其政治论的见地，各皆求合乎所自建的名学（超名学的）系统，二家未尝全异也。东原说：

> 治天下之民，莫不育于仁，莫不条贯于礼于义。（《原善》卷中叶三）

此与横渠政论之民胞物与、理一分殊的义谛，岂相远哉！抑横渠深明"无皆非之理"，而不"必物之是"——乃所以求民物之育于仁，而得政治之条贯也。故知东原"条贯尽致"的政治观，在研究横渠之政治论的名学者，尤当引为重要的参考资料也。——横渠东原之政治论的名学之比观，其略如此。

如上所述，固所以比勘横渠、东原两家名学思想之异同。就横渠方面看，觉着他的名学化的哲学系统，也比从前诸贤更见致密峻整。我们可以说这是时代精神的进化之一特征。他的政治论的行为论，和他的形上学、美学、认识论及工夫论的见解，率皆从名学的立脚点为多方面的方展；就中精心独辟之处，最为程、朱所称许，至以比孟子焉。朱子谓"横渠严密，孟子宏阔"。而程子之评《西铭》也，一则曰"此横渠文之粹者也，自孟子后，盖未见此书"，再则曰"《西铭》，某得此意，只是须得子厚如此笔力，他人无缘做得。孟子以后，未有人及此"。鉴裁至精，毫无溢美。惟子厚教人以礼为先，颇复撷采荀学之长。知孟学与荀学之交互为用，则陆学与朱学之交互为用可知矣。陆学尊德性，朱学贵道问学，分道扬镳，末流颇多争论。由横渠的教训推断之，两皆可以益我，而不必太偏于一方面。横渠说：

> 每日须求①多少为益，知所亡，改得少不善，此德性上之益。读书求义理，编书须理会有所归著，勿徒写过，又多识前言往行，此学问上益也。（《全书》卷十四叶四《拾遗》）

又说：

> 今且只将尊德性而道问学为心，日自求于问学有所背否，于德性有所懈否。此义亦是博文约礼，下学上达，以此警策，安得不长？（同上）

这种训条，大文向来极为悦服。今证诸东原"立乎至博，立乎至约"以期"问学所得，德性日充"（《原善》卷下叶四）的说法，益觉得他们俩（横渠、东原）的深思自得的精神，未尝不相共通也。

《四库全书总目》里，有一段批评张子著作的话，说："张子之学，主于深思自得。……此本所录，虽卷帙无多，而去取谨严②；横渠之奥论微言，其精英业已备采矣！"（《四库全书总目》卷九十二叶三子部儒家类二"张子全书"条）这里虽替排纂横渠遗著的人说了几句话，而横渠之纯思辨的、超思辨学的著述精神，实已概括的陈说于吾侪之前。吾情于此，亦可略告段落，听下回另谈一位哲学家——周茂叔矣！③

---

① "须求"，原文作"衷"，据《张载集》改。
② "谨严"，原文作"汉学"，据《四库全书总目》改。
③ 以上内容原载于《晨报副刊》1924年8月31日1—2页，标题为《戴东原的名学史观(下篇)》"三十七 戴东原与张横渠五"。

张横渠哲学概论

[日] 渡边秀方 原著　刘侃元 译述

编者按：本文选自渡边秀方原著、刘侃元译述的《中国哲学史概论》（商务印书馆1926年版）之"近世哲学"第一编"北宋哲学"第四章"张横渠"。本章原分为七节：第一节"略传及著书"、第二节"本体论"、第三节"鬼神观"、第四节"伦理观"、第五节"心性观"、第六节"修养法"、第七节"结论"。今据此划分为七部分。本文标题为编者根据内容所加。刘侃元（1893—1989），字济闻，号沁仪，笔名范沁仪（又作范沁一、沁一），湖南醴陵人。1913年留学日本，获东京帝国大学文学学士。1927年任广州中山大学教授，1929年在上海从事翻译工作。1930年后，先后任教于上海私立大陆大学、北平大学、中国大学、朝阳大学等校。主要著作有《苏俄的合作社》，译著有《马克思恩格斯传》《社会政策原理》《消费合作论》《社会主义与社会运动》《中国哲学史概论》等。

一、略传及著书

张载字子厚，世居大梁。生于天禧四年，恰少于周子四岁。父迪，仕仁宗朝为殿中丞，知涪州，殁于任，诸子皆幼，遂不归大梁，侨寓于凤翔郿县横渠镇之南。他少即志气不群，喜谈兵。年十八，上书谒范文正公。公知其器大，乃责之曰："儒者当自有名教乐，何事谈兵！"因授以《中庸》一册。他于是遂翻然志于道，熟读这《中庸》，愈觉有兴味，其后涉猎老、释者累年，仍返而之六经，植其根底。嘉祐初，到京师，和远亲的二程谈道学，互相敬服。从此，更舍去一切异学，专志于儒。他的学问，以《易》为宗，以《中庸》为的，以《礼》为体，以孔、孟为极。近世丧祭无法，他常引为大患。其后历任诸官，和王安石争新法，托疾归横渠，安贫守穷，以读书三昧为事。熙宁九年，吕大防等请复其旧职，哲宗嘉纳，但出庐时忽获病，遂不起，年五十八①，时熙宁十年十二月（西纪一〇七七年）。

著有《西铭》《东铭》各一篇，《正蒙》十篇，《经学理窟》十二篇，《横渠易说》三卷，《语录》《文集》各一卷。其中《正蒙》一书，尤可窥其思想，为北宋哲学著述中最大的一书。（《西铭》《东铭》二篇，乃朱子从《正蒙》抽出加以注释的。）

二、本体论

> 太虚，气之体。气有阴阳，屈伸相感之无穷，故神之用也无穷；其散无数，故神之应也无数。虽无穷，其实湛然。虽无数，其实一而已。阴阳之气，散则万殊，人莫知其一也；合则混然，人莫见其殊也。形聚为物，形溃反原。反原者，其游魂之变欤！所谓变者，对聚散存亡为文，非如萤雀之化，指前后身而为说也。（《正蒙·乾称篇》）

这是他本体论最明了的一段。由这段看起来，他所谓"太虚"，乃气的一元，比周子以阴阳五行的消长化成万物之说不同。换句话，在周子，阴阳五行等，都是太极的"分出作用"，万物都是经过这作用而后生起的；但他则不然，他不认这"分出作用"，他以为宇宙自身是太虚一元气，此象所在，自然聚散离合。此聚散离合，即为万象显灭的由来。他称这种显灭作用为"神化"。他盖以为太虚这一元气里，含有阴阳二气，这二气浮沉升降相感应时，即成物象。所以关于万物的过程，他一不取《易》的两仪四象八卦说，二不取阴阳五行说，专取太虚一元气的集散离合以为说明的，这当是他的最大特色。

> 天地之气，虽聚散攻取百涂，然其为理也，顺而不妄。气之为物，散入无形，适得吾体；聚为有象，不失吾常。太虚不能无气，气不能不聚而为万物，万物不能不散而为太虚。循是出入，是皆不得已而然也。（《正蒙·太和篇》）

他盖以为，现象界里只有气的集合离散，并没甚么生灭。有象的东西，散而入于太虚而止。所以从太虚的本体上看的时候，现象界的生灭，并没甚么增减，其现出也自然，其消去也自然，和云雾之往来，初无二致。所以他对于老子"有生于

---

① 原文作"五十六"，误，径改。

无"的自然观不赞成，而说"有无混一之常"；又佛陀唯心地观物象，以为物象和我心一样同归于寂之说，他也不赞成。他说这是以乾坤当作幻化幽明的东西的说法，且为知无而不知有的见解——佛老都堕于无见。至于他的虚气，则自升自降，自浮自沉，自有动静相感的性质，自有active（自动的）及曾没休息过的原动力。他于是称其状态为《易经》所谓"絪缊"，《庄子》所谓"生物之以息相吹"。他虽说过由此一动一静、浮沉升降之状而阴阳二气生的话，但这是为说明现象界所以生万殊的理由作准备的。又虽说过"游气纷扰、合而成质者，生人物之万殊；其阴阳两端、循环不已者，立天地之大义"（《正蒙·太和》）的话，意似说万物殊象的理由，是因阴阳的升降浮沉的程度如何而然，但语太简单，理论亦缺于明晰。

如上所述，他的本体观是立脚于"有"的范围内，和老子"无中生有"之说是不同趣的。但老子虽说"无中生有"，他面又说过"以其象复归于无物"，且老子的"无"，本来并不是绝对的无，乃所以止扬（Aufheben）有的无，所以由这点看起来，他以宇宙的本体为太虚一气的见解，和老子"玄之又玄，众妙之门"的那玄理，当多少有几分交关。至于佛教方面来的影响，则他既终身居于长安、洛阳附近，当时所谓江北佛教——华严、唯识等"有"的范畴的宗教，又既盛于彼地一带以上，自然当多少有几分关系无疑。所以常盘大定博士说的——

> 《正蒙》中的"太和"是"世界原理"，性是"人间原理"。佛教的"法界""一心"正和这二者相当。"太和"中的"虚""气"二者对立，又当和佛教的"动""静"——"不变""随缘"二面相当。后来"理气对立说"的根原，也存于此。……又"太和"说"虚即是气"，这当是认识了二而不二的关系而然的，"太和"盖认这内含虚、气两面的性为"万物的一源"的。这个和佛教的"阿赖耶识"当又相当；这识以无限的种子为内包，所以呼之为"太和"。又性既是万物的本源以上，万物一体之说自可成立。万物既是一体以上，万物之间又自必有合感之理存在，合异而使为一的素质存在；——这又是"华严"所谓"感应"。（《宋儒和佛教》，《哲学杂志》三百五十四、三百五十五号）

——的话，多少是可以供参考的。但虚气对立，由于周子"无极而太极"的脱化，虚即是气，由于老庄"天地与我为一体"的脱化——当也可以说。不待说张子之研钻过佛典是历史的事实，《正蒙》诸篇在在排斥过佛教唯心论的空寂，亦可以证明他深通佛经。《大心篇》说："释氏不知天命，而以心法起灭天地，以小缘大、以末缘本,其不能穷而谓之幻妄,真所谓疑冰者欤!"又说:"释氏妄意天性而不知范围天用,反以六根之微因缘天地,明不能尽,则妄天地日月为幻妄,蔽其用于一身之小,溺其志于虚空之大,所以语大语小,遁流失中,其过于大也。"都是指摘佛者认天地一切现象皆生于缘心之为迷妄,破其极端的唯心论,且指摘其对于穷理尽性方面尚多缺陷而立言的。

三、鬼神观

中国古书里的鬼神,概是指人鬼而言。古人殆以为:人死魂魄为鬼而存在。——其信仰,其思考,概为"宗教的"。但到《易·系辞》及《中庸》时,则多少变成"思辨的"了。《中庸》说:"鬼神之为德,其盛矣乎!视之而不见,听之而不闻,体物而不可遗。"《易·系辞》说:"精气为物,游魂为变,是故知鬼神之情状。"都是以造化的妙用为鬼神的。所以郑玄解这《中庸》的鬼神为"谓万物无不以鬼神之气而生者也"。程子则说:"鬼神之功用,造化之迹也。"朱子则说:"鬼者,阴灵;神者,阳灵。以一气言之,则至而伸者为神,反而归者为鬼,其实一物而已。"他们的解释,虽各异其辞,但《系辞》《中庸》中的鬼神观之已异于古代是无疑的了。现在张子则因万象的聚散,由于一气之浮沉升降屈伸的作用的原故,鬼神这东西,他遂认为是阴阳二气的醇化物。"鬼神者,二气之良能也。圣者,至诚得天之谓也。神者,太虚妙用之目也。凡天地之法象,皆神化之糟粕耳。"(《太和》)——他盖专指天地造化的灵妙为鬼神的。换句话,依阴阳二气的交替,万物所生的神化作用,即为鬼神的主性。此外如以"鬼神"为"往来屈伸之气也""二气之良能也"的话,他也说过。《神化篇》里他尤尽力解释了"神化"这东西,盖都是想彻底这意思的。

四、伦理说

他的伦理观,由其本体观演绎出来。万物与我为一体,合其德于天地,则自然合其理——这是他人生观的大网。在周子用无极太极的理,综合过古来中国的思想,组织过一大宇宙观;但他在《西铭》里,也应用自家的本体观,综合古来儒教的伦理观组织了一大系统。所以他和周子,《太极图说》和《西铭》,正是形成"宋学"的二大Arch(穹窿)。

他先说当撤去吾人主观的差别观,当和宇宙本体——"至诚"之道相合一。能此者即是圣人。"圣者,至诚得天之谓。"其解和《中庸》相同,但修得之道则异趋。《中庸》讲躬行的,他则说:

> 大其心则能体天下之物。物有未体①，则心为有外。世人之心，止于见闻之狭。圣人尽性，不以见闻梏其心，共视天下无一物非我。孟子谓尽心则知性知天，以此天大无外，故有外之心不足以合天心。见闻之知，乃物交而知，非德性所知。……德性所知，不萌于见闻。由象识心，徇象丧心。知象者心，存象之心，亦象而已。谓之心乎？（《正蒙·大心篇》）

圣人去我见，冥合于宇宙本体，不堕于表象见，不拘于抽象知，否则决不能全其仁道。所以去这种我见，直参于至诚通神之道，为最大要件。——他立于这见地上，组织仁道，阐述其人生观而成《西铭》。铭曰：

> 乾称父，坤称母，予兹藐焉，乃混然中处；故天地之塞，吾其体；天地之帅，吾其性。民，吾同胞；物，吾与也。大君者，吾父母宗子；其大臣，宗子之家相也。尊高年，所以长其长；慈孤弱，所以幼其幼。圣，其合德；贤，其秀也。凡天下之疲癃残疾、惸独鳏寡，皆吾兄弟之颠连而无告者也。于时保之，子之翼也；乐且不忧，纯乎孝者也。违德曰悖，害仁曰贼，济恶者不才，其践形惟肖者也。知化则善述其事，穷神则善继其志，不愧屋漏为无忝，存心养性为匪懈。恶旨酒，崇伯子之顾养；育英才，颍封人之锡类。不弛劳而底豫，舜其功也；无所逃而待烹，申生其恭也。体其受而归全者，参乎；勇于从而顺令者，伯奇也。富贵福泽，将厚吾之生也；贫贱忧戚，庸玉汝于成也。存，吾顺事；没，吾宁也。（《全书》卷一）

《西铭》把儒教伦理的大本——"仁道"加了这"理一分殊"的哲理，给了学理的根据。这"仁"字倡始于孔子，孔子曾用以定道德的规范，作东洋伦理的基础。但在孔子，这字的意义非常分歧，他依其对手如何，解释就不同。所以虽孔门诸子，捕得其真义的人也很少。其根据于是遂变成非常抽象的。不待说，儒教的道德，从古以来，就是从天道演绎出来的，虽夫子也是一样："获罪于天，无所祷也""天生德于予""予所否者，天厌之"的话，他都说过；他也把自己的道，尽力求其本源于天过。但无论如何，他讲天道的时候还是少，子贡曰："夫子之文章可得而闻也，夫子之性与天道，不可得而闻也。"——他对于仁的

---
① "未体"，原文作"本体"，据《张载集》改。

本源，没多讲论过，由此就可见了。所以后来子思以"诚道"代这"仁道"，使合于天道，欲用以连结于古来天人合一的观念，而赋之以一定的理法。子思以后，董仲舒等儒家，虽皆以道德的根源基于天，但他们不过单以天为主宰，以天为道德的对象而止。其必然的理由，都没说过，直到张子。但张子他则从他的本体观，对这仁道给以"哲学的"根据，更使之变成"论理的"。他说宇宙本体的太虚、气，既是万物的母，从这母胎生出来的万物，自都有兄弟的因果关系。换句话，万物都是一体。而同时站在这万物一体的原理上，考察人类和万物的关系时，则人类为得天地的正气，最优秀的生物，所以人人相互地以人类爱相提携，当是必然的事。他这见解，正就是孔子仁道的大义。这万人同胞的观念，正即所以合于天道的。且扩而充之，这见解不仅对人间当如是，即对万物也当如是。万物既同是生于太虚的气以上，自然也是人间的侪辈，所以换句话：对于生物，我们不能不临之以仁爱。——他这仁的意义，于是遂推及于韩退之"博爱之谓仁"的范围内去了。惟其如此，所以我们人类社会，只要施这仁德于政治时，即所以尽天地的至诚之道。他并且力说了不可不博爱万物的理由。张子他这样以爱人爱物、一视同仁为社会的理想时，那末我们自然会要疑问他：为何不学墨子，进一步彻底地求社会的平等呢？但这点又正是他的哲学的有趣味处：他说万物因虚气阴阳交感而生时，依生气之浮沉升降如何，其气且为万殊而显现。这个就是他的理一分殊说，就是现象界的世相。所以人类社会中，贫富贵贱、君臣上下、贤不肖、悍独鳏寡等差别之生起，在这理上讲起来，都是当然的事。生于下层阶级的人，生于不幸的地位的人，所以也都要体仁的心而安其分。——下克上，是他所断然排斥的。

总之，他的仁道是一面主张博爱万物，一面又主张人人尽自己的天职，守正义，安本分，求无愧于屋漏的——要为一种"人格主义"。换句话，以天地的心为心，就是他的人生观、伦理说的全体。他草这《西铭》时，像非常用了心血：笔墨放在枕边，有所得即加订正（《朱子语类》九八）。杨龟山曰："《西铭》只是一个事，发明天底道理。所谓事天者，循天理耳。"真深澈了他的根本的话。

五、心性观

万物生于太虚的一元气，因这气的浮沉升降，遂生万殊。物与人之别，人有贵贱贫富、贤不肖之别，人性有正偏善恶之别，都是因这个道理。但圣人则禀气醇正至诚，其仁合天道，得天性，所以"性者，万物之一源，非得我私也。惟大人惟能尽其道"（《诚明》）。至于圣人以外的人，则因未能得天地粹然的气，偏正纯杂而生，所以有"气质之性"。这"本然"和"气质"二性的区分，正是他比古来性说精到一着的地方，后来经伊川至朱子，且告了大成。他于这二者的关系，不待说还有暧昧处。这点到朱子才明了。他的性说和告子"生之谓性"是恰两样的。他以为生即是气，至于性则为生之理。他说："以生谓性，既不通昼夜之道，且人等于物，故告子之妄，不可不诋。"又说："形而后有气质之性，善反之则天地之性存焉。故气质之性，君子有弗性者焉。"（《诚明》）都是认"气质的性"为摄在"本然的性"之中的话——他盖最喜欢一元地考察事物的。又气质的性，既为如是先天地（apriori）各种气杂居混聚其中，那末何者为善、何者为恶、何者为正、何者为偏的名义，自尚不可确定；不过可认其为混淆杂处而止，但既混淆，则去其偏驳，而明其本性，自是必要了——他的为学工夫盖如是。且由他素来高倡礼道必要的点看起来，这点也可推测。《诚明篇》里"人之有刚柔缓急、有才与不才，气之偏也。天本参和不偏，养其气，反之本而不偏，则尽性为天矣。性未成则善恶混"的话，也正是这个意思。

其次，他又说过"以神统性情"的话，盖对于人间的知识能力为说的。他说："神者，天德；化者，天道。德者，其体；道者，其用。一气而已矣。"又说："惟神为能变化，以其一天下之动也。人能知变化之道，其必知神之所为也。"（《神化》）他盖以神为心，指人间的理性而言的。所以又说："心能尽性，人能宏道也。性不知检其心。"（《诚明》）但心这东西，被知觉作用所乱的时候常多，所清的时候常少。清时不待说不羁勒视明听聪四体，也自然能恭谨；这时候的心，就是正心，即先天的本心。但乱时，则和这正相反。客虑多而俗心不能去，实心不能全。我们所以必去乱心，明天心，以先天的理性去统率性情才好。——他这"正心""实心"之说，很像从佛性论里的"性行修得说"脱化而来的。但总而言之，他的目的，是说情的来去，动人心性，所以当明其理性（即正义）以作统御的意思。

六、修养法

由上节我们可以晓得：他的修养法，要为变化"气质的性"，及明本然的性两点了。"为学之大益，在自能变化气质，不然则卒无所发明，不得见圣人之奥"（《横渠理窟》）的话，就是这个意思。盖本然的性，乃纯粹无瑕、至诚通天的性，惟圣人才有的。气质的性，则正气偏气等混淆，生为一个人，谁也没有不含带他的（因为万物都因气而生的原故）。但本性则又人人皆一。换句话，理本一而分则殊——这就是他有名的理一分殊的哲学原理。所以谁也有能矫正其偏性的可能性。——和荀子以人间的性为恶，然加人为的礼，则可得为善良的见地，多少有几分相同处。

根据这个理由，所以他的修养工夫分外、内二面。外面的为人为的，即礼；内面的为精神的，即虚心。"虚心"是否定一切见闻知、抽象知，以求发见自己本然的性的意味，和佛说"见性"当相类。换句话，即平心一气，合于宇宙的本性，以平静无私的心理状态使本性明澈的意味。"太虚，心之实也。虚心然后能尽心"（《理窟》）的话就是这个。至于外面修养法，则第一为学问，第二为礼。其中理尤为重要。他就当用这个去羁勒放心，去严持身心。但他的这等羁勒严持，和佛教的"唯心见性"又不同。他的是非常活动的（active），不是寂灭的。他所说"学者有息时，一如木偶。人牵搐则动，舍之则息。学者有息时，亦无异于死。是心死也。身虽生，亦物也"（《理窟》）的话，即是传这消息的话。他自己一生重礼以率弟子，关中士风且为一变，都是这个原因。——他以为依这内外二修养法以陶冶其性情，则可以达于圣贤。

七、结论

张子的学的特色，是其太虚的一元论。他综合《易·系辞》《老子》的世界观及佛教的思想，构成他个人独特的实在论。伦理方面则把孔子的仁、子思的诚打成一炉，从其本体观出发，赋之以哲学的组织。性问题则创出本然、气质二面，亦从其一贯的哲学出发，不识不知之间，包孟、荀于一壑。其构想虽或来自佛性论的"性得""修得"说，但他的特色，是以自己独特的本体论为根据，对于一切重要问题皆给以体系（system）的点。对于从来语录体的仁道及性说，极力组织地综合过的点。他的《正蒙》的文章，在宋代哲学中第一，其洗练的笔致和彻底的理论，比其余一切哲学家都高一筹，确是宋代哲学家中的首班。

次之就是他和二程子的关系。我们在略传里说过了：他是初从《中庸》入过老佛的人，所以这方面的造诣，宋代无出其右——看当时许多排佛论中，他的最为锐利，余则都不过像附他的骥尾而然，就可知道。但读他的行状，比他年少十二三岁的二程，反像是他的师傅，这又是何解呢？他初见二程时，是嘉祐元年，那时他三十七岁，明道二十五岁，所以"见二程，悉舍异学，淳如也"的话，我们以为当很不的确。为甚么呢？那时他不正是过了青年期，思想方趋于圆熟，而程子则还不过思想发展中的一青年么？且伊川作的《明道行状记》里，明明说过"明道二十五岁为醇儒"，是则对于三十七岁的张子给过大影响的事，当不可期了。程子思想尚未达于确定成熟的境界，当很明白了。何况明道十五六岁时起，出入老释者还几及十年呢！所以程门尹和靖说的"张子昔在京说《易》时，一夕闻二程子来问《易》。对弟子曰：'吾说乱道也，不及二程。汝等可师事之。'遂撤虎皮，归陕西"的话，当为程门尊师的捏造无疑。

此外寻证据时还不少：譬如明道推赞《西铭》谓为："秦汉以来学者之所未到，意极完备，乃仁之体也。"（《遗书》二）又伊川见吕与叔作的行状有"见二程，尽弃其学"的话时，也说过："表叔平日议论，谓与颐兄弟有所同则可也，谓其学于颐兄弟，则无是事也。顷年属与叔删去，今尚存，其几于无忌惮。"——明明白白，可以看出他和二程的关系，要不外相互推尊、相互启发的意味而止了。依我们说起来，在性说方面，二程且受过他的影响不少。不过他一生以礼自持，私德高尚，既疏于名利，复不得高弟子以传其学，遂至为之辩护的人也没有，为之阐扬的人也没有，而一手上下之间，遂生这样的颠倒，我们在思想发达的关系上，这是万不可轻轻看过的。

张载理学常识
——《理学常识》中关于张载理学的论述

徐敬修

编者按： 本文选自徐敬修所编《理学常识》（上海大东书局1928年版）第三章"理学家之学说"第一节"宋代理学家之学说"之"［甲］周程邵张朱陆之学说"中有关张载部分。徐敬修（1893—1926），江苏吴江人。苏州文学社团星社成员。著有"国学常识"丛书10种。

张载，字子厚，长安人，少喜谈兵，至欲结客取洮西之地。年二十一，上书谒范文正公，一见知其远器，乃警之曰："儒者自有名教可乐，何事于兵！"因劝读《中庸》，后遂翻然有志于道。已求诸释老，乃反求之六经。尝坐虎皮讲《易》，京师听者甚众，一夕，二程至，与论《易》，次日语人曰："比见二程，深明《易》道，吾所弗及，汝辈可师之。"撤坐辍讲，与二程语道学之要，涣然自足曰："何事旁求！"于是尽弃异学，淳如也。历任外官，熙宁初，以吕正献公荐召对，神宗问治道，对曰："为治不法三代，终苟道也。"时王安石方行新法，横渠不善之，久之托疾归，居南山下，终日危坐一室，左右简编，俯而读，仰而思，有得则识之；或中夜起坐，取烛以书。其志道精思，未尝须臾息，亦未尝须臾忘也。后吕大防复荐之于朝，乃诏为太常礼院，与有司议论不合，复以疾归，中道疾甚，沐浴更衣而寝，旦而卒。贫无以敛，门人共买棺奉其丧还。世称"横渠先生"，有《东铭》《西铭》《正蒙》《理窟》《易说》等书。

横渠施教，以礼乐为归（如《正蒙》中之《王禘篇》言礼，《乐器篇》之言乐是），旁澈象纬、历律之术（如《参两篇》《天地篇》是），于名数质力之学，咸契其微（如《正蒙》书中多"几何"之理，如言两不灭则一不可见诸条是）。盖其立说之旨，不外知性知天，穷鬼神之术（如《天道篇》中所言是），明生死之源（《天道篇》），上溯太极、太虚之始（见《神化篇》），此知天之学也；居敬穷理（见《大心篇》），由诚入明（见《诚明篇》），以求至正大之极（见《中正篇》），此知性之学也。总之横渠之学，乃从释、老入手，故其言多释、老之绪余

（间有庄、列之说），又以由二程而私淑濂溪，故书中多濂溪之遗教也。

（一）宇宙论

横渠之宇宙论，亦为气一元论，然与周子之言太极、邵子之言先天、程子之言理气不同。盖横渠独由虚空即气之作用，以解释宇宙之本体及现象，其《正蒙·太和篇》云："太和所谓道，中涵浮沉、升降、动静、相感之性，是生絪缊、相荡、胜负、屈伸之始。其来也，几微易简；其究也，广大坚固。起知于易者，乾乎！效法于简者，坤乎！散殊而可象，为气；清通而不可象，为神。不如'野马''絪缊'，不足谓之太和。语道者知此，谓之知道；学易者见此，谓之见易。"此横渠之宇宙论也。

（二）伦理观

横渠之东西铭，乃伦理学之总要而教学之根本也。《西铭》规模尤大，盖综古来圣贤所示人生至善之鹄也。其言曰："乾称父，坤称母。予兹藐焉，乃混然中处。故天地之塞，吾其体；天地之帅，吾其性。民，吾同胞；物，吾与也。大君者，吾父母宗子；其大臣，宗子之家相也。尊高年，所以长其长；慈孤弱，所以幼其幼。圣，其合德；贤，其秀也。凡天下疲、癃、残、疾、惸、独、鳏、寡，皆吾兄弟之颠连而无告者也。于时保之，子之翼也。乐且不忧，纯乎孝者也。违曰悖德，害仁曰贼，济恶者不才，其践形惟肖者也。知化则善述其事，穷神则善继其志。不愧屋漏为无忝，存心养性为匪懈。恶旨酒，崇伯子之顾养；育英才，颍封人之锡类。不弛劳而底豫，舜其功也；无所逃而待烹，申生其恭也。体其受而归全者，参乎；勇于从而顺令者，伯奇也。富贵福泽，将厚吾之生也；贫贱忧戚，庸玉汝于成也。存，吾顺事；没，吾宁也。"此即张子以天人为一体，希望学者求仁之说也；非如《东铭》之戒戏言戏动、过言过动，以示修身之要也。

横渠之论性，分天地之性与气质之性，而尤重变化。《正蒙·诚明篇》曰："形而后有气质之性，善反之则天地之性存焉。故气质之性，君子有弗性者焉。"盖天命之所流行，赋与万物而纯粹至善者，曰"天地之性"；物聚成形，其气有纯驳偏正之异者，曰"气质之性"。若能变化气质，则天地之性，不失其初，而能复于本然之善矣。然本然之性，非离气质而别存；气质之性，亦非纯出于恶。惟气质有所杂糅，故不能一于善耳。学者当变化其气质之恶以进于善，又当充其所谓善者焉。故曰："人之刚柔缓急，有才与不才，气之偏也。天本参和不偏，养其气，反之本而不偏，则尽性而已矣。性未成则善恶混；故亹亹而继善者，斯为美矣。恶尽去则性乃复，故舍曰善，而曰成之者性。"此横渠以心统性情之说也。

横渠之学

吕思勉

编者按：本文选自吕思勉所著《理学纲要》（商务印书馆1931年版）篇六"横渠之学"。《理学纲要》初稿完成于1926年，是作者在上海沪江大学讲授中国哲学史时的手编讲义。本次整理仍依其篇名，称"横渠之学"。吕思勉（1884—1957），字诚之，笔名驽牛、程芸、芸等，江苏常州人。中国近代历史学家、国学大师。毕生致力于历史研究和历史教育工作，先后在常州府中学堂、南通国文专科学校、上海私立甲种商业学校、沈阳高等师范学校、江苏省立第一师范学校、沪江大学、光华大学等校任教，曾担任光华大学历史系主任、代校长。早年还曾在上海中华书局、上海商务印书馆任编辑。1951年入华东师范大学历史系任教，被评为历史学一级教授。代表作品有《白话本国史》《吕著中国通史》《秦汉史》《先秦史》《两晋南北朝史》《隋唐五代史》《吕思勉读史札记》《宋代文学》《先秦学术概论》《中国民族史》《中国制度史》《文字学四种》等。

周、程、张、邵五子中，惟邵子之学，偏于言数。周、张、二程，则学问途辙，大抵相同。然伊川谓横渠："以大概气象言之，有苦心极力之象，而无宽裕温和之气。非明睿所照，而考索至此，故意屡偏而言多窒。"朱子亦谓："若论道理，他却未熟。"后人之尊张，遂不如周、程。然理学家中，规模阔大，制行坚卓，实无如张子者。张子之学，合天地万物为一体，而归结于仁。闻人有善，喜见颜色。见饿莩，辄咨嗟，对案不食者经日。尝以为欲致太平，必正经界。欲与学者买田一方试之，未果而卒。是真能以民胞物与为怀者。其言曰："学必如圣人而后已。知人而不知天，求为贤而不求为圣，此秦汉以来学者之大蔽。"又曰："此道自孟子后，千有余岁。若天不欲此道复明，则不使今日有知者。既使人有知者，则必有复明之理。"其自任之重为何如？又曰："言有教，动有法。昼有为，宵有得。息有养，瞬有存。"其自治之密为何如？朱子谓："横渠说做工夫处，更精切似二程。"又谓："横渠之学，是苦心得之，乃是致曲，与伊川异。"则其克治之功，实不可诬也。朱子又曰："明道之学，从容涵泳之味洽。横渠之学，苦心力索之功深。"又谓："二程资禀，高明洁净，不大段用工夫。横渠资禀，有偏驳夹杂处，大段用工夫来。"似终右程而左张。此自宋儒好以圣贤气象论人，故有此语。其实以规模阔大、制行坚卓论，有宋诸家，皆不及张子也。张子之言曰："为天地立心，为生民立命，为往圣继绝学，为万世开太平。"此岂他人所能道哉？

横渠之学，所以能合天地万物为一者，以其谓天地万物之原质唯一也。此原质唯何？曰：气是已。横渠之言曰："凡可状，皆有也；凡有，皆象也；凡象，皆气也。"又曰："太和所谓道，中涵浮沉、升降、动静、相感之性；是生絪缊、相荡、胜负、屈伸之始。其来也，几微易简；其究也，广大坚固。散殊而可象，为气；清通而不可象，为神。"神也，道也，气也，一物而异名。宇宙之间，惟此而已。宇宙本体，亦此而已。

一非人所能识。宇宙本体，既惟是一气，何以能入认识之域乎？以其恒动故也。宇宙之本体惟一，动则有絪缊、相荡、胜负、屈伸之可见，而入于现象界矣。故曰："气坱然太虚，升降飞扬，未尝止息。"又曰："气聚则离明得施而有形，气不聚则离明不得施而无形。"（谓聚则可见，散则不可见也。不可见而已，非无。）又曰："气不能不聚而为万物，万物不能不散而为太虚。"（太虚即气之散而不可见者，非无。）夫如是，则所谓有无者，特人能认识不能认识，而非真有所谓有无。故曰："气之聚散于太虚，犹冰之凝释于水。知太虚即气则无无。圣人语性与天道之极，尽于参伍之神，变易而已。诸子浅妄，有有无之分，非穷理之学也。"（案：诸子亦未尝分有、无为二，此张子之误。朱子谓："濂溪之言有无，以有无为一。老子之言有无，以有无为二。"五千言中，曷尝有以有、无为二者耶？）又云："圣人仰观俯察，但云知幽明之故，不云知有无之故。"所谓幽明，即能认识不能认识之谓也。

知天下无所谓无，则生死之说，可不烦言而解。故曰："气之为物，散入无形，适得吾体；聚为有象，不失吾常。"（此言质力无增减。）"太虚不能无气，气不能不聚而为万物，万物不能不散而为太虚。循是出入，是皆不得已而然也。"（此言质力之变化，一切皆机械作用。）"彼语寂灭者，往而不反；（此辟佛。然佛之所谓寂灭者，实非如张子所辟。要之宋儒喜辟二氏，然于二氏之言，实未尝真解。）徇生执有者，物而不化；（此辟流俗。）二者虽有间矣，以言乎失道则均焉。聚亦吾体，散亦吾体，知死之不亡者，可与言性矣。"（张子之意，个体有生死，总体无所谓生死。个体之生死，则总体一部分之聚散而已。聚非有，散非无，故性不随生死为有无。故深辟告子"生之为性"之说，以为"不通昼夜之道"。然告子之意，亦非如张子所辟，亦张子误也。如张子之说，则死生可一。故曰:"尽性,然后知生无所得,则死无所丧。")

生死之疑既决,而鬼神之疑随之。生死者,气之聚散之名。鬼神者,气之聚散之用也。张子之言曰:"鬼神者,往来屈伸之义。"又曰:"鬼神者,二气之良能也。"盖以往而屈者为鬼,来而伸者为神也。又详言之曰:"动物本诸天,以呼吸之聚散之渐。植物本诸地,以阴阳升降为聚散之渐。物之初生,气日至而滋息。物生既盈,气日反而游散。至之为神,以其伸也。反之为鬼,以其归也。"然则鬼神者,非人既死后之名,乃其方生方死、方死方生之时,自然界一种看似两相反对之作用之名耳。然则鬼神者,终日与人不相离者也。然则人即鬼神。然则盈宇宙之间,皆鬼神也。此论至为微妙。理学家之论鬼神,无能越斯旨者。

鬼神与人为一体,则幽明似二而实一。幽明似二而实一,则隐微之间,不容不慎。故曰:"鬼神尝不死,故诚不可掩。人有是心,在隐微,必乘间而见。故君子虽处幽独,防亦不懈。"夫鬼神所以与人为一体者,以天地万物,本系一体也。故曰:"知性知天,则阴阳鬼神,皆吾分内耳。"此张子由其宇宙观,以建立其人生观者也。

宇宙之间,惟是一气之运动。而自人观之,则有两端之相对。惟一者,本体;两端相对者,现象也。故曰:"一物而两体,其太极之谓欤?"又曰:"一物两体,气也。一故神,两故化。"又曰:"两不立,则一不可见;一不可见,则两之用息。两体者,虚实也,动静也,聚散也,清浊也,其究一而已。"

所谓现象者,总括之为阴阳两端,细究之,则亿兆京垓而未有已也。故曰:"游气纷扰,合而成质者,生人物之万殊。其阴阳两端,循环不已者,立天地之大义。"又曰:"气块然太虚,升降飞扬,未尝止息。浮而上者阳之清,降而下者阴之浊。其感遇聚散,为风雨,为霜雪,万品之流形,山川之融结,糟粕煨烬,无非教也。"张子之学,虽与邵子异,然格物之功,亦未尝后人。张子曰:"地纯阴,凝聚于中。天浮阳,运旋于外。"又曰:"阴性凝聚,阳性发散。阴聚之,阳必散之。阳为阴累,则相持为雨而降。阴为阳得,则飘扬为云而升。云物班布太虚者,阴为风驱,敛聚而未散者也。阴气凝聚,阳在内者不得出,则奋击而为雷霆;在外者不得入,则周旋不舍而为风。其聚有远近虚实,故雷风有大小暴缓。和而散,则为霜雪雨露。不和而散,则为戾气瞳霾。"又曰:"声者,形气相轧而成。两气者,谷响雷声之类。两形者,桴鼓叩击之类。形轧气,羽扇敲矢之类。气轧形,人声笙簧之类。"皆其格物有得之言。自今日观之,虽不足信,然亦可见其用心之深矣。("敲矢",《庄子》作"嚆矢",即鸣镝,今响箭也。)

既知宇宙之间,惟有一气,则一切现象,本来平等,无善恶之可言。然清虚者易于变化，则谓之善；重浊者难于变化，则谓之恶。又以寂然不动者为主，纷纭变化者为客。此等思想，哲学家多有之。盖以静为本体，动为现象，本体不能谓之恶，凡恶，皆止可归诸现象界也。张子亦云："太虚无形，气之本体。其聚其散，变化之客形耳。至静无感，性之渊源。有识有知，物交之客感耳。客感客形，与无感无形，惟尽性者能一之。"又曰："太虚为清，清则无碍，无碍故神。反清为浊，浊则碍，碍则形。"又曰："凡气清则通，昏则壅，清极则神。"又曰："凡天地法象，皆神化之糟粕。"盖凡有形可见者，皆不足当本体之名也。

认识所及，莫非纷纭之现象也，何以知其为客，而别有渊然而静者为之主？以其动必有反，而不差忒，如久客者之必归其故乡也。故曰："天地之气，虽聚散攻取百涂，然其为理也，顺而不妄。"又曰："天之不测谓之神，神之有常谓之天。"然则纷纭错杂之现象，看似纷纭错杂，而实有其不易之则者，本体也。现象之变化，不啻受制驭于本体矣。故曰："气有阴阳，推行有渐为化，合一不测为神。"

张子之论天然如此。其论人，则原与天然界为一物。盖宇宙之间，以物质言，则惟有所谓气，人固此气之所成也。以性情言，则气之可得而言者，惟有所谓浮沉升降、动静相感之性，而此性即人之性也。故人也者，以物质言，以精神言，皆与自然是一非二也。张子之言曰："气于人，生而不离，死而游散者为魂；聚成形质，虽死而不散者为魄。"然则魂也者，即清而上浮之气；魄也者，即浊而下降之气也。又曰："气本之虚，则湛一无形。感而生，则聚而有象。有象斯有对，对必反其为。有反斯有仇，仇必和而解。故爱恶之情，同出于太虚，而卒归于物欲。倏而生，忽而成，不容有毫发之间。"此言人之情感，亦即自然界之物理现象也。故断言之曰："由太虚，有天之名；由气化，有道之名；合虚与气，有性之名；合性与知觉，有心之名。"又曰："惟屈伸动静终始之能一也，故所以妙万物而谓之神，通万物而谓之道，体万物而谓之性。"天也，道也，性也，其名虽异，其实则一物也。一元之论至此，可谓毫发无遗憾矣。

人之性与物之性是一，可以其善感验之。盖宇宙之间，惟有一气，而气升降飞扬，未尝止息。其所以不止息者，以其有动静相感之性也。而人亦然，故曰："感者，性之神；性者，感之体。"又曰："天所不能自已者，为命；不能无感者，为性。"夫人与物相感，犹物之自相感也。此即所谓天道也。故曰："天性，乾坤阴阳也。二端故有感，本一故能合。""天地生万物，所受虽不同，皆无须臾之不感。"所谓性即天道也。

张子以天地万物为一体，故深辟有无、隐显歧而为二之论。其言曰："知虚空即气，则有无、隐显、神化、性命，通一无二。若谓虚能生气，则虚无穷，气有限，体用殊绝；入老氏有生于无，自然之论。若谓万象为太虚中所见之物，则物与虚不相资；形自形，性自性，形性天人不相待，陷于浮屠以山河大地为见病之说。"以如是，则人与自然，不能合为一体也。（释老之言，实非如此，又当别论。）

张子以人与天地万物为一体。夫天地万物，其本体至善者也。而人何以不能尽善？曰：张子固言之矣，"太虚为清，清则无碍，无碍则神。反清为浊，浊则碍，碍则形"。人亦有形之物，其所以不免于恶者，正以其不能无碍耳。张子曰："性通乎气之外，命行乎气之内。"性通乎气之外，谓人之性与天地万物之性是一，故可以为至善。命行乎气之内，命指耳之聪、目之明、知慧、强力等言，不能不为形体所限，人之所以不能尽善者以此。夫"性者，万物一原，非有我之所得而私也"，然既寓于我之形，则不能不借我之形而见。我之形不能尽善，而性之因形而见者，遂亦有不能尽善者焉。此则张子所谓气质之性也。气质之性，所以不能尽善者，乃因性为气质所累而然，而非性之本不善。犹水然，因方为圭，遇圆成璧；苟去方圆之器，固无圭璧之形。然则人能尽除气质之累，其性固可以复于至善。故曰："形而后有气质之性。善反之，则天地之性存焉。故气质之性，君子有弗性者焉。"又曰："性于人无不善，系其善反与不善反而已。"

人之性，善反之，固可以复于至善。然既云性为气质所限，则其能反与否，自亦不能无为气质所拘。故曰："凡物莫不有是性。由通蔽开塞，所以有人物之别。由蔽有厚薄，故有智愚之别。塞者，牢不可开。厚者，可以开，而开之也难。薄者，开之也易。"又曰："上智下愚，习与性相远，既甚而不可变者也。"横渠论性之说，朱子实祖述之。其说与纯粹性善之说，不能相容。为理学中一重公案。

气质何以为性累？张子统括之曰："攻取之欲"，"计度之私"。前者以情言，后者以智言也。人之性，即天地之性；天地之性固善感；使人之感物，亦如物性之自然相感，而无所容心于其间，固不得谓之不善。所以不善者，因人之气质，不能无偏，遂有因气质而生之欲，如"口腹于饮食，鼻舌于臭味"是。所谓"湛一气之本，攻取气之欲"也。既有此欲，必思所以遂之，于是有"计度之私"。抑且不必见可欲之物，而后计度以取之也；心溺于欲，则凡耳目所接，莫不惟可欲是闻，可欲是见；而非所欲者，则倾耳不闻，熟视无睹焉。所谓"见闻之知，乃物交而知，非德性所知"也。甚有无所见闻亦凭空冥想者，则所谓"无所感而起者妄也"。凡若此者，总由于欲而来，故又可总括之曰"人欲"，对人欲而言，则曰"天理"。故曰："徇物丧心，人化物而灭天理者与？"又曰："德不胜气，性命于气。德胜其气，性命于德。穷理尽性，则性天德，命天理；气之不可变者，独死生寿夭而已。"又曰："为学大益，在自能变化气质也。"

分性为气质之性、义理之性，又以天理人欲对举，皆理学中极重要公案。而其原，皆自张子发之。张子之于理学，实有开山之功者也。

反其性有道乎？曰：有。为性之累者气质，反其性者，去其气质之累而已。去气质之累如之何？曰：因气质而生者欲，去气质之累者，去其心之欲而已。故曰："不识不知，顺帝之则。有思虑知识，则丧其天矣。"又曰："无所感而起，妄也。感而通，诚也。计度而知，昏也。不思而得，素也。"又曰："成心者，意之谓与？成心忘，然后可与进于道。"

此等功夫，贵不为耳目等形体所累，而又不能不借形体之用。故曰："世人之心，止于闻见之狭。圣人尽性，不以闻见梏其心。"又曰："耳目虽为心累，然合内外之德，知其为启之之要也。"夫不蔽于耳目，而又不能不用耳目，果以何为主乎？曰：主于心。主于心以复其性。张子曰："心统性情者也。"与天地合一者谓之性，蔽于耳目者谓之情。心能主于性而不为情之所蔽，则善矣。故曰："人病以耳目见闻累其心，而不务尽其心。尽其心者，必知心所从来而后能。"夫心所从来，则性之谓也。

能若此，则其所为，纯乎因物付物，而无我之见存。所谓"不得已而后为，至于不得而止"也。人之所以不善者，既全由乎欲，则欲之既除，其所为自无不善。故曰："不得已，当为而为之，虽杀人，皆义也。有心为之，虽善，皆意也。"盖所行之善恶，视其有无欲之成分，不以所行之事论也。故无欲即至善也。故曰："无成心者，时中而已矣。"又曰："天理也者，时义而已。君子教人，举天理以示之而已。其行己，述天理而时措之者也。"

人之所为，全与天理相合，是之谓诚。《中庸》曰："诚者，天之道也。思诚者，人之道也。"张子曰："天所以长久不已之道，乃所谓诚。"所谓"诚者，天之道也"。又曰："屈伸相感而利生，感以诚也。情伪相感而利害生，杂之伪也。至诚则顺理而利，伪则不循理而害。"又曰："诚有是物，则有终有始。伪实不有，何终始之有？"所谓"思诚者，人之道也"。张子曰："天人异用，不足以言诚。天人异知，不足以尽明。所谓诚明者，性与天道，不见乎大小之别也。"谓在我之性，与天道合也。夫是之谓能尽性。能尽性，则我之所以处我者，可谓不失其道矣。夫是之谓能尽命。故曰："性其总，命其受。不极总之要，则不尽受之分。"故尽性至命，是一事也。夫我之性，即天地人物之性。性既非二，则尽此即尽彼。故曰："尽其性者，能尽人物之性。至于命者，亦能至人物之命。"然则成己成物，以至于与天地参，又非二事也。此为人道之极致，亦为修为之极功。

此种功力，当以精心毅力行之，而又当持之以渐。张子曰："神不可致思，存焉可也。化不可助长，顺焉可也。"又曰："穷神知化，乃养盛自致，非思勉之能强。故崇德而外，君子未之或知也。"又曰："心之要，只是欲乎旷。熟后无心，如天简易不已。今有心以求其虚，则是已起一心，无由得虚。切不得令心烦。求之太切，则反昏惑。孟子所谓助长也。孟子亦只言存养而已。此非可以聪明思虑，力所能致也。"张子之言如此，谓其学，由于苦思力索，非养盛自致，吾不信也。

张子之学，以天地万物为一体，故其道归结于仁。故曰："性者，万物一原，非有我所得私也。惟大人为能尽其性，故立必俱立，知必周知，爱必兼爱，成不独成。"盖不如是，不足以言成己也。故曰："天体物而不遗，犹仁体事而无不在也。礼仪三百，威仪三千，无一物而非仁也。"张子又曰："君子于天下，达善达不善，无物我之私。循理者共悦之，不循理者共攻之。攻之，其过虽在人，如在己不忘自讼。其悦之，善虽在己，盖取诸人，必以与人焉。善以天下，不善以天下。"又曰："正己而物正，大人也。正己以正物，犹不免有意之累也。有意为善，利之也，假之也。无意为善，性之也，由之也。"浑然不见人我之别，可谓大矣。

以上引张子之言，皆出《正蒙》及《理窟》。而张子之善言仁者，尤莫如《西铭》。今录其辞如下。《西铭》曰："乾称父，坤称母。予兹藐焉，乃混然中处。故天地之塞，吾其体；天地之帅，吾其性。民，吾同胞；物，吾与也。大君者，吾父母宗子；其大臣，宗子之家相也。尊高年，所以长其长；慈孤弱，所以幼其幼。圣，其合德；贤，其秀也。凡天下疲、癃、残、疾、惸、独、鳏、寡，皆吾兄弟之颠连而无告者也。于时保之，子之翼也。乐且不忧，纯乎孝者也。违曰悖德，害仁曰贼，济恶者不才，其践形惟肖者也。知化则善述其事，穷神则善继其志。不愧屋漏为无忝，存心养性为匪懈。恶旨酒，崇伯子之顾养；育英才，颖封人之锡类。不弛劳而厎豫，舜其功也；无所逃而待烹，申生其恭也。体其受而全归者，参乎；勇于从而顺令者，伯奇也。富贵福泽，将厚吾之生也。贫贱忧戚，庸玉汝于成也。存，吾顺事；没，吾宁也。"寥寥二百余言，而天地万物为一体，不成物不足以言成己，成己即所以成物之旨，昭然若揭焉，可谓善言仁矣！

杨龟山寓书伊川，疑《西铭》言体而不及用，恐其流于兼爱。伊川曰："《西铭》理一而分殊，墨氏则二本而无分。子比而同之，过矣。"刘刚中问："张子《西铭》与墨子兼爱何以异？"朱子曰："异以理一分殊。一者一本，殊者万殊。脉络流通，真从乾父坤母源头上联贯出来。其后支分派别，井井有条。非如夷之爱无差等。且理一体也，分殊用也。墨子兼爱，只在用上施行。如后之释氏，人我平等，亲疏平等，一味慈悲。彼不知分之殊，又恶知理之一哉？"释氏是否不知分殊，又当别论。而张子之学，本末咸备，体用兼该，则诚如程朱之言也。

　　惟其如是，故张子极重礼。张子曰："生有先后，所以为天序。小大高下，相并而相形焉，是为天秩。天之生物也有序，物之既形也有秩。知序然后经正，知秩然后礼行。"盖义所以行仁，礼所以行义也。张子又曰："世学不讲，男女从幼便骄惰坏了。到长，益凶狠。只为未尝为子弟之事，则于其亲，已有物我，不肯屈下。病根常在，又随所居而长，至死只依旧。为子弟，则不能安洒扫应对。在朋友，则不能下朋友。有官长，则不能下官长。为宰相，则不能下天下之贤。甚则至于徇私意，义理都丧，也只为病根不去，随所居所接而长。人须一事事消了病，则义理常胜。"又曰："某所以使学者先学礼者，只为学礼，便除去了世俗一副当习熟缠绕。譬之延蔓之物，解缠绕即上去。上去，即是理明矣，又何求？苟能除去一副当世习，便自然洒脱也。"可见张子之重礼，皆所以成其学。非若俗儒拘拘，即以节文之末，为道之所在矣。张子教童子以洒扫应对进退。女子未嫁者，使观祭祀，纳酒浆。其后学，益酌定礼文，行之教授感化所及之地。虽所行未必尽当，然其用意之善，则不可没也。张子曰："天下事大患，只是畏人非笑。不养车马，食粗衣恶，居贫贱，皆恐人非笑。不知当生则生，当死则死。今日万钟，明日弃之；今日富贵，明日饥饿；亦不恤，惟义所在。"今日读之，犹想见其泰山岩岩，壁立万仞之气象焉。吾师乎！吾师乎！百世之下，闻者莫不兴起也。

张子《西铭》书后

褚应章

编者按：本文原载《金陵女子大学校刊》1926年第8期。褚应章，1929年前后为上海医学院医生，曾于1934年至1937年发表多篇医学论文，并翻译美国作战部所著《流行性斑疹伤寒——虱传的》一书。

夫天地者，万物之父母；人类者，均我之同胞也。父母之于子女，则当教之、育之、爱之、护之；而子女之于父母，则宜尊之、敬之、顺之、从之；至若同胞手足，更当相规、相助、相友、相爱，方不失为子之道。故天地之循环运行，无一息之停者，是教万物体天行之健而自强不息也；天地之有日月而成昼夜者，教万物之休作有节而勿失其度也；天地之有寒暑晴晦者，教万物知阴阳刚柔相济之义也；天地之不择木而雨、不择草而风者，是教万物普博爱之怀而一视同仁也。是以物之生也，天地无不教之、育之，父母之于子女，可告无愧矣，而子女之于父母，其当何如耶？仲尼、孟轲，何异于常人哉？从其学、领其教，圣贤之流矣；违其教、逆其令，奸妄之徒矣。同为子女，何为乎庸庸者多，而圣贤少也？若夫五洲人民，孰非天地之子哉？何为乎各具私见而以权利相竞争，强食弱肉，屡以势力而侵占凭陵，视为天之骄子，手足之互助具失，同胞之意义何存？噫！此岂父母所乐闻耶？虽然，同胞、同胞之声洋洋盈耳矣，救我同胞、同胞努力之字样，亦照人眼目矣，我所怪者，彼蹂躏我、侮辱我者，非我同胞耶？彼强夺我、蚕食我，非亦天之子民耶？呜呼！同胞相蹂何甚，天地负民乎，民负天地乎！

张横渠的哲学

谢元范

编者按： 本文原载《光华期刊》1929年第4期。谢元范，生平事迹不详。曾在私立光华大学任教。1926—1934年先后在《光华期刊》《光华季刊》《光华周刊》等刊物上发表多篇评论和诗作，如《科学救国论》《伏尔太论》等。

张横渠在北宋诸子中，为最有条理的、最有系统的、最大胆的思想家。他在哲学上和科学上，都有相当的贡献。他的见解的卓越，思想的透辟，照我看来，实高出于他同时的学者之上，是很值得我们研究的。兹先略纪其生平事迹如下：

张载字子厚，又号横渠，世居大梁。生于宋天禧四年（西历一〇二〇年），恰巧比周濂溪小四岁。父迪，仕仁宗朝为殿中丞，知涪州，卒于官；诸孤皆幼，不克归，遂侨寓于凤翔郿县横渠镇之南。他年少即志气不群，喜谈兵。十八岁时，慨然以功名自许，欲结客取洮西之地。上书谒范文正公，公知其器远大，而责之曰："儒者自有名教可乐，何事于兵？"因授以《中庸》。他遂翻然改志，熟读《中庸》，颇觉有兴味。此后又涉猎释老者多年，仍返而求道于六经。嘉祐初，到京师，和他的亲戚二程子谈学，彼此钦服。从此他尽弃他所谓异学，专志于儒。当是时，他讲易京邸，听从者甚众。举进士，仕为云岩令。以敦本善俗为先，邑人沛然从化。熙宁初，吕正献公荐之于朝，召对问治道。他对答道："为治不法三代，终苟道也。"神宗方励精图治，悦其言，将大用之；后与王安石政见不合，不果。托疾归横渠，安贫乐道，致力于学。熙宁九年，吕大防等奏请复其旧职，哲宗许之。但他不久得病，竟不起，时熙宁十年十二月（西历一〇七七年），年五十八岁。

他的人格，是很可注意的。少年时跅弛豪纵，颇有英雄的气概。壮年气质刚毅，望之俨然，与之居久而日亲。他的志向很大，抱负很不凡，尝谓欲"为天地立心，为生民立命，为往圣继绝学，为万世开太平"。他又很富于同情心，居恒以天下为念，道见饥莩，辄咨嗟不食者终日。他自己虽贫不能自给，而门人无贷者，辄粗粝与共。这和平常道学先生都不同。

他所著的书，有《东铭》《西铭》《正蒙》《经学理窟》《横渠易说》《语录》《文集》等。其中《正蒙》一书，尤可窥见他的思想，为北宋哲学著述中最有组织的一部书。

以上所纪他的事迹，大部分根据于宋朝吕与叔所作的《行状》。但是《行状》原文中有些事实，是不可靠的。《宋史·张子本传》也因此以误传误，殊不可以不辨。譬如《行状》中说他见二程而尽弃其学，《宋史本传》也说：

> 一夕，二程至，与论《易》。次日，语人曰："比见二程，深明易道，吾所弗及，汝辈可师之。"撤坐辍讲，与二程语道学之要，涣然自信曰："吾道自足，何事旁求？"于是尽弃异学，淳如也。

这些话是不确的。我们要晓得：张载比大程子要大过十二岁，比小程子要大过十三岁；因为他初见二程的时候，是在嘉祐元年，那时他三十七岁，明道二十五岁，伊川二十六岁。在这个时候，二程不过是个思想正在发展中的青年，而他已经过了青年期，思想方趋于成熟，万无见二程尽弃其学的道理。不然，二程子简直是他的师傅了，岂不滑稽？大概张子受他们两人的影响是有的。所以当时程伊川看见吕与叔作的《行状》，也加以否认，说道："表叔平日议论，谓与颐兄弟有所同，则可也；谓其学于颐兄弟，则无是事也。顷年属与叔删去，今尚存。其几于无忌惮矣！"这样一来，张载和二程的关系可想而知了。这事关于思想发达的线索很重要，我们切不可轻轻放过。

以下就分段研究他的哲学。

一、他的思想的背景

一种思想不是凭空从天上掉下来的，他得有他的背景才能发生。关于横渠的思想的背景，《宋史·本传》明明载着："范仲淹……因劝读《中庸》，载读其书，犹以为未足，又访诸释老累年，究极其说，知无所得，反而求之六经。"这好像他完全受的是儒家的影响了，其实不然。《本传》虽说"访诸释老累年，究极其说，知无所得"，但细加考察，究竟是"有所得"的。所得的是什么？就是佛家的禅学。禅宗自从唐代慧能另创宗旨以后，遂一变印度禅法，而为中国独有之禅。其禅不立语言文字，专事机悟。这种思想和中国人的一贯思想，多不期而暗合。所以到了宋明人手里，就发生许多关系。宋儒周程朱陆，以至明儒王阳明，几乎没有不是拿禅学做背景而别标榜所谓儒学；几乎没有不是先研究禅学许多年，然后再求合于儒学。（以上多采用李石岑先生的话。）张横渠当然不是例外。他不但读过佛家的书，还结识了禅师禅友。据东林寺常总的门人弘益所纪，张横渠曾与周濂溪同出东林门下，受性理之学。弘益《纪闻》说：

> 濂溪一日与张子厚等同诣东林论性，总曰："吾教中多言性，故曰性宗。所谓真如性、法性，性即理也，有理法界，事法界，理事交彻，理外无事，事必有理。"诸子沉吟未决。濂溪毅然出曰："性体冲漠，惟理而已。"横渠曰："东林性理之论，惟我与茂叔能之。"

又张横渠与程明道终日讲论于兴国寺，那时兴国寺是常有禅师主讲的，他们多少要受点影响。或者有人驳道：张载在当时，是排佛最厉害的一个人，我们只要一翻他的书，就可知道。他说：

> 释氏不知天命，……所谓疑冰者欤？（《正蒙·大心篇》）
> 浮屠不知穷理，而自谓之性，故其说不可推行。（《正蒙·中正篇》）
> 浮屠明鬼，未有识之死，受生循环，遂厌苦求免，可谓知鬼乎？以人生为妄，可谓知人乎？……自其说炽传，中国儒者，未容窥圣学门墙，已为引取沦胥其间。此人伦所以不察，庶物所以不明，治所以忽，德所以乱，异言满耳，上无礼以防其伪，下无学以稽其弊，自古淫诐邪遁之词，翕然并兴，一出于佛氏之门者，千五百年。自非独立不惧，精一自信，有大过人之才，何以正立其间，与之较是非，计得失？（《正蒙·乾称篇》）

他这种排佛论，只有比韩愈的《原道》和《谏迎佛骨表》来得锐利，何至于反受它的影响呢？我说："唯唯，否否，不然。宋明理学家，表面上拼命骂佛，骨子里在阐明佛学而不自知，这并不算稀奇。李石岑先生就老实不客气说，张横渠是洞山良价的《五位颂》中的'偏中正'。不过横渠食佛能化，他终能别出蹊径，不为所囿。所谓青出于蓝而胜于蓝是也。这是他的长处。至于他的思想之所以能深沉，未始非早年耽精佛学之功了。"

二、他的宇宙论

张横渠的宇宙观念，可说是唯物的一元论。这话怎样讲呢？他完全用"气"来解释宇宙。他说：

> 太虚者，气之体。气有阴阳，屈伸相感之无穷，其散无数，故神之应也无数。虽无穷，其实湛然；虽无数，其实一而已。阴阳之气，散则万殊，人莫知其一也；合则混然，人莫见其殊也。形聚为物，形溃反原，反原者，其游魂之变欤？所谓变者，对聚散存止为文，非如萤雀之化，指前后身而为说也。（《正蒙·乾称篇》）

> 太虚无形，气之本体。其聚其散，变化之客形耳。（《正蒙·太和篇》）

他以为宇宙自身是"太虚一元气"，一切万物，都自气而来。气之聚散离合，成一切变化和万象显灭作用。聚合时为实质，散离时无所不在。解此，就晓得"物质不灭"的道理。并且气是动的，升降飞扬，无时或息。"气之聚散于太虚，犹冰凝释于水。"所以他又说：

> 天地之气虽聚散攻取百涂，然其为理也，顺而不妄。气之为物，散入无形，适得吾体，聚为有象，不失吾常。太虚不能无气，气不能不聚而为万物，万物不能不散而为太虚，循是出入，是皆不得已而然也。（《正蒙·太和篇》）

这不是唯物论是什么？因为他是唯物论者，所以他极端反对佛教的唯心论：

> 彼语寂灭者，往而不返。（《太和篇》）
> 释氏不知天命，而以心法起灭天地，以小缘大，以末缘本，其不能穷而谓之幻妄，真所谓疑冰者欤？（《大心篇》）
> 释氏妄意天性，而不知范围天用，反以六根之微因缘天地；明不能尽，则诬天地日月为幻妄。蔽其用于一身之小，溺其志于虚空之大，此所以语大语小，流遁失中。

这都是指摘佛家认天地一切现象皆生于心之迷妄。因为他的本体观是立脚于"有"的范围内，所以他反对老子的"有生于无"的主张。所以他说：

> 知太虚即气，则无"无"。（《太和篇》）
> 有无混一之常。（《太和篇》）

张横渠把"虚"与"气"对称，表面上似乎是二元论，实际上还是一元论。因"虚"与"气"，实二而一者也。我们且看他说：

> 知虚空即气，则有无、隐显、神化、性命，通一无二。（《太和篇》）
> 两不立，则一不可见；一不可见，则两之用息。两体者，虚实也，……其究一而已。（《太和篇》）
> 造化所成无一物相肖者，以是知万物虽多，其实一物。（《太和篇》）
> 神天德，化天道，德其体，道其用，一于气而已。（《神化篇》）

总而言之，他的观念，不出一个"理一分殊"，故曰一元论。合而言之，他的宇宙论只是一个唯物的一元论。

三、他的人生哲学

他的人生哲学，是从他的宇宙观演绎出来的。他说宇宙的本体是太虚气，从此气生出的万物，本与我为一体，合其德于天地，则自然合其理。他根据这个观念，建立他两方面的人生哲学：一就是"大同主义"或"仁道主义"；二就是"人格主义"或"超人主义"。前者是对人的，后者是对己的。关于前者，他那篇《西铭》，可以当一篇宣言。铭曰：

> 乾称父，坤称母，予兹藐焉，乃混然中处。故天地之塞吾其体，天地之帅吾其性。民吾同胞，物吾与也。大君者，吾父母宗子；其大臣，宗子之家相也。尊高年，所以长其长；慈孤弱，所以幼其幼。圣其合德，贤其秀也。凡天下疲、癃、残、疾、惸、独、鳏、寡，皆吾兄弟之颠连而无告者也……

这和《礼运·大同》所说的差不多，而比它更进①一层。不过他和墨子所谓"兼爱"却有点不同。关于张载与墨子的异点，朱熹说的最明白。刘刚中问张子《西铭》与墨子兼爱何以异，朱子说道：

> 异以理一分殊。一者一本，殊者万殊，脉络流通，真从乾坤父母源头联贯上出来。其后支分派别，井井有条，隐然子思"尽其性""尽

---
① 原文脱"进"，据文意补。

人性""尽物性",孟子"亲亲而仁民,仁民而爱物"微旨,非如夷之爱无差等。且理一体也,分殊用也,墨子兼爱,只在用上施行,如后之释氏人我平等,亲疏平等,一味慈悲。彼不知分之殊,又乌知理之一哉?

关于后者——"人格主义"或"超人主义",他提出一个"圣人"来做理想的人格标准。

> 圣者,至诚得天之谓。

他说:

> 大其心,则能体天下之物。物有未体,则心为有外。世人之心,止于见闻之狭,圣人尽性,不以见闻梏其心,其视天下无一物非我。(《大心篇》)

因为圣人能去我见,冥合于宇宙本体,所以能实行大同主义。这种圣人,是人人可以做到的,只要他能"大其心"和"尽其性"。他所以分人性为天地之性和气质之性,因为人类有善恶贤不肖。这种善恶贤不肖之分,就因为气之偏。但他总要人家由气质之性反到天地之性,所以他说:

> 形而后有气质之性,善反之,则天地之性存焉。故气质之性,君子有弗性者焉。(《诚明篇》)
> 性于人无不善,系于其善反与不善反而已。(《诚明篇》)

一般人不明这个道理,以为这是二元的性论,而斥为非彻底的人生观。譬如清儒戴东原、近儒胡适之,都斥其"善反之"一语,以为毛病就在一"反"字。倘若以"养"字或"教育"代之就好了。这简直是冤枉了横渠了。他何尝不是把"反"字当作"善"字的意思呢?他明明说:

> 人之有刚柔缓急,有才与不才,气之偏也。天本参和不偏,养其气,反之本而不偏,则尽性为天矣。性未成则善恶混。(《诚明篇》)

好一个"养其气,反之本而不偏"!一般盲目的批评者,简直是无的放矢呵！证据还多呢，他又说过：

> 天良能，本吾良能，顾为我所丧尔。（《诚明篇》）
> 天性在人，正犹水性之在冰，凝释虽异，为物一也。（《诚明篇》）
> 神而明之，存乎其人。（《天道篇》）

他这种"由气质之性反到天地之性"的主张，非但不是二元的性论，反足证明它是彻底的一元论：因为这和他的由"气"说到"虚"，由"太虚演为阴阳"说到"由阴阳复归太虚"的一元的宇宙论是前后一贯的。此外，他在《正蒙·乾称篇》所说："饮食男女，皆性也，是乌可灭？"也与他的唯物的宇宙论一致。

他既以圣人为理想的人格，又教人由气质之性反到天地之性，然则要如何才能达到这种目的呢？他以为要从"变化气质"入手。他说：

> 气质恶的，学即能移。今之人多使气。（《理窟》）
> 学至成性，则气无由胜。（《理窟》）
> 为学之大益，在自能变化气质；不尔，则卒无所发明，不得见圣人之奥。故学者先当变化气质。（《理窟》）

变化气质的工夫，可分内外二面：内面的为"虚心"，外面的为"礼"，虚心是否定一切见闻知、抽象知，以求发现自身本然的性，这和佛说"明心性见"差不多。因为他以心为统摄性与知的，而以知附于气质之性。他不屑屑于求知，而在反于天地之性，是为合心于太虚。所以他说："太虚者，心之实也。""虚心然后能尽心。""虚心则无外以为累。"（以上俱见《语录》及《理窟》）"礼"就是秩序。他说：

> 生有先后，所以为天序，小大高下相形，是谓天秩。天之生物也有序，物之成形也有秩。知序然后经正，知秩然后礼行。（《正蒙·天道篇》）
> 使动作皆中礼，则气质自然全好。（《理窟》）
> 某所以使学者先学礼者，只为学礼则便除去了世俗一副习熟缠绕。譬之延蔓之物，解去缠绕即上去，上去即是理明矣，又何求？苟能除去了一副当世习，便自然洒脱也。又学礼则可以守得定。（《语录》）

我所看到的张载的人生哲学大概有如上述了。

四、他的思想的方法

从上面看来，张载的思想，总可以当得起"博大精微"四个字。但问他何以能够达到这种境界呢？那就因为他的思想的方法的完密。关于这一层，他在北宋哲学中，的确开出了一条新路。他说：

学贵心悟，守旧无功。（《理窟》）

要怎样才能"心悟"呢？他以为第一要"疑问"，第二要"思虑"，第三要"大胆"，而疑问尤为最要。关于第一，他说：

回非助我者，无疑问也。有疑问，则吾得感通其故，而达夫异同者矣。（《正蒙·三十篇》）
不知疑者，只是不便实作；既实作，则须有疑。（《理窟》）
于不疑处有疑，方是进矣。（同上）
在可疑而不疑者，不曾学，学则须疑。（同上）
圣人未尝有知，由问乃有知。（《性理拾遗》）

关于第二，他说"逐事要思虑"，又说："太虚之道，行之在思。"并且"思虑要简省，烦则所存都昏惑"。这很合乎科学的方法，因为科学方法的好处，也在变繁为简。

关于第三，他说："有志于学者，惟患不能坚勇。"又说："天下事大患，只是畏人非笑。"换句话说，独怕没有胆量。

张横渠做学问，有这三种工具："疑问""思虑""大胆"。无怪乎他的思想要高人一等了。孔子不是说过"工欲善其事，必先利其器"吗？

张载的哲学

——《中国哲学史》中关于张载哲学的论述

钟 泰

编者按： 本文选自钟泰《中国哲学史》（商务印书馆1929年版）卷下第三编"近古哲学史"之第四章"张子"。标题为编者根据内容拟定。钟泰（1888—1979），字讱斋，号钟山，别号待庵，江苏南京人。早年留学日本，毕业于东京大学。回国后在两江师范学堂任日文教译多年。辛亥革命后，先后任教于安徽高等学堂、南京法政专门学校、杭州之江大学、湖南蓝田国立师范学院、贵阳大夏大学。1944年冬，赴四川乐山，讲学于马一浮创立的复性书院。日本投降后，任光华大学教授。中华人民共和国成立后，先后任职于华东师范大学、上海文史馆、长春东北文史研究所等。著作主要有《荀注订补》《国学概论》《庄子发微》《春秋正言断词三传参》《讱斋论语诗》《顾诗笺校订》等。《中国哲学史》是其首刊大著，为其任教之江大学时以三年精力撰就。

张载，字子厚。世居大梁。以侨寓为凤翔郿县横渠镇人。少喜谈兵，至欲结客取洮西（时为夏有）之地。年二十一，以书谒范文正公仲淹。文正异其气貌，而甚少，惜之。手《中庸》一编授焉。曰："儒者自有名教可乐，何事于兵！"遂翻然志于学。已未知所止也，求诸释老者累年，乃反求之六经。仁宗嘉祐初，至京师见二程。二程于先生为外兄弟之子，卑属也。先生与语道学之要，厌服之。时方拥皋比，讲《易》京邸，听从者甚众。即撤坐辍讲。曰："向与诸君语，皆乱道。比见二程，湛深于《易》，吾所不及，可往师也。"举进士，仕为云岩令。神宗立，迁著作佐郎，签书渭州军事判官。用中丞吕正献公荐，召对。问治道，对曰："为治不法三代，终苟道也。"时荆公行新法，为举朝所沮，欲倚先生以为助，而语不合。出，按狱浙东。还朝，即移疾屏居南山下。终日危坐一室，左右简编，俯而读，仰而思，有得则识之。或中夜起坐，取烛以书。尝曰："吾学既得诸心，乃修其辞命。命辞无失，然后断事。断事无失，吾乃沛然。"所著有《东铭》《西铭》《正蒙》《理窟》《易说》等。而教学者，必于礼法。又以《周礼》为必可行于世，曰："仁政必自经界始。经界不正，即贫富不均，教养无法。纵不能行之天下，亦当验之一方。"欲与学者买田一方，画为数井。上不失公家之赋役，退以其私正经界，分宅里，立敛法，兴学校，以推明先王之遗法，而有志未就。以吕汲公大防荐，召同知太常礼院。未及期，告归，竟卒于道。盖熙宁十年也。年五十八。嘉定间谥曰"明"。

一、《正蒙》

横渠之学，尽在《正蒙》十七篇。盖上则天道，下则人事，明则品类，幽则鬼神，大则经训，小则物名，无不阐述，庄生所谓"遍为万物说，说而不休"者也。然观其大体，要得之于《易》为多，故所言亦不出阴阳变化之理。惟阴阳虽二，其究则一。分之曰阴曰阳，合之则曰"太和"，其曰"太和所谓道"（《太和篇第一》）是也。或曰"太虚"，其曰"太虚者，气之体"（《乾称篇第十七》）是也。是以言阴阳者，以著太和、太虚之实；言太和、太虚者，以见阴阳之根。此其自言之甚明，曰："两不立，则一不可见。一不可见，则两之用息。"（《太和篇》）两不立则一不可见，《易·系》所谓"乾坤毁则无以见《易》"也。一不可见则两之用息，《易·系》所谓"《易》不可见则乾坤或几乎息"也。然乾坤不离《易》，而《易》之用惟在乾坤。故说《易》者，乾坤尽之矣。乾坤，阴阳也。故说《易》者，阴阳尽之矣。横渠惟一切推阴阳以为说，是故十七篇。言天地，则曰："天地变化，二端而已。"（《太和篇》）言鬼神，则曰："鬼神者，二气之良能也。"（同上）言人物，则曰："动物本诸天，植物本诸地。"又曰："有息者根于天，不息者根于地。"（《动物篇第五》）言性，则曰："性其总，合两也。"曰："知性知天，则阴阳鬼神皆吾分内尔。"曰："形而后有气质之性。善反之，则天地之性存焉。"（《诚明篇第六》）言学，则曰："莫非天也。阳明胜则德性用，阴浊胜则物欲行。领恶而全好者，其必由学乎？"（同上《诚明篇》）言神化，则曰："气有阴阳，推行有渐为化，合一不测为神。"（《神化篇》）言圣人，则曰："大德敦化，然后仁智一而圣人之事备。性性为能存神，物物为能过化。"（同上）而《大易篇》且明示之曰："一物而两体，其太极之谓欤！阴阳天道，象之成也。刚柔地道，法之效也。仁义人道，性之立也。三才两之，莫不有乾坤之道。"其说如此。则《宋史》本传称先生之学以《易》为宗，以《中庸》为体，盖其信矣。

然而即亦有从佛氏转出者，如曰："太虚无形，气之本体，其聚其散，变化之客形尔。至静无感，性之渊源，有识有知，物交之客感尔。客感客形，与无感无形，惟尽性者一之。"（《太和篇》）曰："由象识心，徇象丧心，知象者心。存象之心，亦象而已。谓之心可乎？"（《大心篇第七》）其所谓客感，所谓存象之心亦象，非通于佛说心识之分，则不能道也。抑横渠虽不能无得于佛，而力攻佛老，则与二程同。曰："知虚空即气，则有无隐显、神化性命，通一无二。顾聚散出入形不形，能推本所从来，则深于《易》者也。若谓虚能生气，则虚无穷，气有限，体用殊绝。入老氏有生于无自然之论，不识所谓有无混一之常。若谓万象为太虚中所见之物，则物与虚不相资。形自形，性自性。形性、天人不相待，而有陷于浮屠以山河大地为见病之说。此道不明，正由懵者略知体虚空为性，不知本天道为用。反以人见之小，因缘天地。明有不尽，则诬世界乾坤为幻化。幽明不能举其要，遂躐等妄意而然。"（《太和篇》）又曰："释氏妄意天性，而不知范围天用。反以六根（眼、耳、鼻、舌、身、意）之微，因缘天地。明不能尽，则诬天地日月为幻妄。蔽其用于一身之小，溺其志于虚空之大。此所以语大语小，流遁失中。其过于大也，尘芥六合。其蔽于小也，梦幻人世。谓之穷理，可乎？不知穷理，而谓尽性，可乎？谓之无不知，可乎？"（《大心篇》）但不于人伦人事之迹蔽其狱，而以天道天用之理摧其军。此其文理密察，即二程有所不逮。而惜乎南渡以后，洛学传而关学遂微也。

二、《西铭》

横渠为说，既与佛氏异，故穷生人之始，本诸天地，而不本诸法性；穷生人之终，信有委顺，而不信有涅槃。此观其《西铭》可见也。《西铭》曰：

> 乾称父，坤称母。予兹藐焉，乃混然中处。故天地之塞，吾其体；天地之帅，吾其性。民，吾同胞；物，吾与也。大君者，吾父母宗子；其大臣，宗子之家相也。尊高年，所以长其长；慈孤弱，所以幼其幼。圣，其合德；贤，其秀也。凡天下疲、癃、残、疾、惸、独、鳏、寡，皆吾兄弟之颠连而无告者也。于时保之，子之翼也；乐且不忧，纯乎孝者也。违曰悖德，害仁曰贼，济恶者不才，其践形惟肖者也。知化则善述其事，穷神则善继其志。不愧屋漏为无忝，存心养性为匪懈。恶旨酒，崇伯子之顾养；育英才，颍封人之锡类。不弛劳而厎豫，舜其功也；无所逃而待烹，申生其恭也。体其受而归全者，参乎；勇于从而顺令者，伯奇也。富贵福泽，将厚吾之生也；贫贱忧戚，庸玉汝于成也。存，吾顺事；没，吾宁也。

首以乾坤体性，率性之教也。极于穷神知化，事天之功也。结以存顺没宁，知命之学也。此不独横渠也，凡儒者之所持以自别于二氏者，盖莫不用此道矣。然龟山（杨时）犹疑其近于墨子之兼爱，故伊川辩之，以为《西铭》明理一而分殊，墨氏则二本而无分。（伊川《答龟山书》）夫明道识仁，亦言仁者浑然与物同体，即与《西铭》何别？龟山疑《西铭》而不疑明道之言，何也？横渠有云："心大则百物皆通，心小则百物皆病。"（《理窟》）若横渠、明道，亦惟心大，故视物我一体耳。

《西铭》原名《订顽》。横渠讲学关中，于学堂双牖，左书《砭愚》，右书《订顽》。因伊川语曰："是当起争端。"乃改"订顽"曰"西铭"，"砭愚"曰"东铭"。《东铭》以戏言戏动、过言过动为戒，所以开警后学者甚切。然语气象之博大，辞义之深粹，则非《西铭》之匹也。后程门专以《西铭》教人，故学者亦遂多知《西铭》，而不及《东铭》云。

横渠之说，于《正蒙》《西铭》外，尚有足述者，则《理窟》言变化气质是。曰："变化气质。孟子曰：'居移气，养移体，况居天下之广居者乎。'居仁由义，自然心和而体正。"（《理窟·气质》）又曰："为学大益，在自能变化气质。不尔，卒无所发明，不得见圣人之奥。"（《理窟·义理》）此盖根其言性有天地之性与气质之性之分而来。荀子以性为恶，故主矫饰扰化，横渠以形而后有气质之性，故主变化气质。其意一也。而横渠即有与荀子甚相似者。荀子重礼，曰："治气养心之术，莫径由礼。"而横渠亦首以礼教学者，曰："礼所以持性。"（《理窟·礼乐》）曰："使动作皆中礼，则气质自然得好。"（《理窟·气质》）荀子重心，曰："治乱在于心之所可，亡于情之所欲。"而横渠亦以心统性情（《拾遗》有"心统性情者也"之言），曰："心能尽性，人能弘道也。性不能检其心，非道弘人也。"（《正蒙·诚明》）曰："变化气质，与虚心相表里。"（《理窟·义理》）此无他，变化气质之准在礼，而变化气质之柄在心也。朱子曰："气质之说，起自张、程，极有功圣门，有补后学，前此未曾说到。"（《语类》）然以今观之，即未始不由荀子而出，安在前此未曾说到耶？大抵汉儒之学，犹与荀子为近。而唐宋以来，儒者但尊孔孟，而以荀子为悖于圣人，故二程皆极诋荀子。乃横渠独取荀子以成其说，岂其为学从入之途合，故有不期同而不得不同者耶！然而宋儒之中，吾则以横渠为博大矣。

张载之二元论

陈钟凡

编者按：本文原载《学艺杂志》1930年第10卷第9期。原标注为"两宋思想述评（三） 陈钟凡 第七章，张载之二元论"。陈钟凡（1888—1982），字斠玄，号觉元，江苏盐城人。毕业于北京大学，曾受业于李瑞清、缪荃孙等人。曾任教于东南大学、金陵大学、南京大学等。著有《中国文学批评史》《经学通论》《中国韵文通论》等。本文发表时，作者任教于东南大学。

一、传略及艺术

张载，字子厚。生宋真宗天禧四年，神宗熙宁十年卒（西一〇二〇至一〇七七），年五十八。世居大梁，以侨寓为凤翔郿县横渠镇人，学者称横渠先生。少喜谈兵，慨然以功名自许。欲结客取洮西地，上书谒范仲淹。仲淹奇之，授以《中庸》一编。曰："儒者自有名教可乐，何事于兵？"遂翻然有志于道。已求诸释老，归本六经。嘉祐初，至京师，见二程子，与语道学之要，厌服之。因涣然曰："吾道自足，何事旁求？"于是尽弃异学，淳如也。是时载已拥皋比，讲《易》京邸，听从者甚众。载谓之曰："今见二程，深明《易》道，吾不及也。可往师之。"即日辍讲。文彦博聘延于学舍，命士子秩式焉。举进士，历任外官。熙宁初，以吕公著荐，召对。神宗问治道，曰："为治不法三代，终苟道也。"后以迕王安石新法，托疾告归。终日危坐一室，左右简编，俯读仰思，冥心妙契，虽中夜必取烛疾书。曰："吾学既得诸心，乃修其辞命；辞命无失，然后断事；断事无失，吾乃沛然。"盖其志道精思，未始须臾息也。告诸生以学必如圣人而后已。以为知人而不知天，求为贤人而不求为圣人，此秦汉以来学者之大蔽也。故其学以《易》为宗，以《中庸》为的，以礼为体，以孔孟为极。气质刚毅，望之俨然，与之居，久而日亲。居恒以天下为念，道见饿殍，辄咨嗟对案不食者终日。虽贫不能自给，而门人无资者辄粗粝与共。慨然有志于三代之法，以为仁政必自经界始。经界不正，即贫富不均，教养无法。虽欲言治，牵架而已。与学者将买田一方,画为数井,以推明先王之遗法,未就而卒。所著曰:《东铭》《西铭》《正蒙》。程颐谓其:"有苦心极力之象,而无宽裕温和之气。非明睿所照,而考索至此,故意屡偏而言多窒。"朱熹谓:"横渠严密,孟子宏阔。孟子平正,横渠高处太高,密处太密。"盖其学由苦心思索得来。故有迫切之象,无宽舒之气。尝自谓:"吾十有五学个恭而安不成。"有心于求安,而安终不可得矣。然精思力践,笃实谨严,余实难几及。故朱熹叹其"用功亲切,直是可畏"也。著《西铭》《东铭》各一篇,《正蒙》十七篇,《经学理窟》十二篇,《易说》三卷。[1]

二、宇宙论

宋人对于宇宙之推测,周敦颐言太极,邵雍言先天并主唯心;张载则以宇宙间一切见象,并出于一气之变化,而建唯气之说焉。其《正蒙》曰:

> 太和所谓道,中涵浮沉、升降、动静相感之性,是生絪缊、相荡、胜负、屈伸之始。其来也,几微易简;其究也,广大坚固。起知于易者,乾乎!效法于简者,坤乎!散殊而可象,为气;清通而不可象,为神。不如野马絪缊,不足谓之太和。语道者知此,谓之知道;学《易》者见此,谓之见《易》。
>
> 太虚无形,气之本体;其聚其散,变化之客形尔;至静无感,性之渊源;有识有知,物交之客感尔。客感客形,与无感无形,唯尽性者能一之。[2](《太和篇第一》)

释其意旨,宇宙见象,唯一气之变化。而其本体,则出于太虚。试析言之:

1. 宇宙本体

太虚为气之真体,气特其聚散之客形耳。高攀龙曰:"太和,阴阳会合冲和之气也。《易》曰'一阴一阳之谓道',张子本《易》,以明器即是道,故指太和以明道。盖理之与气,一而二,二而一者也。理无形而难窥,气有象而可见。假有象而无形者可默识矣。"[3]果如斯说,则直认宇宙本体,唯有一气。即气即道,一而无二,最为透辟。唯其言虚,言气,终为两事,究非一元之说也。[4]

2. 宇宙本性

大气块然太虚,其气清通而虚明,内涵动性,依法则而成必然之活动。故曰:"中涵浮沉、升降、动静相感之性,是生絪缊相荡、胜负屈伸之始。"谓散殊而可象者,其形;清通而不可象者,其性;浮沉、升降、动静者,其自然相感之理也。

3.宇宙功用

太虚发为一气,以屈伸消长而有阴阳之异名。故曰:"两不立则一不可见,一不可见则两之用息。两体者:虚实也,动静也,聚散也,清浊也,其究一而已。"盖由集散变化,而差别之见象以生。故又曰:"游气纷扰,合而成质者,生人物之万殊。其阴阳两端,循环不已者,立天地之大义。"谓两端对待之作用,而成万象森罗之世间也。

4.宇宙见象

一气流行,阴阳异用,循环交感,聚散百途。其变化之客形,呈见吾人之前者,乃有物质界之见象焉。其浮而上者阳之清,降而下者阴之浊。以感遇聚散,而为风雨,为霜雪,万品之流行,山川之融结。皆其变见之显然者也。

5.泛神论

《正蒙》每以神与气对言,又以气之清者为神。如曰:

> 散殊而可象为气,清通而不可象为神。
> 太虚为清,清则无碍,无碍故神。
> 凡气清则通,昏则壅。清极则神。
> 神天德,化天道;德其体,道其用,一于气而已。

此言神之为体,偏于太虚,凡气之清通无碍皆神,则普通的泛神论也。又谓神之用能变化一切,曰:

> 鬼神者二气之良能也。
> 鬼神往来屈伸之义,故天曰神,地曰示,人曰鬼。
> 鬼神常不死,故诚不掩。
> 动物本诸天,以呼吸为聚散之渐;植物本诸地,以阴阳升降为聚散之渐。物之初生,气日至而渐息;物生既盈,气日反而游散。至之为神,以其申也;反之为鬼,以其归也。凡物能相感者,鬼神施受之性也;不能感者,鬼神亦体之而化矣。

朱熹曰:"良能之义,正是二气之自然者耳。屈申往来,是二气自然如此。"(《语类》)盖气之所以屈申翕辟之用者,出于自然,无可解说,不得不借鬼神以名之。则又一义也。

6.意象论

《太和篇》曰：

> 盈天地之间者，法象而已矣。

又《天道篇》曰：

> 形而上者得意斯得名，得名斯得象。不得名，非得象者也。故语道至于不能象，则名言亡矣。

气，其存在之实体；象，则思求之方法也。性情意志抽象诸德，虽无具体可见，必有名言可陈。吾人得其名言则其象可拟。苟恍惚不可为象，名言亦安从生哉？然则象之与心，区以别矣。故曰："由象识心，知象者心。存象之心，亦象而已，谓之心可乎？"

7.排佛老

张载之气化论，实近远西科学思想，故对于释老之说，力排其虚妄。《太和篇》曰：

> 若谓虚能生气，则虚无穷，气有限①。体用殊绝，入老氏"有生于无"自然之论，不识所谓有无混一之常。若谓万象为太虚中所见之物，则物与虚不相资。形自形，性自性，形性、天人不相待而有，陷于浮屠以山河大地为见病之说。此道不明，正由懵者略知体虚空②为性，不知本天道为用。反以人见之小，因缘天地。明有不尽，则诬世界乾坤幻化。

盖太虚即气，聚则有形，散非灭断。犹冰之凝释，实与水性无殊。二氏不达，妄谓虚能生气，则有无之见隔碍。乃以"无"为真常，"有"为幻妄矣。

8.总说

统观载说，以宇宙为一气之变化，本纯粹之唯气论也。乃既以太虚无形，为气之本体；气之聚散，为变化之客形。又以"太虚为清，清则无碍，无碍故神；反清为浊，浊则碍，碍则形"别太虚与气、神与形为两事，构成二元之宇宙观。

---

① "限"，原文作"体"，据《张载集》改。
② 原文脱"空"，据《张载集》补。

虽其下文又云"虚空即气",又谓"合虚与气有性之名",终以虚与气对言,故程颢、湛若水先后非之,有由也。[5]

三、自然见象之解释

张载本此科学思想,进而解释自然界一切见象,详著于其《参两篇》。

1.天地自动说

> 地纯阴,凝聚于中。天浮阳,运旋于外。此天地之常体也。恒星不动,纯系于天,与浮阳运旋而不穷者也。日月五星逆天而行,并包乎地者也。地在气中,虽顺天左旋,其所系星辰,随之稍迟,则反尔移徙而右尔。间有缓急不齐者,七政之性殊也。

此言天地日月五星并各自回旋,唯恒星不动。不知恒星亦动,特极微不易察耳。又言其运转之原理曰:

> 凡圜转之物,动必有机。既谓之机,则动非自外也。

2.寒暑潮汐

载推寒暑潮汐由于地及日月之关系。曰:

> 地有升降,日有修短。地虽凝聚不散之物,然二气升降,其间相从而不已也。阳日上,地日降而下者虚也。阳日降,地日进而上者盈也。此一岁之寒暑之候也。至于一昼夜之盈虚升降,则以海水潮汐验之为信。

3.日月蚀

又推日月交食之理曰:

> 日质本阴,月质本阳,故于朔望之际,精魂反交,则交为之食矣。

则不知同道互掩之说。又论日月亏虚曰:

> 亏盈法,月于人为近,日远在外。故月受日光常在于外,人视

其终初如钩之曲。及其中天也如半璧然。此亏盈之验也。

知受光反射之理，差胜古人月缺之见也。

4.闰余

又言置闰之理曰：

闰余生于朔不尽周天之气。

刘近山谓："朔不尽者，就周天二十四气言之。月有大小，朔不得尽其气而置闰也。"

5.风雨雷霆

又以二气之聚散，推论风雨雷霆之理曰：

阴性凝聚，阳性发散，阴聚之，阳必散之，其势均散。阳为阴累，则相持为雨而降。阴为阳得，则飘扬为云而升。故云物班布太虚者，阴为风驱，敛聚而未散者也。凡阴气凝聚，阳在内者不得出，则奋击而为雷霆。阳在外者不得入，则周旋不舍而为风。其聚有远近虚实，故雷风有大小暴缓。和而散则为霜雪雨露。不和而散则为戾气瞳霾。阴常散缓，受交于阳，则风雨调，寒暑正。

持论亦甚密察。但科学之可贵者，在其方法正确。凡天地运行风雨雷霆之故，必凭器械验知，斯得究其定理。若徒以假定诸原则，任情臆测，虽持之有故，言之成理，终无当于实际也。惜载有科学思想而不知应用科学方法，虽坚守唯物之说，终不能成科学专家。视邵雍之能应用方法而思想不合者，适得其反。呜呼，此九百年来东方物质文明之所以终无进步也欤！

四、心理学说

张载建心物二元论，以太虚为本体，气为见象。人亦太虚凝聚之一体，其心与太虚同一清明，性则有偏正之别焉。《诚明篇》曰：

人之刚柔缓急，有才与不才，气之偏也。

因别性为二元，曰：

形而后有气质之性，善反之，则天地之性存焉。[6]

更主变化气质曰：

> 气质之性，君子弗性焉。
> 天本参和不偏，养其气，反之本而不偏，则尽性而天矣。

然则性善恶之说，究何居邪？曰：

> 性未成则善恶混，故亹亹而绝恶者斯为善矣。恶尽去则善因以亡，故舍曰善，而曰"成之者性"。

盖理气有偏正，善恶混淆，依修养而有变化之可能，同于荀卿矫揉之旨矣。由是而言礼，曰："知及之而不以礼受之，非已有也。故知礼成性而道义出。"载为云岩令，以敦本善俗为先。月吉，具酒食，召老父高年，亲与劝酬为礼，使人知养老事长之义。礼，诚关学之大经也。

以上言性，试更言心。《太和篇》曰：

> 合性与知觉，有心之名。

《语录》又曰：

> 心统性情者也。

言心统性情，其用在于觉知。知有二类：曰原知，曰推知。原知者见闻之知，推知则能偏体物理。《大心篇》曰：

> 大其心则能体天下之物。物有未体，则心为有外。世人之心，止于见闻之狭。圣人尽性，不以见闻梏其心，其视天下无一物非我。孟子谓"尽心则知性，知天"以此。天大无外，故有外之心，不足以合天心①。见闻之知，乃物交而知，非德性所知，德性所知不萌于见闻。[7]

---

① 原文脱"心"，据《张载集》补。

盖能推理则见闻益广，斯为尽性。苟知物而不能体物，则其心梏于见闻，仅知一隅之狭，不足以言明理。若能旁推曲畅，豁然贯通，则明天地万物，都是一理，乃能体物而不遗，泯绝一切私见，而识天地一体，物我无间矣。由是而言尽性曰：

> 性者万物之一源，非有我之得私也。唯大人为能尽其道，是故① 立必俱立，知必周知，爱必兼爱，诚不独诚。彼自蔽塞而不知顺吾理者，则亦末如之何矣。（《诚明篇》）

又言尽命曰：

> 性通乎气之外，命行乎气之内。气无内外，假有言而言尔。
> 如思知人，不可不知天。尽其性然后至于命。

上述尽心、尽性、尽命三说，并以人力裁成辅相，辅原知之所不备，以扩大其天能也。故《诚明篇》又曰：

> 天能为性，人谋为能。大人尽性，不以天能为能，而以人谋为能。故曰天地设位，圣人成能。

载主"成性""成能"之旨，与世之言"自然"而讳言"思勉"者，不可同日语矣。盖主经验论者也。

五、人生论

张氏本"大人""尽性"之主张，见天地万物之同出于太虚也。其《西铭》乃主"民胞物与"之说曰：

> 乾称父，坤称母，予兹藐焉，乃浑然中处。故天地之塞，吾其体；天地之帅，吾其性。民，吾胞；物，吾与也。大君者，吾父母宗子；其大臣，宗子之家相也。尊高年，所以长其长；慈孤弱，所以幼其幼。圣，其合德；贤，其秀也。凡天下之疲、癃、残、疾、惸、独、鳏、

---

① "故"，原文作"知"，据《张载集》改。

寡，皆吾兄弟之颠连而无告者也。于时保之，子之翼也；乐且不忧，纯乎孝者也。违曰悖德，害仁曰贼，济恶者不才，其践形唯肖者也。

谓人能广其心以观宇宙，则天地与我并生，万物与我为一。而彼此亲疏之见，好恶予夺之情，悉泯灭不复存也。程颢谓："子厚之文，淳然无出于此。"程颐亦谓："横渠之言，不能无失。若《西铭》则谁说到此！"载亦常自言："为天地立心，为生民立命，为往圣继绝学，为万世开太平。"信乎仁者之言，其旨远矣！

六、结论

张载解释宇宙人生，虽罅隙孔多——详下列各注中不能确定唯物的、一元的、形而下的之实在观念，然与周、邵之谈虚说极者有别，已属难能而可贵矣。惜后世祖述无人，致其传不能发挥光大，诸夏科学之无进步，此其绝大原因。求其渊源所自，则以豫人侨居关中，值景教、回教东来，西方思想随之流布中土，张载蒙其影响必非浅鲜，其"乾父坤母，民胞物与"之说，多与彼宗之教旨相翕应，非汉唐后儒者所能言也。[8]

[注释]

［1］参看《宋史·道学传》，《理学宗传》，《宋元学案·横渠学案》，李氏《宋名臣言行录·外集》，《道统录》，《历代名人年谱》，张骥《关学宗传》（此书无可取）。

［2］此节分无感无形与客感客形为两事，实易滋误会。朱熹曰："未免分作两段事，圣人不如此说。止说形而上、形而下而已。"张伯行曰："有无皆是道，寂感皆是性，无所谓客也，言体用可耳。下'客'字太险。"按：张载不敢破除玄学旧解，直认太虚为实体，仍云"无形""无感"。既云无矣，安从而有？乃设"客感""客形"之名，致分作两段，来朱子之讥。终云："惟尽性能一之"，一放一收，究难弥缝。

［3］高攀龙《正蒙释》四卷（四库著录本），《提要》云："旧题明高攀龙集注，徐必达发明。……则此书为必达所自定，非攀龙之本。"今据《宋元学案》引。

［4］张载以太虚为气之本体，曰："太虚不能无气。"原意以气为见象，太虚为本体，究有区别。惟高攀龙谓："器即是道"，"理之与气，一而二，二而一"者也，最为透辟。如是惟气的一元论乃能成立。

[5] 程颢言："神无方故易无体。若如或者别立一大为天，谓人不可包天，则有方矣，是二本也。"即斥载言之也。湛若水亦讥载以虚与气二之为非。

[6] 张载分性为二，天地之性及气质之性也。其意谓天地之性，如太虚然；气质之性则起于成形以后，如太虚之有气。气有阴阳清浊，故气质之性有贤愚善恶之不同。山阴蔡君曰："阴阳者，虽若相反而实相成。故太虚演为阴阳，而阴阳得复归于太虚。至于气之清浊，人之贤愚善恶，则相反矣。比而论之，颇不合于论理。"（《中国伦理学史》三篇五章）说至精审，足征张载比傅之误，说难成立。

[7] 张载大心之说，欲人遍体万物，贯通物表，斯不为闻见所囿，斯足以言尽性。否则徒欲摈除见闻之知，而致其心于玄虚，则与释氏以心法起灭天地之说，相去几何？故载明辨之曰："释氏妄意天性，而不知范围天用，反以六根之微，因缘天地，明不能尽，则诬天地日月为幻妄。"其意谓释家以万法依心起灭，则万法为幻，而此心为真。而张子则认万有与心，同为真实。且此心空洞无物，以见闻而有知觉，以推理而所觉益广也。

[8] 墨家言天志、尚同，与景教、回教教旨颇有同符。横渠《西铭》远宗墨氏，旁挹教宗，故章炳麟谓："其学问同于回教"（《国学概论演讲》），若儒家主惟天子得郊祀天地，安得有此气象邪？

本章参考书

《张子全书》十四卷。计《西铭》一卷，《正蒙》二卷，《经学理窟》五卷，《易说》三卷，《语录抄》一卷，《文集钞》一卷，《拾遗》一卷；又《附录》一卷，明徐必达刊本，高安朱氏刊本，上元叶氏刊本，夏州李氏刊本。

《张横渠全集》十二卷，正谊堂本。计《西铭》一篇，《东铭》一篇，为一卷；《正蒙》十七篇，为三卷；《经学理窟》十二篇，为五卷；《语录抄》一卷；《文集钞》一卷；《性理拾遗》《二程书拾遗》合一卷。

明吕柟《张子钞释》六卷，惜阴轩丛书本。

清李光地《注释正蒙》二卷，榕村全书本。

清王植《正蒙初义》十七卷，乾隆中刊本。

张横渠之神化论

姚步康

编者按：本文原载《小雅》1930 年第 3 期。姚步康，籍贯及生卒年不详。曾任教于西华大学哲学系。著有《太平天国史料偶记》《老子哲学》《张横渠之神化论》《释仁》等。与李石岑亦师亦友。

凡是一种学说，总有他的中心思想。这种思想，绝不是支离破碎，东剽西窃；都有个整个的概念，系统的组织；尤其在哲学方面，更有一贯的思想。詹牧斯说得好："若宇宙之一方面，引起一哲学家之特别注意，彼即以此一端以概其全。"近来研究中国哲学的人，好像都趋于分析叙述方面，也用了西洋的方法，分出本体论、认识论、伦理观、方法论等等，或者政治哲学、教育哲学、人生哲学、自然哲学等等。这种方法，固属便于叙述，但是用来整理中国先哲的思想，是不是能适合？这是一个大疑问。近来有许多人批评中国哲学系统不能成立，也有人说道中国没有纯粹的哲学，假使我们用了这种方法来治中国哲学，岂不是"削足适履"吗？退一步讲，纵然能用，也不过把著述者的思想整理一番，却不能握住他们的根本思想、学说的体系。以我的拙见，我们应当就我国学术自身方面，用综合的眼光，研究一时代的思想、一派的思想或一人的思想，看他们的学说怎样融会，怎样籀绎，怎样组织起来。换一句话讲，就是要想找到他们学说本来的系统，不必用西洋哲学的系统。再者，我还有一个拙见：我以为治中国先哲的思想，不必用西洋哲学的名词来附会，最好在他们的著述中找到几个根本观念的字，做他们哲学的题目；就是没有现成的字可用，我们不妨替他们拟一个适当的"辞"，把他们的根本观念表现出来。我们中国的文字虽没有语尾变化，但是还能足用。美人德效骞说：

中国语特富于"辞"，试一瞥观《汉英字典》，而可见此等"辞"显示焉。近代科学及哲学论辩上所需之概念固有若干，其表现于中国语须用笨拙之方法，然任何概念未尝不可用中国语中之"辞"精密表现之也!（见《学衡》六十九期，氏所著《论中国语言之足用及无哲学系统之故》一文，张荫麟译。）

张横渠的哲学，在我的浅见看来，他的《正蒙·神化篇》，却是他的哲学的特色。为什么我说这一篇是他的哲学特色呢？我以为他的哲学上思想，是从这三部书出来的：以《周易》组成他的本体论，以《论语》组成他的心性观，以《中庸》组成他的方法论——他虽带有释老的色彩，然而他的归宿却在儒家正统派，《宋元学案》已经说过——而以神化论打成一片，构成他的学说的系统。这篇大旨，简单讲一句话，就是自然主义——法天，也就是阐发本体论气一元说的作用。

在未叙述张子神化论内容之先，我先要把儒家正统派的思想略为叙述一下，儒家正统派思想的构成，有四种过程：以《易》为出发点，以"仁"为主旨，以"孝"为手段，以"礼"为目的。而其根本的主张，却在"天人相与"。自从孔子、孟子、子思到董仲舒，都是抱这种观念。这种思想在历史上虽悠远，但是他们思想的体系却没由成立。我看张子提出"神化"两字，却是他的特见，也足以代表儒家正统派的思想。这种体系提出来，原不算什么"天经地义"，不过要想说得精辟，却是很难。朱子说："'神化'两字虽程子说得亦不甚分明，惟是横渠推出来。"可见"神化"两字，却是张子哲学的特色。我们再从他的《正蒙·太和篇》上看，似乎他也以"神化"两字为他的根本思想。他批评释老道：

> 知虚空即气，则有无隐显，神化性命，通一无二……。若谓虚能生气，则虚无穷，气有限，体用殊绝，入老氏有生于无自然之论，不识所谓有无混一之常。若谓万象为太虚中所见之物，则物与虚不相资，形自形，性自性，天人不相待，而有陷于浮屠以山河大地为见病之说。

张子哲学的特色，我们已经明了了。现在讲述"神化"两字的定义，他说：

> 气有阴阳，推行有渐为化，合一不测为神。（《正蒙·神化篇》）

这种定义是怎样讲呢？就是：气的本性是包含两方面，在静的方面是"神"，在动的方面是"化"。换一句话讲，就是气的本身有自造因自造果的能力。"气"既是一物两体，则"气"里面也就有体用。所以张子说：

> 神，天德；化，天道；德其体，道其用，一于气而已！（《正蒙·神化篇》）

从这一段看来，所谓"神化"，也不过张子哲学本体论的作用。"神"是什么作用？"化"是什么作用？让我们且看下面几段话。

《正蒙·神化篇》上说："天下之动，神鼓之也！"又说："惟神为能变化，以其一天下之动也。"

《正蒙·三十篇》上说："变化，进退之象云者。"（按张子的意思，"变"与"化"没有什么不同的地方，不过是精粗的分别。《正蒙·神化篇》上说："变则化，由粗入精也，化而裁之之谓变，以著显微也。"）

"神"是原动力，"化"是法象，这是我们已经知道了，但是这两者的关系又是怎样？

《正蒙·天道篇》上说："有天德（神），然后天地之道（化）可一言而尽。"

《正蒙·中正篇》上说："道（化）以德（神）者运于外物使自化也。"

从上二段看来，所谓"神"，不过是"化"的因；所谓"化"，不过是"神"的果。它们有联带的关系。就它们本身而言，没有什么区别，同在"性"的范围。

《正蒙·诚明篇》上说："穷理尽性，则性天德，命天理。"

《正蒙·乾称篇》上说："何谓性？即天道也。"

张子既谓"性"为"天德"，又谓"性"为"天道"，可见"性"具有"神""化"两种的功能。"性"是什么？在张子的意思，似乎就是"气"的代名词。《正蒙·太和篇》上说："合虚与气，有性之名。""虚"就是"气"，"气"就是"性"，然则它们有什么区别呢？《正蒙·太和篇》上说："太虚无形，气之本体。"《正蒙·诚明篇》上说："体谓之性。"照这样讲法，"气"是"虚"的体，"性"是"气"的体，这就是它们的区别。现在可以作一简式以明之：

虚——气"体"——性"体"

"性"的体又是什么？

《正蒙·诚明篇》上说："不能无感者谓性。"

性为感体，不过是就它的客观而言，至于就它的主观而论，仍属无感。

《正蒙·太和篇》上说："太虚无形，气之本体，其聚其散，变化之客形尔。至静无感，性之渊源，有识有知，物交之客感尔。客感客形，与无感无形，惟尽性者一之。"

"神"与"化"可算是"性"的客观方面，在未发之先，是整个的，就叫作"神"；既发之后，是分散的，就叫作"化"。所以《正蒙·参两篇》上说：

一物两体，气也。一故神，两故化，此天之所以参也。

我们从前面讲来,"气"就是"性","性"包含"神""化"两方面,所以张子的心性观,也是受了神化观的支配,现在讲张子哲学的人,都以为他的心性观是"心统性情说",在我看起来,实在是不对的。我们要知道他的根本思想,是不主张"有无"。《正蒙·大易篇》上说:"大《易》不言有无,言有无,诸子之陋也!"《正蒙·太和篇》上又说:"太虚即气,则无无。故圣人语性与天道之极,尽乎参伍之神,变易而已。诸子浅妄,有有无之分,非穷理之学也。"从这两段看来,他的态度很明白表示,却未曾偏于"有无"方面,我们怎样说他是偏于"心"的方面呢!他的心性观最大的目的,只有一个"无"字。《正蒙·大心篇》上说:

心存无尽性之理,故圣不可知谓神。

这个"无"字,并不是有无之"无",是没有"成心"的说法。欲达到这种目的,必须从"化"上得来。《正蒙·大心篇》上又说:

化则无成心矣!

"无成心"是一种适中的状态,是能随自然环境而变的。《正蒙·大心篇》上说:

无成心者,时中而已矣!

我们既晓得"无成心"是"时""中",那末,"化"也脱不了这种范围,容我在后面讲。现在且问这个"无成心"的思想是走什么地方来的呢?我们细看他的《正蒙·三十篇》和《中正篇》,就知道他受了孔子的影响不少。他说:

与天地参,无意、必、固、我,然后范围天地之化。(《正蒙·三十篇》)

天地一贯,则无意、必、固、我之凿,意、必、固、我,一妙存焉,非诚也。四者尽去,则直养而无害矣。(《正蒙·中正篇》)

他以为成心是人一种有意。《正蒙·大心篇》上说:"成心者,意之谓欤?"

人所以有意,皆由于不能"化"。他又说:"意,有思也,必有待也,固不化也。"(《正蒙·中正篇》)

他为什么要极端排斥有意呢？他认为有意，不是真性，真性是天生成的。人性既是天生成的，应该随着这真性做去。他说：

> 正己而物正，大人也。正物不免有意之累也。有意为善，利之也，假之也；无意为善，性之也，由之也。（《正蒙·中正篇》）

同时张子对于"性"的看法，也就是"神"。至于"性"的作用是"命"，"命"就是"化"。高忠宪说："性即神，命即化。"（见《横渠学案》《正蒙·乾称篇》）其实"性"与"命"也就是"气"，不过在"气"的地位却有点不同。张子说：

> 性通乎气之外，命行乎气之内，气无内外，假有形而言尔。（《正蒙·诚明篇》）

又说：

> 神化性命，通一无二。（《正蒙·太和篇》）

从上面讲来，可见"神""化""性""命"都是"气"。从它们对于"气"的职司上讲，"神化"是"气"的用，"性命"是"气"的体。从它们自身性质上讲，"神"是"化"的因，"化"是"神"的果，所谓"有天德（神），然后天道（化）可一言而尽"（《正蒙·天道篇》）。"性"是"命"的因，"命"是"性"的果，所谓"尽其性，然后能至于命"（《正蒙·诚明篇》）。"化"既是"神"的果，"命"既是"性"的果，所以张子对于"化"与"命"在"气"里面，略而不讲，只有"神"与"性"。《正蒙·乾称篇》上说："神与性，乃气所固有。"它们的关系，现在可作一简表以明之：

```
        气
       ╱ ╲
      性   神
      ↓   ↓
      命 ← → 化
     （体）（用）
```

张子的心性观主张神化，是显而易见，为什么说他是"心统性情说"呢？我恐怕他们误解这两句话："心能尽性，人能弘道也；性不知检其心，非道弘人也"（《正蒙·诚明篇》）。不知"性"之一字，就是"气"的代名词，"道"之一字，就是"化"，这是张子已经告诉我们的。所谓"心能尽性，人能弘道也；性不知检其心，非道弘人也"，就是这样解释："心不过是人性的一种代名词（合性与知觉，有心之名。——《正蒙·太和篇》），其实是一样东西（天性在人，正犹水性之在冰，凝释虽异，为物一也。——《正蒙·诚明篇》）。就作用而言，性是体（见《正蒙·诚明篇》），心（知觉）是用。在这里看法，性是静的，心是动的，静体岂能动呢！所以张子说：'性不知检其心，非道弘人也。'他只叫人知道心的作用，就是要随着体的（性）变化，'尽'有随的意思，人的心能够随着体变，便能弘道，所谓弘道，就是得到化的功用。"

"心"就是"性"，我们已知道了！现在让我们谈谈"化"与"性"有什么关系。在未叙述之先，我们最好先把"化"的自身性质看看，"化"并不是人为的，是天造成的。《正蒙·神化篇》上说：

神化者，天之良能，非人能，故大而位天德，然后能穷神知化。

"化"既是天生成的，所以它的进行的法则，也就是一个"顺"字。《正蒙·神化篇》上说：

神不可致思，存焉可也；化不可助长，顺焉可也。

"化"虽是顺着进行，并不是无限制的，但也有相当的程度。张子以为"化"最好得到适当的状态，因为"天德"是一种至当的、百顺的。他说：

至当之谓德，百顺之谓福。（《正蒙·至当篇》）

张子以为"化"最好不离乎"天德"，《正蒙·神化篇》上说："化则位乎天德矣！"所谓不离乎"天德"，就是不离乎"神"。假使离了"天德"，便不得其当。不得其当，便受了客形的限制。他在《正蒙·神化篇》上说："存神过化，亡物累而顺性命者乎？"他又批评舜道："象忧喜，舜亦忧喜，所过者，化也！"（《正蒙·作者篇》）我们既晓得"化"的本性和法则是这样，就知道它对于"性"有什么关系。《正蒙·诚明篇》上说：

性于人无不善，系其善反不善反而已，过天地之化，不善反者也！

我们看了这一段，就知道"化"是一种反乎"天地之性"的工具，能够保持适当，便能做到"善反"的工夫。这一点与孟子"尽性"不同，孟子的方法是顺的，张子的方法是逆的。换一句话讲：孟子的目的是在发展这种固有的"性"，张子的目的是在保持这种固有的"性"。他们所以不同的原故，因为他们对于"性"的看法不是一样。孟子所谓"性善"，是在已然的状态；张子所谓"性善"，是在未然的状态。推张子的意思，以为"性善"是"天地之性"，是在未发之先；既发之后，便是"气质之性"。《正蒙·诚明篇》上说："形而后有气质之性，善反之，则天地之性存焉，故气质之性，君子有弗性者焉！"这一点与《荀子·性恶篇》上所谓"人之性，生而离其朴，离其资，必失而丧之，……所谓性善者，不离其朴而美之，不离其资而利之也"这一大段的意思相同。从表面上看来，荀子的"化性"与张子的"善反"好像是差不多，其实张子说"善反"，是带有"人为而得天工"的意思，并不如荀子完全抱人为主义——教育。老实讲句话：张子的性论，是出发于孟子，而以荀子修正之。（从大体上讲，张子的性论，与孟子相远，与荀子相近，所以钱大昕说："宋儒言性，虽主孟氏，然必分义理与气质而二之。则已兼取孟、荀二义，至其教人以变化气质为先，实暗用荀子化性之说。"——跋嘉善谢氏《荀氏》校本）所以他的根本思想，始终是"天人相与"。他说：

> 天人异用，不足以言诚；天人异知，不足以言明。所谓诚明者，性与天道，不见乎小大之别也。（《正蒙·诚明篇》）

前面对于张子的心性观，已经侵入他的修为方法论，却没由提出他的根本主张。他的根本主张，是在"至诚"。"至诚"也有"化"的作用，他在《正蒙·中正篇》上说："故至曲于诚者，必变而后化。"这种思想，完全从《中庸》"至诚为能化"出来的。"诚"在修为方法论中，犹如"气"在本体论中。张子说：

> 诚有是物，则有终有始，伪实不有，何终始之有！（《正蒙·诚明篇》）

从这一段看来，所谓"有是物"就是体，所谓"有终有始"，就有用的功能在里面。换一句话讲：就等于本体论中有"神"，心性观中有"性"。"诚"的作用是什么？在张子的意思，好像就是"明"。《正蒙·诚明篇》上说：

> 所谓诚明者，性与天道，不见乎小大之别也！

"诚"是"性"（《正蒙·乾称篇》上说："至诚，天性也。"），"明"

是"天道","天道"不是"化"么？（《正蒙·神化篇》上说："化，天道。"）"明"既是"天道"，那么，我说"明"是"诚"的用，不是对吗？我们再拿这两句话"自明诚，由穷理而尽性也；自诚明，由尽性而穷理也"（《正蒙·诚明篇》）来证明，我们更明白了！"性"是"天德"，"理"是"天命"，这是张子已经讲过的（见《正蒙·诚明篇》）。"性"是体，也就是"神"，"命"是用，也就是"化"，这又是我们所知道的。所谓"自明诚"，就是由用以及体；所谓"自诚明"，就是由体以致用。照这样讲法，"诚"为"明"的体，"明"为"诚"的用，是显而易见了！从它们根本的性质上看来，"诚"具有体用，"明"包括在里面，是一样东西。[《正蒙·诚明篇》上说："性（体）与天道（用）合一存乎诚。"] 不过在天叫作"诚"，在人叫作"明"。《正蒙·乾称篇》上说：

儒者则因明致诚，因诚致明，故天人合一。

上面对于修为方法的体用已经明白了，现在且谈谈做这种"至诚"的工夫。我们从前面看来，"诚"既脱不了"化"的范围，"化"又脱不了自然的法则（顺），所以这种工夫没有别的，也就是一个"顺"字。所谓"顺"，就是"顺性命之理"。《正蒙·诚明篇》上说：

至诚则顺理而利，伪则不顺理而害，顺性命之理，则所谓吉凶莫非正也，逆理则凶为自取，吉其险幸也！

能够"顺性命之理"，就知道"气"的作用（神化），所谓"德胜其气，性命于德"（见《正蒙·诚明篇》），高忠宪解释道："德胜其气，故性能全天德，命能顺天理，而气变矣！"

我现在对于张子的哲学总括起来讲，他的哲学无论哪一部分，总有个体用相即。他的心性观，以"性"为体，以"命"为用；他的方法论，以"诚"为体，以"明"为用。这种思想，完全由于他的本体论中"气"的"神化"作用演绎出来的。气是一种变化的东西，所以他的全部哲学，没有别的，只是一个"顺"字。他能根本握住"神化"两字，构成他的哲学系统，所以我拿来做我的这篇题目，也就是这个道理。但是我要问这种"神化"互用的思想是走什么地方来的呢？我想他大概受了儒家正统派"天人相与"绝大的影响，我们看他作《东铭》《西铭》两篇为他的座右铭，就可想而知了！（刘蕺山说："……然则《西铭》之道，天道也，《东铭》其尽人者与？"）所谓"天人相与"，以现在的术语译之，"天"就是主观，"人"就是客观，①主观与客观相与，是没有执着的，是顺着自然的。换一句话讲，就叫作无观念论。（这是我杜撰的，因为没有比较确当的名词可用。）这篇文章，我已作完了，现在我替他的哲学拟一种口号，把他的思想作一个总结束罢！

"宇宙只有变化，没有有无。"（张子自己也有这样说法。）

十九，十一，三十，写于上海何家角寄寓

---

① 底本如是。依文意，似当作："'人'就是主观，'天'就是客观。"

《西铭》解

陈荣珪

编者按：本文原载《感化月刊》1933 年第 1 卷第 2 期。标题下原署"陈荣珪　解"。陈荣珪，生卒年不详，湖北汉阳人。1926 年曾任国民革命军政治部教官。

宋张载撰，朱熹注释，一卷。载讲学关中，书于学堂双牖，左曰《砭愚》，右曰《订顽》，程子改为《东铭》《西铭》，《西铭》即《订顽》也。其大旨言天地万物与吾同体，以启发学者求仁之心。程朱专以此教人，故二铭同出于一时，而《西铭》尤著。

——见《辞源》（申一八六）

乾称父，坤称母；予兹藐焉，乃混然中处。
乾坤，天地也。父母，生我者也。所谓"乾称父，坤称母"者，以吾人藐小之躯，与万物煦妪涵育于两仪之中，同受覆帱者也。

故天地之塞，吾其体；天地之帅，吾其性。
塞，充实也。《孟子》："则塞于天地之间。"帅，率也。谓天地充实之气，为我之本体；天地所统率之万物，皆备我之性能。

民，吾同胞；物，吾与也。
仁民爱物，胞与为怀，为天壤不易之至理。《孟子》曰："人皆有所不忍，达之于其所忍，仁也。人皆有所不为，达之于其所为，义也。"

大君者，吾父母宗子；其大臣，宗子之家相也。尊高年，所以长其长；慈孤弱[①]，所以幼其幼。圣，其合德；贤，其秀也。凡天下疲癃残疾、惸独鳏寡，皆吾

---

① "弱"，原文作"幼"，据《张载集》改。

兄弟之颠连而无告者也。

元首者,天地之宗子。百官者,元首之辅佐。圣人与天地合其德,兄弟之秀出乎等夷。故天下之老幼疲癃残疾、惸独鳏寡、颠连无告者,胥视为我之兄弟,使之皆有所养也。

于时保之,子之翼也。乐且不忧,纯乎孝者也。

凡上述颠连无告者,应随时尽保障翼护之责。犹之孝子事其亲,纯然无滓,乐且不忧也。

违曰悖德,害仁曰贼,济恶者不才,其践形惟肖者也。

如违此义,即是悖德、害仁、济恶、长凶。所谓具人形而能实践者,唯天地之宗子克肖。

知化则善述其事,穷神则善继其志。

"化"者,变化也。"神"者,精神也。知其变化,穷其精神,则其事可善述,其志可善继。"其"者,天地也。

不愧屋漏为无忝,存心养性为匪懈。

"无忝"者,不辱所生也。"匪懈"者,自强不息也。故君子仰不愧于天,俯不怍于人。存心养性,悠然自得,又何言哉。

恶旨酒,崇伯子之顾养;育英才,颖封人之锡类。

"伯子"者,夏禹也。仪狄作酒,禹饮而甘之,遂疏仪狄,绝旨酒,曰:"后世必有以酒亡国者。""颖封人"者,颖考叔也。以舍肉遗母,悟郑庄公者也。永锡尔类,殆有推及之义。孟子:"得天下英才而教育之,三乐也。"

不弛劳而厎豫,舜其功也;无所逃而待烹,申生其恭①也。

《孟子》:"舜尽事亲之道,而瞽瞍厎豫。"所谓"厎豫"者,由不乐而至于乐也。"申生"者,晋献公之子也,为其父妾骊姬所谮而死。横渠先生以其恭而俪诸舜。曲譬哀矜之意,殆存乎其中也。

体其受而归全者,参乎;勇于从而顺令者,伯奇也。

"参"者,曾子也。"伯奇"者,周贤臣尹吉甫之子也。天之所生,地之所养,唯人为大。父母全而生之,子全而归之,可谓孝矣。不亏其体,不辱其身,可谓全矣。伯奇事后母至孝,卒被逐而无怨。亲民之功,殆类人子全而归之,勇于从而顺令者也。

富贵福泽,将厚吾之生也;贫贱忧戚,庸玉女于成也。

"生"者,生聚也。"成"者,成就也。"富贵福泽",固厚我之生聚;"贫贱忧戚",亦使有所成就。《孟子》:"富贵不能淫,贫贱不能移。"否则

---

① "恭",原文作"茶",据《张载集》改。

终日戚戚，或借他人之余光，作自己之福泽，殊违先哲勖勉之意也。"女"，同"汝"。

存，吾顺事；没，吾宁也。

《周礼》："顺行以事师长。"子曰："朝闻道，夕死可矣。"圣人教之，有始有卒。后儒片言只字，虽析解甚精，终难达先哲遗训之也。

张横渠的哲学

——《中国哲学史》中关于张横渠哲学的论述

冯友兰

编者按： 本文选自冯友兰《中国哲学史》下卷（商务印书馆1934年版）第十二章"张横渠及二程"之"张横渠"一节。题目为编者根据内容拟定。冯友兰（1895—1990），字芝生，河南唐河人。中国当代著名哲学家、教育家。1918年，毕业于北京大学哲学系。1924年，获美国哥伦比亚大学哲学博士学位，师从约翰·杜威。回国后，历任清华大学哲学系主任、文学院院长，西南联合大学文学院院长。第四届全国人大代表，第二至四届政协委员，第六至七届全国政协常委。取得美国普林斯顿大学、印度德里大学、美国哥伦比亚大学名誉文学博士。著有《中国哲学史》《中国哲学小史》《中国哲学简史》《中国哲学史新编》《贞元六书》等。

与周、邵同时而略后者，有张横渠及程明道、程伊川兄弟。《宋史道学传》曰：

> 张载，字子厚，长安人。少喜谈兵。……年二十一，以书谒范仲淹，一见知其远器。乃警之曰："儒者自有名教可乐，何事于兵！"因劝读《中庸》。载读其书，犹以为未足。又访诸释老，累年究极其说，知无所得，反而求之六经。……与二程语道学之要，涣然自信，曰："吾道自足，何事旁求！"于是尽弃异学，淳如也。……载古学力行，为关中士人宗师，世称为"横渠先生"。（《宋史》卷四百二十七，同文影殿刊本，页十四至十六）

吕大临所作行状，谓横渠卒于宋神宗熙宁十年（西历一〇七七年）。著有《正蒙》《经学理窟》及《易说》，其中以《正蒙》为最重要。**行状谓：**"熙宁九年秋，先生感异梦，忽以书属门人，乃集所立言，谓之《正蒙》。出示门人曰：'此书予历年致思之所得，其言殆与前圣合。'"（见《伊洛渊源录》卷六）《正蒙》即横渠一生思想之结晶也。

气

横渠之学，亦系从《易》推衍而来。《系辞》谓："《易》有太极，是生两仪。"横渠亦曰：

> 两不立，则一不可见。一不可见，则两之用息。两体者，虚实也，动静也，聚散也，清浊也。其究一而已。（《正蒙·太和篇》，《全集》卷二，正谊堂全书本，页九）

此"一"即太极。横渠云：

> 有两则有一，是太极也。……一物而两体，其太极之谓欤？（《易说》卷三，通志堂经解本，页十一）

此"一"横渠又谓之为"太和"。横渠云：

> 太和所谓道，中涵浮沉升降动静相感之性，是生絪缊相荡胜负屈伸之始。……不如野马絪缊，不足谓之太和。语道者知此，谓之知道；学《易》者见此，谓之见《易》。（《正蒙·太和篇》，《全集》卷二，页二至三）

庄子《逍遥游》云："野马也，尘埃也，生物之以息相吹也。"司马云："野马，春日泽中游气也。"横渠所谓"太和"，盖指此等"气"之全体而言。在其散而未聚之状态中，此气即所谓"太虚"。故横渠谓："太虚无形，气之本体。"（同上，页三）又云：

> 气之聚散于太虚，犹冰凝释于水。知太虚即气则无无。（同上，页六至七）

吾人所见空若无物之太虚，实非无物，不过气散而未聚耳，无所谓无也。故曰："知太虚即气则无无。"

气中所"涵浮沉升降动静相感之性"，简言之，即阴阳二性也。一气之中，有此二性，故横渠云：

> 一物两体，气也。一故神，两故化。（《正蒙·参两篇》，《全集》卷二，页十一）

一气之中，有阴阳二性，故为"一物两体"。当其为"一"之时，则"清通而不可象，为神"（《正蒙·太和篇》，《全集》卷二，页二至三），所谓"一故神"也。因其中有阴阳二性，故"生絪缊相荡胜负屈伸之始"。絪缊相荡，即二性之表现也。气有二性，故絪缊相荡，聚而为万物。所谓"两故化"也。横渠又云：

> 气块然太虚，升降飞扬，未尝止息，《易》所谓"絪缊"，庄生所谓"生物以息相吹""野马"者欤？此虚实动静之机，阴阳刚柔之始。浮而上者阳之清，降而下者阴之浊。其感遇聚散，为风雨，为雪霜。万品之流形，山川之融结，糟粕煨烬，无非教也。（《正蒙·太和篇》，《全集》卷二，页五）

气中有可相感之阴阳二性，故气即不能停于太虚之状态中，而"升降飞扬，未尝止息"。其涵有二性之气，"絪缊相荡"，或胜或负，或屈或伸。如其聚合，则即能为吾人所见而为物。气聚即物成，气散即物毁。横渠云：

> 气聚则离明得施而有形；气不聚则离明不得施而无形。方其聚也，安得不谓之客？方其散也，安得遽谓之无？故圣人仰观俯察，但云知幽明之故，不云知有无之故。（同上，《全集》卷二，页六）

离为目，离明得施者，即吾人目之明所能见者。气聚则能为吾人所见而为有形；气散则不能为吾人所见而为无形。气聚为万物；万物乃气聚之现象。以气聚散不定，故谓之为"客形"。所谓"太虚无形，气之本体，其聚其散，变化之客形尔"（同上，《全集》卷二，页三）。

宇宙间事物所遵循之规律

气聚而生物，物之生系遵循一定的规律。横渠云：

> 生有先后，所以为天序。小大高下，相并而相形焉，是为天秩。

天之生物也有序，物之既形也有秩。（《正蒙·动物篇》，《全集》卷三，页二）

横渠又云：

天地之气，虽聚散攻取百涂；然其为理也，顺而不妄。《正蒙·太和篇》，《全集》卷二，页三）

气之"聚散攻取"，虽百途不同，然皆遵循一定的规律。故物之生有一定的次序，一物之成，有一定的结构组织。此所谓"天序""天秩"也，此即所谓"理"。气之聚散攻取，皆顺是理而不妄。如此说法，则于气之外，尚须有理。以希腊哲学中之术语说之，则物为质（Matter），而理为式（Form）。质入于式，乃为一个具体的物。不过横渠于此点，仅略发其端，至于大成，则有待于后起之朱子。

宇宙间之几种普遍的现象

气虽聚散攻取百途，然皆遵循一定的规律。故宇宙间有几种普遍的现象。横渠云：

气本之虚，则湛本无形。感而生，则聚而有象。有象斯有对，对必反其为。有反斯有仇，仇必和而解。故爱恶之情，同出于太虚，而卒归于物欲。倏而生，忽而成，不容有毫发之间，其神矣夫！（《正蒙·太和篇》，《全集》卷二，页十）

阴阳交感，则气升降飞扬，聚而有象而成为物。有一物必有与之相反者以对之。此与之相反者，与之立于仇敌之敌位。然相反之物，亦能相成。及气散则相反相仇之物，又复同归于太虚，此所谓"和而解"者也。物相反相仇，则有恶之情；相和相成，则有爱之情。此所谓"物欲"也。然此等物欲，亦同出于太虚，终亦复归于太虚。此为宇宙间之一种普遍的现象。

横渠又云：

物无孤立之理。非同异屈伸终始以发明之，则虽物非物也。得有始卒乃成，非同异有无相感，则不见其成。不见其成，则虽物非物，故曰："屈伸相感而利生焉。"（《正蒙·动物篇》，《全集》卷三，页二）

有一物必有与之相反者。若仅有一孤立的物,则此物即不成其为物。盖一物之所以为一物,一部分即其对于宇宙间他事物之关系也。此诸关系即构成此物之一部分,使之成为此物,所谓"以发明之"也。物无孤立者,此又为宇宙间之一种普遍的现象。

横渠又云:

> 造化所成,无一物相肖者,以是知万物虽多,其实无一物无阴阳者,以是知天地变化,二端而已。(《正蒙·太和篇》,《全集》卷二,页十)

"造化所成,无一物相肖者",此亦宇宙间之一种普遍的现象。横渠又云:

> 游气纷扰,合而成质者,生人物之万殊;其阴阳两端,循环不已者,立天地之大义。(同上,页九)

气本涵有阴阳之性,故其聚而成之物,无无阴阳者。但万物皆气聚而成,皆"游气纷扰"所合而成质者,何以无一物相肖者,此点横渠未明言。

横渠又云:

> 太虚不能无气。气不能不聚而为万物。万物不能不散而为太虚。循是出入,是皆不得已而然也。(同上)

气散则复聚;聚则复散。气聚则物成;气散则物毁。如是循环不息,是亦宇宙间一普遍的现象也。

横渠所说之天文地理

横渠《正蒙》中对于天文地理及宇宙间各方面之事物,多有更详细的讨论。兹举数端,以见《正蒙》所讨论范围之广大。横渠云:

> 地纯阴,凝聚于中;天浮阳,运旋于外;此天地之常体也。恒星不动,纯系乎天,与浮阳运旋而不穷者也。日月五星,逆天而行,并包乎地者也。(《正蒙·参两篇》,《全集》卷二,页十)

又云：

> 地有升降，日有修短。地虽凝聚不散之物，然二气升降其间，相从而不已也。阳日上，地日降而下者，虚也；阳日降，地日进而上者，盈也。此一岁寒暑之候也。至于一昼夜之盈虚升降，则以海水潮汐，验之为信。然间有小大之差，则系日月朔望，其精相感。（《正蒙·参两篇》，《全集》卷二，页十四）

观此可见横渠对于天文地理讨论之一斑。岁之所以暑者，即因阳下降，地上升，地面阳气多，故暑；其所以寒者，即因阳上升，地下降，地面阳气少，故寒。地在一年之中，有上升时，有下降时；在一昼夜之中，亦有上升时，有下降时。可以潮汐验之，地升则潮落，地降则潮升。

横渠又云：

> 阴性凝聚；阳性发散。阴聚之，阳必散之；其势均散。阳为阴累，则相持为雨而降；阴为阳得，则飘扬为云而升。故云物班布太虚者，阴为风驱，敛聚而未散者也。凡阴气凝聚，阳在内者不得出，则奋击而为雷霆；阳在外者不得入，则周旋不舍而为风。其聚有远近虚实，故雷风有小大暴缓。和而散，则为霜雪雨露；不和而散，则为戾气曀霾。阴常散缓，受交于阳，则风雨调，寒暑正。（《正蒙·参两篇》，《全集》卷二，页十九）

又云：

> 声者形气相轧而成。两气者，谷响雷声之类。两形者，桴鼓叩击之类。形轧气，羽扇敲矢之类。气轧形，人声笙簧之类。是皆物感之良能，人皆习之而不察者尔。（《正蒙·动物篇》，《全集》卷三，页三）

此可谓为横渠之物理学。

横渠又云：

> 动物本诸天，以呼吸为聚散之渐。植物本诸地，以阴阳升降为聚散之渐。物之初生，气日至而滋息；物生既盈，气日反而游散。至

之谓神，以其伸也；反之为鬼，以其归也。（《正蒙·动物篇》，《全集》卷三，页一）

又云：

有息者根于天，不息者根于地。根于天者不滞于用，根于地者滞于方。此动植之分也。（《正蒙·动物篇》，《全集》卷三，页一）

此可谓为横渠之生物学。

性　说

横渠又云：

人之有息，盖刚柔相摩，乾坤阖辟之象也。寤，形开而志交诸外也；梦，形闭而气专乎内也。寤所以知新于耳目，梦所以缘旧于习心。（《正蒙·动物篇》，《全集》卷三，页三）

又云：

由太虚，有天之名。由气化，有道之名。合虚与气，有性之名。合性与知觉，有心之名。（《正蒙·太和篇》，《全集》卷二，页七）

又云：

形而后有气质之性，善反之，则天地之性存焉。故气质之性，君子有弗性者焉。（《正蒙·诚明篇》，《全集》卷三，页八）

朱子曰："气质之说，起于张、程，极有功于圣门，有补于后学。前此未曾有人说到。故张、程之说立，则诸子之说泯矣。"朱子之宇宙论中，有理与气，故其心理学及伦理学中，可谓人有天地之性与气质之性。所谓"论天地之性，则专指理而言；论气质之性，则以理与气杂而言之"。横渠对于"理"既未多言，而曰"合虚与气，有性之名"。既云"太虚无形，气之本体"，则所谓"合虚与气"者，岂非即等于谓"合气与气"乎？

横渠云：

> 天所性者，通极于道，气之昏明，不足以尽之。（同上，《全集》卷三，页五）

既谓"由太虚，有天之名"，则天者即太虚耳。太虚即气之本体，何能于气之外有天？盖横渠之宇宙论，本为一元论。至讲性时，则有时不自觉地转入二元论。"气质之性"之说，虽为以后道学家所采用，而由上所说，则在横渠之系统中，颇难与其系统之别方面相融洽。

但就横渠别一部分之言论观之，则横渠可维持其"气质之性"之说，而同时亦不至与其系统之别方面相冲突。横渠云：

> 凡可状，皆有也。凡有，皆象也。凡象，皆气也。气之性，本虚而神，则神与性乃气所固有。（《正蒙·乾称篇》，《全集》卷四，页二十三）

依此则气亦有其性。气聚而为人，人亦得其性之部分。横渠云：

> 天性在人，正犹水性之在冰。凝释虽异，为物一也。（《正蒙·诚明篇》，《全集》卷三，页六）

天性即气之性。横渠又云：

> 天良能本吾良能。顾为有我所丧耳。（同上，《全集》卷三，页六）

横渠又云：

> 湛一，气之本；攻取，气之欲。口腹于饮食，鼻舌于臭味，皆攻取之性也。知德者厌而已，不以嗜欲累其心，不以小害大，末丧本焉耳。（《正蒙·诚明篇》，《全集》卷三，页七）

气聚而为个体的人。个体的人，以其自己为我，其余为非我。因此将其自己与天或气之全体分开。其专为维持此个体之要求，如"口腹于饮食，鼻舌于臭味"，即"攻取之性"，亦即气质之性也。若横渠以此为气质之性，则似可与其系统之别方而不相冲突。然气之聚而为物时，何不能得气之性如人然？横渠于此，亦无解释。

天人合一

横渠所谓"气质之性",是否可如此解释,虽尚为一问题,但横渠之伦理学,或其所讲修养之方法,则确注重于除我与非我之界限而使个体与宇宙合一。横渠云:

> 大其心则能体天下之物。物有未体,则心为有外。世人之心,止于闻见之狭。圣人尽性,不以闻见梏其心。其视天下,无一物非我。孟子谓尽心则知性知天以此。天大无外,故有外之心,不足以合天心。见闻之知,乃物交而知,非德性所知。德性所知,不萌于见闻。(《正蒙·大心篇》,《全集》卷三,页十一)

以个体之我为我,其余为非我,即以"闻见梏其心"者也。圣人破除此梏,以天下之物与己为一体,即"能体天下之物"者也。"其视天下,无一物非我",即破除我与非我之界限,以我及其余之非我为一,亦即以全宇宙为一大我。天大无外,我之修养若至此境界,则我与天合而为一矣。横渠又云:

> 性者,万物之一源,非有我之得私也。惟大人为能尽其道。是故立必俱立,知必周知,爱必兼爱,成不独成。彼自蔽塞而不知顺吾理者,则亦未如之何矣。(《正蒙·诚明篇》,《全集》卷三,页四)

此以"爱之事业"之工夫,破除"我"之蔽塞,而达到万物一体之境界。盖就孟子哲学中神秘主义之倾向加以推衍也。

就知识方面言,人亦必至此境界后,所有之知识,方为真知,以其不"止于闻见之狭",非"物交而知"之知识也。横渠云:

> 诚明所知,乃天德良知,非闻见小知而已。(《正蒙·诚明篇》,《全集》卷三,页三)

所谓"诚明"者,横渠云:

> 天人异用,不足以言诚。天人异知,不足以尽明。所谓诚明者,性与天道,不见乎小大之别也。(同上)

由斯而言，则诚即天人合一之境界，明即人在此境界中所有之知识也。此知非"闻见小知"，乃真知也。

《正蒙·乾称篇》中有一段，后人所称为《西铭》者，云：

> 乾称父，坤称母；予兹藐焉，乃浑然中处。故天地之塞，吾其体；天地之帅，吾其性。民，吾同胞；物，吾与也。大君者，吾父母宗子；其大臣，宗子之家相也。尊高年，所以长其长；慈孤弱，所以幼其幼。圣，其合德，贤，其秀也。凡天下疲癃残疾、惸独鳏寡，皆吾兄弟之颠连而无告者也。于时保之，子之翼也；乐且不忧，纯乎孝者也。违曰悖德，害仁曰贼，济恶者不才，其践形惟肖者也。知化则善述其事，穷神则善继其志。不愧屋漏为无忝，存心养性为匪懈。恶旨酒，崇伯子之顾养；育英才，颍封人之锡类。不弛劳而厎豫，舜其功也；无所逃而待烹，申生其恭也。体其受而归全者，参乎；勇于从而顺令者，伯奇也。富贵福泽，将厚吾之生也；贫贱忧戚，庸玉女于成也。存，吾顺事；没，吾宁也。（《全集》卷一，页一至五）

此明示吾人以对于宇宙及其间万物之态度。吾人之体，即宇宙之体；吾人之性，即宇宙之性。吾人应视宇宙为父母，亦应以事父母之道事之。应视天下之人，皆如兄弟，天下之物，皆如同类，亦应以待兄弟、待同类之道待之。程子弟子中有谓横渠《西铭》所主张，与墨子兼爱之说无异。程子谓《西铭》主张"理一分殊，故与墨子兼爱之说不同"。朱子更申言曰：

> 盖以乾为父，以坤为母，有生之类，无物不然，所谓理一也。而人物之生，血脉之属，各亲其亲，各子其子，则其分亦安得而不殊哉？一统而万殊，则虽天下一家，中国一人，而不流于兼爱之弊。万殊而一贯，则虽亲疏异情，贵贱异等，而不牿于为我之私。此《西铭》之大指也。观其推亲亲之厚，以大无我之公；因事亲之诚，以明事天之道。盖无适而非，所谓分殊而推理一也。（《西铭注》，《横渠全集》卷一，页五）

此仍就所谓爱有差等及爱无差等之异点立论。然横渠立论，系就孟子哲学中之神秘主义的倾向加以推衍，与墨子功利主义的兼爱说，固完全不同，不止仅有上述之差异也。

对于"二氏"之批评

"存,吾顺事;没,吾宁也"一语,表出道学家之儒家的人生态度,所以与佛家及道教所提倡者不同。横渠云:

> 太虚不能无气;气不能不聚而为万物;万物不能不散而为太虚;循是出入,是皆不得已而然也。然则圣人尽道其间,兼体而不累者,存神其至矣。彼语寂灭者,往而不反;徇生执有者,物而不化;二者虽有间矣,以言乎失道则均焉。……聚亦吾体,散亦吾体;知死之不亡者,可与言性矣。(《正蒙·太和篇》,《全集》卷二,页三至四)

又云:

> 尽性然后知生无所得,则死无所丧。(《正蒙·诚明篇》,《全集》卷三,页四)

佛教求无生,是所谓"语寂灭者,往而不反"者也。道教求长生,是所谓"徇生执有者,物而不化"者也。若知气之"聚亦吾体,散亦吾体",则"生无所得",何必求无生?"死无所丧",何必求长生?吾人不求无生,亦不求长生;生活一日,则做一日人所应做之事;一日死至,复合太虚。此所谓"存,吾顺事;没,吾宁也"。此儒家之人生态度,道学家仍持之。故道学家虽受佛道之影响,而仍排佛道,仍自命为儒家,其理由在于此。

编者按: 1933年12月,冯友兰《中国哲学小史》作为"百科小丛书"之一,由商务印书馆出版。该书第十一节为"张横渠及二程"。其中论述张载哲学的内容,基本观点与冯著《中国哲学史》基本一致,所不同者,更为简略尔。兹录于此,以便学者研究对比。

与周、邵同时而略后者,有张横渠及程明道、程伊川兄弟。横渠名载(西历一〇七七年卒),其学以气为万物之本体。在其散而未聚之状态中,此气即所谓"太虚",故横渠谓:"太虚无形,气之本体。"(《正蒙·太和》)又云:"气之聚散于太虚,犹冰凝释于水。知太虚即气则无无。"(《太和》)吾人所见空若无物之太虚,实非无物,不过气散而未聚耳,无所谓无也。故曰:"知太虚即气则无无。"气中所"涵浮沉升降动静相感之性"(《太和》),简言之,即阴阳二性也。一气之中，有此二性，故横渠云："一物两体，气也。一故神，两故化。"（《正蒙·参两篇》）一气之中，有阴阳二性，故为"一物两体"。当其为"一"之时，"则清通而不可象为神"（《太和》），所谓"一故神"也。因其中有阴阳此二性，故"生絪缊相荡，胜负屈伸之始"（《太和》）。絪缊相荡，即二性之表现也。"二"既表现，则絪缊相荡，聚而为万物，所谓"两故化"也。

横渠又云："气，坱然太虚，升降飞扬，未尝止息，《易》所谓'絪缊'，庄生所谓'生物以息相吹''野马'者欤？此虚实动静之机，阴阳刚柔之始。浮而上者阳之清，降而下者阴之浊。其感遇聚散，为风雨，为雪霜。万品之流形，山川之融结，糟粕煨烬，无非教也。"（《太和》）气中有阴阳可相感之二性，故气即不能停于太虚之状态中，而"升降飞扬，未尝止息"。其涵有二性之气，"絪缊相荡"，或胜或负，或屈或伸。如其聚合，则即能为吾人所见而为物。气聚即物成，气散即物毁。横渠云："气聚则离明得施而有形。气不聚则离明不得施而无形。方其聚也，安得不谓之客？方其散也，安得遽谓之无？故圣人仰观俯察，但云知幽明之故，不云知有无之故。"（《太和》）离为目，离明得施者，即吾人目之明所能见者。气聚则能为吾人所见而为有形，气散则不能为吾人所见而为无形。气聚为万物，万物乃气聚之现象。以气聚散不定，故谓之为"客形"。所谓"太虚无形，气之本体，其聚其散，变化之客形尔"（《太和》）。

横渠之伦理学，或其所讲修养之方法，注重于除我与非我之界限而使个体与宇宙合一。横渠云："大其心则能体天下之物。物有未体，则心为有外。世人之心，止于闻见之狭。圣人尽性，不以闻见梏其心。其视天下，无一物非我。孟子谓尽心则知性知天以此。天大无外，故有外之心，不足以名天心。"（《正蒙·大心篇》）以个体之我为我，其余为非我，即"以闻见梏其心"者也。圣人破除此梏，以天下之物与己为一体，即"能体天下之物"者也。"其视天下，无一物非我"，即破除我与非我之界限，以我及其余之非我为一，亦即以全宇宙为一大我。"天大无外"，我之修养若至此境界，则我与天合而为一矣。横渠又云："性者，万物之一源，非有我之得私也。惟大人为能尽其道。是故立必俱立，知必周知，爱必兼爱，成不独成，彼自蔽塞而不知顺吾理者，则亦未如之何矣。"（《正蒙·诚明篇》）此以"爱之事业"之工夫，破除"我"之蔽塞，而达到万物一体之境界。盖就孟子哲学中神秘主义之倾向，加以推衍也。《正蒙·乾称篇》中有一段，后人所称为《西铭》者，亦发挥此旨。

张横渠的教育学说
——《中国教育史》中关于张横渠教育学说的论述

陈青之

编者按：本文选自陈青之所著《中国教育史》（商务印书馆 1936 年版）第四编"半封建时代中期的教育"第一期"宋"之第二十四章"北宋教育家及其学说"第五节"张横渠"。题目为编者根据内容拟定。陈青之（1891—1943），又名炎联，号春阳，湖北沔阳人。1921 年毕业于北平高师，往日本考察教育，回国后入北平高师教育研究科进修，后在北平创办群化中学，并在中国大学、师范大学兼课。1934 年 7 月撰成《中国教育史》。1938 年后，任教于宣恩李家河省一女师。其著作还有《中国历史朝代变迁图》《中国疆域变迁图》《中国通史》《中国民族英雄史》《五十自述》等。

一、生活小史

张载，字子厚，原籍为宋人，屡代住在大梁。他的父亲张迪为涪州令，死于官所，是时他们弟兄都很幼弱，不能东归，遂侨居在凤翔眉县的横渠镇，他于是成了关中的人物。他生于真宗天禧四年，较濂溪少四岁，死于熙宁十年，一共活了五十八岁。张氏少年颇有豪气，最爱谈兵事，当时中国西北正遭西夏的侵害，他想在武功方面报效于国家，遂上书边防守将范仲淹，自述其志愿。是时张氏年才十八岁，范氏一见，知道他器局远大，很可造就，乃责备他何不从事儒术。此时他虽为范氏之言所感动，意念稍转，但并未遽然心安。其后对于佛、老的学说寻讨了数年，才回过头来又研究六经。此时虽然得着求学的门径，而工夫尚未成熟。当嘉祐初年，即当他三十七八岁时，来到京师，与程氏兄弟过细一讨论，非常佩服，才涣然冰释；自此以后，他遂成为关中一大儒者，具有哲学思想的教育家。二程子是他的表侄，年龄较少，行辈亦卑，当时他已在京师私设讲坛，讲论《易经》，踵门听讲的也很多，但自见二程后，知道自己的学问不及两侄，即撤销讲席，嘱一般学生都往拜二程为老师。张氏这种虚怀若谷的态度，诚有令人钦佩的地方。

张氏以进士出身，在外做过了县令及军事判官，在内做过了著作郎。在云岩县令时，即以教育者的态度教化县民，以"敦本善俗"四字为治民的政策，要使一般人民皆知道养老事长的大义。还朝以后，因与王安石的政见不合，遂托疾西归横渠，一面讲学，一面著述，以至老死于此地，故学者称他为"横渠先生"。张氏担任国家教育事业，只有文彦博聘请他为长安学宫教授一次。在政界生活的时期也很短促。所以一生的精力多半消磨于私人教授及著作方面；而对于教育后辈抱负极大，收效很多，及门弟子差不多与程门相埒，可惜身死而遂萧条了。

濂溪性情恬淡，横渠气质刚毅。濂溪的学问多从心领神会而来，横渠的学问多从苦心力索而成。濂溪教人以诚为本，以无欲为大；横渠教人以礼为体，以无我为大。这都是两人不同的地方。横渠的著作，有《东铭》《西铭》各一篇，《正蒙》十七篇，《横渠理窟》六篇，及《易说》三卷，《语录》《文集》各一卷。其中《西铭》最为纯粹，是他的博爱的伦理观。关系教育的论文则散见于其他著作之中。

二、二元的性论

张氏论性虽与周子不同，但其法则都是从各人的宇宙观推演出来的。张氏以宇宙为太虚，太虚即气，气散则无形，气聚则有象。由游气纷扰，相合而生质，于是有人与万物；由游气变化所形成的虽有人与万物种种不同，但其变化的轨道，莫非由于阴阳两端的循环。宇宙变化有一定的法则，谓之"理一"；从变化中生出种种形象，谓之"分殊"。"理一分殊"是张氏的宇宙观，也就是他的全部哲学思想的要点。因为宇宙的变化是理一分殊的，所以"性"也有两种：一为天地之性，一为气质之性。但他们可不是平列的，后者是从前者所生的。天地之性即自然之性，是在先的，合虚与气而得名的，凡有生皆是一样的，所谓"性者，万物之一源，非有我之得私也"（《正蒙·诚明篇》）。太虚即天，气化即道，合虚与气为性，所谓"性即天道也"（《正蒙·乾称篇》）。天道至诚，故天地之性为至善。至于气质之性，则有善恶不等了；不仅有善恶不等，并有人物的区别。气质之性即附于气质之中。气质是由虚气聚合而成的种种形象，当其形成之初，有通蔽，有开塞，也有清浊，所以生出人与万物的区别；因此气质之性万有不齐，——不仅人与万物不同，即人与人间亦各不相同。例如人性有刚的、柔的，或缓的、急的，或有才、不才，皆气质之偏而不同的地方。但天地之性虽与人与物同出于一源，气质之性虽人与人间亦有差异，究竟人与人的差异小，而人与物的差异大。张氏于伦理的宇宙观虽有"民胞物与"的志愿，但他的头脑中总有一个人与物的分界；他也必须讲出人与物的分界，倘无分界，则人必近于禽兽。人与物必有分界，此所有宋儒讲性的共同之点，也即是他们讲性必争的地方，所以张氏反对告子的"生之谓性"的说法。他说："以生为性，既不通昼夜之道，且人与物等，故告子之妄不可不诋。"（《正蒙·诚明篇》）

张氏既反对告子的"生之谓性"，他自己却提出一句口号："体之谓性。"他说：

> 未尝无之谓体，体之谓性。（《正蒙·诚明篇》）
>
> 凡可状，皆有也；凡有，皆象也。凡象，皆气也。气之性本虚而神，则神与性乃气所固有，此鬼神所以体物而不遗也。（《正蒙·乾称篇》）
>
> 感者性之神，性者感之体。惟屈伸动静终始之能一也。故所以妙万物而谓之神，通万物而谓之道，体万物而谓之性。（《乾称篇》）

我们综合起来解释：万物成于气，气为实有，凡实有的东西皆有体，体即是性。此体是能感触的，感觉作用又为性之神了；这种神妙的作用，通万物皆有一定的法则，又谓之道了。所谓性与神，神与道，其名虽异，其实就是一物。张氏所谓"体之谓性"，不是很清楚的指天地之性说：万物同出一源没有差别吗？既然如此说法，何以反对告子的"生之谓性"？纵令抛开告子所说本于生理作用不备，则"生之谓性"何尝不可与"体之谓性"同一，以"天地之性"来解释呢？总之，宋儒是信仰孟子的性善说的，是主张人与禽兽有分界的，所以无人不反对告子，无人不反对荀子。

人性既有两种，惟圣人至诚才与天地合其德，至于一般人多半为气质所偏，只见有气质之性了。然则怎样才可以去掉气质之性，而存着天地之性呢？工夫在于"善反"，所谓"形而后有气质之性。善反之，则天地之性存焉。故气质之性，君子有弗性者焉"（《正蒙·诚明篇》）。善反的工夫有两种：一要"尽性"，二要"成性"。把已有的天地之性尽量的发展，所谓"通极于道"，谓之"尽性"。用教育的工夫把后来的气质之性设法去掉，以回复本来的天地之性，谓之"成性"。"尽性"的工夫，第一在"养气"，培养自然的天地之气，所谓"养其气，反之本而不偏，则尽性而天矣"（《诚明篇》）；第二在"至诚"，所谓"人能至诚，则性尽而神可穷矣"（《乾称篇》）。何以能够"至诚"呢？在于"穷理"。张氏往往把"穷理尽性"所以并说的，即谓"穷理"可以"尽性"；能"尽性"，才可以至于天，才"知生无所得，则死无所丧"（《诚明篇》）。所以他说："生有死亡，而性无死亡。"盖性即天理，天理是与宇宙并存的。

三、心理说

张子对于心的本体只说了两句,对于心的作用之解释较为详明。他说:

> 合性与知觉,有心之名。(《正蒙·太和篇》)

又说:

> 心统性情者也。(《性理拾遗》)

这是他对于心的本体之解释。我们若是拿今语来翻译:心是吾人精神作用的总名,在此总名之中,有性情,有知觉,有其他的精神活动,而统名曰心。以上所说的性,不过为心之本体中最高的一部分。至于心的作用,他分为两种:一为广大的,一为狭小的。凡耳、目、口、鼻等感官之能感觉,由于心的作用。但耳、目、口、鼻所能感觉的,只限于有形的物质,不能察及无形的道理,谓之心的狭小一方面的作用。这种狭小作用,为感官所限制,囿于见闻,不能体会宇宙一切,不是吾人所能满足的。吾人所要求的,是心的广大作用。要心有广大作用,则不可"以耳目见闻累其心",务须"尽其心""大其心"。所以他说:

> 大其心,则能体天下之物。物有未体,则心为有外。世人之心,止于闻见之狭。圣人尽性,不以见闻梏其心,其视天下无一物非我。(《正蒙·大心篇》)

大其心不仅不可以囿于闻见,并不要有人我的私见,须要眼光放大,合人我为一体,则心胸才能阔大而参透一切,才谓之"尽心"。"尽心"的工夫在于"虚心",所谓"虚心然后能尽心"。虚心的状态如赤子之心一样,毫无成见,毫无习心,毫无物质的障碍,是灵通的,是虚空的。因为是虚空,所以无一物不体;因为是灵通,所以无一处不感。所体所感的知识,谓之"德性之知",超乎闻见以上,超乎表象以外。能够如此,则耳目适足为启发道德之要,而于大道无所不感,自能窥透一切了。这种本领,唯圣人才有,吾人应当勉力的。

四、变化气质主义的教育论

"学以变化气质",是张横渠先生的一句名言。即是说,教育的功用,在于变化受教者的气质。气质是什么?即是他在性论里头所讲的气质之性。气质有美的,有恶的,美之中也有纯全的或未纯全的。教育可使恶的变化为美,未纯全的变化为纯全。气质怎样变化呢?第一要有好的修养,第二要有好的环境,第三要有好的师友。修养不是在多得知识,在于以庄敬的态度矫正不好的气习,朝着合理的目的,步步严谨的实践,到工夫久了,气质自然变化。有了好的环境,触处皆是教育,耳目心思才不为外物所引诱,一举一动皆能合于礼节。如此习养,工夫久了,气质也能变化得好,所谓"居仁由义,自然心和而体正。更要约时,但拂去旧日所为,使动作皆能中礼,则气质自然全好"(《横渠理窟·气质篇》)。有了好的师友,则朝夕所教训的皆是圣贤的嘉言懿行,这与好的环境同一功用。

变化气质,是将气质之性转移为天地之性。圣人即天地之性,所以张子的教育目的在于"学为圣人"。他尝对学生说:"学必如圣人而后已。以为知人而不知天,求为贤人而不求为圣人,此秦汉以来学者之大蔽也。"(《宋史·本传》)学为圣人,当"以《易》为宗,以《中庸》为的,以《礼》为体,以孔、孟为极"(同上)。《易》与《中庸》是他教学的标准,《礼》是他为人的尺度。所以他的宇宙观多本于《易经》,伦理观及性论多本于《中庸》,而修养的方法则以礼义为权衡。他说:

> 知及之而不以礼性之,非已有也。故知礼成性而道义出,如天地位而易行。(《正蒙·至当篇》)
>
> 学者舍礼义,则饱食终日,无所猷为,与下民一致,所事不逾衣食之间,燕游之乐尔。(《正蒙·中正篇》)

五、教学法

横渠先生教人的方法,要以立志为本。他说:

> 学者不论天资美恶,亦不专在勤苦,但观其趋向着心处如何。(《横渠理窟·学大原》)

他又说：

> 有志于学者，都更不论气之美恶，只看志如何。匹夫不可夺志也，惟患学者不能坚勇。（《横渠语录》）

天资愚笨不足畏，用心不勤也不足畏，最怕的没有志气，没有志气的人，根本无心求学，怎能望他有成就呢？立志固然要紧，但立志不可太小，"志小则易足，易足则无由进"（《横渠理窟·学大原》）。学者不仅要立志，还要立大志，所谓"志大则才大事业大"，"逊其志于仁则得仁，逊其志于义则得义"（《正蒙·中正篇》）。立志以后，须要养气，养气即变化气质的意思。除此以外，关于教授方面还有两点须注意：第一，教授时要决定教材的秩序，由易而难；第二，要明了被教者的个性，因材施教。他说："教人者必知至学之难易，知人之美恶；当知谁可先传此，谁可后倦此。知至学之难易，知德也；知其美恶，知人也。知其人且知德，故能教人使入德，仲尼所以问同而答异以此。"（《正蒙·中正篇》）

关于学习方面有几点可述的。第一，要有追求的兴味，即向慕之心。对于某种学问向慕不已，相信内中有极富美的宝贝，非获得不可，如未见的都市之繁华，非往见不可。兴味这样浓厚了，自然逐步前进，再持以毅力则行了。第二，要清心。心清感觉锐敏，四体舒泰；心乱则情形相反。但吾人平日总是清时少而乱时多，其原因由于用心未纯熟，注意不专一，所以浮思杂念常来纭扰。第三，要渐进，即由浅入深。如教儿童当学习洒扫、应对、进退等知识，不宜卒语以大道。即或年龄稍长，如果理解力尚未发达，程度尚浅，也应从浅近平易处入手，才能逐步渐进。第四，要有疑难。一切知识都从疑难中产生，愈求进步，疑难愈多；疑难愈多，进步愈大。因为发现了疑难，才能抛却常解，另辟新径；或访求先知先觉的人，同他切磋，则知识自然进步。把一切学问都看得容易，而自觉无一可疑的人，一定是未曾学习的人；因为未曾学习，虽有疑难亦不知道。所谓："在可疑而不疑者，不曾学。学则须疑。譬之行道者，将之南山，须问道路之出；自若安坐，则何尝有疑？"（《横渠理窟·学大原》）第五，学习时要自开道路，自凿孔穴，亲身探入，发现其中的美富，才是我自己的学问。否则专观古籍或探听朋友之言，如同穿窬之盗，虽窃取了许多东西，而究不知所藏。第六，学习要有恒心，不宜止息。人生是没有止息的，求学也当没有止息。求学即求生的表现，倘求学一日止息，则是生命停滞，等于死亡，最可痛心。《易》所谓"自强不息"，即是此理。

张子对于读书法的意见也有几点：

（1）读书要多。读书少了，难以考校义理；读得多，则能融合贯通，由博而约。

（2）读书要成诵。吾人读书的目的，是在借书中的内容，以解释自己的疑难，开通自己的心思。但非潜心玩索，不能达到这一步。而潜心玩索时，又须离开书本，或于半夜中，或于静坐时才能办到。但所读之书不能记忆，如何能离开书本潜心玩索呢？所以凡关于有益身心的书，须读得成诵。

（3）读书时须以静为主，静时才能涵咏，才能了悟，盖读书务必到了悟为止，否则只求解大义，未见于吾人有什么益处。

横渠学说之我见

李 果

编者按：本文原载陕西省立第一图书馆编辑《图书馆》1934年第1卷第3期。李果，生平事迹不详。

向来中国儒者，惯唱一种令人不可捉摸底高调，这个法门，是孟子传授的。孟子主张底"至吾君于尧舜之君，至吾民于尧舜之民"。孟子生于周末，去古未远，他以前底圣君贤相，只有此数，所以开口说话，不是尧舜，便是汤武。他又眼看得当时诸侯放恣、百姓失所底现象，不得不拿几个好模范底帝王，劝谏诸侯去拯救一般可怜百姓们。这是他的苦心孤诣处。可是尧舜汤武底政治，究竟是怎样呢？今所见者，不过几篇典谟誓诰而已。至于百姓们能如康养老人之歌与否，亦难确信其然。三代是夏商周，在商以前，中国完全是部落时代，各部落皆有酋长，率皆以能孚众望者或强有力者为之。黄帝亦不过是酋长之一，为各酋长所推举，而为公共底总酋长。自己底本部落，即是王畿。他部落不过纳贡听命而已。若他部落酋长当了皇帝，自己仍为本部落底酋长。轩辕氏与神农氏战于坂泉之野，这就是神农氏之后，不得当皇帝，仍为酋长，不听命轩辕，轩辕就兴兵征伐，并非尝百草之神农氏也。周武王得国，政治手段，乃大变更，不认可各部落原来底酋长，要将一般宗室功臣，分封到各部落，世守其土，爵以侯、伯、子、男，并将前朝底苗裔，若杞，若宋，若颛臾，若须句，一一裂土而国，或爵以公，或爵以子，或以为附庸，谓之"兴灭国，继绝世"，是为建万国封诸侯之始。此种制度，在开国之初，天子皆是才德兼备的，尚可说是天子当阳，诸侯用命。不观东周以后，诸侯对于天子是何等待遇呢？到了秦政，不得不惩前毖后，将私有地盘制度一举而摧陷廓清，又改用郡县制度了。

由部落到封建，由封建而郡县，确是政治进步底阶段，横渠偏爱说封建制度好，又爱说三代之世好。说三代好者，比比皆是，说封建好者，寥寥不数观，惟有横渠说要紧，好像把春秋战国诸侯底样子全忘记了。神宗问治道，他便答说："为政不法三代者，终苟道也。"夏、商政有限，直难臆断其美，孟子尚不尽信。至于周呢，相传《周礼》为周公所作，系一朝底政治大纲，完美备至。历朝立法，皆取来做标准。然在当时奉行者却少，不过中原几国同姓底诸侯，一到春秋时代，便只有鲁国了。他底《经学理窟》里面曾说："今使封建，不肖者复遂之，有何害？岂有以天下之势，不能正百里之国，使诸侯得以交结以乱天下！"噫！何言之易易，而昧于事实耶！诸侯暗相交结，天子不得闻知，迨交结已成，太平天子，泰半文弱，必无如诸侯何。东周天子，岂无一人知道此语，亦势使然耳。还是顾宁人底《封建论》，说得事实、理想均不相悖，优于横渠主张多多矣。

横渠又主张复井田、均土地，以孟子正经界之说为主，研究精密，有功周礼不少。他曾说："百亩，乡民所受井田不易者也。此乡田百亩，兼受牧田五十亩，故其征二十而三。"这是他主张底征赋法，百亩十取其一，五十亩二十取其一，合之则为二十分之三。殊不知人口率逐年增加，在周初犹可，在春秋战国时，则倍蓰于前，一夫受田百亩，□□不□，所以商君废之也。何况居宋之世，欲以周礼之成法，一一施行于时，只好做一个周礼笺注看罢了。

横渠底政治主张，是不合时代性的，可他有几句话，是说明儒者责任，真是金科玉律，人人皆可以书绅铭几、切实奉行的，他说："为天地立心，为生民立命，为往圣继绝学，为万世开太平。"这些责任，是儒者立志要担当的，所谓"任重而道远"。横渠以前底学者，简直没有这样完全儒者的口号。得此二十二字，足为关学之光，可与元初封谥孔子文，前后媲美也。

横渠底"二铭"，可谓敬义夹持，先示人以重视其身之由来，然后示以进德修业之路。可是有一句话，愚见总以为朱子注底于义欠妥，就是："其为践形，惟肖者也。"朱注说："若夫尽人之性，而有以充人之形，与天地相似而不违矣，故谓之肖。"此段上文，曰悖德，曰不才，曰贼，以下紧接此语。原文简略，注亦不详，容易使人滋惑。依愚意，当看重"惟"字，讲作其惟践形唯肖之人，不悖德，不不才，不贼，此种注法，庶可易晓，朱注乃专讲"肖"字耳。

横渠尝说太虚，其要语是《正蒙》里面底："太虚无形，气之本体。"又说："由太虚有天之名。"在《语录》里面曾说："太虚者，天之实也。"又说："太虚者，自然之道。"看起来，他说底太虚，就是《周易》上说底太极。然在《正蒙》首段，又说："太和所谓道，中涵浮沉、升降、动静相感之性。"又看起来，好像太和是有生机的，居太虚之后。太虚是太极，太和是道，由太极然后生道，好像周子说底"无极而太极"底意思。

横渠又尝说"谷神"，其要语是《正蒙》里面底："谷神能象其声而应之。"又说："谷之神也有限，不能通天下之声。""谷神不死，故能微显而不掩。"老子说："谷神不死，是谓玄牝。玄牝之门，是为天地根。"前二例底

"谷神",则另是一个东西。三原①刘近山注为"空谷传声,其应莫测之神"。愚初则以为不能如是浅近,然而读其两处文义,似乎是说山谷中之回声,以此为神,浅孰甚焉。后一例底"谷神",方与老子同耳。

横渠又在《正蒙》里面说:"形而后有气质之性,善反之则天地之性存焉。故气质之性,君子有弗性焉尔。"这话是说人之未生,浑然太极,全体纯是善性,并没有一点恶性,这就叫做天地之性。及其既生,就受了阴阳五行底支配与反射,将天地之性,堕入气质中了。"善反之",是能复其初底意思。"君子弗性",是君子能克己复礼,不委于质底意思。这是横渠彻悟理性之本原,发前人所未发处。同时濂溪周子,以形生神发,推明理气之由,正与横渠不谋而合了。

纵观横渠教人方法,是说大道是从太虚、太和而来。人生其中,即堕入气质之性,要善反之,就能复还到天地之性,亦即义理之性。盈天地之间,皆一神而两化,这是人生底环境,人生亦是神化之中底一份子,吾人要善处此环境,必要虚要静。他在《语录》里面曾说:"虚心然后能尽心。"又说:"虚则生仁。""虚心则无外以为累。""与天同原谓之虚。""天地以虚为德。至善者,虚也。""虚者,天地之祖,天地从虚中来。""静者,善之本。虚者,静之本。"这些话都是教人由虚而静,方能得其神化之正,且能明察宇宙间一切万物神化之正,所谓穷神知化,与天为一,为超凡入圣直径坦途。所以,前贤皆称他底文章,羽翼六经,阐明道统,真的不爽也。他底政治思想,完全斟酌《周礼》上之井田制度,精密计画,按一夫余夫分给,使君为三代之君,民为三代之民。井田制度,或可恢复,至于使君为之君,民为浑噩之民,那是进化原则上所不许可的了。

---

① "三原"误,刘近山为陕西咸宁(今西安)人。

张载的哲学

张泽民

编者按：本文原载《光华大学半月刊》1934年第2卷第7期。张泽民，生平事迹不详。

一、略传及著书

张载字子厚，号横渠，世居大梁。生于宋真宗天禧四年（西历一〇二〇年），殁于神宗熙宁十年（西历一〇七七年），寿五十七岁。父名迪，仕仁宗朝为殿中丞，又知涪州事，殁于任所，以诸子皆幼，遂不归大梁，而侨居于凤翔眉县横渠镇之南。

他幼孤，即有大志，又最喜谈兵。当他十八岁时上书谒范文正公，公知其才气非常，乃责他说："儒者自有名教可乐，何事于兵！"因授他《中庸》一篇。载大喜，熟读之，颇觉有兴。又读释老二家书，数年无所得，于是乃精研六经。嘉祐初年，赴京师，与二程谈道学，彼此敬服。从此便舍去一切异学，而专志于儒。他的学问以《易》为宗，以《中庸》为的，以《礼》为体，以孔孟为极。嘉祐二年，进士及第，就崇文院说书之官。时王安石变法，载与之争，于是托疾辞官，隐居于终南山下，以读书度日。熙宁九年，吕大防等请复其官，哲宗许之，但未到任便死了。著有《正蒙》十篇，《东铭》《西铭》各一篇，《经学理窟》十二篇，《横渠易说》三卷，《语录》《文集》各一卷。其中《正蒙》一书，最可窥见其思想，为北宋哲学著述中最大的一书。横渠尝对其门人说："此书系余历年所致思而得者也。"其书之价值可知。

二、本体论

横渠以"太虚"为宇宙之本体，太虚便是无形之气。气凝静则为阴，发动则为阳，故"阴"乃气之静，"阳"乃气之动。阴阳二气便是太虚之质，亦即是

"性"。气非由太虚内生出,太虚即气,气即太虚,二者为一。此便是横渠之一元论。《正蒙·太和篇》说:

> 太虚无形,气之本体,其聚其散,变化之客形尔;至静无感,性之渊源,有识有知,物交之客感尔;客感客形,与无感无形,惟尽性者能之。
>
> 气聚则离明得施而有形,气不聚则离明不得施而无形。方其聚也,安得不谓之客?方其散也,安得遽谓之无?
>
> 气之聚散于太虚,犹冰凝释于水,知太虚即气则无无。

此说是合性与命,体用一源之意。他既以太虚为宇宙之本体,以为宇宙间万物皆由此本体之活动而生。太虚自身有活动之本性。就活动的本性而言,他以为"太虚"与"太和"其名虽异,而其实则同,可以说太虚即是太和。因太虚自身所含之本性是活动的,所以或凝聚,或发散;凝聚时生形而为万物,发散时失形而归太虚。仅仅乎是形态的变异,本质并未更殊。《正蒙·乾称篇》说:

> 太虚者,气之体。气有阴阳屈伸相感之无穷,故神之应也无穷;其散无数,故神之应也无数。虽无穷,其实湛然;虽无数,其实一而已。阴阳之气,散则万殊,人莫知其一也,合则混然,人不见其殊也。形聚为物,形溃反原。反原者,其游魂为变欤?所谓"变"者,对聚散存亡为文,非如萤雀之化,指前后身而为说也。

此段论本体最为明晰。他所谓"太虚"便是本体的一元,与周濂溪以阴阳五行的消长化成万物之说不同。濂溪以阴阳五行等皆是太虚的"分出作用",万物皆由此作用而生。但横渠之说却不是如此,以为宇宙的自身即是太虚一元之气;此气之聚散离合,即为万象显灭之由来。他称这种显灭的作用为"神化",因太虚一元气内含有阴阳二气,这二气之浮沉升降,遂相应感而成万物之象。至于万物的过程,他既不取《易》之"两仪""四象""八卦"之说,亦不取"阴阳五行"之说,而专取太虚一元气的"聚散离合"以说明本体,这是他最大之特色的一点。《正蒙·太和篇》说:

> 天地之气,虽聚散攻取百途,然其为理也,顺而不妄。气之为物,散入无形,适得吾体;聚为有象,不失吾常。太虚不能无气,气不能不聚而为万物,万物不能不散而为太虚,循是出入,是皆不得已而然也。

他以为现象界里并无所谓"生灭",皆不过是"气"的聚散而已,气聚则有象,气散则无形,复返于太虚。所以若从太虚的本体上看,现象界的聚散,固然没有什么"生灭",亦没有什么"增减",时而出现而为象,时而消散而入于太虚,纯为自然的现象,与云雾之自然往来,亦并没有两样。所以他对于老子之"有生于无"之说,不以为然,而主"有无混一之常"。对于佛陀之"物象和我心一样,同归于寂"之说,亦不以为然。谓此是以乾坤作幻化幽明之物事的说法,只知"无"而不知"有"的见解,佛陀只是为"无"所误。至于他所说太虚之气,其升降沉浮,自有其动静相感的性质与原动力,其状态即《易经》所谓"絪缊",《庄子》所谓"生物之以息相吹"。由此一动一静沉浮升降之状,于是阴阳二气生。此是说明现象界所以生万殊的理由。

如上所述,他的本体观便是"有"字。而他所谓"有",与老子"无中生有"之说,旨趣却有不同。但老子又曾说过:"复归于无物。"是老子所说之"无",并非绝对之无,乃所以止执"有"的"无"。由此看来,他以太虚之气为宇宙的本体之见解,与老子的"玄之又玄,众妙之门"之说,多少有点相关。至于佛教方面的影响,他既居长安洛阳的左右,与当时所谓之江北佛教——华严、唯识等"有"的范畴之宗教——盛行的相近,自然多少也有几分关系。

他的太虚之气之说,是由周濂溪的"无极而太极"脱化;虚即是气之说,是由老庄"天地与我为一体"脱化。他研究过佛典,《正蒙》诸篇在在排斥佛教唯心论的空寂,足见他对于佛经亦甚了然。《大心篇》说:

> 释氏不知天命,而以"心法"起灭天地,以小缘大,以末缘本,其不能穷而谓之幻妄,真所谓凝冰者欤!
> 释氏妄意天性,而不知范围天用。反以六根之微,因缘天地,明不能尽,则以天、地、日、月为幻妄,蔽其用于一身之小,溺其志于虚空之大,所以语大语小,遁流失中。

这是指佛家以天地一切的现象妄谓皆生于"缘心",打破佛家的唯心论,且指摘其未曾十分明了"穷理尽性"。

三、伦理说

他的伦理观以本体为基础,倡天人合一万物一体之说:合德于天地,则自合于理。以为人是由太虚之本体凝聚而成,所以人类与本体是同一实质。天与人同,不过人"为我"的观念所蔽,而自居于小。设人能去其为我之心而大之,就可以同天合为一体；再能以天地之观念为基础，则物与我自归于一。万物之生灭，不过为太虚之聚散；人类之生死，亦是如此，凝聚便是生，分散就是死。聚集时固为我体，分散时亦为我体，此亦是他人生观的要点。以为吾人当去我们的主观的"差别观"，而和宇宙的本体的"至诚"之道相合，能合一便是圣人。《正蒙·大心篇》说：

> 大其心则能体天下之物；物有未体，则心为有外。世人之心，止于闻见之狭。圣人尽性，不以见闻梏其心，其视天下无一①物非我。孟子谓尽心则知性知天以此。天大无外，故有外之心，不足以合天心。见闻之知，乃物交而知，非德性②所知；德性所知，不萌于见闻。

朱子说："性理流行，脉络贯道，无有不到；苟一物有未体，则便有不到处，包括不尽，是心为有外，盖私意间隔，而物我对立，则虽至亲，且未必能无外矣，今人理会学，先于见闻上做工夫到，然后脱然贯通。盖寻常见闻之事，只知得一个道理，若到贯通，便都是一理。"正和横渠之说相发明。

圣人无我见，而冥合于宇宙之本体，不然决不能全其仁道。故去我见而与至诚之道参为最要。他立脚在这种见解上以述其人生观，而成《西铭》。《西铭》说：

> 乾称父，坤称母，予兹藐焉，乃混然中处。故天地之塞，吾其体；天地之帅，吾其性。民，吾同胞；物，吾与也。大君者，吾父母宗子；其大臣，宗子之家相也。尊高年，所以长其长；慈孤弱，所以幼其幼。圣，其合德；贤，其秀也。凡天下之疲、癃、残、疾、惸、独、鳏、寡，皆吾兄弟之颠连而无告者也。于时保之，子之翼也；乐且不忧，纯乎孝者也。违曰悖德，害仁曰贼，济恶者不才，其践形惟肖者也。知化则善述其事，穷神则善继其志；不愧屋漏为无忝，存心养性为匪懈。恶旨酒，崇伯子之顾养；育英才，颍封人之锡类。不弛劳而底豫，舜其功也；无所逃而待烹，申生其恭也。体其受而归全者，参乎；勇于从而顺令者，伯奇也。富贵福泽，将厚吾之生也；贫贱忧戚，庸玉女于成也。存，吾顺事；没，吾宁也。

我们看上面所述，他是用"理一分殊"的哲理来说儒家的伦理思想——"仁

---

① 原文脱"一"，据《张载集》改。
② "德性"，原文作"德行"，据《张载集》改。

道"。"仁"这一字，本出于孔子。孔子曾用这字来定道德的规范，为中国伦理之基础。而孔子解释这字又因人而异，于是"仁"这一字，就变为抽象的名词了。儒家的道德观念，概由"天道"演化而来，如孔子所说"获罪于天，无所祷也"，又说"天生德于予"等等。他把"天"作为道德之源，然而他讲天道的地方究甚少。子贡曰："夫子之文章，可得而闻也；夫子之言性与天道，不可得而闻也。"而对于仁的本源，鲜有论及，于此可见了。及子思乃以"诚道"代这仁道，使合于天道，以连贯古来天人合一的思想。子思以后，董仲舒等儒家，虽有以天为道德之源的观念，但他们亦不过以天为主宰，以道德为天之对象而已。至于所以然之理，无人说过。直至横渠，乃从他的本体观上，给"仁道"一个哲学的根据，而使之为伦理的大本营。

太虚之气——宇宙的本体——既为万物之母，则从此母胎里生出来的万物，当然有兄弟的关系，都是一体。而从万物一体的原理上观察人类和万物的关系，人为最优秀的生物，因人类得天地之正气，所以人类应互相爱护而彼此提携。他这种见解，岂不即是孔子"仁道"的大义？这万人同胞之观念，岂不深合于天道？再将这观念扩充起来，则不仅人为同胞，即万物亦复是侪辈；因万物皆同出一源，而人为万物之一，所以对于万物皆当仁爱。

他既以爱人爱物之思想为伦理的根本，则何以不学墨子而更进一步，说爱无差等呢？要知他异于墨子之处，正是他的哲学旨趣所在。他以为万物因太虚之气交感而生，依其沉浮升降而为万殊之显现，成为现象界的"相"，这便是所谓"理一分殊"。照这理上看来，世间一切物，各有其分异也，而适成其为同。断不能以形式上的画一为合理的。审察乎万殊，以求合乎一理，正是至诚之道。

他的仁道观念，一方面主张博爱万物；另一方面主张人人要各尽天职，守正义，安本分，要以天地之心为心。这便是他的人生观、伦理说的大纲。

四、人性论

宇宙万物既由一气活动而生，又因其沉浮升降而生万殊，物与人遂各别，而人与人之贤不肖亦各不同。盖太虚之本性为虚明，人既生于太虚，所以人性亦为虚明，然既凝聚则不免有清有浊，此即所谓"气质之性"。他的性说与告子"生之谓性"之说不同。他以为生就是气，至于性则为生之理。《诚明篇》说：

> 以生为[①]性，既不通昼夜之道，且人与物等，故告子之妄，不可

---

① "为"，原文作"谓"，据《张载集》改。

不诋。

> 形而后有气质之性，善反之，则天地之性存焉。故气质之性，君子有弗性者焉。

他之论性，已如上述。所谓"天地之性，惟圣人得之"。圣人禀气，醇正至诚，其仁合于天道，故得天之性，所谓"惟大人为能尽其道"。至于圣人以外的人，则不免有纯杂。《诚明篇》又说：

> 人之有刚柔缓急，有才与不才，气之偏也。天本参合不偏。养其气，反之本而不偏，则尽性而天矣。性未成则善恶混。

"心"和"性"又有什么关系哩？他以为心乃触物而生知觉。"人本无心，因物而为心。"合性与知觉就谓之心；凡人之喜、怒、哀、乐之情，起于性。知觉外物之时，以性为体，以情为用，体动而情生。所以心可统合性情。他又以"神"为心，以神统性情。《神化篇》说：

> 神，天德；化，天道。德，其体；道，其用。一于气而已。惟神为能变化，以其一天下之动也。人能知变化之道，其必知神之为也。

他既以神为心，而指人间的理性，所以他又说：

> 心能尽性，"人能弘道"也。性不知检其心，"非道弘人"也。①

但心常为知觉作用所乱，而清静时不多。清静时候的心，方是"正心"，也就是"天地之性"的本心。惑乱时的心，则"俗心"不能去，"实心"不能全。所以人必须去乱心而明本心，更须以"天地之性"的理性去统率性情，方能体天之心。他这"正心"与"实心"之说，仿佛由佛性论里面的"性行修得说"脱化而来。然他不仅以耳目知觉外界为心。他说：

> 闻见不可为心，若以闻见为心，则天下之物，一一不可闻见，毕竟小其心而已。但心须合太虚，心既虚则公平；公平则是非较然可

---

① "弘道"，原文作"宏道"；又后句脱"'非道弘人'也"句。据《张载集》改补。

见，可为不可为之事，自能知之矣。①

他以太虚包括一切理性，由太虚所生之心，当其虚明时，太虚之理法，皆历历可见。所以他将知识又分为二，以耳目见闻外物之知识为小，以先天的固有之知识为良知。

五、鬼神观

中国古书里的鬼神，颇有泛神论的臭味，如《易》之《系辞》及《中庸》：

> 精气为物，游魂为变，是故知鬼神之情状。
> 鬼神之为德，其盛矣乎？视之而不见，听之而不闻，体物而不可遗。

这都是说鬼神为进化的妙用。后人的解释为：

> 万物无不以鬼神之气而生者也。（郑玄）
> 鬼神之功用，造化之迹也。（程子）
> 鬼者，阴灵；神者，阳灵。以一气言之，则至而伸者为神，反而归者为鬼，其实一物而已。（朱子）

朱子之说实源于横渠，横渠则给鬼神以一个哲学的解释。谓因万象的聚散，由于一气之沉浮升降屈伸。《太和篇》说：

> 鬼神者，二气之良能也。圣者，至诚得天之谓。神者，太虚妙应之目。凡天地之象，皆神化之糟粕尔。
> 鬼神，往来屈伸之义，故天曰神，地曰示，人曰鬼。……神化者，天之良能。

他以二气自然之妙用，为发生天地万物之原因。鬼神亦不外乎此项作用。

---

① 此段非引张载原文，是从《经学理窟·学大原上》《张子语录·语录上》等处摘取而来，亦不全切合原文。

六、修养方法

我们已晓得气质之性有清浊，清浊之气质虽为天赋的，然可由修养工夫而变化之，使成为虚明之性（即天地之性）。至于此修养的方法，则有内、外两方面：（一）内正心；（二）外重礼。正心，是否定一切见闻知、抽象知，以求发现自己的本然的性的意味。换言之，就是正心而达于虚心平气之境，则气自能合于天地之性。重礼，是能体验人天合一、物我一体之理想。礼就是万物生时所生的一定秩序，含于太虚，而非出于人，乃出于天道。万物既生于太虚，所以万物的本性原属太虚，人必须修养使还其本性。所以他说："守礼所以持性，持性所以反本。"

于此可见，他的修养工夫是以礼为尤重。他以礼率弟子，关中士风，为之一变。他以为这两种修养工夫来陶冶性情，可望达于圣贤的境域。

七、结论

张横渠的学问和思想的特色，就是他的太虚一元论。他根据这种思想说明宇宙一切的现象。他把《易》之《系辞》和老子的世界观及佛家的思想放在一个炉子里面熔化，打成一片，构成他的独有的实在论。在伦理方面，则将孔子的"仁"、子思的"诚"熔合而成他的特殊之理论。其学识之全体，以气一元为其哲学思想之主脑；本此主脑而一贯他的哲学思想，确是宋代哲学家中的魁首。惟由其根本思想之气一元论言之，他分人性为天地之性与气质之性，虽于不识不知间调和孟、荀之争点，然而似乎有点不彻底的地方。

广张子《西铭》

江 谦

编者按：本文原载《佛学半月刊》1934年第78期。江谦（1875—1942），字易园，号阳复。安徽婺源（今属江西）人。著名教育家。早年受业于张謇门下，嗣后考入南洋公学师范班。1902年，协助张謇创办通州师范学校，为全国第一所师范学校的首任校长。后被推选为安徽省教育会会长、江苏省议员。辛亥革命后当选为国会议员。1914年后先后任江苏省教育司司长、南京高等师范学校校长等。后因积劳致疾，养病沪上，先后皈依谛闲、印光二法师，研习佛学，创儒佛合一学说。著作有《灵峰儒释一宗论》《佛儒经颂》《东坡禅学诗文要解》《阳复斋诗偈集》等。

宋张横渠先生《西铭》，阐性一分殊之义，示天下一家之情，千古大文也。惟准之不生不灭无量无边之心性，则犹未尽。谨本张子之文而广之曰：

乾称父，坤称母，予心之廓然，实与之遍在而常住，故天地之性为吾性，天地之体为吾体，民吾同胞，物吾眷属也。

大君者，克家之长子；先圣先贤者，学校之宗师也。尊高年，所以老吾老；慈孤弱，所以幼吾幼；圣，其合德；贤，其秀也。凡天下疲、癃、残、疾、惸、独、鳏、寡，乃至畜生饿鬼地狱，皆吾兄弟亲属之颠沛流离而无告者也。于时保之，子之职也；同乐同忧，纯乎孝弟者也。违曰悖德，害仁曰贼，济恶者不才，其践形惟肖者也。

穷神则善继其志，知化则善述其事。不愧屋漏，为无忝所生；存心养性，为夙夜匪懈。恶旨酒，庶明哲以保身；去残杀，则孝子之锡类。忘一身以奉天下，伏羲、神农、黄帝、尧、舜、禹、汤、文、武、伊尹、周公其公乎！传先德以诚后来，释迦、老聃、仲尼其文乎！体全受而全归者，参乎；能不矜而不伐者，颜渊也。

富贵福泽，聪明睿智，以广吾之施也；贫贱忧戚，夷狄患难，庸玉女于成也。存，吾顺事；殁，吾归休也。西方极乐世界阿弥陀佛者，使吾同胞亲属，脱苦得乐，超凡入圣之大导师也。若夫极而言之，则皆吾头脑脏腑，精神气血，眼耳鼻舌，手足骨肉，痛痒相关之一身也。实而言之，则唯吾清净周遍，无量无边，不生不灭，神通变化，不可思议之一心也。心之为德也，其至矣乎！民鲜知之久矣！

读张横渠《东铭》《西铭》

缪篆

编者按： 本文原载《新民》1935年第1卷第2期。缪篆，籍贯及生卒年不详，著有《齐物论释注》。

张横渠学堂双牖，右书《订顽》，左书《砭愚》。程伊川为之易《砭愚》为《东铭》，易《订顽》为《西铭》。后人承用，遂不复求张氏从《砭愚》之题所生"戏言出于思也"云云之文之旨；从《订顽》之题所生"乾称父，坤称母"云云之文之旨。夫不知其旨，虽手书万本，口读万遍，钦其宝而莫名其器，仍是辜负古人，无裨"自""他"，孔子所谓"不思则罔"而已。

今夫"东""西"二字对待，人人之所知也；横渠拈"愚""顽"二字并立，一般读者固然不及推求，即三数注家，亦何尝讲明其所谓。夫中国文字，名词之与"愚""顽"字相类者可数十字；动词之与"订""砭"字相类者亦可数十字。若以为作者意旨是"东去恶铭""西去恶铭"，然则"戏言出于思也"云云，虽题为"订顽"亦无妨；"乾称父坤称母"云云，虽题为"砭愚"亦无妨，世亦何贵横渠有此八面锋之格言哉！且尤奇者，张横浦、朱晦翁二氏作注，皆仅注《西铭》，不注《东铭》（见《横渠学案》本文下，及《近思录》二卷）；惟刘蕺山氏两铭并注，然终嫌不能贯澈（亦见《横渠学案》本文下）；后来偏注《西铭》者亦有数家。夫横渠原文，两铭并重。注者乃偏重焉，将谓《东铭》易解耶？其实，《东铭》原本《易经》《论语》，含义甚广，并非浅近通俗之言。其所以致此偏重之误者，由于寻绎本文不解命题之义，或仅能从文字上看出《西铭》以"孝"字为主，不能从文字上看出《东铭》以何字为主。在《西铭》文中尚见一"孝"字，《东铭》文中，既不见"礼"字，又不见"仁"字。且读者根本上不明了"视"摄于"动"、"听"摄于"言"。《论语》视、听、言、动之四目，《易经·系辞》仅摄为二目之故。此亦由作者横渠之本身，其德行追踪颜、闵，而文学终不逮游、夏。君子是以叹言理之文，七十子之后，不得不赏心于周之荀卿、唐之玄奘也。

兹先揭示二铭之主义曰：

《东铭》主义是"仁覆天下"，

《西铭》主义是"孝治天下"。

阅者疑吾言乎？试分说之如下。

（甲）《东铭》

本文一百十二字，原题《砭愚》。

> 戏言，出于思也；戏动，作于谋也。发乎声，见乎四肢，谓非己心，不明也；欲人无己疑，不能也。过言，非心也；过动，非诚也。失于声，缪迷其四体，谓己当然，自诬也；欲他人己从，诬人也。或者谓出于心者，归咎为己戏；失于思者，自诬为己诚。不知戒其出汝者，归咎其不出汝者，长傲且遂非，不知孰甚焉！

[今按] 僖公二十四年《左传》云："心不则德义之经为顽，口不道忠信之言为嚚。"《广雅·释诂》："嚚，愚也。"然则横渠以"愚""顽"平列，即古训"顽""嚚"平列之旧耳。

夫去非所以求是，则"砭嚚"所以求"口道忠信之言"明矣。但横渠之意，非仅说"言"，乃兼说"动"，以为"嚚"虽训愚，而"愚"字能兼指言、动两者之谬，"嚚"字仅指言之谬耳，故立题曰"砭愚"。

既曰"砭愚"，则其目的之词为何？曰：其目的之词曰"复礼"。"复礼"者，仁也。明乎此，则《东铭》之文，读者乃知其所谓。

昔者颜渊问仁，而孔子答之以复礼，曰："非礼勿视，非礼勿听，非礼勿言，非礼勿动。"盖复礼之节目，此四者平列而已可知。但如何知其"非"，如何使之"勿"，孔子明明告之曰"由己"云者，"言由己听，动由己视"之谓也。"言由己听"，而如或非礼也，则战胜己之非礼言，而恢复己之礼言。"动由己视"，而如或非礼也，则克服己之非礼动，而光复己之礼动。故曰："为仁由己，而由人乎哉。"惟其不由人，则视、听、言、动四目，约之为言、动二目，乃与《易·系辞》云"拟之而后言，议之而后动"相符合。何为"拟之而后言"？《系辞》引《中孚》之"鸣鹤在阴，其子和之"，《同人》之"先号咷而后笑"，《节》之"不出户庭，无咎"以释之。何为"议之而后动"？《系辞》引《大过》之"借用白茅，无咎"，《谦》之"劳谦，君子有终，吉"，《乾》之"亢龙有悔"，《解》之"负且乘，致寇至"以释之。"《易》有圣人之道，以言者尚其辞，以动者尚其变"，其坦白易行也如此。《系辞》又曰："君子安其身而后动，易其心而后语。"危以动，则民不与也。惧以语，则民不应也。如何易民之心而后语？则当就施者之言与受者之听约为一。换言之，先就自施之言而自受以听之也。如何安民之身而后动？则当就施者之动与受者之视约为一。换言之，先就自施之动而自受以听之也。《孟子》云"汤武反之"，又云"反身而诚"（于文法，为"自反"云谓字，或"循环"云谓字。拉丁文为Verbum reflexivum），即《系辞》及《东铭》所用言、动二字也。

横渠为学《易》专家，《东铭》专说言、动，其根据于《易经·系辞》既明矣。至于如何谓之为非礼之言？横渠释之以戏言、过言；如何谓之为非礼之动？横渠释之以戏动、过动。是故口业、身业，受制裁于意业。

夫以卫武公之圣，而《诗》美之曰"善戏谑兮"；以孔子之圣，而《论语》载之曰"前言戏之耳"，"戏"，亦似无大谬。然横渠所谓"戏"，则非此之比也。横渠乃谓愚者之言，无稽之言也；不肖者之言，诈谖之言也。愚者之动，无意识之动也；不肖者之动，多患害之动也。此皆戏言、戏动之属于非礼者也。且夫一人之身，克念则作圣，罔念则作狂。成王与叔虞戏，削桐叶为珪以与叔虞，曰："以此封若。"史佚因请择日立叔虞。成王曰："吾与之戏耳。"史佚曰："天子无戏言。言则史书之，礼成之，乐歌之。"于是遂封叔虞于唐。故横渠谓"长傲"者，为戏言、戏动。若夫等而下之，言不及义、举止轻浮之类，则又横渠所不屑责矣。

夫以蘧伯玉之贤，犹曰"欲寡过而未能"；以孔子之圣，犹曰"学易可无大过"，"过"，亦似无大差。然横渠所谓"过"，亦非此之比也。横渠乃谓智者之过言，思想太锐之言也；贤者之过言，陈义太高之言也。智者之过动，易滋流弊之动也；贤者之过动，好为难能之动也。此皆过言、过动之属于非礼者也。且夫颂祈招之诗，言昭德音，动式金玉，始而寝馈自克，继而不能自持。楚灵王起章华之台而死于乾溪，仲尼曰："古也有志，克己复礼，仁也，信善哉！"故横渠谓"遂非"者，为过言、过动。若夫推而上之，《系辞》称颜渊"有不善"，此非孔子不能察；《成唯识论》称菩萨有"微细误犯愚"，此非释迦不能知，则又横渠所不得不视人太高者矣。（昭公十二年《左传》：古也有志。纂按：志，训如《周志》之志，则古也有志，即古史有之。然则《论语》称"克己复礼为仁"，本于古训"克己复礼，仁也"，明矣。夫以楚灵王之汰侈，孔子犹嘉其有克己之明，惜其无克己之力。圣人之性不绝人也如此，克己之难能可贵也又如此。）

由此观之，戏言、戏动，过言、过动，一言以蔽之，曰："不克己之言动而已。"因不克己而有戏言、戏动，故横渠本文曰"谓非己心，不明也"，"欲人无已疑，不能也"，此"出于心者，归咎为己戏"，是"不知戒其出汝者"也。愚、不肖者之所以"长傲"也，因不克己而有过言、过动，故横渠本文曰"谓己当然，自诬也"，"欲他人己从，诬人也"，此"失于思者自诬为己诚"，是"归咎其不出汝者也"，贤、智者之所以"遂非"也。

予故曰：横渠之《东铭》名曰"砭愚"者，此复礼之文也。教人知"仁覆天下"自克己始。己如何克？不待外求也，视己之动，听己之言而已矣。视己之动而非礼则"勿"之，戒慎乎其所不睹，故其动也仁。听己之言而非礼则"勿"之，恐惧乎其所不闻，故其言也仁。《淮南子·齐俗训》曰："所谓明者，非谓其见彼也，自见而已；所谓听者，非谓其闻彼也，自闻而已。"《书》有之曰："天视自我民视，天听自我民听。"夫岂徒谓苍苍之天哉？求在我者也。《荀子·正名篇》曰"缘天官"，天则指耳目言也。老子曰"治人事天莫如啬"，韩非解之，天则指聪明言也。君子言而世为天下法，动而世为天下道，故曰"非礼勿言，非礼勿动"，而天下归仁。至天下归仁矣，则不动而敬，不言而信，无声无臭至矣。子贡有言："至人固有尸居而龙见，雷声而渊默，发动如天地者。"（《庄子·天运篇》）

复次，孔子诏颜渊之旨，言非小子应对之谓，动非小子进退之谓，礼更非一若龙一若虎一成规一成矩之谓（温伯雪子语，见《庄子·田子方篇》）。原夫周自姬旦制礼，以迄荀卿笃礼，八百年中，一切天地春夏秋冬之官，吏户礼兵刑工之职，均以一"礼"字包之。周之所谓"礼"，在学术上其犹希腊时之所谓"哲学"，在政治上其犹近世欧洲诸国所谓法治国之"法"尔。颜渊称"夫子约我以礼"，夫子亦与弟子云"为国以礼，行夏之时，乘殷之辂，服周之冕，乐则韶舞，放郑声，远佞人"，皆礼之显示者也。是故以云言，达则涣汗大号，金玉尔音；穷则一字褒贬，乱贼知惧。以云动，达则北辰居所，众星拱之；穷则南面可使，居敬行简。太史公《礼书》曰："洋洋美德乎，宰制万物，役使群众，岂人力也哉！"

如上所述，已知《砭愚》之文，为"仁覆天下"主义之文也。若《订顽》之文则又何说？曰"孝治天下"主义之文也。今欲申说《西铭》，当有二简语如下：一曰，本儒家《孝经》，参以《易》理；二曰，辟佛说"无我"，故称《订顽》。

（乙）《西铭》

本文二百五十三字，原题《订顽》。

乾称父，坤称母；予兹藐焉，乃混然中处。故天地之塞，吾其体；天地之帅，吾其性。民，吾同胞；物，吾与也。大君者，吾父母宗子；其大臣，宗子之家相也。尊高年，所以长其长；慈孤弱，所以幼其幼。圣，其合德；贤，其秀也。凡天下疲、癃、残、疾、惸、独、鳏、寡，皆吾兄弟之颠连而无告者也。于时保之，子之翼也；乐且不忧，纯乎孝者也。违曰悖德，害仁曰贼，济恶者不才，其践形惟肖者也。知化则善述其事，穷神则善继其志；不愧屋漏为无忝，存心养性为匪懈。恶旨酒，崇伯子之顾养；育英才，颍封人之锡类。不弛劳而底豫，舜其功也；无所逃而待烹，申生其恭也。体其受而归全者，参乎；勇于从而顺令者，伯奇也。富贵福泽，将厚吾之生也；贫贱忧戚，庸玉汝于成也。存，吾顺事；没，吾宁也。

【诸家批评】

横渠尝于其书室之两牖作两铭，铭于西牖者曰《订顽》，是此文第一次张氏自题之名称。程伊川见之，曰：铭名《订顽》，是起争端，不若改称《西铭》。依程氏说：《西铭》乃铭之在西牖者，《西铭》两字，等于一"铭"字耳。此铭，程明道嘉之曰："极醇无杂，秦汉以来学者所未到。"又曰："《订顽》立心，便达得天德。"又曰："《订顽》一篇，意极完备，乃仁之体也。学者其体此意，令有诸己，其地位已高；到此地位，自别有见处，不可穷高极远，恐于道无补也。"又曰："游酢得《西铭》读之，即涣然不逆于心，曰：'此中庸之理也，能求于言语之外者也。'"程伊川答杨中立问曰："《西铭》之文，推理以存义，扩前圣所未发，与孟子性善养气之论同功。"朱晦翁曰："程门专以《西铭》开示学者。"

【诸家注解】

注解此铭文者有三家：（一）张横浦氏（张九成，字子韶）；（二）朱晦翁氏；（三）刘蕺山氏（刘宗周，字念台）。张注、刘注录在《横渠学案》本文下；朱注录在《近思录》卷二本文下。

按：此铭有整个之系统，盖二百五十三字中，包括一千八百余字之《孝经》

在内。若能察其旨要，知其根据，则字字均有着落矣。且细阅诸家注文，乃有歧异。如"长其长，幼其幼"二"其"字，横浦说"其"字指天地，晦翁说"其"字指自己，一不同也。"于时保之，子之翼也"，横浦属上"疲癃"句讲，晦翁、戢山属下与"乐且不忧，纯乎孝者也"两句为对偶，二不同也。今从《孝经》对照，则能判定晦翁、戢山不误，而横浦注误矣。又"存，吾顺事；没，吾宁也"两句，横浦、晦翁都以为属自己存没说。属自己说，显然与舜之厎豫、参之全归重复。今依《孝经》对照，乃知属亲之存没说。（《朱子语录》说"《孝经》疑非圣人之言"，且作刊误，其轻视《孝经》如彼。而《宋史·朱熹传》云"尝与林栗论《西铭》"，其重视《西铭》又如此。惟其疑《孝经》，所以不能知《西铭》乃摄一千八百余字之《孝经》在内也。）

今将《西铭》与《孝经》比勘之，则知《西铭》不独出于《孝经》，并且参有《易》理。

《西铭》：乾称父，坤称母；予兹藐焉，乃混然中处。

横渠自幼讲习《周易》。中国未有文字之先，先有八卦。八卦者，父母卦、六子卦也。在《周易·说卦》"三索"章即云："乾，天也，故称乎父；坤，地也，故称乎母。震，长男；巽，长女；坎，中男；离，中女；艮，少男；兑，少女。"横渠云"予兹藐焉，乃混然中处"者，《说卦》称"立天之道，曰阴与阳；立地之道，曰柔与刚；立人之道，曰仁与义"，谓之"三才"，《中庸》所谓"至诚与天地参"也。《孝经·三才章第七》曰："夫孝，天之经也，地之义也。"谓事父孝者，天之常也；谓事母孝者，地之宜也。又《感应章第十六》曰："昔者明王事父孝，故事天明；事母孝，故事地察。"吾师黄希平先生曰："父母之于人子也，无一息不得其所而父母之心始安。天地之于万物也，无一物不得其所而天地之心始安。深知父母之心，则天地之心乃可一默而见。"然则横渠之志气，由父母而达诸天地者，必有事焉，则下文"民胞""物与""尊老""慈幼""希圣""希贤"等等节目尔。

"孝治天下"一语，极平易而极神奇之语也。骤而问人曰："孝何以能治天下？"古今来注《孝经》、疏《孝经》者，都不能答。否则引《孝经》一二节以塞责，亦答如不答。篆按：惟王士元所著之伪《亢仓子》之《训道篇》有此答案。该篇立论，探源于全部《孝经》第一章第一句"先王有至德要道"之前，说明"何故以孝治天下"之由。振衣千仞冈，濯足万里流，王士元此文，其庶几乎！其言曰：

> 闵子骞问仲尼："道之与孝，相去奚若？"仲尼曰："道者，自然之妙用；孝者，人道之至德。夫其包运天地，发育万物，曲成万类，

不希性寿。其功至实，而不为物府，不为事官，不为功尸，扣求视听，莫得而有，字之曰道。用之于人，字之曰孝。"

读此，则"孝治天下"之答案，即"道治天下"。彼功利派恒谓贫弱之国惟富强是师，于不出家庭之孝无与焉者，可憬然于孝即人道之代表，在他国吾不敢知，在中国则有定义曰"富强有道，惟孝是视；治平有道，惟孝是视"。

《西铭》：**故天地之塞，吾其体；天地之帅，吾其性。**

按：此二语，原本于《孟子·养气章》"志，气之帅也。气，体之充也"二语。横渠上句是说气，下句是说志，所以程伊川云："与孟子养气之论同功。"清末大儒李平山先生曰："人之有志，乃所谓人心也。人之有气，乃所谓道心也。志，有心也，有心故曰'惟危'。气，无心也，无心而后可以见天地万物之心，故曰'惟微'。志能帅气，故曰'惟一'。舍志从气，故曰'惟精'。'允执厥中'者，志气合德，故时措之宜也。"

《西铭》：**民，吾同胞；物，吾与也。**

《尧典》羲氏和氏，敬记天时以授人，仲春民析鸟兽孳尾，仲夏民因鸟兽希革，仲秋民夷鸟兽毛毨，仲冬民隩鸟兽氄毛。中国有史以来，言民胞无不言物与者。所以然者，伏羲开物成务，黄帝正名百物，民有不能离物类以独存之事实，非侈言泽及禽兽，化被草木之德音也。《孝经·天子章第二》曰："爱敬尽于事亲，而德教加于百姓，刑于四海。"谓身教施于百族生民，九夷八狄七戎六蛮，予兹取法焉。

《西铭》：**大君者，吾父母宗子；其大臣，宗子之家相也。**

《孝经·广扬名章第十四》曰："君子之事亲孝，故忠可移于君。"此在《礼·祭义》述曾子之言亦云："事君不忠，非孝也；战阵无勇，非孝也。"又《孝经·孝治章第八》曰："昔者明王之以孝治天下也，不敢遗小国之臣，而况于公侯伯子男乎？故得万国之欢心，以事其先王。"横渠所称大臣，于古则列国之君，而为五等诸侯者是。

《西铭》：**尊高年，所以长其长；慈孤弱，所以幼其幼。**

《礼·大学》云："上老老而民兴孝；上长长而民兴悌；上恤孤而民不倍。"又《孝经·三才章第七》云："先之以博爱，而民莫遗其亲；陈之以德义，而民兴行。"

《西铭》：**圣，其合德；贤，其秀也。**

《孝经·圣治章第九》说"圣人之德，无以加于孝。"《易·文言》云："夫大人者，与天地合其德。"《系辞》云："阴阳合德。"《说卦》云："昔者圣人之作易也，将以顺性命之理。"清儒周太谷云："天之赋我曰命，父母赋我曰身，合德曰性。"李平山解之曰："天之赋我曰命，犹乾也。父母赋我曰身，犹坤也。合德曰性，犹易也。人之生也，有身命而后有性，所谓'乾坤毁则无以见易'是也。人之学也，不知性则身命终非我有，所谓'易不可见则乾坤或几乎熄'是也。圣功无他，合德曰性而已矣。"吾师黄希平先生评《西铭》曰："身，受之父母者也，知父母之心，可与修身矣。命，受之天者也，知天地之心犹父母之心，可与立命矣。是故知父母之心，然后可以为子。知天地父母之心，然后可以为人，可以为子。呜乎，岂独张子有其天地父母哉！"

《西铭》：**凡天下疲、癃、残、疾、惸、独、鳏、寡，皆吾兄弟之颠连而无告者也。**

《礼运》曰："大道之行也，天下为公，选贤与能，讲信修睦，故人不独亲其亲，不独子其子（横渠上文"尊高年，所以长其长；慈孤弱，所以幼其幼"）。使老有所终，壮有所用，幼有所长，矜寡孤独废疾者皆有所养。"又《孟子》说："文王发政施仁，必先鳏寡孤独四者无告之穷民。"又《孝经·孝治章第八》云："治国者，不敢侮于鳏寡，而况于士民乎？故得百姓之欢心，以事其先君。"

《西铭》：**于时保之，子之翼也。**

《孝经·诸侯章第三》云："富贵不离其身，然后能保其社稷。"又《孝经·士章第五》云："故以孝事君则忠，以敬事长则顺。忠、顺不失，以事其上，然后能保其禄位而守其祭祀。"

《西铭》：**乐且不忧，纯乎孝者也。**

《孝经·圣治章第八》云："君子言思可道，行思可乐"云云。

《西铭》：**违曰悖德，害仁曰贼，济恶者不才。**

《孝经·圣治章第九》云："故不爱其亲而爱他人者，谓之悖德。不敬其亲而敬他人者，谓之悖礼。以顺则逆，民无则焉。不在于善，而皆在于凶德，虽得之，君子不贵也。"

《西铭》：**其践形惟肖者也。**

《孟子》曰："惟圣人然后可以践形。""践形"之义训，孟子于他章申说之，曰："君子所性，仁义礼智根于心。其生色也，睟然见于面，盎于背，施于四体，四体不言而喻。"横渠此云"其践形惟肖者也"，仍是《孝经·圣治章》"君子不贵也"句直接之下文。其文曰："君子则不然，言思可道，行思可乐，德义可尊，作事可法，容止可观，进退可度，以临其民。《诗》云：'淑人君子，其仪不忒。'"

《西铭》：**知化则善述其事，穷神则善继其志。**

述事、继志，《中庸》所纪武王周公之达孝也。《孝经·圣治章第八》云：

"孝莫大于严父，严父莫大于配天，则周公其人也。昔者周公郊祀后稷以配天，宗祀文王于明堂以配上帝，是以四海之内，各以其职来祭。"

横渠此下六句，总释其义如下：

孔子有言："欲观我褒贬诸侯之志在《春秋》，崇人伦之行在《孝经》。"所以《孝经》称说先王，即《易经·乾卦》所称九三、九五合天德之君子、大人，乃圣乃神、乃武乃文集于一身之元首也。

《西铭》本文亦然。以"知化"为圣功，下接则"善述其事"为王道；以"穷神"为圣功，下接"则善继其志"为王道。此其一。以"不愧屋漏"为圣功，下接"为无忝"为王道；以"存心养性"为圣功，下接"为匪懈"为王道。此其二。以"崇伯子之顾养"为圣功，上文称"恶旨酒"为王道；以"颍封人之锡类"为圣功，上文称"育英才"为王道。此其三。

《西铭》：不愧屋漏为无忝；存心养性为匪懈。

《孝经·士章第五》云："《诗》云：'夙兴夜寐，毋忝尔所生。'"又《孝经·卿大夫章第四》云："《诗》云：'夙夜匪懈，以事一人。'"

《西铭》：恶旨酒，崇伯子之顾养；育英才，颍封人之锡类。

《论语》称禹"致孝乎鬼神"。郑玄《孝经注》谓《开宗明义章》云："先王有至德要道，以顺天下。"先王者，禹也。故章太炎《文集》有《孝经》本夏法说。

又《孝经·庶人章第六》云："用天之道，分天之利，谨身节用，以养父母。"又《孝经·纪孝行章第十》云："孝子之事亲也，居则致其敬，养则致其乐。"又云："居上而骄则亡，为下而乱则刑，在丑而争则兵，三者不除，虽日用三牲之养，犹为不孝也。"

《诗》曰："孝子不匮，永锡尔类。"隐公元年《左氏传》引以赞颍考叔也。

《西铭》：不弛劳而厎豫，舜其功也。

《孝经·广要道章第十二》云："敬一人而千万人悦，所敬者寡而悦者众。"与《孟子》"舜尽事亲之道而瞽瞍厎豫，瞽瞍厎豫而天下悦"同义。①

《西铭》：无所逃而待烹，申生其恭也。

《孝经·谏诤章第十五》云："曾子曰：'敢问子从父之令，可谓孝乎？'子曰：'父有诤子则身不限于不义，从父之令，又焉得为孝乎'云云。"与《孝经》此章相发明者，有《荀子·子道篇》。其言曰："从义不从父，人之大行也。孝子所以不从命有三：从命则亲危，不从命则亲安，孝子不从命，乃衷。从命则亲辱，不从命则亲荣，孝子不从命，乃义。从命则禽兽，不从命则修饰，孝

---

① "义"，原文作"意"，据文意改。

子不从命，乃敬。故可以从而不从，是不子也。未可以从而从，是不衷也。明于从不从之义，而能致恭敬、忠信、端懿以慎行之，则可谓大孝矣。"

《礼记·檀弓》载申生事，评之曰："是以为恭世子也。"郑玄注曰："言行如此，可以为恭，于孝则未之有。"《檀弓》，郑玄之所流传，是孔门圣学之言，非宋儒理学之言也。此条朱晦翁注，牵强。但张横浦注前段甚精，其言曰："孝子逢父怒，大杖则走，小杖则受。申生不明乎道，以死为恭，成父之恶，不可为训。"不过横浦注后段，则又失之敷衍附会矣。吾师黄希平先生曰："《春秋》书申生见杀，在灭夏阳后，执虞公前。观申生之死，可以为祸乱灭国者戒。桓庄之族何罪，而以为戮，申生宜见几而谏，一也；晋侯作二军，一出而灭人三国，申生宜见几而谏，二也；伐东山皋落氏，申生①宜见几而谏，三也；璧马假道，申生宜见几而谏，四也。《礼记·檀弓》所载，盖表示申生之仁，不如重耳之智。申生死而晋难成矣。微重耳，而晋遂亡矣。孔子曰：'未智焉得仁。'又曰：'好仁不好学，其蔽也愚。'申生其仁而愚者欤！以仁孝杀其身，祸并及于家国，岂真仁孝足以致祸哉！呜乎！此圣人之学所以泽被万世也。"

《西铭》：体其受而归全者，参乎。

《论语》载曾子有疾，"启予足，启予手"之文，《礼记·檀弓》载曾子易簀之语。

《西铭》：勇于从而顺令者，伯奇也。

《太平御览》五百一十一卷录《琴操》云："尹吉甫，周卿也。子伯奇，母早亡。吉甫更娶后妻，妻乃谮之于吉甫，曰：'伯奇见妾美，欲有邪心。'吉甫曰：'伯奇慈仁，岂有此也。'妻曰：'置妾空房中，君登楼察之。'妻乃取毒蜂，缀衣领，令伯奇掇之。于是吉甫大怒，放伯奇于野。宣王出游，吉甫从之，伯奇作歌以感之。宣王闻之曰：'此放子之辞也。'吉甫乃求伯奇而感悟，遂射杀其妻。"（纂按：《孟子》："《小弁》，小人之诗也。"赵岐注："《小弁》，小雅之篇，伯奇之诗也。"赵岐在汉，岂其有异闻耶？不解。）

《荀子·子道篇》："故劳苦凋萃，而能无失其敬，灾祸患难，而能无失其义，则不幸不顺见恶，而能无失其爱，非仁人莫能行。诗曰'孝子不匮'，此之谓也。"荀子所说，伯奇足以当之矣。

《西铭》：富贵福泽，将厚吾之生也。

《孝经·诸侯章第三》云："高而不危，所以长守贵也；满而不溢，所以长守富也。"

---

① "生"，原文作"宜"，据文意改。

《西铭》：贫贱忧戚，庸玉汝于成也。

《西铭》本文"知化则善述其事"以下，是富贵福泽者之孝；"不弛劳而厎豫"以下，是贫贱忧戚者之孝。禹，武王，天子也；周公，诸侯也；颍封人，大夫也；皆富贵福泽者之孝也。舜，天子也；申生，诸侯之子也；伯奇，卿之子也；曾参，士也，皆忧戚贫贱者之孝也。《西铭》本文，句法交绮参错。注者目迷五色，为之逐句附会，随文解释其具体之典故，而不说明抽象之意义，遂令作者精神不显豁呈露，而原文反成堆砌矣。

《西铭》：存，吾顺事。

《孝经·开宗明义章第一》云："子曰：'先王有至德要道，以顺天下。'"又《三才章第七》云："则天之明，因地之利，以顺天下。"又《孝治章第八》云："《诗》云：'有觉德行，四国①顺之。'"又《广至德章第十三》云："诗云：'恺悌君子，民之父母。'非至德，其孰能顺民如此其广大乎！"《孝经》旧注云："天下原自顺者，以此顺之；天下或不顺者，亦以此顺之而使顺。"

《西铭》：没，吾宁也。

《孝经·纪孝行章第十》云："孝子之事亲也，丧则致其哀，祭则致其严。"又《丧亲章第十八》云："生事爱敬，死事哀戚，生民之本尽矣，死生之义备矣。"又《感应章第十六》云："宗庙致敬，不忘亲也。修身慎行，恐辱先也。"

兹再将《西铭》辟佛之大旨，及所以称为"订顽"之故，申述如下：

篇中用九"吾"字，一"予"字。张、朱、刘三家注解，大半望文生义，敷衍附会，似乎"吾"字是广义说"吾人"，又似乎"吾"字是"张载"两字之代名词。

"天地与我并生，万物与我为一"已见于《庄子》，"老者安之，少者怀之"已见于《论语》，何待横渠作更为亲密之言，谓天地为"本生亲"，谓民物为"自家人"乎？然而事有大奇，横渠文真义所在，是乾为天，为"吾"父，为"吾"君；坤为地，为"吾"母；等等。泰山可移，"吾"字不可变；东海可涸，"吾"字不可改。阅者搔不着"吾"字之痒处，浮浮浅浅从文句上求，似乎有几"吾"字用得异常生硬，不解是何缘故矣。

今郑重告知阅者曰：横渠此文，是辟佛，是辟佛说"无我"。何以知之？从历史上观察，提倡忠孝者大都辟佛。昔唐高祖时，傅奕与萧瑀辩论。瑀曰："佛，圣人也。"奕曰："礼本于事亲，终于奉上，则忠孝之理著，臣子之行成。而佛逾城出家，逃背其父，以匹夫抗天子，以继体悖所亲，瑀非出于空桑，

---

① "四国"，原文作"四海"，据《孝经·孝治章》《诗经·大雅》改。

乃遵无父之教，非孝者无亲，瑀之谓矣。"又梁时有皇偘（《北史》作侃）者，性至孝，常日诵《孝经》二十遍，以拟《观世音经》。今谓《西铭》辟佛说"无我"，盖非突然之论矣。

此文题目，横渠原用《订顽》。程伊川曰：是起争端，不若改曰《西铭》。阅者须知"争端"二字中，含蓄有"儒释之争"意义在内。

此文完全说"大孝者，孝天地"。夫不孝谓之"逆"，题目应作"去逆"。《书经》称舜父顽，然则顽是不慈，于"大孝者，孝天地"无涉，于不孝亦无涉。

缪篆曰："顽"字来历，我知之矣。原来佛说有大乘、小乘两种，小乘自利，但知"无我"。大乘自利利他，先破"人我执""法我执"之"我"，后证"常乐我净"之"我"。

又小乘但知"无我"，往往"执空"，大乘佛法亦斥小乘为"顽空"。其实大乘佛法，如人人能读之《大乘起信论》，明明说"如实空"，接说"如实不空"，大乘佛法并非"顽空"。此如中国《老子》书，说"无为"，接说"无不为"，《道德经》并非"消极"，其理论之精密颇有相同。（罗大经《鹤林玉露》云："贵真空，不贵顽空。顽空，木石是也，惟真空不坏。"）

原夫佛分三时说教，窥基《法苑义林章》云：（一）佛初说四谛法轮，令知"我"空，惟有其"法"，《四阿笈摩》（《四阿含经》）等，是初时教。（二）以闻"法有"者证"我皆空"，封着小果，不求大位。（篆按：顽空即指此等人。）故于二时教说《般若经》等。（三）说非空非有，称中道教者，讲《唯实》之经典，乃在第三时也。明乎三时说教之次第，则泥法为实有，斥曰"执有"，泥我为实空，斥曰"顽空"者，专指第二时教导小乘人言也。

其实佛书说"无我"，并说"有我"。兹分甲、乙二则说之如下：

［甲］佛法破诸外道执我。（印度九十五种外道，佛斥小乘亦为外道，故称九十六种外道。）遂说"无我"，如《大般涅槃经》十四卷佛说"诸行无我"云：（一）色法非我也；（二）非色之法，亦复非我；（三）斥诸外道以专念，故知有我；（四）斥诸外道以忆想，故知有我；（五）斥诸外道以有遮，故知有我；（六）斥诸外道以伴非伴，故知有我；（七）斥诸外道以名字，故知有我；（八）斥诸外道以生己求乳，故知有我；（九）斥诸外道以相貌，故知有我；（十）斥诸外道以见他食果口中生涎，故知有我。所以《菿汉微言》云："印度《数论》执我是思；《胜论》执'实''德'句义是实有性，多堕'常见'。故佛唱言无我，双破二执，以显真常。"

［乙］佛法大乘以常乐我净为四德。如《大般涅槃经·寿命品》说"我德"云："比丘白佛言：'譬如有人，叹芭蕉树以为坚实，无有是处。众生亦尔。若叹"我""人""众生""寿命""养育""知见""作者""受者"是真实

者，亦无是处。我等如是修无我想。如佛所说一切诸法无"我""我所"，汝诸比丘应当修习，如是修已，则除我慢，离我慢，已便入涅槃。'佛答：'欲伏外道故唱是言，无"我""人""众生""寿命""养育""知见""作者""受者"。如来于佛法中唱言无我，为调众生故，为知时故，说是无我。有因缘故，亦说有我。是故说言诸法无我，实非无我。何者是我？若法是实，是真，是常，是主，是依，性不变易，是名为我。'如来为众生故，说诸法中真实有我。"所以《成唯识论·科简》二卷云"佛说无我"，但无外道"即蕴""离蕴"。我既不可说，亦不可言形量大小等有受者，乃至成佛。此我非无。

无著《大乘庄严经论·菩提品》说"法界大我相"云："此无漏法界，由'第一无我'为自性故。""第一无我"谓清净如，彼清净如即是"诸佛我"自性。由佛此我最得清净，是故号佛以为"大我"。由此义意，诸佛于无漏界建立"第一我"。所以《蓟汉微言》云："佛法虽称无我，只就藏识生灭说耳。其如来藏自性不变，即是佛性，即是真我，是实是遍是常。今应说言：依'真我'（如来藏是实遍常）起'幻我'（阿赖耶非实遍常），依'幻我'说'无我'，依'无我'现'真我'。"

宋儒以辟佛为卫道，而其所辟者是"小乘偏见"语，或所辟者是"禅宗机锋"语，宋世各理学家在其范围内，对于佛教观念往往如此。（此种门户之见，历宋元明清，诸理学家、文学家，一派相传不改，所辟之语都是错误。直至咸、同年间，石埭杨文会仁山，宜黄欧阳渐竟无，翻刻大乘经论，著书立说，佛是思想家，非宗教家，读儒书者观念始从此放大。又因欧洲哲学入中国，一般人士始确知佛书大部分是哲学书。）

横渠辟佛家"无我"之说，以"无我"为"顽空"，故此文命名为"订顽"，订之云者，指彼说未为圆满，未为准确，校订之，订正之。"订顽"之"订"字，比辟佛之"辟"字自谦多矣。盖"顽空"字，本来为印度大乘斥小乘之语，横渠意谓彼教，既自知其"顽"，予不妨以中国之正道校准而订正之也。佛家说"地水火风"四大皆空，同时"我"也无。《西铭》订之，说"天地民物"混然一体，同时"吾"也有。所以"订顽"是订"无我"之"顽空"，篇中用九"吾"字、一"予"字，乃是不许说"无我"之意义也。后来朱晦翁亦尝云："读书要处处有我在。"

其实《论语》纪孔子说"无我"，如云："子绝四：毋意、毋必、毋固、毋我。"孔子何尝与佛无相同之点？然宋儒见《论语》则不加惊奇，见佛说则大为骇怪，此一蔽也。犹之乎《论语》说颜渊是"虚无"，如曾子云："昔者吾友，有若无，实若虚。"颜渊何尝与老子无相同之点？然宋儒见《论语》则以为平常，见《老子》则斥为异端，此又一蔽也。（此种谬惑，自韩愈起，历宋、元、明、清不改,而其所不议处都是错误。)

篆最后将"东海西海此心同、此理同"之精诣,正襟危坐告知阅者曰:佛说"大我",与横渠《西铭》说"吾"本来同义。宋儒不愿多阅大乘经典,以为玩物丧志,不无固闭之处,然凭其卫道之精神,天才之发越,订小乘"无我"之顽,而适与大乘"大我"之德隐合。横渠诚应传千古矣。可敬哉!可敬哉!彼欧洲哲学家之说"真我"(英国文Ego),岂能专美哉!

况且宋世诸大儒,师弟授受,皆有口口相传之真解,而精神并不全赖纸上写明,可想程伊川对于横渠《订顽》,必有相视而笑、莫逆于心之致趣。所以朱子云:"程门专以《西铭》开示学者。"后人去古已远,徒钻研几篇《列传》、几卷《学案》之故纸,虽曰得之,识者乃嗟失之矣。昔者孔门四科,颜子未宰一邑而以德行著,子游未著一书而以文学显。读《西铭》者,不能不假途于文字,然真实了解《西铭》后,所谓"民胞""物与""尊老""慈幼""希圣""希贤"诸节目,又岂文字遂毕乃事哉?又岂文字遂毕乃事哉?

论张子与吕蓝田

贾丰臻

编者按：本文选自贾丰臻《宋学》（商务印书馆 1933 年版）第三章"宋学的勃兴"第三节"张子"及第七节"程学后继"之"（四）吕蓝田"。其所著《中国理学史》（商务印书馆 1936 年版）第四编第一章"宋代理学"第三节"张载"、第六节"程学后继"之"（三）吕大临"亦有相同内容，但有不少删节。这次整理即以《宋学》为本录入，并根据内容将题目拟为《论张子与吕蓝田》。贾丰臻，洋泾区社庄庙（今属上海）人。近代教育家，提倡"军国民教育"。清光绪季年，朝野竞倡变法，贾丰臻东渡日本求学。曾任江苏省立第二师范学校校长。主要著作有《易之哲学》《中国理学史》《宋学》《佛学易解》《阴阳学》等。

张　子

张载，字子厚，大梁人，年少的时候，喜欢谈兵，有大志气。年十八，上书谒范文正公，公一见即赏识他，说道："儒者自有名教可乐，何事于兵！"即劝他读《中庸》。张子读后，还以为不足，遂读释老的书，亦觉无所得，乃反求之六经。嘉祐初年到京师，见程氏兄弟说到道学的重要，乃了解，说道："吾道自足，何事旁求！"于是尽弃异学。本在京讲《易》，乃对学者道："今二程兄弟深明《易》道，可往师之，吾不及也。"即日停讲。应文潞公聘为学官，很优待。熙宁初年，以吕正献公荐，召见，神宗问治道，对以复三代。时王安石正行新法，张子不以为善，遂托疾归。终日独坐一室，且读且思，心有所得，虽中夜必取烛疾书。说道："吾学既得诸心，乃修其辞命，命辞无失，然后断事，断事无失，吾乃沛然。"又告学者道："学必如圣人而后已。知人而不知天，求为贤人而不求为圣人，此秦汉以来学者之大蔽也。"他的学问，以《易》为宗，以《中庸》为的，以《礼》为体，以孔孟为极。他深信周礼必可行于后世，说道："仁政必自经界始。经界不正，即贫富不均，教养无法，虽欲为治，牵架而已。"将与学者买田一方,画为数井,以研究三代遗法,未成而卒。所著有《正蒙》《经学理窟》《易说》《语录》《西铭》《东铭》等。

程子说道:"世学胶固不通,固张子立太虚一大以激励之。"所以无论怎样,张子于宋初学风,极有影响,而在程子等上。且张子学说,能发见老佛的缺点,所以他要排斥老子的虚无论及释氏的见病论。

一、太虚论

张子的根本主义为太虚,太虚就是气,那个苍苍焉茫茫焉的都是气,故太虚为实在者。惟太虚应从两方面看,一从自动的方面,一从本性的方面。从自动的方面看时,他的中间有活动性,这样就称为太和;从本性的方面看时,其德为虚明。太虚凝聚的时候,就是物。故万物为太虚所变化的客形,而本体就是太虚。万物分散,则仍复归于本体的太虚。今再说明张子所讲的太虚。

(1)太虚就是气,是真正存在的物,为张子所主张的。他以为老子所说"有自无生",这理决不可通。

(2)太虚就是万物,万物为太虚所凝聚而成的。譬如元素,能组成一物,可知万物绝非悬在太虚中的,如以太虚与万物分为二时,则与佛氏以山河大地为见病,其弊相等。

(3)所说中间有活动性,就是阴阳屈伸相感的性。研究这理的,就是《易》。故《易》非本体论,乃专论法则的,所以圣人的书,"无尝说有无者"。惟万物从阴阳的原则而生,而从未有两物相同的,且一物亦有阴阳左右,故说道:"天下之物,无两个有相似者。"这和德国哲学家赖勃尼志取两叶细看,无相同处,极相似。

[附]张子的原说

太和所谓道,中涵浮沉、升降、动静、相感之性,是生絪缊、相荡、胜负、屈伸之始。其来也几微易简,其究也广大坚固。起知于易者,乾乎!效法于简者,坤乎!散殊而可象,为气;清通而不可象,为神。不如野马、絪缊,不足谓之太和。(《太和》)

气坱然太虚,升降飞扬,未尝止息,《易》所谓"絪缊",庄生所谓"生物以息相吹""野马"者欤!此虚实、动静之机,阴阳、刚柔之始。浮而上者,阳之清;降而下者,阴之浊。其感遇聚散,为风雨,为雪霜,万品之流形,山川之融结,糟粕煨烬,无非教也。(同上)

太虚无形,气之本体。其聚其散,变化之客形尔。至静无感,性之渊源。有识有知,物交之客感尔。客感客形与无感无形,惟尽性

者一之。（同上）

　　天地之气，虽聚散攻取百涂，然其为理也，顺而不妄。气之为物，散入无形，适得吾体；聚为有象，不失吾常。太虚不能无气，气不能不聚而为万物，万物不能不散而为太虚。循是出入，是皆不得已而然也。然则圣人尽道其间，兼体而不累者，存神其至矣。彼语寂灭者，往而不反；徇生执有者，物而不化。二者虽有间矣，以言乎失道则均焉。聚亦吾体，散亦吾体，知死之不亡者，可与言性矣。（同上）

　　知虚空即气，则有无、隐显、神化、性命通一无二，顾聚散、出入、形不形，能推本所从来，则深于《易》者也。若谓虚能生气，则虚无穷，气有限，体用殊绝，入老氏"有生于无"自然之论，不识所谓有无混一之常。若谓万象为太虚中所见之物，则物与虚不相资，形自形，性自性，形性、天人不相待而有，陷于浮屠以山河大地为见病之说。此道不明，正由懵者略知体虚空为性，不知本天道为用，反以人见之小因缘天地。明有不尽，则诬世界乾坤为幻化。幽明不能举其要，遂躐等妄意而然。不悟一阴一阳范围天地、通乎昼夜、三极大中之矩，遂使儒、佛、老、庄混然一途。语天道性命者，不罔于恍惚梦幻，则定以"有生于无"为穷高极微之论。入德之途，不知择术而求，多见其蔽于诐而陷于淫矣。（同上）

　　气之聚散于太虚，犹冰凝释于水，知太虚即气，则无无。故圣人语性与天道之极，尽于参伍之神，变易而已。诸子浅妄，有有无之分，非穷理之学也。（同上）

　　由太虚，有天之名；由气化，有道之名；合虚与气，有性之名；合性与知觉，有心之名。（同上）

张子又以太虚生阴阳二气，故二气同为太虚。惟其凝聚性不同，兹述其所生关系。

　　（4）张子解释鬼神为二气之良能，与"鬼者，归也；神者，伸也。气之伸者为神，气之屈者为鬼""人死，肉归于土，血归于水，骨归于石，魂升于天"等语略同。说道："鬼神者，二气之良能也。""圣者，至神得天之谓；神者，太虚妙应之目。凡天地法象，皆神化糟粕尔。""天道不穷，寒暑已；众动不穷，屈伸已。鬼神之实，不越二端而已矣。"（《太和》）又说道："鬼神，往来屈伸之义。故天曰神，地曰示，人曰鬼。"（《正蒙·神化篇》）可知天神、地示、人鬼，就是指二气变化良能而说，并非别有其他想象的鬼神。古人相传下来有祭祀，正因见阴阳造化、神妙无穷的缘故。

（5）天地亦是一个气，地在纯阴中凝聚，天在浮阳外运旋，这就是天地的常体；恒星系附于天，与天共同运旋而无穷；日月五星逆天而行，并包地；地在气中，随天左旋，地所系辰象，随天稍迟，故如右。此非天动说，亦非地动说，是天地共动说。

（6）二气化成万物，阴的性为凝聚，阳的性为发散，雨风雷露，皆其结果。总而言之，太虚以自己的能力，先作阴阳两者，而阴阳两者再生成万物。

就以上所论，可知宇宙全是太虚的凝聚分散，此外无他道。张子的世界观为一元的，和万物互相贯通。这一点与哈德门的无意识界之万物交通极相同。惟张子所假定的，以太虚为本体，绝非哈德门的无意识的实在可混同；张子的本体在空间内，故为一元的。而其立脚地为经验的。至于哈德门的实在为超经验的。相当的说来，张子的一元，非形而上的，为形而下的。故张子为纯粹的、模范的唯物论者。

二、伦理论

张子立一元的世界观，以太虚为其根本主义。一切万物，皆是太虚的客形，人亦是太虚凝聚的。太虚的性为虚明，故人的性亦虚明，这是本然的。惟太虚凝聚的时候，有清有浊，故各人的气质亦不能相同。张子又以虚附带弘大之意义，说道："天地以虚为德。虚即至善，而为仁所发。忠恕与仁俱发者，而礼义为仁之用。"各人的气质，由气的清浊而成。故如草木亦有气质，惟不能均齐。而教育的重要，就能变化气质。气质有分别，就有我的所以然。气质变却的时候，就非我；非我就与天同一。太虚凝聚而成人，故人的本性为虚明。虽然人有知有识，这不过人与物相接触的关系。换句话讲，就是人与物或物与物相接触所发生的结果。

张子关于心的见解，说道："合性与知觉，有心之名。""心统性情者也。"（《语录》）"太虚者，心之实也。"他从太虚所立一元的世界观，怎样观心？虽不很明了，惟察他的意，以心为太虚所凝聚，触物而生知觉。说道："人本无心，因物为心。"又说道："不可以闻见为心。若以闻见为心时，天下之物，一一不可闻见，毕竟心为小者。如心合于太虚，心既虚时则公平，公平时是非较然可见，可为不可为之事可自知也。"因为太虚含蓄一切的理，故人心虚明时，太虚的理法历历可见。

张子教学者先以礼，而同时有程明道教学者先以忠信。张子为人严正，明道为人浑笃，故所教学者，亦与各人的性质相适。张子关于礼的见解，说道："一切万物之生成，有一定之秩序，此即礼也。故礼即道也。道为太虚中所含蓄者，由是观之，礼非出于人而出于天者。出于天者，决不可变，在天为天序、天秩；

在人为尊卑长幼。守之即所以守礼；惟太虚为物之性，故守礼即所以持性，持性即所以反本。故未成性之时，须以礼守之。"

[附] 张子关于伦理的话

乾称父，坤称母。予兹藐焉，乃混然中处。故天地之塞，吾其体；天地之帅，吾其性。民，吾同胞；物，吾与也。大君者，吾父母宗子；其大臣，宗子之家相也。尊高年，所以长其长；慈孤弱，所以幼其幼。圣，其合德；贤，其秀也。凡天下疲、癃、残、疾、惸、独、鳏、寡，皆吾兄弟之颠连而无告者也。于时保之，子之翼也。乐且不忧，纯乎孝者也。违曰悖德，害仁曰贼。济恶者不才，其践形惟肖者也。知化则善述其事，穷神则善继其志；不愧屋漏为无忝，存心养性为匪懈。恶旨酒，崇伯子之顾养；育英才，颖封人之锡类。不弛劳而厎豫，舜其功也；无所逃而待烹，申生其恭也。体其受而全归者，参乎；勇于从而顺令者，伯奇也。富贵福泽，将厚吾之生也。贫贱忧戚，庸玉汝于成也。存，吾顺事；没，吾宁也。（《西铭》全文）

形而后有气质之性，善反之则天地之性存焉。故气质之性，君子有弗性者焉。盖天命之所流行，赋与万物而纯粹至善者，曰天地之性；气聚成形，其气有纯驳偏正之异者，曰气质之性。若能变化气质，则天地不失其初，而能复于本然之善矣。然本然之性，非离气质而别存；气质之性，亦非纯出于恶，惟气质有所杂糅，故不能一于善耳。学者当变化其气质之恶以进于善，又当充其所谓善者焉。故曰：

人之刚柔、缓急、有才与不才，气之偏也。天本参和不偏，养其气，反之本而不偏，则尽性而天矣。性未成则善恶混，故亹亹而继善者，斯为善矣。恶尽去则善因以亡，故舍曰善而曰"成之者性"。（《正蒙·诚明篇》）

湛一，气之本；攻取，气之欲。口腹于饮食，鼻舌于臭味，皆攻取之性也。知德者"属厌而已"，不以嗜欲累其心，不以小害大、末丧本焉尔。（同上）

德不胜气，性命于气；德胜其气，性命于德。穷理尽性，则性天德，命天理。气之不可变者，独死生修夭而已。故论死生则曰"有命"，以言其气也；语富贵则曰"在天"，以言其理也。此大德所以必受命，易简理得而成位乎天地之中也。（同上）

极善者须以中道，方谓极善；故大中谓之皇极；盖过则便非善，不及亦非善。(《语录》)

为学大益，在自求变化气质。不尔，皆为人之弊，卒无所发明，不得见圣人之奥。故学者先须变化气质，变化气质与虚心相表里。(《理窟·义理》)

变化气质。《孟子》曰"居移气，养移体"，况居天下之广居者乎！居仁由义，自然心和而体正。更要约时，但拂去旧日所为，使动作皆中礼，则气质自然全好。《礼》曰"心广体胖"，心既弘大，则自然舒泰而乐也。若心但能弘大，不谨敬则不立；若但能谨敬，而心不弘大，则入于隘。须宽而敬。大抵有诸中者，必形诸外，故君子心和则气和，心正则气正。其始也，固亦须矜持。古之为冠者以重其首，为履以重其足，至于盘盂几杖为铭，皆所以慎戒之。(《理窟·气质》)

张子立了一个根本主义，解释宇宙一切现象；并以礼立修身基础，以复性之虚明，希望和天地的太虚混同一体。其思想极明白，其组织少矛盾。张子的哲学可注意的，就是太虚即气，气的本性虚而神，且具备一切的法则。若以气与太虚分开，则其哲学完全失去意义。伊川说道："横渠教人以礼，是激于时势也。然只管正容谨节，久而起嫌厌之情，以此而学者无传之者。"(《上蔡语录》上)

吕蓝田

吕大临，字与叔，京兆蓝田人。与兄大忠（字晋伯）、大钧（字和叔），并学于横渠；横渠死，并归二程子。蓝田和谢上蔡、游定夫、杨龟山，并称"程门四先生"。蓝田为学，本注重防检穷索，明道告以"无须如是，只要识仁就得了"。蓝田默识心通，曾作《克己铭》以见志；蓝田博学能文，后来加以涵养工夫，尤见醇粹。尝赋诗道："学如元凯方成癖，文到相如始类俳。独立孔门无一事，只须颜子得心斋。"伊川赞他道："古之学者，惟务养性情，其他则不学，今为文者，专务章句，悦人耳目；非俳优而何？此诗可谓得本矣。"元祐时为大学博士，卒年四十七。有《文集》《诗说》《大学说》《中庸说》等，《克己铭》与未发之中问答，虽已节易过，然亦可窥见一斑。

蓝田性说，和横渠、伊川相同，立本然、气质两性。气禀有强弱，蔽有浅深，故有贤愚的分别。

蓝田的修为功夫，在存未发之中的心状。蓝田释良心，和他人不同，尝说道："赤子之心，良心也。天之所以降衷，人之所以受天地之中也。寂然不动，虚明纯一，与天地相似，神明为一。《传》曰：'喜怒哀乐，未发谓之中。'其谓此乎？此心自正，非待人而后正也。盖言使良心作用清明，以接事物耳。故先立其大者，则小者不能夺，若令忿愾、好乐、忧患，一夺其良心，则视听食息，从之失守。"这就是后来罗豫章、李延平主静主中的学风开始，于宋学很有关系。

[附] 蓝田未发之中问答

与叔曰："中者，道之所由出。"

程子曰："此语有病。"

与叔曰："论其所同，不容更有二名；别而言之，亦不可混为一事。如所谓'天命之谓性，率性之谓道'，又曰'中者，天下之大本；和者，天下之达道'，则性与道，大本与达道，岂有二乎？"

程子曰："中即道也。若谓道出于中，则道在中内，别为一物矣。所谓'论其所同，不容更有二名；别而言之，亦不可混为一事'，此语固无病。若谓性与道，大本与达道，可混而为一，即未安。在天曰命，在人曰性，循性曰道。性也，命也，道也，各有所当。大本言其体，达道言其用，体用自殊，安得不为二乎？"

与叔曰："既云'率性之谓道'，则循性而行莫非道。此非性中别有道也，中即性也。在天为命，在人为性，由中而出者莫非道，所以言道之所由出也。"

程子曰："'中即性'，此语极未安。中也者，所以状性之体段。如称天圆地方，遂谓方圆为天地可乎？方圆既不可谓之天地，则万物决非方圆之所出。如中既不可谓之性，则道何从称出于中？盖中之为义，自过不及而立名。若只以中为性，则中与性不合，子居（和叔子）对以'中者，性之德'，却为近之。"

与叔曰："不倚之谓中，不杂之谓和。"

程子曰："'不倚之谓中'，甚善。语犹未莹。'不杂之谓和'，未当。"

与叔曰："喜怒哀乐之未发，则赤子之心。当其未发，无所偏倚，故谓之中。以此心应万物之变，无往而非中矣。《孟子》曰：'权然后知轻重，度然后知长短，物皆然，心为甚。'此心度物，所以甚于权度之审者，正以至虚无所偏倚故也。有一物存乎其间，则轻重长短皆失其中矣，又安得如权度乎？大人不失其赤子之心，乃所谓'允执厥中'也。大临始者有见于此，便指此心名为中，故前言'中者，道之所由出'也。今细思之，乃命名未当尔。此心之状，可以言中，未可便指此心名之曰中。"

程子曰："喜怒哀乐之未发，谓之中。赤子之心，发而未远于中，若便谓之中，是不识大本也。"

与叔曰："圣人智周万物，赤子全未有知，其心固有不同矣。然推孟子所云，岂非止取纯一无伪，可与圣人同乎？非谓无毫发之异也。大临前日所云，亦取诸此而已。此义，大临昔者既闻先生君子之教，反求诸己，若有所自得，参之前言往行，将无所不合。由是而之焉，似得其所安，以是自信不疑，拳拳服膺，不敢失坠。今承教，乃云已失大本，茫然不知所向。圣人之学，以中为大本。虽尧、舜相授以天下，亦云'允执厥中'。何所准则，而知过不及乎？求之此心而已。此心之动，出入无时，何从而守之乎？求之于喜怒哀乐未发之际而已。当是时也，此心即赤子之心。此心所发，纯是义理，安得不和？前日敢指赤子之心为中者，其说如此。来教云：'赤子之心可谓之和，不可谓之中。'大临思之，所谓和者，指已发而言之。今言赤子之心，乃论其未发之际，纯一无伪，无所偏倚，可以言中。若谓已发，恐不可言心。"

程子曰："所云非谓无毫发之异，是有异也。有异者得为大本乎？推此一言，余皆可见。"

与叔曰："大临以赤子之心为未发，先生以赤子之心为已发。所谓大本之实，则先生与大临之言，未有异也。但解'赤子之心'一句不同耳。大临初谓赤子之心，止取纯一无伪，与圣人同。孟子之义亦然。更不曲折，一一较其同异，故指以为言，未尝以已发不同处为大本也。先生谓凡言心者，皆指已发而言。然则未发之前，谓之无心，可乎？窃谓未发之前，心体昭昭具在，已发乃心之用也。"

程子曰："所论意，虽以已发者为未发，求诸言，却是认已发者为说。辞之未莹，乃是择之未精。凡言心者，指已发而言，此固未当。心一也，有指体而言者，寂然不动是也；有指用而言者，感而遂通天下之故是也。惟观其所见何如耳。大抵论愈精微，言愈易差也。"

张横渠的哲学

范寿康

编者按：本文选自范寿康所著《中国哲学史通论》（开明书店1937年版）第五编"宋明的哲学（经学）"第二章"宋明儒学思想的概要"。题目为编者根据内容拟定。范寿康（1896—1983），字允臧，浙江上虞人。20世纪中国著名哲学家与教育家。早年留学日本，先后就读于东京第一高等学校、东京帝国大学文学部，获教育与哲学硕士学士。1923年回国后，历任商务印书馆编译所编辑、广州中山大学教授兼秘书长、上虞春晖中学校长、安徽大学文学院教授兼院长、武汉大学哲学教育系教授兼系主任、台湾大学哲学系教授兼图书馆馆长等职。1982年定居北京。主要著作有《哲学通论》《中国哲学史通论》《朱子及其哲学》《教育哲学大纲》等。《中国哲学史通论》是范寿康先生于1933—1936年在国立武汉大学讲授中国哲学史时所编讲义，是中国哲学史上第一部在马克思主义唯物史观指导下写成的中国哲学通史。

张横渠名载，字子厚，世居大梁，后侨寓凤翔郿县横渠镇。父名迪，仕于宋仁宗朝。他生于宋真宗天禧四年，卒于神宗熙宁十年。少孤，自立，喜谈兵，慨然以功名自许。年十八，谒范仲淹，上书言事。仲淹识其才，而不称许他的经武之志，令他研究《中庸》一书。他谨受仲淹的忠告，潜心于真理的探究。举凡《中庸》、释老以及六经之学，无所不窥。后来他游京师，与他的远亲二程兄弟讨论道学，互相敬佩。他于是抛弃一切释老的异说，专心于儒学的攻究。举进士以后，他曾任官数次，并竭力主张回复三代的政治。这样，他的议论因与当时王安石所推行的新法发生抵触，为安石所不容，他遂称疾而归。他平生服膺于《易》、《礼》、《中庸》、孔孟之学，竭精覃思，终乃融和诸说，创立了他的哲学的体系。他是关中一个大师，从学者甚多。晚年，并且想根据他的"仁政必自经界始"的主张，购买一方田地，画为数井，来推阐先王的遗法，不幸此事尚未实现，便死去了。他著有《西铭》《东铭》各一篇，《正蒙》十篇，《经学理窟》十二篇，《横渠易说》三卷，语录、文集各一卷。其中《正蒙》一书为他的哲学思想的结晶。

横渠以为宇宙的本体乃是太虚一元之气。什么叫作太虚呢？太虚是无形无声的东西，但同时这却是气的本体。在发散而未凝聚的状态中的气就是他所说的太虚。太虚是就体而言。若就用言，这又可叫作太和。这样，气非由太虚而生，太虚就是气，气就是太虚。太虚无形，为气的本体，而阴阳的二气却系太虚的属性。阴阳二气本是一气，所谓阴阳不过是就同一太虚之气的屈伸消长而言罢了。这阴阳二气相交，宇宙万物于以产生。宇宙间的事物虽系千差万别，无一相同，但考其根源却无一不为阴阳二气所构成。那末，万物的根源既同出于阴阳二气，为什么会有这样复杂的差别呢？横渠以为这是因为阴阳二气相交的配合不同的缘故。气能聚散，聚则成形，散则灭迹。但是所谓聚散变化要不外是现象界中事，气的本身却是无论如何依然不变的。正如水凝结而成冰，再由冰融化而成水一样，气凝聚而成物，发散则复归太虚，气的状态纵有不同，而气的本体却是始终同一的。这一种把太虚看作就是气的见解，横渠虽自以为与《老子》"有生于无"的见解有别，但是，他既以太虚为本体，他终究可以说是脱不了《老子》虚无哲学的影响的。总之，横渠的虚即气的思想乃系把《老子》的虚无说及《易》的太极两仪说融合而成。而他的现象论乃是由佛教的哲学采取而得的。

横渠又由气的一元论推论鬼神，以为鬼神不过是阴阳二气的良能，换句话说，气的所以屈伸消长的动力就是鬼神。如上所述，万物之所以生成由于气的屈伸消长，所以也就可以说是由于鬼神。对于鬼神加以这种哲学的解释始于《易·系辞》，横渠以及伊川不过把来加以发挥罢了。

照横渠的本体论所说，太虚为本体，一切万物都系太虚的客形。那末，人如其他万物一样，也是由太虚凝聚而成的。理论上，太虚的性为虚明，所以人的性也是虚明。可是实际上当太虚凝成形体的时候，因为气有清浊的不同，于是个人纯驳偏正种种不同的气质之性于以产生。人之所以有刚柔、缓急、才不才的区别，是因为气各有所偏的缘故。所谓恶的起源，亦在于此。太虚本是中和不偏的，我们如想变化气质之恶而后归于太虚的本真，那末，我们必须以德胜气，力求中道的实现，才能达到，过与不及都是不行的。他又以为学者修养的方法在于自己能够变化气质，否则终久没有什么发明，更谈不到穷通圣人的精微奥妙的所在了。这样，学者首先必须变化气质。变化气质有两种方法：第一，要个人的动作合乎礼；第二，要虚心。前者是形式的，外表的；后者是精神的，内部的。他更进一步说，心如能谨敬，能弘大，那末，我们自然而然就会达到所谓心广体胖的境界。最后，他又以为在个人身心的修养上，学问的研钻与夫师友的切磋也极属必要的。

在于横渠，宇宙万物虽系千差万别，但其最后的根源则一。扩大些讲，个物与宇宙原是一体的。换言之，我与非我的界限原是没有的。一般世人不能体验到这一层，所以都把我与非我的对立看得非常认真，因而他们所获得的知识也仅限于物与物互相对立的那种相对界中的知识或从现象界中闻见得来的小知。圣人不然，他能够破除我与非我的界限，视万物为一体。就是说，他能够体验到天人合一的境界。所以圣人所获得的知识，不是那种关于相对界的知识或由闻见得来的小知，却系合乎天德的良知或关于绝对界的真知。这种真知只由亲切的体验才能得到。横渠根据这种天人合一的思想，认定吾人的体就是宇宙的体，吾人的性就是宇宙的性。他以为吾人应把宇宙当作父母看待，把众人当作兄弟看待，把万物当作同类看待，各以其道事之。从亲亲的大道推衍出来的那种大公无我、泛爱一切的精神，这是我们对于宇宙万物应有的态度。《西铭》即是阐明此种精神的一篇名文。不过横渠的这种主张完全根据着儒家的仁爱说，与墨家的兼爱说迥乎不同，这是值得我们注意的。

末了，横渠论到了天地的生成和运行。他以为阴的性质为凝聚，阳的性质为发散，二气相交，化生万物。地是纯阴的，所以凝聚于内；天是浮阳的，所以运旋于外。这是天地正常的法则。此外他又论声的成因，以为是由于气形相轧。他以为两气（谷响雷鸣之类）、两形（桴鼓叩击之类），形轧气（羽扇之类），气轧形（笙簧之类），都系物感的良能，并为吾人所习为常见而不觉奇异的。他更论动植物的区分，以为动物出于天，生死完全看呼吸的有无，动物是活动的；植物却生于地，生死完全看阴阳的升降，植物是限于地域的。在今日看，这种种见解，当然缺乏科学的根据，难免与事实不相符合。可是就另一面看来，《正蒙》一书所讨论的范围这样广大，横渠的学问的渊博也就够惊人了。

张载的"气一元论"及复古的政治论

谭丕模

编者按： 本文选自谭丕模所著《宋元明思想史纲》（开明书店1936年版）"二、北宋时代哲学思想的各流派"之"大地主阶层的哲学思想流派——形而上学的'理学'体系的形成"中的"张载之气一元论及复古的政治论"。题目为编者根据内容拟定。《宋元明思想史纲》本是谭丕模先生1934年在民国大学讲授"宋元明思想概要"的讲义，后来加以整理、充实而完成。谭丕模（1899—1958），湖南祁阳人。著名的中国文学史、思想史研究专家。1922年考入北京高等师范学校（次年改名北京师范大学）国文系，1928年毕业后担任《晨报》编辑和副刊主编，参加中共外围组织北京教联任编委会编辑，并兼《文史》《时代文化》等左翼刊物编辑。1931年参与创办《新东方》月刊并筹建东方问题研究会。1935年，在中共北京市委领导下，组建北京自由职业大同盟并任组织部长。1936年，与曹靖华等组织北平文协，团结进步作家，开展抗日救亡宣传。1949年后，担任湖南大学国文系主任、中南军政委员会委员，当选为湖南省和长沙市的人大代表、文联主席及中南文联、作协的常务理事。1953年后任北师大中国文学教研室主任、北师大党委委员。主要著作有《新兴文学概论》《文艺思潮之演进》《中国文学史纲》《中国文学思想史合璧》《宋元明思想史纲》《清代思想史纲》等。

张载字子厚，世居大梁，因其侨居凤翔郿县之横渠镇，又号"横渠先生"。生于真宗天禧四年，卒于神宗熙宁十年（一〇二〇[①]至一〇七七）。熙宁时代，他因荐奉召入朝，神宗问他的治世之道，他说："为治不法三代，终苟道也。"他以王安石所推行的新法，与本阶层——大地主阶层的利益冲突，力持异议，竟至消极的不合作辞官归里。晚年他买了一些土地，塞成井田，验之于一乡，努力于

[①] "一〇二〇"，原文作"一〇二一"，误，径改。

"三代政治"的实际行动。著有《西铭》《东铭》各一篇,《正蒙》十七篇①,《经学理窟》十二篇,《横渠易说》三卷,《语录》《文集》各一卷。

他生在大地主阶层与小地主阶层矛盾尖锐化的时代,在现实的观察中而获得辩证的概念,他在《太和篇》说:

> 两不立,则一不可见。一不可见,则两之用息。两体者,虚实也,动静也,聚散也,清浊也,其究一而已。(《张子全书》卷二)
>
> 造化所成,无一物相肖者,万物虽多,其实一物,无无阴阳者。以是知天地变化,二端而已。(同上)

他承认宇宙间总有阴阳的矛盾在那里开展着。没有矛盾的对立,不会有进化的现象表现。下面几句话,更说得具体:

> 气本之虚,则湛本无形;感而生,则聚而有象。有象斯有对,对必反其为,于反斯有仇,仇必和而解。(同上)

任何现象,都有一个反题与正题,矛盾的结合着,构成一幅纠纷错杂的宇宙全景,宇宙就是永远在这一正一反里发展着的。这似乎是辩证律了。但是由于他和生产劳动隔离而依于剥削他人劳动以为生的实践生活,且为维持其自身的利益,终于把具体的人类劳动的实践性抽象化了,且进而把一切社会神秘化了。我们看他这种宇宙观,拿现代术语说来,可以叫做"气一元论"。他说:

> 太和所谓道,中涵浮沉升降动静相感之性,是生絪缊相荡胜负屈伸之始。其来也几微易简,其究也广大坚固。起知于易者,乾乎;效法于简者,坤乎!散殊而可象,为气;清通而不可象,为神。不如野马絪缊,不足谓②之太和。(同上)

看他所说浮沉升降诸性质,以及始于易简、终于广大的发展历程,倒③还有迹可寻,确实是万物发展所遵循的规律。但是这种规律由谁主持的呢?他归之于"气",归之于"太和",更具体言之,归之于玄妙的"道",这又陷于观念论的错误,他又接着说:

---

① 原文作"十篇",误,径改。
② "谓",原文作"为",据《张载集》改。
③ "倒",原文作"到",据文意改。

> 故爱恶之情，同出于太虚，而卒归于物欲。忽而生，忽而成，不容有毫发之间，其神矣夫！（同上）

他看到宇宙间只是一气，道也是气的道，理也是气的理，天地鬼神，飞潜动植，都不外一气之变化而已，都是冥冥的"太虚"在这里主持着，而归结出一个最高主宰的神的存在，因而逃不出"有神论"的圈套。在下面所引的话，有神论的色彩更浓重：

> 神，天德；化，天道。德，其体；道，其用。一于气而已。（《张子全书》卷二《正蒙·神化》）
>
> 神无方，易无体，大且一而已尔。（《张子全书》卷二《正蒙·太和》）
>
> 虚明照鉴，神之明也，无远近幽深，利用出入，神之充塞无间也。（同上）
>
> 天地之动，神鼓之也。（同上）

神是宇宙的创造者，同时又是宇宙间最有权威者，因而"无体无方"，充塞于宇宙之间，主持宇宙间的一切。这不是说得更玄妙吗？

他论性，是从气一元论出发的。他把人性也分别为本然之性与气质之性两种。所谓本然之性，是至善的、先天的，不随人生而生，亦不随人死而灭，是独自存在的。至于气质之性，则是恶的，是后天的，与人的生死俱来俱逝的。因而他主张变易气质之性而恢复本然之性，他说：

> 为学大益，在自能变化气质。不尔，皆为人所蔽，卒无所发明，不得见圣人之奥。故学者先须变化气质，变化气质与虚心相表里。（《张子语录》中）
>
> 变化气质。孟子曰："居移气，养移体。"况居天下之广居者乎？居仁由义，自然心和而体正；更要约时，但拂去旧日所为，使动作皆中礼，则气质自然全好。《礼》曰："心广体胖。"心既弘大，自然舒大而乐也。若心但能弘大，不谨敬则不立；若但能谨敬，而心不弘大，则入于隘。须宽而敬。大抵有诸中者，必形于外。故君子心和则气和，心正则气正。（《张子全书》卷四《理窟·义理》）

要变气质之性，才能达到"心和""心正"的境地，而得窥"圣人之奥"。不过变化气质，乃是所谓"君子""大人"的专业，所以他说："惟大人能尽其道。"其与"大人"对立的"小人"，则必永远陷溺于气质之性的欲海中。他这样把人类实际生活所反映出来的性（意识），从人类实际生活脱离孤立起来，正暗合其阶级说教的结论。

他对于当时政治现象极端地感觉不满，而对于往古的政治表示留恋，更进而主张复古，企图在复古运动中去挽救其本阶层的政权。但是如何复古呢？最要紧的，就是要恢复古井田制度，以恢复井田制为恢复古代的政治的捷径。他的理由：

> 治天下不由井地，终无由得平，周道止是均平。
>
> 井田至易行，但朝廷出一令，可以不笞一人而定。盖人无敢据土者，又须使民悦从，其多有田者，使不失其为富。借如大臣有据土千比者，不过封与五十里之国，则已过其所有。其他随土多少与一官，使有税租，人不失故物，治天下之术，必自此始。今以天下之土，棋画分布，人受一方，养民之本也。
>
> 井田亦无他术。但先以天下之地，棋布画定，使人受一方，则自是均。前日大有田产之家，虽以其田授民，然不得分种，如租种矣，所得虽差少，然使之为田官以掌其民，使人既喻此意，人亦自从，虽少不愿，然悦者众而不悦者寡矣，又安能每每恤人情如此。其始虽分公田与之，及一二十年后，犹须别立法，始则因命为田官，自后则是择贤。（《张子全书》卷四《理窟·周礼》）

他以为恢复井田制，不仅可以延续大地主对小地主的支配权，而且可以缓和农民与地主阶级的矛盾。他又主张直接恢复适应于井田经济机构典型的封建制：

> 必要封建者，天下之事分得简，则治之精，不简则不精。故圣人必以天下分之于人，则事无不治者。圣人立法，必计后世子孙。使周公当轴，虽揽天下之政，治之必精。后世安得如此！且为天下者，奚为纷纷必亲天下之事？今便封建，不肖者复逐之，有何害？岂有以天下之势，不能正一百里之国，使诸侯得以交结以乱天下，自非朝廷不能治，安得如此？而后世乃谓秦不封建为得策，此不知圣人之意也。（同上）

没落的大地主阶层，意味着典型的封建社会，与没落的封建贵族的老聃意味着原始村落社会,同一意义。

他更在社会伦理方面主张立宗法,严树封建大地主阶层的阶级壁垒,以图复古运动战线的巩固。他说:

> 管摄天下人心,收宗族,厚风俗,使人不忘本,须是明谱系世族,与立宗子法。宗法不立,则人不知统系来处。古人亦鲜有不知来处者。宗子法废,后世尚谱牒,犹有遗风。谱牒又废,人家不知来处,无百年之家,骨肉无亲,虽至亲,恩亦薄。
>
> 宗子之法不立,则朝廷无世臣。且如公卿一旦崛起于贫贱之中,以至公相,宗法不立,既死,遂族散,其家不传。宗法若立,则人人各知来处,朝廷大有所益。问朝廷何所益?公卿各保其家,忠义岂有不立?忠义既立,朝廷之本岂有不固?今骤得富贵者,止能为三四十年之计,造宅一区,及其所有,既死则众子分裂,未几荡尽,则家遂不存。如此,则家且不能保,又安能保国家!(《张子全书》卷四《理窟·宗法》)

他要立宗法,要维持封建的大地主阶层的"统系来处";他要立宗法,要维持封建的大地主阶层世袭的政权(世臣)。此外,他并论定宅里、发敛和学校之法,无不从拥护大地主阶层的利益出发的。

张横渠的教育思想

——《中国教育思想史》中关于张载的论述

任时先

编者按： 本文选自任时先所著《中国教育思想史》（商务印书馆1937年版）上册第九章"宋元明的教育思想"之第三节"各家的教育思想（宋）"。题目为编者根据内容拟定。任时先，生平事迹不详。

张子字子厚，别号横渠。程子说道："世学胶固不通，故张子立太虚一大以激励之。"可见张子学说对宋学之影响了。兹分论于下。

[甲] 宇宙论

张子以太虚为宇宙论之根本。太虚就是气，气是"坱然太虚，升降飞扬，未尝止息"（《正蒙·太和篇第一》）的。太虚有凝散二动力，其凝聚的时候，就是物，所以万物为太虚所变化的容形。万物分散，仍归于本体，本体就是太虚。由此看来，太虚实含有活动性。由阴阳会合冲和而成的各种现象，谓之"太和"。现象虽有不同，而来源是一。他说："造化所成，无一物相肖者，以是知万物虽多，其实一物。无无阴阳者，以是知天地变化，二端而已。"（同上）又说："两不立，则一不可见；一不可见，则两之用息。两体者，虚实也，动静也，聚散也，清浊也，其究一而已。"（同上）于此可见张子之宇宙论实是一元的，即是说宇宙间的一切现象，都发之于太虚。

[乙] 论性

他论性亦是根据他的宇宙论而来的。太虚凝聚而成万物，人亦是万物之一，所以人亦是太虚所凝聚而成的。惟太虚有清有浊，故凝聚的人的气质性心亦有贤愚善恶之不同。他对于天、道、性、心，亦根据宇宙观而立论。如他说："由太虚，有天之名。由气化，有道之名。合虚与气，有性之名。合性与知觉，有心之名。"（同上）以为宇宙之间，只有太虚循自然之方式而运行，所谓天、道、性、心，皆由太虚之所由生。太虚因有机灵，便能知觉外界，知觉外界又是心的作用，所以心是触物而生的。他认心性又有区别，心为吾人精神界全体之总名，而性则自心之本体言之，情则自心之发动言之，所以他说："心统性情者也。"（《性理拾遗》）又说："有形则有体，有性则有情，形而后有气质之性。"（同上）他提出天地、气质两性说，于学术贡献甚大。朱熹说："气质之说，极有功于圣门，有补于后学。前此未曾说到。"（《朱子语录》）

［丙］教育的目的论

他既认人之气质有贤愚善恶，则教育的目的便在使人变化气质。变化气质为张子修为之术，亦其学说之真髓。所以他说："为学大益，在自能变化气质。"（《理窟》）

［丁］教育的方法论

第一，在学礼。他教门人，日常动作必合于礼，因为礼为变化气质除去了世俗恶习的缠绕的最好方法，所以他说："某所以使学者先学礼者，只为学礼，则便除去了世俗一副常习熟缠绕。"（《张子语录》）

第二，注重幼年的训练。他认为，幼少时即应养成种正当习惯，所以他说："蒙以养正，使蒙者不失其正，教人者之功也。"（同上）

第三，在清心寡欲。他说："心清时常少，乱时常多。其清时，即视明听聪，四体不待羁束而自然恭谨。其乱时反是。"（《理窟》）

第四，在能知学生之心理与必要。他说："教人者必知至学之难易，知人之美恶。知至学之难易，知德也。知其美恶，知人也。知其人且知德，故能教人使入德。仲尼所以问同而答异以此。"（《张子语录》）

第五，在能怀疑。能疑是求学的大要处，因为，疑乃有思，思乃有进，所以他说："所以观书者，释己之疑，明己之未达。每见每知所益，则学进矣。于不疑处有疑，方是进矣。"（《理窟》）又说："在可疑而不疑者，不曾学，学则是疑。"（同上）张子论教育方法，能注意到学者的心理，这是他的独见之处。

张横渠的政治思想

——《中国政治思想史》中关于张载的论述

杨幼炯

编者按：本文选自杨幼炯《中国政治思想史》（商务印书馆1937年版）第九章"宋明之政治思想"第二节"宋代学者之政治思想"。题目为编者根据内容拟定。杨幼炯（1901—1973），字熙清，号复斋，湖南清江人。幼承父兄训迪，好学不辍。后远渡日本，入成城学堂，习兵学。1923年，从日本归国后在复旦大学政治系完成学业。历任《神州日报》和中央通讯社总编辑，民智书局编辑所所长，中央大学、上海法政大学、中国公学、暨南大学教授，中山文化教育馆研究部主任、《中华日报》总主笔等职。在政治学基础理论、政党与立法的历史研究、国家建设理论方面均有建树。主要著作有《社会科学发凡》《社会学述要》《现代社会主义述评》《政治学纲要》《国家建设原理》《中国政治思想史》《中国近代政治思潮论》等二十余种。

张载字子厚，号横渠，生于宋真宗天禧四年。横渠之思想的本体，即是"气之一元论"。以为太虚为宇宙之本体，是一种无形之气。气凝则为阴，发动则为阳。阴阳二气便是太虚之质，亦即是"性"。故太虚即气，气即太虚，二者为一，即其"气之一元论"之说也。横渠根据此种思想说明宇宙一切现象，将《易》之《系辞》、老子之世界观及佛家思想融成一片，构成其独有之实在论。其所著《西铭》与庄子所谓"天地与我并生，而万物与我为一"之见解极相近，但横渠谓"凡天下疲、癃、残、疾、惸、独、鳏、寡，皆吾兄弟之颠连而无告者也"，又全为入世思想。

横渠之政治论，慨然有志于三代之法，而以恢复古代井田制度与立宗法为其政治思想之主要骨干。在规复井田制度方面，其理由在《理窟·周礼》言之曰："治天下不由井地，终无由得平，周道止是均平。""井田至易行，但朝廷出一令，可以不笞一人而定。盖人无敢据土者，又须使民悦从，其多有田者，使不失其为富。借如大臣有据土千比者，不过封与五十里之国，则已过其所有。其他随土多少与一官，使有税租，人不失故物。治天下之术，必自此始。今以天下之土，棋画分布，人受一方，养民之本也。""井田亦无他术，但先以天下之地，棋布画定，使人受一方，则自是均。前日大有田产之家，虽以其田授民，然不得分种，如租种矣，所得虽差少，然使之为田官以掌其民。使人既喻此意，人亦自从，虽少不愿，然悦者众而不悦者寡矣，又安能每每恤人情如此！其始虽分公田与之，及一二十年后，犹须别立法。始则因命为田官，自后则是择贤。"（见《张子全书》卷四《理窟·周礼》）因此横渠主张规复井田，甚至想验之一乡，买田一方，画为数井，正经界，分宅里，立敛法，广储蓄，兴学校，救灾恤患，厚本抑末，行一种理想的社会生活。

其次，横渠以为规复井田，必需封建制度。故曰："必要封建者，天下之事分得简，则治之精，不简则不精。故圣人必以天下分之于人，则事无不治者。圣人立法，必计后世子孙。使周公当轴，虽揽天下之政，治之必精。后世安得如此！且为天下者，奚为纷纷必亲天下之事？今便封建，不肖者复逐之，有何害？岂有以天下之势，不能正一百里之国，使诸侯得以交结以乱天下？自非朝廷不能治，安得如此？而后世乃谓秦不封建为得策，此不知圣人之意也。"

最后，更主张立宗法，以树社会伦理之基本。《理窟·宗法》云："管摄天下人心，收宗族，厚风俗，使人不忘本，须是明谱系世族，与立宗子法。宗法不立，则人不知统系来处。古人亦鲜有不知来处者。宗子宗法废，后世尚谱牒，犹有遗风。谱牒又废，人家不知来处，无百年之家，骨肉无亲，虽至亲，恩亦薄。""宗子之法不立，则朝廷无世臣。且如公卿一旦崛起于贫贱之中，以至公相，宗法不立，既死，遂族散，其家不传。宗法若立，则人人各知来处，朝廷大有所益。问朝廷何所益？公卿各保其家，忠义岂有不立？忠义既立，朝廷之本岂有不固？今骤得富贵者，止能为三四十年之计，造宅一区，及其所有，既死则众子分裂，未几荡尽，则家遂不存。如此，则家且不能保，又安能保国家！"（见《张子全集》）

张横渠的哲学

——《中国哲学大纲》中关于张载哲学的论述

张岱年

编者按： 本文选自张岱年所著《中国哲学大纲》（商务印书馆1958年版），当时作者署名"宇同"。《中国哲学大纲》最早出版于1958年，1982年作者进行了修订，并由中国社会科学出版社出版。但此书实际完成于1937年，在1958年出版的时候，"只在纸型上作了一些字句上的修改"（见作者于1957年为本书出版所写的《新序》），所以应该将其视为20世纪前期的哲学论著。这也是本书以商务印书馆1958年版为依据，将其中关于张载哲学的论述收入的主要原因。张岱年（1909—2004），曾用名宇同，别名季同，河北献县人。中国现代哲学家、哲学史家。1933年毕业于北京师范大学教育系。任教于清华大学哲学系，后任私立中国大学讲师、副教授。1952年后，任北京大学哲学系教授、清华大学思想文化所所长、中国社会科学院哲学研究所兼职研究员。1980年后任中国哲学史学会会长、名誉会长。主要著作有《中国哲学大纲》《中国唯物主义思想简史》《张载——中国十一世纪唯物主义哲学家》《中国伦理思想发展规律的初步研究》《中国哲学发微》《中国哲学史史料学》《中国哲学史方法论发凡》等。

张载（字子厚，世称横渠先生）的学说最宏伟渊博，他以气及太虚说明宇宙。宇宙万有皆气所成，而气之原始是太虚。气即是最细微最流动的物质，太虚便是时空，以气与太虚解说宇宙，实可谓一种唯物论。他更认为一切都是两一的，即一切都是对待之合一；两而一故有能变之妙用，一而两故变化无息。在人生论他综合了孔子的仁与墨子的兼爱，又综合了孟子的尽性与荀子的化性，而归于天人合一。（张子所著为《正蒙》《经学理窟》及《易说》，有《语录》。）①

---

① 以上选自原书"序论"之"（四）中国哲学之发展"。

一、本根论[①]

唯气的本根论之大成者，是北宋张横渠（载）。张子认为气是最根本者，气即是道，非别有道。宇宙一切皆是气，更无外于气者；气自本自根，更无为气之本者。

张子的宇宙本根论中，最根本的观念有四，即气、太和、太虚、性。太和即阴阳会冲未分之气。太虚即气散而未聚、无形可见之原始状态。性即气所固有之能动之本性。此外，次根本的观念又有四，即道、天、易、理。道即气化历程。张子所谓道，与老子所谓道意义不同：老子所谓道，指究竟所以或究竟规律；张子所谓道，则指存在历程或变化历程。天即太虚之别名。易即道之别名。气之变化屈伸，有其规律，是谓理。张子所讲之根本观念虽不一，实皆统于气，故张子之说可称为气论。

张子以为凡存在都是气，他说：

> 凡可状，皆有也；凡有，皆象也；凡象，皆气也。（《正蒙·乾称》）

一切皆气。总合未分之气，名为太和。张子说：

> 太和所谓道。（《正蒙·太和》）

太和即阴阳会冲之一气，即气之全。道即是太和之气变化流行之大历程。张子又说：

> 由气化，有道之名。（同上）

张子以气化流行之历程为道，所谓道以历程言，而非以规律言。

当气聚时，有形而可见；气不聚时，无形而不可见。张子说：

> 气聚则离明得施而有形，气不聚则离明不得施而无形。（同上）

[①] 本节选自原书第一分"宇宙论"第一篇"本根论"之第四章"气论一"。该标题为编者所加。

《易·说卦传》"离为目",此所谓离明即目明。气聚则目可得见,不聚则目不可得见。有形固是气,无形亦是气。张子说:

> 所谓气也者,非待蒸郁凝聚,接于目而后知之;苟健顺动止,浩然湛然之得言,皆可名之象尔。(《正蒙·神化》)
> 显,其聚也;隐,其散也。显且隐,幽明所以存乎象;聚且散,推荡所以妙乎神。(《正蒙·大易》)

凝聚者是气,其未凝聚而浩然湛然者亦是气。气聚则显,气散则隐。显明而隐幽,皆是气。气推荡无已,而聚散不定。

气未聚而无形之状态,是谓太虚,乃气之原始,气之本然。张子说:

> 太虚无形,气之本体;其聚其散,变化之客形尔。(《正蒙·太和》)
> 气本之虚,则湛本无形;感而生,则聚而有象。(同上)

本者本来,体者恒常。张子尝云:

> 未尝无之谓之体。(《正蒙·诚明》)

气之聚散,倏暂不定,故谓之客形。气之本然而恒常之状态,实乃太虚。太虚即所谓天。张子说:

> 由太虚,有天之名。(《正蒙·太和》)

太虚虽无形无状,而乃实有。张子说:

> 太虚者,天之实也。(《语录》)
> 天地之道,无非以至虚为实。人须于虚中求出实。……凡有形之物即易坏,惟太虚无动摇,故为至实。(同上)

太虚恒常,故可谓至实。此非谓物为不实,有形之物,与无形之太虚,本皆实在。张子又说:

> 至虚之实,实而不固。……实而不固,则一而散。(《正蒙·乾称》)

太虚即至虚之实。至虚之实，实在而不凝固，一体而未聚结。

一般所认为空无所有之太虚，实并非纯然无有，只是气散而未聚。太虚聚则为气，气散则复为太虚。张子说：

> 气之为物，散入无形，适得吾体。聚为有象，不失吾常。太虚不能无气，气不能不聚而为万物，万物不能不散而为太虚。循是出入，是皆不得已而然也。（《正蒙·太和》）

太虚凝而成气，气聚而成物；物散而为气，气复散而为太虚。虚、气、物三者，虽异实一。张子又说：

> 知虚空即气，则有无隐显，……通一无二。……若谓虚能生气，则虚无穷，气有限，体用殊绝，入老氏有生于无自然之论，不识所谓有无混一之常。若谓万象为太虚中所见之物，则物与虚不相资，形自形，性自性，形性、天人不相待而有，陷于浮屠以山河大地为见病之说。（同上）

万物只是气，气只是太虚。太虚乃气之本然，并非由太虚而生出气。太虚与万物乃气之散聚形态，并非实有的万物存在于空无的太虚之中。要之，一切皆一气之变，似乎空无之太虚，乃气之原始状态；坚固有形之万物，皆由气凝聚而成。张子又说：

> 气之聚散于太虚，犹冰凝释于水，知太虚即气则无无。（同上）

气与太虚的关系，与冰与水的关系相仿佛：未凝时是太虚，既凝时为气。知太虚乃气未聚时之实在，则知无所谓无。通常所认为无者，只是气散而未聚而已，实并非无。

宇宙惟是一气，此气有其内在的本性。张子说：

> 太和所谓道，中涵浮沉升降动静相感之性，是生絪缊相荡胜负屈伸之始，其来也几微易简，其究也广大坚固。（同上）

太和之气，内中涵有浮沉升降动静相感之性。此性之内容，即浮沉升降动静相感，实即能变之性。因有此性，乃发生无穷之变化，其初虽几微易简，其究乃生成广大坚固之一切形体。张子又说：

> 感者，性之神；性者，感之体。惟屈伸动静终始之能，一也。故所以妙万物而谓之神，通万物而谓之道，体万物而谓之性。（《正蒙·乾称》）

感是性之妙用，性是感之本始。所谓感，即对立之相互推荡。所谓性，即是能感者，亦即是屈伸动静终始之能。所谓浮沉升降动静相感之性，即是屈伸动静终始之能，亦即涵有内在对待之变动功能。张子认为，气是涵有内在的对立者，他尝说：

> 一物两体，气也。一故神（自注：两在故不测），两故化（自注：推行于一）。（《正蒙·参两》）

气是一物而涵两体者。两而一，故有不测之妙用；一而两，故变化无已。张子又说：

> 一物而两体，其太极之谓欤？（《正蒙·大易》）

气一物而两体，太极亦一物而两体，张子实以气为太极，气实涵有内在对立，此乃是气之性。张子又说：

> 性其总，合两也。……不能无感者谓性。（《正蒙·诚明》）

性乃就气之总而言。性即合两，即涵有内在对立。由有内在对立，故不能无感。

气之性，乃原于为气之原始之太虚，张子说：

> 气之性本虚而神，则神与性乃气所固有。（《正蒙·乾称》）

气之性，本于太虚，而有不测之妙用。太虚乃气之本然，气之性即由此本然状态而有之性，故性实乃气所固有。张子谓性本于太虚，即谓性乃气所内涵，非超于气者，离气则无所谓性。张子又说：

> 至静无感，性之渊源。（《正蒙·太和》）

至静无感即谓太虚，乃气之能变之性之本原。此所云无感，谓无外感，太虚本是无外的。性本于太虚，而亦即涵于太虚之中，张子说：

> 天包载万物于内，所感所性，乾坤阴阳二端而已。（《正蒙·乾称》）
>
> 天性，乾坤、阴阳也，二端故有感，本一故能合。天地生万物，所受虽不同，皆无须臾之不感，所谓性即天道也。（同上）
>
> 天大无外，其为感者，絪缊二端而已。（《正蒙·太和》）

性亦即天之所性，太虚之天，实中涵二端而自相感。太虚虽无外物相感，而其内则未尝不感，故虽云至静，然非无动。张子说：

> 至静之动，动而不穷。……动而不穷，则往且来。（《正蒙·乾称》）

太虚为至虚之实，亦为至静之动。太虚之中，即涵蕴能变之性。张子又说：

> 有无虚实通为一物者，性也。（同上）

太虚虚无，万物实有，性则贯乎有无虚实，而无所不在。张子又说：

> 未尝无之谓体，体之谓性。（《正蒙·诚明》）

性亦可谓气之体，乃恒常永存者。屈伸动静终始之能，所以谓之为性者，即以其乃气之所未尝无。气或聚或散，而此性常在。

所谓性，所谓道，实即是易。张子说：

> 性与天道云者，易而已矣。（《正蒙·大和》）
>
> 语其推行，故曰道；语其不测，故曰神；语其生生，故曰易。其实一物，指事异名尔。（《正蒙·乾称》）

性与道，一"易"字足以括之。易即气之性，亦即天之道。

太和之气中，涵有变化之性，于是屈伸升降，而成阴阳二气。张子说：

> 气坱然太虚，升降飞扬，未尝止息。《易》所谓"缊"，庄生所谓"生物以息相吹""野马"者欤？此虚实动静之机，阴阳刚柔之始。浮而上者阳之清，降而下者阴之浊。其感遇聚散，为风雨，为雪霜，万品之流形，山川之融结。（《正蒙·太和》）

气本为太虚，而中涵能变之性，于是升降变化，分而为阴阳。阴阳交感，聚散屈伸，乃生成万物。张子又说：

> 游气纷扰，合而成质者，生人物之万殊；其阴阳两端，循环不已者，立天地之大义。（同上）

阴阳两端循环未已，实为天地之根本规律。张子又说：

> 太虚者，气之体。气有阴阳，屈伸相感之无穷。……虽无穷而实湛然。……阴阳之气，散则万殊，人莫知其一也。合则混然，人不见其殊也。形聚为物，形溃反原。（《正蒙·乾称》）

阴阳之气，变化无穷，形为万殊，其实本为湛然之太虚而已。物之成毁，即气之聚散。

张子又以为气之变化是有理的。他说：

> 天地之气，虽聚散攻取百涂，然其为理也，顺而不妄。（《正蒙·太和》）

气之变动虽繁，而有其一定之规律，皆遵循此规律而无偶然者。气有规律，而万物之生成有其秩序。张子说：

> 生有先后，所以为天序。小大高下，相并而相形焉，是为天秩。天之生物也有序，物之既形也有秩。（《正蒙·动物》）

序以生之先后言，秩以相形之位置言。气之变化有理，气之聚而成物又有其天序天秩。张子亦甚注重理，尝说：

> 万物皆有理，若不知穷理，如梦过一生。（《语录》）

物莫不有理。所谓理者，究竟为何？张子说：

> 阴阳者，天之气也，刚柔缓速，人之气也。生成覆帱，天之道也；仁义礼智，人之道也，损益盈虚，天之理也；寿夭贫贱，人之理也。……道得之同，理得之异。"（《语录》）

天之理即损益盈虚，即变化中之常则。气之变易历程为道，气之变化规律为理。道惟一，而理则殊。道是整个宇宙之大历程，而理则其分殊的规律。（在人言之，所谓道则非谓历程，而谓道德准衡。又程伊川解张子《西铭》谓"理一分殊"，乃就其自己之名词解释张子之思想；如以张子之名词言之，当云："道一分殊。"后人或以理一分殊为张子自己之观念，此实大误。）张子言理，以分殊言；理是气之条理，乃气之所有，即在气内。气是最根本者，而理则非事物之本根。

张子的宇宙本根论，实可谓宏大而丰富。其最主要之义，在于以一切形质之本始材朴之气，解释一切，认为宇宙乃一气之变化历程；以为空若无物之太虚，并非纯然无物，而乃气散而未聚之原始状态，实乃气之本然；气涵有内在的对立，是气之能动的本性，由之而发生变化屈伸。一切变化，乃缘于气所固有之能变之性。张子注重物质（气），讲物质与空间（太虚）之统一，以内涵对立而能变为物质之本性，实甚精澈。惜乎所讲每有不清晰之点，故易于误会而难于了解。

二、大化论①

宋代哲学家，也都认为变化是根本事实，宇宙是生生不息的历程。张子说：

> 气有阴阳，推行有渐为化，合一不测为神。（《正蒙·神化》）
> 变则化，由粗入精也；化而裁之谓之变，以著显微也。（同上）

变化是根本事实，而变与化不同：化是变之渐，变是化之成。化是今所谓渐变，变是今所谓突变。故变粗而化精，变著而化微。②

两一学说，大成于北宋张子。张子始发明"两"与"一"的总概念，将对待合一的现象纳入一个简赅的公式中。张子以为对待遍于一切，而对待皆有其合一；无合一则不见对待，无对待亦将不见合一。张子说：

---

① 该标题为编者所加。
② 本段选自原书第一分"宇宙论"第二篇"大化论"之第一章"变易与常则"。

> 两不立则一不可见，一不可见则两之用息。两体者，虚实也，动静也，聚散也，清浊也，其究一而已。（《正蒙·太和》）
>
> 感而后有通，不有两则无一。故圣人以刚柔立本，乾坤毁则无以见易。（同上）

无两则无所谓一，无一则两亦失其所以为两。两则感，一即通。惟有两相感，然后相通而有一。一切莫不有两，凡两都是一。既无绝对的两，亦无单纯的一，都是两而一。此是言对待与合一之关系，为张子之独有的思想。对待有其合一，合一有其对待。对待与合一，亦相对待而合一。

唯有两相感，方有变化，对待是变化之所以。张子说：

> 一物两体，气也，一故神，两故化。（《参两》）

世界是一气之变化，而气包含对立。惟其两，故能变化；惟其一，故有不测之妙用。变化皆起于合一中之对待。而宇宙中最根本的对待，是阴阳之对待。张子说：

> 游气纷扰，合而成质者，生人物之万殊；其阴阳两端，循环不已者，立天地之大义。（《太和》）
>
> 造化所成，无一物相肖者，以是知万物虽多，其实一物；无无阴阳者，以是知天地变化，二端而已。（同上）

气是一阴一阳，而一切物皆有阴阳，由阴阳相互作用，乃有变化。张子说：

> 若阴阳之气，则循环迭至，聚散相荡，升降相求，絪缊相揉。盖相兼相制，欲一之而不能。此其所以屈伸无方，运行不息，莫或使之。（《参两》）

阴阳交感，相推相摩，相吸相排，趋于融合，而仍有对待，所以变化运转，无有止息，而非有外在的主宰。张子又以为凡现象皆有与之对立者，对立则斗争，斗争又和解，他说：

> 气本之虚，则湛一无形；感而生，则聚而有象。有象斯有对，对必反其为。有反斯有仇，仇必和而解。故爱恶之情，同出于太虚，

而卒归于物欲。倏而生，忽而成，不容有毫发之间。(《太和》)

气所聚而成之象，皆系对待者。对待则互反其所为，既相反则互仇，不相容而相争；但终于和而解而融会于一。和解则爱，反仇则恶。爱即相生相合，恶即相制相克。由合一而分裂，由分裂对峙而相斗争相敌视，终又归于合一。张子又以为一切物皆有若干对待，既与其先后左右之众物有对待关系，而又内含对待。如无此种种对待，则一物不成其为一物。张子说：

> 物无孤立之理，非同异屈伸终始以发明之，则虽物非物也。事有始卒乃成，非同异有无相感，则不见其成。(《动物》)

同异，始卒，有无，言一物与其先后左右众物之对待关系。而屈伸终始，为一物内含之对待。物事皆无孤立者，皆在对待联系中。必有对待，物方成其为物，事方成其为事。

张子的学说，可说极其精湛，是中国哲学中关于对待合一的思想的最高发展。①

张子言神最详，他认为神乃太虚之气所固有之性德，是一切变化之动力。张子说：

> 神，天德；化，天道。德，其体；道，其用。一于气而已。(《正蒙·神化》)
>
> 神化者，天之良能，非人能。(同上)

神乃天之性德，亦即天之良能。天即太虚。张子又说：

> 天之不测谓神，神而有常谓天。(《天道》)

从其变易不测谓之神，从其有常不易谓之天。张子又说：

> 一物两体，气也。一故神，两故化。(《参两》)
>
> 气有阴阳，推行有渐为化，合一不测为神。(《神化》)

气一而含两，两而合一，故神。宇宙何以有不测之妙用？即由于气有对待而又合一。所谓神，实即是由对待合一而起之妙用。张子又说：

---

① 以上选自原书第一分"宇宙论"第二篇"大化论"之第三章"两一"。

> 天下之动，神鼓之也。（《神化》）
> 惟神为能变化，以其一天下之动也。（同上）

一切之变与动，皆由于神。神便是能变者。张子又说：

> 气之性，本虚而神，则神与性乃气所固有。（《乾称》）
> 惟屈伸动静终始之能，一也，故所以妙万物而谓之神，通万物而谓之道，体万物而谓之性。（同上）
> 语其推行故曰道，语其不测故曰神，语其生生故曰易。其实一物，指事异名尔。（同上）

神乃气所固有，实即屈伸动静终始之能。所谓屈伸动静终始之能，即由内在的对待而有之变化功能。张子又说：

> 散殊而可象为气，清通而不可象为神。（《太和》）
> 太虚为清，清则无碍，无碍故神。反清为浊，浊则碍，碍则形。（同上）
> 凡气，清则通，昏则壅，清极则神。（同上）
> 神者，太虚妙应之目。凡天地法象，皆神化之糟粕尔。（同上）

气中之清通之极而不可象者为神。太虚之气，本清而神，然有清必有与清相反者，即必有浊，浊则有形，以有天地万物。然一切有形之物，实皆神所造成，而一切物之变动，亦皆神所作为。张子说：

> 气有阴阳，屈伸相感之无穷，故神之应也无穷；其散无数，故神之应也无数。虽无穷，其实湛然；虽无数，其实一而已。（《乾称》）

阴阳之气相感无穷，神亦与之无穷；气之散无数，神亦与之无数。一切变化，皆神之功用。要之，张子以为宇宙大化，乃宇宙之内在的能变之妙用即神之表见。神乃气所固有，即气之内在的能变之动力。此内在的能变动力，乃基于对待之合一或内在对待。气一物而两体，对待而合一，故有此能变之妙用。神不外于气，然气可聚而有象，神则清通而不可象。而一切物皆神之所成，一切变皆神之所为。

张子由其神化观念，乃对于古来所谓鬼神，予以自然论的解释。张子以为鬼神即阴阳二气之屈伸。张子说：

> 鬼神者，二气之良能也。（《太和》）
> 天道不穷，寒暑已；众动不穷，屈伸已。鬼神之实，不越二端而已矣。（同上）

鬼神乃阴阳之自然的功能。二气相感，其屈谓之鬼，其伸谓之神。张子又说：

> 鬼神，往来屈伸之义。（《神化》）
> 物之初生，气日至而滋息。物生既盈，气日反而游散。至之谓神，以其伸也。反之为鬼，以其归也。（《动物》）

鬼即气之屈，神即气之伸。于气之屈伸外，更无所谓鬼神。并非人死有灵魂为鬼，有人格的灵物为神。①

至北宋，张子认为根本无所谓无，只是有，有形可见者是有，无形不可见者亦非无；只有幽明之别，而无有无之别。张子说：

> 圣人仰观俯察，但云知幽明之故，不云知有无之故。盈天地之间者，法象而已；文理之察，非离不相睹也。方其形也，有以知幽之因；方其不形也，有以知明之故。（《正蒙·太和》）
> 知太虚即气则无无。故圣人语性与天道之极，尽于参伍之神，变易而已。诸子浅妄，有有无之分，非穷理之学也。（同上）

方气散而未聚，湛然无形，是为太虚；太虚不过气散未聚之状态，实非空无。一切看似空无者，实皆非无；以其不可见，可谓之幽。及有形可见，则谓之明。只有幽明之不同而已，更无有无之对立。无并非世界之一要素。②

三、人性论（附心论）③

孟子之天人相通的观念，至宋代道学，乃有更进的发挥，成为道学之一个根本观念。道学家多讲天人合一，而张子开其端。张子说：

---

① 以上选自原书第一分"宇宙论"第二篇"大化论"之第四章"大化性质"。
② 以上选自原书第一分"宇宙论"第三篇"法象论"之第三章"有无"。
③ 该标题为编者所加。

> 天人异用，不足以言诚；天人异知，不足以尽明。所谓诚明者，性与天道不见乎小大之别也。（《正蒙·诚明》）

天之用即人之用，知人亦即知天。天人非异，性道实一。张子又说：

> 性者，万物之一源，非有我之得私也。惟大人为能尽其道。（同上）

吾之性即一切之源，非特一人之性而已。张子又说：

> 天良能本吾良能，顾为有我所丧尔。（同上）

天之性德亦即人之性德，天道与人性实通一而无二。[①]

北宋时，关于人性，又有一种新说，与以前的性论都大不同，即是性两元论，认为人性实有二：一是"天地之性"，或"义理之性"，亦简称"理性"，又仅称为"性"；一是"气质之性"，亦仅称为"气质"。天地之性或义理之性是纯善的，气质之性则有善有恶。此派的理论，更有一特点，即其人性论皆从其宇宙论衍绎出，不仅就性论性，更向宇宙论寻求根据。

性两元论，创始于张载，精练于程颐，大成于朱熹。与张子同时而稍早的周敦颐，也颇倾向于性两元论，不过未尝明白说出性有两元……显明的提出性两元论者，是张子。张子以为人性有二，有天地之性，有气质之性。天地之性亦即宇宙全体之性，即气之性；气质之性则是一物有形之后由其特殊形体而有之性。人禀宇宙全体之性以为其本然之性；更因其特殊形体而有气质之性。天地之性是总一的，是一切所共有的；气质之性则是分殊的，是物与物、人与人所不同的。天地之性纯善，气质之性则有善有不善。张子说：

> 形而后有气质之性；善反之则天地之性存焉。故气质之性，君子有弗性者焉。（《正蒙·诚明》）

气质之性，形而后方有；天地之性则非形而后始有。气质之性，是可以不认作性的。张子又说：

[①] 以上选自原书第二分"人生论"第一篇"天人关系论"之第二章"天人合一论"。

> 人之刚柔缓急，有才与不才，气之偏也。天本参和不偏。养其气，反之本而不偏，则尽性而天矣。（同上）
>
> 性于人无不善，系其善反不善反而已。（同上）

人之偏驳不善，皆由于气质；天命之性，则本纯而不偏。

张子的宇宙论，认为一切皆成于气，而气之本然是太虚；太虚凝而为气，气聚而成物。张子的人性论即由此推来。张子说：

> 由太虚，有天之名。由气化，有道之名。合虚与气，有性之名。（《正蒙·太和》）
>
> 气之性本虚而神，则神与性乃气所固有。（《正蒙·乾称》）

气有其固有之本性，乃本于太虚者，实亦即太虚之所有。未聚为虚，已聚为气；气之性则通乎未聚已聚，故此性可谓合虚与气者。物莫非气，皆禀受气之本性以为性，此即天地之性。而气既聚而为物，则有特殊形体，物更由其所有之形体而有其特殊的性质，此即气质之性。张子又说：

> 湛一，气之本；攻取，气之欲。口腹于饮食，鼻舌于臭味，皆攻取之性也，知德者属厌而已。（《正蒙·诚明》）

太虚湛然纯一，然既凝而为气，则相攻互取，即相排互引，而有攻取之性。人之天地之性，即气之本然的湛一之性；人之气质之性，则是气之攻取之性。人为气聚而成之形体，自不得不有攻取之性；然既是气所成，则气所固有之湛一之性，人亦有之。张子又说：

> 性者，万物之一源，非有我之得私也。（同上）
>
> 天所性者，通极于道；气之昏明，不足以蔽之。……性通乎气之外。气无内外，假有形而言尔。（同上）

性乃万物之本源，亦即天之所性，实通乎形体之外。张子又说：

> 性其总，合两也。……不能无感者谓性。（同上）
>
> 感者，性之神；性者，感之体。（自注：在天在人，其究一也。）
> 惟屈伸动静终始之能一也，故所以妙万物而谓之神，通万物而谓之道，

体万物而谓之性。(《正蒙·乾称》)

性即全宇宙之本性，乃总一的；而其中含两。所谓两，即内在对待。惟其合两，故不能无感。实言之，宇宙最根本之自性，即屈伸动静终始之能而已，此即所谓性，即所谓道，亦即所谓神。此总一之性，乃即人的本然之性。人人物物皆禀有此性，不过有显露与不显露之别。张子说：

> 天性在人，正犹水性之在冰，凝释虽异，为物一也。(《正蒙·诚明》)
>
> 凡物莫不有是性，由通蔽开塞，所以有人物之别；由蔽有厚薄，故有智愚之别。塞者牢不可开，厚者可以开而开之也难，薄者开之也易。开则达于天道，与圣人一。(《语录》)

所谓通蔽开塞，皆就气质言。张子又说：

> 人之气质美恶与贵贱寿夭之理，皆是所受定分。如气质恶者，学即能移。(《理窟·气质》)

气质虽有恶，然亦可依修养而变化。于是张子有"变化气质"之说，认为人生之一根本原则是变化气质。他说：

> 为学大益，在自能变化气质。不尔，卒无所发明，不得见圣人之奥。故学者先须变化气质。(《理窟·义理》)

变化此气质之性，同时善反以存天地之性，便是作圣的工夫。湛一之本性，因形体而不显，故一般人都不自觉在气质之性外，尚有与宇宙全体之性为一之本性；能善反，然后自己方知原有天地之性。张子又说：

> 性与天道合一，存乎诚。(《正蒙·诚明》)
>
> 所谓诚明者，性与天道不见乎小大之别也。(同上)

能尽性，以至于不见天人内外之对立，即所谓"诚"。达到诚的境界，则知我之本性即是天道。天道非大，人性非小。然必变化气质之后，方能有此自觉。张子说：

> 德不胜气，性命于气；德胜其气，性命于德。穷理尽性，则性天德，命天理。气之不可变者，独死生修夭而已。（同上）

此气指气质。德不胜气，即为体质情欲所束缚，不能克服；便只得认为体质情欲乃生来而无可奈何者。但到修养既深能胜其气之时，形体情欲皆受自己之主宰，乃有极大的自由，而日用生活皆德性之流行；此时便不肯以所已克服之情欲为本性，而认为现在所实践之德，方是自己之本性。于是气质之性，君子不性，而以天之德即宇宙之性为我之性了。

张子的性论，最不易了解，因其合宇宙之性与人性为一。在本质上，也可以说是综合孟、荀学说。主张变化气质，更同于荀子。主张善反以存本性，则近于孟子。不过孟子讲扩充，与善反不同。张子虽然讲两元，而此两元仍是"一于气"的。天地之性是气所固有之本性，气质之性则是气聚成特殊形体而后有之性；一是气之本然的总一的性，一是气之后起的分殊的性，实都是气的性。所以张子此种性两元论，与其气一元论的宇宙论，乃是相通贯的。①

[附] 心论

宋代哲学家中，第一个予心以确定的界说者，当推张子。张子以为心是总括性情而以知觉为其本质者。他说：

> 合性与知觉，有心之名。（《正蒙·太和》）
> 心统性情者也。（《语录》）

性是根本者，有性更有知觉，便成为心。性之发为情，情亦在心中。知觉是心之特质，而心非仅是知觉，实包括性与情。张子的话甚简，但影响甚大，到朱子乃有圆满的发挥。

四、人生理想论②

与诚论甚相接近的人生至道论，是内外合一论，或天人合一论。诚本是一种合内外之道，而亦可说是一种合天人之道。（诚是天之道，人如能诚，即与天合

---

① 以上选自原书第二分"人生论"第二篇"人性论"之第四章"性两元论与性一元论"。
② 本节选自原书第二分"人生论"第三篇"人生至道论"之第五章"诚及内外合一"。该标题为编者所加。

一了。）但诚论不以内外合一或天人合一为其根本观念。内外合一或天人合一，是北宋道学大师张载及程颢的思想，在本质上可说是孟子思想之发展。张子的人生论，以孟子的万物皆备于我的观念为主，而又兼摄墨子兼爱论之若干成分。

北宋道学家中，首先提出一个宏大崇伟的人生理想者，实为张子。张子由其宇宙论及人性论以建立人生至道论。他以为万有同属一气之变化，人物之性实本同一，而我与物、内与外，原无间隔；但人习于以小我为我，遂以外物为外。故人生之最高原则，即是泛爱所有之人，兼体所有之物，以达到天人内外合一无二之境界。张子说：

> 性者，万物之一源，非有我之得私也，惟大人为能尽其道。是故立必俱立，知必周知，爱必兼爱，成不独成。（《正蒙·诚明》）

万物本惟一性，物我原属相通，大人能明此而实践之，充分表见此理，故立则立己亦立人，知则"周万物而知"，爱则遍爱一切人，成则不惟"成己"而更"成物"。张子又说：

> 以爱己之心爱人则尽仁。（《正蒙·中正》）

此即张子所谓兼爱。张子又说：

> 大人所存，盖必以天下为度。故孟子教人，虽货色之欲，亲长之私，达诸天下而后已。（同上）

"立必俱立，知必周知，爱必兼爱，成不独成"，即是以天下为度。任何事皆当达之于天下。

张子以"大心"为修养之道，他说：

> 大其心则能体天下之物。物有未体，则心为有外。世人之心，止于闻见之狭；圣人尽性，不以闻见梏其心，其视天下无一物非我。孟子谓尽心则知性知天，以此。天大无外，故有外之心，不足以合天心。（《正蒙·大心》）

所谓"体"，即视之为我，亦即"置心物中"（朱子语），以今日名词说之，可谓即"直觉"之意。拘于有我之私，则心与物相对立，而内与外相判隔；能扩大其心，而直觉一切物，于是心物之界泯，而内外合一了。人所直接见闻者有限，而心之所直觉可以无穷；心不以所见所闻为限际，然后乃能扩大至于极度。如此则觉物物皆我之一部分，即扩大其我以至于无穷，而不独以小我为我，于是我之心乃合于天了。所谓大心，其实即是使此心有广大之直觉。张子又说：

> 以闻见为心，则不足以尽心。人本无心，因物为心。若只以闻见为心，但恐小却心。今盈天地之间者皆物也，如只据己之闻见，所接几何？安能尽天下之物？所以欲其尽心也。（《语录》）

必尽物然后能尽心。心不应以直接经验为限，而当与存在同其广大。所不闻见之物，心亦应体念之。张子又说：

> 大人者，有容物，无去物；有爱物，无徇物。天之道然。天以直养万物；代天而理物者，曲成而不害其直，斯尽道矣。（《正蒙·至当》）

大人容一切物，爱一切物；不去物，亦不徇物。大人乃是代天理物者。代天理物，即赞化育之意。

"视天下无一物非我"，实即是无我，故张子又讲无我，他说：

> 无我而后大，大成性而后圣。（《正蒙·神化》）
> 穷神知化，与天为一，岂有我所能勉哉？（同上）

无我然后我扩大至于极度。物我内外，合而为一，乃是生活之最高境界。张子说：

> 合内外，平物我，此见道之大端。（《语录》）

张子亦言诚，以为诚即天人合一之境界。张子说：

> 天人异用，不足以言诚；天人异知，不足以尽明。所谓诚明者，性与天道不见乎小大之别也。（《正蒙·诚明》）

知己之性即是天道，而不分判天人为二，便是诚。

张子又作《订顽》教学者，以比喻讲其人生至道论。以父喻天，以母喻地，以同胞兄弟喻人与人，以同类喻人与物之关系。《订顽》云：

> 乾称父，坤称母，子兹藐焉，乃混然中处；故天地之塞，吾其体；天地之帅，吾其性。民，吾同胞；物，吾与也。大君者，吾父母宗子；其大臣，宗子之家相也。尊高年，所以长其长；慈孤弱，所以幼其幼。圣，其合德；贤，其秀也。凡天下之疲、癃、残、疾、惸、独、鳏、寡，皆吾兄弟之颠连而无告者也。于时保之，子之翼也；乐且不忧，纯乎孝者也。违曰悖德，害仁曰贼，济恶者不才，其践形惟肖者也。知化则善述其事，穷神则善继其志，不愧屋漏为无忝，存心养性为匪懈。……富贵福泽，将厚吾之生也；贫贱忧戚，庸玉女于成也。存，吾顺事；没，吾宁也。

吾生于天地之间，乾坤犹若父母。充塞于天地之间者气，吾受以为体；气之本性所以为气之帅者，吾受以为性。民犹吾之兄弟，物则吾之相与。天子为天地之宗子，大臣则其家相。高年吾之兄，幼年吾之弟。与天地合德为圣，天地之秀子则贤。人之贫穷残疾者，皆吾同胞之受苦而无告者。在《订顽》，张子是以比喻讲其"爱则兼爱"及"尽体天下之物"的思想。我们所以当爱人并爱物者，因为人属同胞，而物也是一气之所化，也是我们的侪辈。张子又说：

> 《订顽》之作，只为学者而言，是所以订顽。天地更分甚父母？只欲学者心于天道。若语道，则不须如是言。（《语录》）

此谓《订顽》所说，只是比喻，实亦不必如此说。《订顽》又名《西铭》，对于后来思想影响甚大。

张子又有"存神"之说。"存神"一词，本于孟子（《孟子·尽心篇》有"所存者神"语）。然张子所谓"存神"，与孟子原意不同。张子说：

> 太虚不能无气，气不能不聚为万物，万物不能不散为太虚。……然则圣人尽道其间，兼体而不累者，存神其至矣。（《正蒙·太和》）

所谓存，即存之于心，亦即今所谓直觉之义。存神即体认宇宙大化中之能变之妙用。能体认此能变之妙用，然后能兼体万物而无累。张子又说：

> 神不可致思，存焉可也。化不可助长，顺焉可也。存虚明，久至德；顺变化，达时中；仁之至，义之尽也。（《正蒙·神化》）

"虚明"与"至德"，皆指神而言。能变妙用，不可致思，惟当体认。而自然变化，不可助长，惟当与时消息。张子又说：

> 气有阴阳，推行有渐为化，合一不测为神。其在人也，知义用利，则神化之事备矣。德盛者穷神，则知不足道；知化，则义不足云。天之化也运诸气，人之化也顺夫时。……《中庸》曰"至诚为能化"，孟子曰"大而化之"，皆以其德合阴阳，与天地同流而无不通也。（同上）

自然有神化。人如能辨识当然而运用无不顺，神化之事便可谓具备于身。修养至于穷神知化，则又不止于辨识当然而已，而与天为一了。张子又说：

> 性性为能存神，物物为能过化。（同上）
> 无我然后得正己之尽，存神然后妙应物之感。（同上）

以性为性，即"善反之则天地之性存焉"，然后能存神。因物付物，然后能应变而不滞。惟体认能变之妙用，乃能随感即应，各得其宜。

张子以"合内外，平物我"为宗旨，而甚注重礼。张子说：

> 恭敬撙节退让以明礼，仁之至也，爱道之极也。（《正蒙·至当》）

礼正是爱之实践。张子教学者，"以礼为先"，即由于以礼为实行仁爱之基本工夫。

张子讲大心无我，然颇注重人为。他尝说：

> 天能为性，人谋为能。大人尽性，不以天能为能，而以人谋为能。故曰天地设位，圣人成能。（《正蒙·诚明》）

固当尽其天能，更应发挥人能。张子言修养，亦甚注重有为，他说：

> 言有教，动有法。昼有为，宵有得。息有养，瞬有存。（《正蒙·有德》）

动静昼夜皆有工夫，片刻亦须用力。此与道家以忘为修养之道者正相反。

张子讲"民吾同胞，物吾与"，更尝自言其志云：

> 为天地立心，为生民立道，为去圣继绝学，为万世开太平。

此是伟大的思想家之宏卓的怀抱。

张子的人生至道论，主要是孟子哲学之发展。但其言兼爱，视一切人民为同胞，则颇近于墨子；其言爱物，言与天为一，又近于惠施及庄子。然张子讲兼爱所有之人，仍不废差等，故仍与墨子不同。张子讲尽体万物，仍以德行之实践为工夫，亦与惠、庄不同。

五、人生问题论①

宋代道学中，有所谓义利之辨，以分别义利为修养之重要工夫之一。……张子论义之重要云：

> 当生则生，当死则死；今日万钟，明日弃之；今日富贵，明日饥饿，亦不恤：惟义所在。（《语录》）

惟以义为准则，生死去就，在所不顾。张子又尝论义利关系云：

> 义，公天下之利。（《正蒙·大易》）

利而不私，公天下之利，便是义。此说与墨家之学说颇相近。张子尝讲兼爱，又以公利为义，皆其兼综墨家思想处。②

宋代思想家中，张子讲义命合一，又分命与遇为二。张子说：

> 义命合一存乎理。（《正蒙·诚明》）

义是当然之理，命是自然之理。当然与自然有其统一。张子又说：

---

① 此标题为编者所加。
② 以上选自原书第二分"人生论"第四篇"人生问题论"之第一章"义与利"。

天所命者，通极于性；遇之吉凶，不足以戕之。……性通乎气之外，命行乎气之内。气无内外，假有形而言耳。故思知人不可不知天，尽其性然后能至于命。（同上）

命禀同于性，遇乃适然焉。……行同报异，犹难语命，可以言遇。（《正蒙·乾称》）

张子之意，以常然者为命，以偶然者为遇。命是自然之常则，与性相通。人性具于形体，而实原于天；命乃所受于天者，而贯于形体之中。行善则得吉，行恶则得凶，此乃自然之常则。而行善或得凶，行恶或得吉，此乃是偶然。张子此说，即专以汉儒所谓受命与随命为命，而以汉儒所谓遭命为遇。张子又说：

命其受，有则也。……尽性穷理而不可变，乃吾则也。天所自不能已者谓命。（《正蒙·诚明》）

穷理尽性，则性天德，命天理。气之不可变者，独死生修夭而已。故论死生则曰有命，以言其气也。语富贵则曰在天，以言其理也。此大德所以必受命，易简理得，而成位乎天地之中也。所谓天理也者，能悦诸心，能通天下之志之理也。能使天下悦且通，则天下必归焉。不归焉者，所乘所遇之不同，如仲尼与继世之君也。舜、禹有天下而不与焉者，正谓天理驯致，非气禀当然，非志意所与也。（同上）

命即自然而不可变不能已之常则，亦即天理。以天理而言，行善则吉，行恶则凶。富贵贫贱皆非前定，乃缘于其行之善恶。惟生死寿夭，与行之善恶无关，而由于形体气禀之强弱，乃不可由品行而变易者。有德则有位，如舜禹修德而有天下，此是命。然孔子有德而无位，继世之君有位而无德，此则偶然，乃是遇。张子又说：

命于人无不正，系其顺与不顺而已。行险以徼幸，不顺命者也。（同上）

生直理顺，则吉凶莫非正也。不直其生者，非幸福于回，则免难于苟也。（同上）

顺性命之理，则所谓吉凶莫非正也。逆理，则凶为自取，吉其险幸也。（同上）

顺自然之常则，得吉固为正命；而如遭凶，亦必有以自尽其道，虽屈于一时，且申于百世，故亦不失其为正命。穷通祸福，皆足以成仁取义，所谓"遇之吉凶，不足以戕之"。

张子分别命与遇为二，实与古代儒家之学说不合，而可谓关于命之一种新说。①

后来的儒家，皆宗述孔、孟，都主张"穷则独善其身，达则兼善天下"。汉、宋的主要思想家都是如此。其中也有比较倾向于兼者，如张子即是。张子尝说："立必俱立，知必周知，爱必兼爱，成不独成。"（《正蒙·诚明》）又说："民，吾同胞；物，吾与也。"（《乾称》）皆比较注重兼的思想。又尝言其志愿云："为天地立心，为生民立命，为往圣继绝学，为万世开太平。"张子可以说是儒家中比较重兼者。②

张子云：

> 天大无外，故有外之心，不足以合天心。（《正蒙·大心》）

亦以合天为理想。道学家中，以张子较注重人为。他尝说：

> 气与志，天与人，有交胜之理。（《正蒙·太和》）
> 天能为性，人谋为能。大人尽性，不以天能为能，而以人谋为能。（《正蒙·诚明》）

气能动志，志亦能动气；天固可胜人，人亦可胜天。圣人不恃天能，而特重人谋。张子又云：

> 天道四时行，百物生，无非至教；圣人之动，无非至德。夫何言哉？（《正蒙·天道》）
> 上天之载，有感必通；圣人之为，得为而为之也。（同上）

自然之变化，皆可以为法；而圣人之有为，乃所以法天。要之张子乃是讲有为以合天，或则天而为。

此外诸道学家，亦皆主则天而为。以其无甚特见，兹不备述了。③

张子说：

---

① 以上选自原书第二分"人生论"第四篇"人生问题论"之第二章"命与非命"。
② 本段选自原书第二分"人生论"第四篇"人生问题论"之第三章"兼与独"。
③ 以上选自原书第二分"人生论"第四篇"人生问题论"之第四章"自然与人为"。

上达反天理，下达徇人欲者欤！（《正蒙·诚明》）

天理人欲相对立，人应返天理，不应徇人欲。张子解释天理的意谓道：

> 所谓天理也者，能悦诸心，能通天下之志之理也。（同上）
> 天理者，时义而已。（同上）

天理是通天下之志之理，即是普遍的大公的非一人之私意的准则。因时合宜为时义；天理不只是公于一切人，而且是随时适应的。张子又说：

> 烛天理如向明，万象无所隐；穷人欲如专顾影间，区区于一物之中尔！（《正蒙·大心》）
> 人当平物我，合内外。如以身鉴物，便偏见；以天理中鉴，则人与己皆见。犹持镜在此，但可鉴彼，于己莫能见也；以镜居中，则尽照。只为天理常在，身与物均见，自不私。己亦是一物，人常脱去己身，则自明。（《理窟·学大原下》）

要之，天理是公的，人欲则是一人之私。[1]

六、致知方法论[2]

宋代新儒家中，最初论及知识者，是张子。张子分知为二，一德性之知，二见闻之知。见闻之知，即由感官经验得来的知识。德性之知，则是由心的直觉而有之知识；而此种心的直觉，以尽性工夫或道德修养为基础。德性即《中庸》"尊德性"之德性。张子尝云：

> 德胜其气，性命于德；穷理尽性，则性天德。（《正蒙·诚明》）

德性之知即是修养到"性天德"的境界而有之知识。见闻之知，以所经验的事物为范围；德性之知则是普遍的，对于宇宙之全的知识。如对于神、化、性、道的知识，便都是德性之知。张子说：

---

[1] 以上选自原书第二分"人生论"第四篇"人生问题论"之第七章"欲与理"。
[2] 该标题为编者所加。

> 大其心，则能体天下之物。……世人之心，止于闻见之狭；圣人尽性，不以见闻梏其心。……见闻之知，乃物交而知，非德性所知。德性所知，不萌于见闻。（《正蒙·大心》）

见闻之知，即感官与外物相接而有之知识。德性所知即"大其心而体天下之物"的知识，不原于感官，亦不受感官经验的限制。张子又说：

> 诚明所知，乃天德良知，非闻见小知而已。（《正蒙·诚明》）

"诚明所知"，或"天德良知"，即是德性之知。何谓诚明？张子尝云：

> 天人异用，不足以言诚；天人异知，不足以尽明。所谓诚明者，性与天道不见乎大小之别也。（同上）

诚明即天人合一的境界。诚明所知即天人合一的知识。张子又尝说：

> 性者，万物之一源，非有我之得私也，惟大人为能尽其道，是故立必俱立，知必周知。（同上）

德性所知或诚明所知，亦即"知必周知"之知，是普遍的知识。张子又说：

> 德盛者穷神，则知不足道；知化，则义不足云。（《正蒙·神化》）
> 《易》谓"穷神知化"，乃德盛仁熟之致，非智力能强也。（同上）

德性所知，亦即对于神化的知识。穷神知化，不能靠感官经验，须从事道德修养，以培养其心的直觉。由道德的修养而能穷神知化，便是有德性之知了。

张子又以内外之合言知，他说：

> 人谓己有知，由耳目有受也；人之有受，由内外之合也。知合内外于耳目之外，则其知也过人远矣。（《正蒙·大心》）

人的知识，由于内外之合。见闻之知，即由耳目有受；合内外于耳目之外，便是德性之知。张子又说：

> 成吾身者，天之神也。不知以性成身，而自谓因身发智，贪天功为己力，吾不知其知也！民何知哉？因物同异相形，万变相感，耳目内外之合，贪天功而自谓己知尔。（同上）

知由于内外之合，乃是一种天功。外物刺激耳目，便发生见闻之知；而德性之知乃由于合内外于耳目之外。如谓因身发智，谓知识之源在自己，是贪天功为己力，便大谬了。张子又说：

> 天之明莫大于日，故有目接之，不知其几万里之高也。天之声莫大于雷霆，故有耳属之，莫知其几万里之远也。天之不御，莫大于太虚，故心知廓之，莫究其极也。人病其以耳目见闻累其心，而不务尽其心。故思尽其心者，必知心所从来而后能。（同上）

对于声光的知识，都是见闻之知。对于无穷的太虚，则无所用其耳目，知之须由心的直觉。心所从来者，张子说："合性与知觉，有心之名。"（《正蒙·太和》）又说："有无一，内外合，此人心之所自来也。"（《正蒙·乾称》）"有无一"即性（张子尝云："有无虚实通为一物者，性也。"），"内外合"即知觉。

张子认为天（即外界）是知识的根据，天是独自存在不受心的影响者；张子最反对认为外界依附于心的学说，他批评佛家道：

> 释氏不知天命，而以心法起灭天地，以小缘大，以末缘本，其不能穷而谓之幻妄，真所谓疑冰者欤！（《正蒙·大心》）
>
> 释氏妄意天性，而不知范围天用，反以六根之微，因缘天地；明不能尽，则诬天地日月为幻妄。……所以语大语小，流遁失中。其过于大也，尘芥六合；其蔽于小也，梦幻人世。谓之穷理，可乎？（同上）

佛家讲一切唯心，是张子所最不能赞成的。天地是大是本；人心及感官乃后起，是小是末。不能认为大缘于小，本基于末。张子实确切肯定外界之实在。

张子的知论，比较曲折难懂，其主要意思，是认为对于特殊事物的知识，来自感官经验；对于整个宇宙之普遍的知识，则来自心的直觉，此种心的直觉以道德修养即尽性工夫为基础。张子所谓德性所知，与西洋哲学中所谓先验知识不同。德性之知并不必是先于经验的，而乃经过甚深修养后方有者；非障阻对于物自体之认识的，而乃所以领会整个宇宙之秘密者。所以，德性所知，不是康德所讲的纯粹理性，却较近于康德所讲的实践理性。（其实也有很大的不同，决非一事。）①

宋代张子以"共见共闻"为感官经验之真的表准，以"断事无失"为学说之真的表准。张子说：

> 独见独闻，虽小异，怪也，出于疾与妄也。共见共闻，虽大异，诚也，出阴阳之正也。（《正蒙·动物》）

人人都有之见闻，才是真确的。张子又说：

> 吾学既得于心，则修其辞命；辞命无差，然后断事。断事无失，吾乃沛然。精义入神者，豫而已矣。（《行状》）

学说之真之证明，在于断事无失。断事无失，实即现代知识论中所谓豫断证实。②

张子以"体物"为主要方法，所谓体物，亦是一种直觉法。张子说：

> 大其心则能体天下之物，物有未体，则心为有外。世人之心，止于闻见之狭；圣人尽性，不以见闻梏其心，其视天下无一物非我。孟子谓尽心则知性知天以此。（《正蒙·大心》）

要以心体天下之物而不以感觉所及为限。所谓体物，即视物为我，与物合而为一。如此乃能有超乎见闻的知识。张子又说：

> 体物体身，道之本也。身而体道，其为人也大矣。道能物身故大；不能物身而累于身，则藐乎其卑矣。（同上）

体物更须视身如物，而不为身所累，如此乃能体道。张子所谓道，指宇宙气化之大历程。

张子最注重穷神知化，他认为神化不是感觉思辨所能知，必由直觉方能知之。张子说：

---

① 以上选自原书第三分"致知论"第一篇"知论"之第一章"知之性质与来原"。
② 以上选自原书第三分"致知论"第一篇"知论"之第三章"真知"。

> 穷神知化，与天为一，岂有我所能勉哉？乃德盛而自致尔。(《正蒙·神化》)
>
> 穷神知化，乃养盛自致，非思勉之能强。故崇德而外，君子未或致知也。（同上）

穷神知化，在于无我而与天为一，即在于广大的直觉。此种直觉，基于道德的修养。张子最注重道德修养与致知的关系，以为致知之道在于崇德，德盛则自然能穷神知化了。

张子又言"存神"，他说：

> 神不可致思，存焉可也。（同上）

存即存之于心，亦即直觉之意。对于神，不可用思虑，唯当用直觉。对物之直觉，则谓之"体"；对神之直觉，则谓之"存"。所谓穷神，亦即由"存"而穷之。

张子是最富于辩证思想的，他所参透的神化之秘密，即是两一。所以说：

> 一故神（自注：两在故不测），两故化（自注：推行于一）。（同上）

但关于以两一为方法，则张子未多说。张子尝说：

> 两不立则一不可见，一不可见则两之用息。两体者，虚实也，动静也，聚散也，清浊也，其究一而已。（《正蒙·太和》）

此条或可亦看作方法的原则。凡观物，要察其一中之两，及两体之一。于一观其两，于两观其一，便是两一法。

张子的方法，虽以直觉为主，而亦相当注意于观察，他有许多关于天文现象及生物现象的研究，都是根据观察而得的。[①]

---

① 以上选自原书第三分"致知论"第二篇"方法论"之第一章"一般方法论"。

横渠四句教

马一浮

编者按：本文原载《泰和会语》（复性书院刻书处木刻本 1940 年版），后被收录于《马一浮集》第 1 册（浙江古籍出版社、浙江教育出版社 1996 年版）。《泰和会语》是马一浮先生于 1938 年上半年在浙江大学讲学的讲稿。马一浮（1883—1967），名浮，字一浮，浙江会稽（今浙江绍兴）人。现代思想家，与梁漱溟、熊十力合称为"现代三圣"，现代新儒家的早期代表人物之一。他曾执教于浙江大学，在古代哲学、文学、佛学、书法等方面均有很高的造诣，被丰子恺推崇为"中国书法界之泰斗"。其大部分作品收录于《马一浮集》中。

昔张横渠先生有四句话，今教诸生立志，特为拈出。希望竖起脊梁，猛著精采，依此立志，方能堂堂的做一个人。须知人人有此责任，人人具此力量，切莫自己诿卸，自己菲薄。此便是"仁以为己任"的榜样，亦即是今日讲学的宗旨，慎勿以为空言而忽视之。

为天地立心

《易·大传》曰："复，其见天地之心乎！"剥、复是反对卦。䷖剥穷于上，是君子道消。䷗复反于下，是君子道长。伊川《易传》以为"动而后见天地之心"。天地之心于何见之？于人心一念之善见之。故《礼运》曰："人者，天地之心也。"《程氏遗书》云："一日之运，即一岁之运。一人之心，即天地之心。"盖人心之善端，即是天地之正理。善端既复，则刚浸而长。可止于至善，以立人极，便与天地合德。故仁民爱物，便是为天地立心。天地以生物为心，人心以恻隐为本。孟子言四端，首举恻隐。若无恻隐，便是麻木不仁，漫无感觉，以下羞恶、辞让、是非，俱无从发出来。故天地之大德曰生，人心之全德曰仁。学者之事，莫要于识仁、求仁、好仁、恶不仁，能如此，乃是为天地立心。

为生民立命

儒者立志，须是令天下无一物不得其所，方为圆成。孟子称伊尹"一夫不获，若己推而纳诸沟中"。横渠《西铭》云："凡天下之疲癃、残疾、惸独、鳏寡，皆吾兄弟之颠连而无告者也。"此皆明万物一体之义。圣人吉凶与民同患，未有众人皆忧而己能独乐，众人皆危而己能独安者。万物一体，即是万物同一生命。若人自扼其吭，自残其肢，自刿其腹，而曰吾将以求生，决无是理。孟子曰："夭寿不贰，修身以俟之，所以立命也。"朱子注云："立命，谓全其天之所赋，不以人为害之。"又曰："尽其道而死者，正命也。桎梏死者，非正命也。"今人心陷溺，以人为害天赋，不得全其正命者，有甚于桎梏者矣。仁人视此，若疮痏之在身，疾痛之切肤，不可一日安也。故必思所以出水火而登衽席之道，使得全其正命。孔子曰："老者安之，朋友信之，少者怀之。"学者立志，合下便当有如此气象。此乃是为生民立命也。

为往圣继绝学

此理不为尧存，不为桀亡，在圣不增，在凡不减。但因人为气习所拘蔽，不肯理会，便成衰绝。其实，人皆可以为尧舜。颜子曰："舜何人哉！予何人哉！有为者，亦若是。"学者只是狃于习俗，不知圣贤分上事即吾性分内事，不肯承当。故有终身读书，只为见闻所囿，滞在知识边，便谓已足，不知更有向上事。汩没自性，空过一生。孔子曰："不曰'如之何，如之何'者，吾未如之何也已矣。苟能一日用其力于仁矣乎，吾未见力不足者。"圣人之言剀切如此。道之不明不行，只由于人之自暴自弃。故学者立志，必当确信圣人可学而至，吾人所禀之性与圣人元无两般。孟子曰："圣人先得我心之所同然者耳。""心之所同然者何也？曰理也，义也。"濂、洛、关、闽诸儒，深明义理之学，真是直接孔孟，远过汉唐。为往圣继绝学，在横渠绝非夸词。今当人心晦盲否塞、人欲横流之时，必须研究义理，乃可以自拔于流俗，不致戕贼其天性。学者当知，圣学者即是义理之学，切勿以心性为空谈而自安于卑陋也。

为万世开太平

太平不是幻想的乌托邦，乃是实有是理。如尧之"光被四表，格于上下"，文王之"自西自东，自南自北，无思不服"，都是事实。干羽格有苗之顽，不劳兵革。礼让息虞、芮之讼，安用制裁。是故不赏而劝，不怒而威，不言而信，无为而成。《中庸》曰："君子笃恭而天下平。""声色之于以化民，末也。"圣人至德渊微，自然之效，斯乃政治之极轨。自帝降而王，王降而霸，霸降而夷狄，天下治日少而乱日多。秦并六国，二世而亡。晋失其驭，五胡交乱。力其可恃乎？中外历史，诸生闻之熟矣。非无一时强大之国，只如飘风骤雨，不可久长。程子曰："王者以道治天下，后世只是以法把持天下。"又曰："三代而下，只是架漏牵补，过了时日。"孟子曰："以力假仁者霸"，"以德行仁者王"，"以力服人者，非心服也，力不赡也。以德服人者，中心悦而诚服也"。从来辨王、霸，莫如此言之深切著明。学者须知，孔孟之言政治，其要只在贵德而不贵力。然孔孟有德无位，其道不行于当时，而其言则可垂法于万世。故横渠不曰"致"而曰"开"者，"致"是实现之称，"开"则期待之谓。苟非其人，道不虚行。果能率由斯道，亦必有实现之一日也。从前论治，犹知以汉唐为卑。今日论治，乃惟以欧美为极。从前犹以管商申韩为浅陋，今日乃以孟梭里尼、希特勒为豪杰，以马格斯、列宁为圣人。今亦不暇加以评判，诸生但取六经所陈之治道，与之政论比而观之，则知碱砥不可以为玉，螈蜓不可以为龙，其相去何啻霄壤也。中国今方遭夷狄侵陵，举国之人动心忍性，乃是多难兴邦之会。若曰图存之道，期跂及于现代国家而止，则亦是自己菲薄。今举横渠此言，欲为青年更进一解，养成刚大之资，乃可以济塞难。须信实有是理，非是姑为鼓舞之言也。

四部合唱《横渠四句教》附说

丰子恺

编者按：本文原载《宇宙风》1938 年第 69 期。丰子恺（1898—1975），浙江桐乡人。散文家、画家、书法家、美术与音乐教育家。师从弘一法师（李叔同），以中西融合画法创作漫画以及散文而著名。主要作品有《缘缘堂随笔》《子恺漫画》等。

前几天收到马一浮先生从江西泰和浙江大学寄来的信。其中有段说：

顷来泰和，为浙大诸生讲横渠四句教，颇觉此语伟大，与佛氏四弘誓愿相等。因读新制诸歌（注：所言新制诸歌，乃指我与萧而化合作的歌曲，是我寄去请他指教的。），谓此语意天然，似可谱之成曲。今写呈如下：

为天地立心，
为生民立命；
为往圣继绝学，
为万世开太平。

上①四语试缓声吟咏，自成音节。第三句将声音提高拖长，第四句须放平而极和缓，乃是和平中正之音。其意义光明俊伟，真先圣精神之所托。未知是否可以谱入今乐，制成歌曲？但不得增损一字。深望贤者与萧而化君商榷，制成曲谱见寄，欲令此间学生歌之，以资振作。吾国固有特殊之文化，为世界任何民族所不及。今后生只习于现代浅薄之理论，无有向上精神，如何可望复兴？来示引陶诗"人生归有道，衣食固其端"二语，甚有味。衣食固其一端，抗战亦其一端。若欲其归有道，则必于吾先哲之道理有深切之认识而后可。惜与贤者

---

① 原文为"右"，今随正文排版方式改为"上"。

相去远，不得如在阳山阪。（注：廿六年十二月间我和马先生同在桐庐城外阳山阪地方避寇，共数晨夕者半月有余。）时可于竹间敷坐畅谈此义也。

我读了这信，心生欢喜，立刻派人到武昌去邀萧而化君来，同他详谈马先生的意旨和横渠先生的教训，请他作曲。而化得了这歌词，比我更加欢喜，立刻拿去作曲。二三天之后，曲成，大规模的四部合唱曲。同非常时期的因陋就简的简谱抗战歌曲比较起来，这一曲真是壮丽堂皇、规模宏大的制作。我特托人另抄一份，把一份寄给马先生，一份交《宇宙风》发表，以广流传，并为附说。

横渠是宋代大儒张载的别号。这四句教的意义至高至大。"只习于现代浅薄之理论"的后生看了，非但不能理解，或且笑为迂腐。实则诚如马先生所说，这是"吾国特殊之文化，为世界任何民族所不及"。近世人类愚痴愈甚。利用科学机械之力，大肆侵略虐杀，自以为强，实则玩弄小慧，暴露兽性，其愚痴万不可教及。今战争之祸，弥漫于全世界。和平之神远而避之，圣贤之教，置之高阁，民不聊生。天地变色，全与横渠四句教相背驰。马先生以"四句教"教浙大学生，真可谓"寻坠绪之茫茫，挽狂澜于既倒"。这与我民族"为正义、人道、和平而抗战"之旨正相符合，而意义更为高大深远。这是最根本的救世之道，"抗战"仅为其"一端"耳。我还希望马先生将此意发为文章，使天下人广受教益，勿令浙大学生独享其福，实无量之功德也。

关于乐曲，恐有人不解，略加说明于下。这是四部合唱曲，用风琴或洋琴伴奏。乐谱中第一二行是前奏，第三行中央开始唱歌。每行有六条五线谱，第一条是高音部唱的，第二条是中音部唱的，第三条是次中音部唱的，第四条是低音部唱的，第五条是右手弹琴的谱，第六条是左手弹琴的谱。四句歌词之后，末了还有两行琴谱，是后奏，与前奏相对称。演奏此曲时，须用四班人，和一座琴。这是规模很大的一个合唱曲。

倘一个人要唱，可唱其高音部。因为高音部是这曲的主要旋律，今译为简谱，附录于下，以便不曾学过五线谱的人唱奏。这是长音阶乐曲，但第三句转入短音阶，特别强调。

横渠四句教

E调 2/2

1—71	2—#2	3—·—
为 天地	立	心，

3—33	#4—·—	5—·—
为 生民	立	命，

5—·—	7—i—	i 7 6 #5	6—0—
为	往 圣	继 绝	学，

3—6	5—4	3—2	2—1— ‖
为 万	世 开	太	平。

横渠学术论

李源澄

编者按： 本文原载《重光》1938年第3期。李源澄（1909—1958），字俊卿（又作俊清），四川犍为人。曾师从廖平、章太炎、蒙文通等。先后在四川大学、西南师范大学任教。1945年春，在都江堰灵岩山创办了灵岩书院，曾邀唐君毅、牟宗三、钱穆等在此讲学。著作有《诸子概论》《学术论著初稿》《经学通论》《秦汉史》等。

一、论横渠治学之态度

二、论理学诸儒对横渠之批评

三、论横渠之立本修持见道三阶段

四、论横渠学术中之主要问题

一、《横渠语录》言："当自立说以明性，不可以遗言附会解之。若孟子言不成章不达，及所性四体不言而喻，此非孔子之曾言，而孟子言之。此是心解也。"理学之儒，喜以己意附会古人，遂为后世诟病，而横渠固早见及之也。横渠分学问为讲者与学者二类，《学大原上》言："圣人于文章，不讲而学，盖讲者有可否之疑，须问辨而后明，学者有所不知，问而知之，则可否自决，不待讲论。如孔子之盛德，惟官名礼文有所未知，故其问老子、郯子，既知则遂行，而更不须讲。"礼文制度不可意求，以意说之则诬古，宋学之为后世攻击最力者在是，而横渠亦早见及之也。横渠之言义理虽引申古义，而无附会之嫌，其说制度，意在复古，与述古本不同道，非可以治经之法绳之也。

二、横渠之学以穷理入门，思其要也。《义理篇》言："读书少则无由考校得义精。盖书以维持此心，一时放下，则一时德性有懈。读书则此心常在，不读书则终看义理不见。书须成诵。精思多在夜中或静坐得之。不记则思不起，但通贯得大原后，书亦易记。所以观书者，释己之疑，明己之未达，每见每知所益，则学进矣，于不疑处有疑，方是进矣。"又言："学者潜心略有所得，即且志之纸笔，以其易忘，失其良心，若所得是，充大之以养其心，立数千题，旋注释，常改之，改得一字，即是进得一字。"《气质篇》又言："不知疑者，只是不便实作。既实作，则须有疑，必有不行处，是疑也。譬之通身会得一边，或理会一节，未全则须有疑，是问是学处也，无则只是未尝思虑来也。"横渠之见讥于理学诸儒者在此。《程氏外书》言："张横渠著《正蒙》时，处处置笔砚，得意即书。伯醇云：'子厚却如此不熟。'"朱子曰："横渠云：'吾学既得于心，则修其辞命，辞命无差，然后断事，断事无失，吾乃沛然。'看来理会道理，须是说得出一字不稳，便无下落。所以横渠中夜便笔之于纸，只要有下落。而今理会得有下落底，临事尚手忙脚乱，况不曾理会得下落。横渠如此，论道理他却未熟，然他地位却要如此，高明底则不必如此。""不熟"两字，几为理学诸儒与横渠之定评。学未至圣，皆是不熟，岂惟横渠而已！朱子言"然他地位却要如此"，孰知理学末流之弊，正以其不如此乎！北宋之学，实周、程、张、邵，皆北宋之新派。横渠虽理学先师，其严密之处不为后世取法也。

三、横渠虽以疑为入德之门，而以不疑为进德之阶。《气质篇》言："人能不疑，便是德进。盖已于大本处不惑，虽未加工思虑，必常在此。其修持之方，则内而虚心，外而循礼。"《气质篇》言："立本既正，然后修持。修持之道，既须虚心，又须得礼，内外发明，此合内外之道也。"其所谓见道，则异乎学问。《义理篇》言："闻见之善者，谓之学则可，谓之道则不可。须是自求，己能寻见义理，则自有旨趣。自得之，则居之安矣，合内外，平物我，此见道之大端。"其发明合内外、平物我之义，见《学大原下》："人当平物我，合内外，如是以身鉴物便偏见，以天理中鉴，则人与己皆见。犹持镜在此，但可鉴彼，于己莫能见也。以镜居中则尽照。只为天理常在，身与物均见，则不自私。己亦是一物，人常脱去己身则自明，然身与心常相随，无奈何有此身，假以接物，则举措须要是。今见人意、我、固、必以为当绝，于己乃不能绝，即是私己。是以大人正己而物正，须是待自己者皆是著见于人，物自然而正。以诚而明者，既实而行之明也，明则民斯信矣。己未正而正人，便是有意、我、固、必，鉴己与物皆见，则自然心洪而公平，意、我、固、必，只为有身便有此。"程子论《西铭》曰："言有两端，有有德之言，有造道之言。"即知足以知之而行有未逮，亦非余子所敢望焉。

四、横渠既许"自立说以明性"，又曰："学贵心悟，守旧无功。"故其学虽原本先儒，而非先儒所能范围。其言性与天道，与晚周儒家为近，盖晚周儒者已融合道家之学说也。其学术渊源，经世本于《礼》，明体本于《易传》《语》《孟》《中庸》，得于《易传》者尤多，实与道家之精神相接，而横渠固不自觉；及其学说建立之后，转与墨家相同，横渠亦不自觉。同于墨家者，杨时已言之，程门乃以"理一分殊"解之，非横渠本意。孟子言"亲亲仁民，仁民爱物"，尽人性、尽物性，参天地之化育，乃其极功，非其始基。横渠以分殊为有我，非以分殊为善也，其同于道家者尤著。横渠之所以攻道家者，即道家之义，横渠未之识，亦未尝有言之者，然皆不害其为醇儒也。横渠以太虚明道，以动静相感明用，即以破道家之有无、佛家之生死问题。《太和篇》言："太和所谓道，中涵沉浮升降动静相感之性，是生絪缊相荡胜负屈伸之始，其来也几微易简，其究也广大坚固，起知于易者，乾乎！效法于简者，坤乎！散殊而可象为气，清虚而不可象为神。"又言："太虚无形，气之本体，其聚其散，变化之客形尔。至静无感，性之渊源，有识有知，物交之客感尔。"其所认宇宙本然之道如是。《太和篇》言："天地之气，虽聚散攻取百涂，然其为理也顺而不妄。气之为物，散入无形，适得吾体，聚为有象，不失吾常。太虚不能无气，气不能不聚为万物，万物不能不散为太虚，循是出入，是皆不得已而然也。然则圣人尽道，其间兼体而不累者，存神其至矣。彼语寂灭者往而不反，徇生执有者物而不化，二者虽有间矣，以言乎失道则均焉。"又言："聚亦吾体，散亦吾体，知死之不亡者，可与言性矣。"又言："知虚空即气，则有无、隐显、神化、性命，通一无二，顾聚散、出入、形不形，能推本所从来，则深于《易》者也。若谓虚能生气，则虚无穷，气有限，体用殊绝，入老氏有生于无自然之论，不识所谓有形混一之常；若谓万象为太虚中所见之物，则物与虚不相资，形自形，性自性，形性、天人不相待而有，陷于浮屠以山河大地为见病之说。"其破佛老生死有无之论如此。因在其学理中，固可云然，欲判其是非，则必求其所以认识之故，此东西哲人所不能决者，必不能如宗教家以"妄见"二字了之也。人之生死为气之聚散，固人之善恶即以此为判。《太和篇》言："客感客形与无感无形，惟尽性者能一之。""故圣人与性与天道之极，尽于参伍之神，变易而已。"人与天地参，故以合天德为至极，合天德即谓之尽性。《诚明篇》之言性曰："性者，万物之一源，非有我之得私也。惟大人为能尽其道，是故立必俱立，知必周知，爱必兼爱，成不独成。彼自蔽而不知顺吾理者，则亦未如之何矣。"又言："天能为性，人能为谋。大人尽性，不以天能为能，而以人能为能，故曰：'天地设位，大人成能。'"既云"气聚而为万物，万物散而为太虚"，太虚无所谓善恶，而万物则有善恶。同是人也，其中何以有丧其性之小人，尽其性之大人耶？横渠于此有两种解释，一以为气所蔽，一以为有我。《诚明篇》言："天所性者，通极于道，气之昏明不足以蔽之；天所命者，通极于性，遇之吉凶不足以戕之。不免乎蔽之、戕之者，未之学也。"又言："天性在人，正犹水性之在冰，凝释虽异，为物一也，受光有大小昏明，其照纳不二也。"此其一。又言："天良能本吾良能，顾为有我所丧耳。"此其二。气为本体，谓气有昏明，于理不通。《太和篇》言："太虚为清，清则无碍，无碍故神，反清为浊，浊则凝，碍则形。"气惟清浊形神之别，无善恶之分，以身为形、心为神乎，则一切善恶皆发于心性而形于四体，何以贱身而贵心，故为气所蔽，理不可通。而有我之说，则理自圆融。《太和篇》言："气本之虚，则湛本无形，感而生则聚而有象。有象斯有对，对必反其为，有反斯有仇，仇必和以解。故爱恶之情同出于太虚，而卒归于物欲。"此有我为蔽之的解也。为气所蔽之说既不可通，然在横渠学说中，最为重要。《诚明篇》言："形而后有气质之性，善反之则天地之性存焉，故气质之性，君子有弗性焉。"此以天地之性与气质之性之分也。而朱子极称之曰："气质之说，起于程、张，极有功于圣门。前人未经说到，故程、张之说立，则诸子之学泯矣。"此所谓气质之性，即《语录》所谓习也，曰："气者，自万物散殊时，各有所得之气；习者，自胎胞中以至于婴孩时，皆是习也。"天地之性何以能受习？横渠乃不得不为之说，曰："气者在性、习之间，性犹有气之恶者，为病气，又有习以害之也。"横渠之言性既如此，故其修养工夫亦有二，从有我为蔽说则曰大心，从气之昏蔽说则曰变化气质。横渠自道其修持之道曰："既须虚心，又须得礼，内外发明，此合内外之道也。"大心与虚心，得礼与变化气质，所从说之异耳，在横渠学说中言之甚多，且为人所共见，故不复征引，而为人所不解者亦在此。《西铭》与气质之说，为宋学之中心问题，既言"天地之塞，吾其体；天地之帅，吾其性"，又言"变化气质"，其矛盾更有甚于此者乎！横渠用思至密，何以至此？此易晓耳。孟子言性善，不过言四端，其工夫在"充"在"尽"。横渠欲显仁体，故作《西铭》以明其旨，而以大心去我，还其太虚之仁，非惟孟子所不能见，即《易传》亦未之见也，故与《孟子》《中庸》《易传》言"尽心""尽性"不合。横渠自言其义可耳，又何必牵就古人。横渠见道甚高，而工夫从礼入，且修养方法，在大心方面惟有涵养，自古圣贤教人，皆从变化气质用功，横渠岂敢使人躐等？且其归趣在于合内外、平物我，殊途不害同归，此横渠之苦心乎！知此然后可以读横渠之书，否则不惟不能通横渠之意，理学诸儒之学，皆无从说起也！

张子之学

钱基博

编者按：本文原载《国立师范学院季刊》1939年第4期。题目下原有"国文系第二次学术演讲"10字。钱基博（1887—1957），字子泉，别号潜庐，江苏无锡人。古文学家、教育家。早年参加革命，后主要从事教育工作。曾在上海圣约翰大学、北京清华大学、南京中央大学（即南京大学）、苏州大学、光华大学（今华东师范大学）、浙江大学、武汉华中大学（今华中师范大学）等校任教。著有《韩愈志》《经学通志》《中国文学史》等著作多部。

宋儒周、程、张、朱，周敦颐为理学之开山，张载稍后起，然于二程（颢、颐）兄弟为尊属，称以表叔。周敦颐官南安军司理参军时，二程父珦摄通守事，视其气貌非常，引与为友，使二子受学焉，即二程也。大程曰："昔受学于周茂叔，每令寻仲尼、颜子乐处，所乐何事。"又曰："自再见周茂叔后，吟风弄月以归，有'吾与点也'之意。"而于载则为外兄弟之子，卑行也。载至京师，与语道学之要，厌服焉。时载讲《易》京邸，听从者甚众。因谓之曰："二程深明易道，吾不及也。"朱子推敦颐为二程之学所自出；然二程之于敦颐，一则曰茂叔，再则曰茂叔，非先生长者之称。而生平无一言及《太极图说》，顾屡称载之《西铭》，如大程曰："《西铭》，某得此意，只是须得子厚如此笔力，他人无缘做得。孟子以后未有人及此，得此文章，省多少言语。"又曰："孟子之后，只有《原道》一篇。若《西铭》则是《原道》之宗祖也。《原道》却只说道，元未到《西铭》意思。"又曰："《西铭》，横渠文之粹者也。横渠道尽高，言尽醇，自孟子后，儒者都无他见识。"小程曰："《西铭》明理以存义，扩前圣所未发，与孟子性善养气之论同功。"咸以载之学为上继孟子，而于敦颐却未见如此推崇。及朱子以《通书》解《太极图说》，以《太极图说》说《通书》，用力于此二书，而见二程之言性与天道，与敦颐无不合，遂推为二程之学所自出。其实载之《西铭》《正蒙》，亦于二程无不合，而推之敦颐亦无不合也。

从前子思作《中庸》以说天命之性，孟子道性善以修率性之道，开宗明义，而未有体系，所以理而不为学。至周敦颐、张载，乃本《中庸》以上推之《易·系辞传》，而后天命之性，率性之道，有体有系，厘然秩然；犹若以为未足，更本《易·系辞传》以上推诸《老子》"道可道，非常道"，"有物混成，先天地生"，拈出"无极""太虚"之义，以补《易·系》之所未言；而后先天之道，天命之性，有统有系，厘然秩然。周敦颐之《太极图说》《通书》如此，张载之《西铭》《正蒙》亦如此。惟周敦颐颇讳其出于老，而张载则不甚讳，《正蒙》屡引《老子》"谷神不死"之说。大抵周敦颐之学，以老子为祧，以《易》为祖，以《中庸》为宗，以诚为本，以主静立诚，而己之性无不尽；而载之学，以老子为祧，以《易》为祖，以《中庸》为宗，以仁为体，以礼行仁，而人之性无不尽；敦颐之学，以《太极图说》挈其要，以《通书》明其义；而载之学，以《西铭》挈其要，以《正蒙》明其义。二程屡称《西铭》，而于《正蒙》或有微辞。然吾人不读《正蒙》，不知《西铭》立说之所以然，《西铭》只是要学者求仁而已。然前乎仁而所以立天下之大本，后乎仁而所以行天下之达道，非读《正蒙》不明。《正蒙》曰："大《易》不言有无，言有无，诸子之陋也。"（《大易篇第十四》）似与敦颐"太极""无极"之说有乖。然不言无极，而不能不言太虚，则亦无乎不同，而要其原本于老子。

《老子》曰："有物混成，先天地生。寂兮寥兮，独立不改，周行而不殆，可以为天下母。吾不知其名，字之曰道。"（第二十五章）"道生一，一生二，二生三，三生万物。万物负阴而抱阳，冲气以为和。"（第四十二章）"天下万物生于有，有生于无。"（第四十章）"道可道，非常道，名可名，非常名。无名天地之始，有名万物之母。故常无，欲以观其妙；常有，欲以观其徼。此两者同出而异名，同谓之玄。玄之又玄，众妙之门。"（第一章）盖笼有无而称玄。而《易·系辞传》则言有而不言无，以为："易有太极，是生两仪，两仪生四象，四象生八卦。"（第十一章）"是故刚柔相摩，八卦相荡，鼓之以雷霆，润之以风雨，日月运行，一寒一暑。乾道成男，坤道成女。"（第一章）"生生之谓易，成象之谓乾，效法之谓坤，一阴一阳之谓道，继之者善也，成之者性也。"（第五章）《老子》言："道生一，一生二，二生三，三生万物。万物负阴而抱阳，冲气以为和。"正与《易·系》言有太极以后之情状相同。然不过老子所谓"有名万物之母"，而未及"无名天地之始"；老子所谓"天下万物生于有"，而未及"有生于无"。（同上）可道之道，而非老子所谓"先天地生""不可道"之常道也。孔子不言性与天道，《易·系》《中庸》言有太极以后之性与天道，而不及"先天地生""不可道"之常道，周敦颐、张载乃根极于老子"先天地生""不可道"之常道，以补《易·系》《中庸》之漏义焉。

《太极图说》曰："无极而太极，太极动而生阳。动而生静，静而生阴。静极复动,一动一静,互为其根。分阴分阳,两仪立焉。阳变阴合,而生水、火、木、金、土。五气顺布,四时行焉。五行,一阴阳也;阴阳,一太极也;太极,本无极也。五行之生也,各一其性。无极之真,二五之精,妙合而凝,乾道成男,坤道成女。二气交感,化生万物。万物生生而变化无穷焉。"盖融《老子》《易·系》之义,而冶之一炉者也。老子曰"无名天地之始,有名万物之母",无极而太极也。老子曰"天下万物生于有,有生于无",则所谓五行一阴阳,阴阳一太极,太极本无极也。太极无极,二而一,一而二,此老子"有""无"双观之所以同谓之"玄"也。观太极图☯中间一○,即易有太极也。○旁两抱,即两仪二画也。☰不过伏羲在太极上面直画两画,而敦颐却把伏羲两画弯转,抱在太极两旁,亦从老子"负阴抱阳、冲气为和"之说悟出。老子所谓"道生一,一生二,二生三,三生万物",统体一太极也。"万物负阴而抱阳,冲气以为和。"物物一太极也。特敦颐讳所自出尔。

敦颐之所谓"太极",载则谓之"太和";敦颐之所谓"无极",载则谓之"太虚";敦颐"无极""太极",明理之无形,而载"太虚""太和",以无形为理。《正蒙》曰:"太和所谓道,中涵浮沉、升降、动静、相感之性,是生绸缊、相荡、胜负、屈伸之始。其来也几微易简,其究也广大坚固。起知于易者,乾乎!效法于简者,坤乎!散殊而可象,为气;清通而不可象,为神。不如野马、绸缊,不足谓之太和。语道者知此,谓之知道;学《易》者见此,谓之见《易》。"(《太和篇第一》)此本《易·系》相摩相荡之义。至曰:"太虚无形,气之本体,其聚其散,变化之客形尔。""太虚不能无气,气不能不聚而为万物,万物不能不散而为太虚。循是出入,是皆不得已而然也。然则圣人尽道,其间兼体而不累者,存神其至矣。彼语寂灭者,往而不反;徇生执有者,物而不化。二者虽有间矣,以言乎失道则均焉。""气之聚散于太虚,犹冰凝释于水。知太虚即气,则无无。"(同上)"未尝无之谓体,体之谓性。"(《诚明篇第六》)此以衍老子常有常无之观。夫欲体太虚以存神而尽道,则所谓道者不可以迹象求,不可以见闻知,而超绝一切形相言议之表。《老子》曰:"视之不见,名曰夷;听之不闻,名曰希;搏之不得,名曰微。此三者,不可致诘,故混而为一。其上不皦,其下不昧,绳绳不可名,复归于无物;是谓无状之状,无物之象。是谓惚恍。迎之不见其首,随之不见其后。"(第十四章)"道之为物,惟恍惟惚。惚兮恍兮,其中有象;恍兮惚兮,其中有物;窈兮冥兮,其中有精;其精甚真,其中有信。"(第二十一章)恍,非有;惚,非无;此道之所以不可名言,而体道者之所以必超闻见也。《正蒙》则曰:"形而上者,得意斯得名,得名斯得象。不得名,非得象者也。故语道至于不能象,则名言亡矣。"(《天道篇第三》)"由象识心,徇象丧心,知象者心。存象之心,亦象而已,谓之心可乎？天之不御，莫大于太虚，故心知廓之，莫究其极也。人病其以耳目见闻累其心，而不务尽其心；故思尽其心者，必知心所从来而后能。"（《大心篇第七》）"有无一，内外合，此人心之所自来也。若圣人则不专以闻见为心，故能不专以闻见为用。无所不感者虚也，感即合也，咸也。以万物本一，故一能合异，以其能合异，故谓之感。若非有异，则无合。天性，乾坤，阴阳也。二端，故有感；本一，故能合天地生万物。所受虽不同，皆无须臾之不感。所谓性即天道也。感者，性之神；性者，感之体。惟屈伸、动静、终始之能一也，故所以妙万物而谓之神，通万物而谓之道，体万物而谓之性。"（《乾称篇第十七》）"一故神，譬之人身，四体皆一物，故触之而无不觉，不待心使至此而后觉也。感而后有通，不有两，则无一，故圣人以刚柔立本。两不立，则一不可见，则两之用息。两体者，虚实也，动静也，聚散也，清浊也，其究一而已。"（《太和篇第一》）而体是以用心，则谓之仁。仁者以天地万物为一体。"天地之塞，吾其体；天地之帅，吾其性。民，吾同胞；物，吾与也。"（《西铭》）"大其心，则能体天下之物。物有未体，则心为有外。世人之心，止于闻见之狭；圣人尽性，不以见闻梏其心。其视天下，无一物非我。孟子谓尽心则知性知天，以此。天大无外，故有外之心，不足以合天心。见闻之知，乃物交而知，非德性所知。德性所知，不萌于见闻。"（《正蒙·大心篇第七》）"形而后有气质之性，善反之，则天地之性存焉。故气质之性，君子有弗性者焉。"（《诚明篇第六》）盖弗性而后能大其心也。推是心以行仁，于是有礼。礼者体也。"天体物不遗，犹仁体事无不在也。'礼仪三百，威仪三千'，无一物而非仁也。"（《天道篇第三》）大抵以仁存心，以礼行仁。相传载著《正蒙》时，处处置笔砚，得意即书，而传其学者少。至明末，衡阳王夫之乃衍其绪，而注《正蒙》数万言，以深究为仁之方。为《礼记章句》数十万言，以阐明记礼之意。其后湘乡曾国藩，校刊《船山遗书》，而序其指曰："圣王所以平物我之情，而息天下之争，内之莫大于仁，外之莫急于礼。"虽未窥见载为学之本原，而于其学之全体大用，颇絜其凡也。夫周敦颐之《通书》立诚，而载之《正蒙》明虚；而国藩更融通其指以为之说曰："人必中虚，不著一物，而后能真实无妄。盖实者，不欺之谓也。人之所以欺人者，必心中别著一物，心中别有私见，不敢告人，而后造伪言以欺人。若心中了不著私物，又何必欺人哉！其所以自欺者，亦以心中别著私物也。所知在好德，而所私在好色，不能去好色之私，即不能不欺其好德之知矣。是故诚者，不欺者也。不欺者，心无私着也。无私著者，至虚者也。是故天下之至诚，天下之至虚者也。当读书则读书，心无著于见客也。当见客则见客，心无著于读书也。一有著，则私也。灵明无著，物来顺应，未来不迎，当时不杂，既过不恋，是之谓虚而已矣，是之谓诚而已矣。"（《求阙斋日记·问学》）则是以致虚为立诚之本，而推宗于载焉。

《易》者，圣人有以见天下之动，而不主静。《老子》则以"静为躁君"（第二十六章），以谓"致虚极，守静笃，万物并作，吾以观复。夫物芸芸，各复归其根，归根曰静，是谓复命。复命曰常，知常曰明"（第十六章）。周敦颐主静以立极；载则体虚而持静。而曰："至虚之实，实而不固；至静之动，动而不穷。实而不固，则一而散；动而不穷，则往且来。"（《正蒙·乾称篇第十七》）"静者，善之本；虚者，静之本。"（《横渠理窟》）皆宗老而非本《易》也。

周敦颐好称颜子；而载好称孟子。周敦颐以道自乐，从容涵泳之味洽；载则以礼自持，好学深思之功专。大程吟风弄月仿佛周；小程严气正性差似张。而朱熹则曰："伊川、横渠甚严。若天资大段高，则学明道；若不及明道，则且学伊川、横渠。"大抵载之学，是苦心得之。观其言曰："书须成诵，精思多在夜中，或静坐得之。不记，则思不起。但通贯得大原后，书亦易记。"（《横渠理窟》）"书多阅而好忘者，只为理未精耳。理精则须记，了无去处也。"（同上）"义理有疑，则濯去旧见，以来新意。心中苟有所窥，即便札记，不思则还塞之矣。"（同上）"不知疑者，只是不便实作，既实作则须有疑。必有不行处，是疑也。欲事立，须是心立。立心不钦，则怠堕，事无由立。"（同上）盖其学得之苦思力索如此。可以为后学法焉。

张子《西铭》的抗战哲学

查猛济

编者按：本文原载《胜利》1939 年第 32 期，题目下有"查猛济述"4 字。查猛济（1902—1966），字太爻、宽之，别号寂翁，浙江海宁人。近现代学者。1914 年考入杭州第一师范学校。五四运动时，参与创办《浙江新潮》周刊，积极鼓吹新思想，遭校方开除。第一次国共合作期间，以共产党员身份担任国民党杭州市党部宣传部长。"四一二"反革命政变后被通缉，回乡隐居养病。抗战胜利后，任英士大学哲学系教授。1952 年，因病回乡休养。1956 年，受聘为浙江省文史馆馆员、海宁县政协特邀代表。编著有《唐宋散文选》《中国诗史》《猛济文存》等。

［上］叙说

张子《西铭》，是一篇充满着"道学气"的文章，向来中国的文章家，都不很注意。这次特地提出这篇文章来要大家熟读，无非因为这篇文章的思想，是中国民族思想的结晶。

横渠先生以前，宋代的理学大师像涑水、百源、濂溪、二程，难道没有很好的话？为什么单单看中这篇文章？关于这一点，须要明白《西铭》的立场。《西铭》的动机是怎样的？我们可以参考《宋元学案》作者黄宗羲的儿子百家的案语："先生尝铭其书室之两牖：东曰《砭愚》，西曰《订顽》。伊川曰：'是起争端，不若曰《东铭》《西铭》。'"二铭虽同出于一时，而《西铭》旨意更纯粹广大。程子曰："《订顽》之言，极纯无杂，秦汉以来学者所未到，意极完备，乃仁之体也。"又曰："《订顽》立心，便可达天德。"朱子曰："程门专以《西铭》开示学者。"横渠著《正蒙》时，处处置笔砚，得意即书，明道云："子厚却如此不熟！"张采有一段案语说得好："是子厚谨慎处。若到熟时，便是圣人言圣人事矣。子厚既不能，若未到熟时，率意著作，如何得有《西铭》极纯无杂来！"明道说："《西铭》某得此意，只是须得子厚如此笔力，他人无缘做得。孟子以后,未有人及此。得此文学,省多少言语!要之,仁孝之理备于此。须臾而不如此,则便不仁不孝也。"又说:"孟子之后,只有《原道》一篇,其间言语固多病,然大要尽近理。若《西铭》,则是《原道》之宗祖也。《原道》却只说道,元未到《西铭》意思。据子厚之文,醇然无出此文也。自孟子后,盖未见此书。"明道《语录》里还有一段话:"问:'《西铭》如何?'曰:'此横渠文之粹者也。'曰:'充得尽时如何?'曰:'圣人也。''横渠能充尽否?'曰:'言有两端:有有德之言,有造道之言。有德之言说自己事,如圣人言圣人事也;造道之言,则智足以知此,如贤人说圣人事也。横渠道尽高,言尽醇,自孟子后,儒者都无他见识。'"有人问伊川先生说:"横渠言'由明以至诚,由诚以至明',此言恐过当。"伊川说:"由明以至诚,此句却是;由诚以至明则不然。诚即明也。孟子曰'我知言,我善养吾浩然之气',只'我知言'一句已尽。横渠之言,不能无失,类若此。若《西铭》一篇,谁说得到此?今以管窥天,固是见北斗,别处虽不得见,北斗不可谓不是也。"杨龟山疑《西铭》言体而不及用,恐其流于兼爱,伊川先生替他解释道:"横渠立言,诚有过者,乃在《正蒙》。若《西铭》,明理以存义,扩前圣所未发,与孟子'性善''养气'之论同功,岂墨氏之比哉?《西铭》理一而分殊,墨氏则二本而无分,子比而同之,过矣。且未言体而不及用,彼欲使人推而行之,本为用也,反谓不及,不亦异乎?"龟山说:"《西铭》只是发明一个事天底道理,所谓事天者,循天理而已。"又说:"《西铭》只是要学者求仁而已。"刘刚中问张子《西铭》与墨子兼爱何以异'朱子说:"异以理一分殊。一者,一本;殊者,万殊。脉络流通,真从乾坤父母源头上联贯出来,其后支分派别,井井有条,隐然子思'尽其性''尽人性''尽物性',孟子'亲亲而仁民,仁民而爱物'微旨,非如夷之爱无差等。且理一体也,分殊用也。墨子兼爱,只在用上施行,如后之释氏,人我平等,亲疏平等,一味慈悲。彼不知分之殊,又乌知理之哉?"朱子在横渠先生的像赞上说:"早悦孙吴,晚逃佛老。勇撤皋比,一变至道;精思力践,妙契疾书,《订顽》之训,示我广居。"张南轩说:"《西铭》谓以乾为父,坤为母,有生之类,无不皆然,所谓理一也。而人物之生,血脉之属,各亲其亲,各子其子,则其分亦安得而不殊哉?是则然矣,然即其理一之中,乾则为父,坤则为母,民则为同胞,物则为吾与,若此之类,分固未尝不具焉。龟山所谓'用未尝离体者,盖有见于此也,似更须说破耳'。"又说:"人之有是身也,则易以私,私则失其正理矣。《西铭》之作,惟患夫私胜之流也。故推明理之一,以示人理则一,而其分森然,自不可易。惟识夫理一,乃其分之殊,明其分殊,则所谓理之一者,斯周流而无弊矣。此仁义之道,所以常相须也。学者存此意,涵泳体察,求仁之要也。"薛文清说:"读《西铭》,有天下为一家,中国为一人之气象。"又说:"读《西铭》,知天地万物为一体。"又说:"《西铭》立心,可以语王道。"刘蕺山有一段话,很可以当作这篇《西铭》的提要:

> 《订顽》云者,医书以手足痿痹为不仁,视人之但知有己而不知有人,其病亦犹是,则此篇乃求仁之学也。仁者以天地万物为一体,真如一头两足,合之百体然;盖原其付畀之初,吾体吾性,即是天地;吾胞吾与,本同父母,而君相任家督之责,圣贤表合德之选,皆吾一体中人也。然则当是时而有一夫不得其所,其能自己于一体之痛乎?于时保之,畏天以保国也;乐且不忧,乐天以保天下也。反是而违天,则自贼其仁甚焉,济恶亦天之戮民而已。然则君子宜如何以求其所为一体之脉,而通于民物乎?必也反求诸身,即天地之所以与我者一一而践之;践之心,即是穷神;践之事,即是知化;而工夫则在不愧屋漏始。于是有存养之功焉,继之有省察之要焉,进之有推己及人以及天下万世者焉。天之生斯民也,使先知觉后知,使先觉觉后觉,如是而已矣。庶几以之称天地之肖子不虚耳。若夫所遇之穷通顺逆,君子有弗暇问者。功足以格天地赞化育,尚矣!其或际之屯,亦无所逃焉。道足以守身而令终幸也。其或濒之辱,亦惟所命也。凡以善承天心之仁爱,而死生两无所憾焉。斯已矣,此之谓立命之学。至此而君子真能通天地万物以为一体矣,此求仁之极则也。历引崇伯子以下言之,皆以孝子例仁人云。

[中] 贯摄(用张横浦说)

乾称父,坤称母;予兹藐焉,乃浑然中处。
乾吾父,坤吾母,吾乃乾坤之子,与人物浑然处于中间者也。
故天地之塞,吾其体;
吾之体,不止吾形骸,塞天地间,如人,如物,如山川,如草木,如禽兽昆虫,皆吾体也。
天地之帅,吾其性。
吾之性,不止于视听言貌,凡天地之间,若动作,若流峙,若生植飞翔潜泳,必有造之者,皆吾之性也。
民,吾同胞;
既为天地生成,则凡与我同生于天地者,皆同胞也。

物，吾与也。

既同处于天地间，则凡林林而生蠢蠢而植者，皆吾党与也。

大君者，吾父母宗子；

吾为天地之子，大君主天地之家事，是吾父母宗子也。

其大臣，宗子之家相也。

大臣相天子以继大地之业，是宗子之家相也。

尊高年，所以长其长；

高年先我生于天地间，有若吾兄，吾能尊之是长天地之长也。

慈幼弱，所以幼其幼。

孤儿幼子，后吾生于天地间，有若吾弟，吾能慈之，是幼天地之幼也。

圣，其合德；

圣人合天地之德。

贤，其秀也。

贤人特天地之秀也。

凡天下疲、癃、残、疾、惸、独、鳏、寡，皆吾兄弟之颠连而无告者也。

人之有疲、癃、残、疾、惸、独、鳏、寡，是乃吾兄弟颠连而无告诉者也。

于时保之，子之翼也；

于时保恤之，是子之能翼天以代养此穷民也。

乐且不忧，纯乎孝者也。

吾能乐天地之命，虽患难而不忧，是天地纯孝之子也。

违曰悖德，

违天地之心，是不爱其亲者，故谓之悖德。

害仁曰贼，

害天地之仁是父母之贼也。

济恶者不才，

世济其恶，是天地不才之子。

其践形，唯肖者也。

践履天地之形，以貌、言、视、听、思之形，为恭、从、聪、明、睿之用，是克肖天地之德也。

知化则善述其事，穷神则善继其志；

天地之事，不过乎化；天地之形，不过乎神。知化穷神，则善述善继天地之事志者也。

不愧屋漏为无忝，

天地之心，无幽明之间，不愧屋漏之隐者，乃无忝于天地。

存心养性为匪懈。

心性即天地,夙夜存心养性,是夙夜匪懈,以事天地也。

恶旨酒,崇伯子之顾养;

崇伯之子,禹也。酒能乱德,恶旨酒,乃顾天地父母之养也。

育英才,颍封人之锡类。

颍谷封人请遗羹于母,以起郑庄公之孝,今我育天地所生之英才,则是以孝心与其类也。

不弛劳而厎豫,舜其功也;

舜夔夔齐栗,不弛劳而致父母之悦豫,吾能竭力为善,以致天地之喜,是舜之功也。

无所逃而待烹,申生其恭也。

大舜逢父怒,大杖则走,小杖则受,申生不明乎道,以死为恭,成父之恶,不可为训。横渠之意,以为遭遇逸邪,此命也,顺受其死,以恭顺乎天地,如申生之恭可也。

体其受而归全者,参乎!

曾子得正而毙,吾能处其正,顺受而全,归于天地,是有曾参之孝也。

勇于从而顺令者,伯奇也。

伯奇,尹吉甫之子,吉甫惑其后妻,虐其子,无衣无履,而使践霜挽车,伯奇顺父之令,无怨尤于天地,是乃若伯奇之孝也。

富贵福泽,将厚吾之生也;贫贱忧戚,庸玉汝于成也。

富贵福泽,固天地之厚吾生;贫贱忧戚,亦天地之爱汝玉成于我也。

存,吾顺事;没,吾宁也。

吾存则顺事天地而不逆,没则安其心志而不乱,是乃始终听命于天地,而为天地至孝之子也。

[下] 横渠先生所指示给我们的抗战意识

我写这篇短文的意思,原想述而不作。但是有许多人,以为我们在这抗战的时候,应该注重实行,何必去探讨这样玄秘的哲理,而且是距离我们的时代思想如此遥远的"老古董"。这种浅薄的疑问,显然对于其苦心孤诣,还有不甚了解之处。

《西铭》开端就用"乾""坤"的字眼,这也许最容易使青年的同志们感到头痛。可是这些字眼,我们尽可把他看作中国哲学上的一种术语。原来"本体论"上的"一元""二元""多元"说,各国的古代哲学者都有这样一套的术语，譬如古代希腊泰利氏说"水"是构成一切的本原，印度哲学者说地、水、风、火是构成一切的"四大"，中国阴阳家又以金、木、水、火、土为支配宇宙间一切事物的"五行"。而儒家哲学最早的名著，《周易》一书，就是建立了阴、阳二元的"本体论"。凡是无论何种的"政治观""人生观"，都有相当的"宇宙观"——"本体论"做他的根据，所以有了阴、阳二元对立的基础，才产生出君臣、父子、夫妇等等的对立关系，而构成中国古代政治的形态。宋代的理学大师，没有一个不是从易学着手的。横渠先生的学问，也是"以《易》为宗，以《中庸》为的，以《礼》为体，以孔、孟为极"（参考黄黎洲《宋元学案》）。这篇文章的开端，所以提出"乾""坤"两字，无非要从"天人合一"推演出"人我一体""物我一体"的理论。正如《太和篇》说：

> 太和所谓道，中涵浮沉、升降、动静、相感之性，是生絪缊、相荡、胜负、屈伸之始。其来也几微易简，其究也广大坚固。起知于易者，乾乎！效法于简者，坤乎！散殊而可象，为气；清通而不可象，为神。不如野马絪缊，不足谓之太和。语道者知此，谓之知道；学《易》者见此，谓之见《易》。不如是，虽周公才美，其智不足称也已。

高忠宪替他解释道：

> 太和，阴阳会合冲和之气也。《易》曰："一阴一阳之谓道。"张子本《易》以明器即是道，故指太和以名道。盖理之与气，一而二二而一者也。理无形而难窥，气有象而可见，假有象者，而无形者可默识矣。"浮沉升降动静"者，阴阳二气自然相感之理，是其体也；"絪缊"，交密之状，二气摩荡，胜负屈伸，如日月寒暑之往来，是其用也。"始"，犹资始之始，变化皆从此始也。"几微易简"，谓此气流行，始则潜孚默运而已。"广大坚固"，谓如亨利之时，则富有日新，虽金石无间也。"起"，犹始也。"知"，犹主也，"效"，犹呈也。"法"，谓造化之详密可见者。此气一鼓，初无形迹，而万物化生，不见其难者，为"乾"之"易"；及庶物露生，洪纤毕达，有迹可见，亦不见其劳者，为"坤"之"简"。乾以此始物，坤以此成物，明非有他也。"散殊可象"，有仿佛之谓。"清通不可象"，明其不可测之意，明非有二也。"野马"出《庄子》，喻气之浮沉升降，如野马飞腾，无所羁络，而往来不息，言太和之盛大流行，充塞无间也。"太和"，即阴阳也；"易"，即道也。故"知此谓之知道，见此谓

之见《易》"。明非阴阳之外,别有所谓道也。

看了这两段话,便可明白横渠先生运用"乾""坤"这两个字眼的意义了。

从横渠先生哲学上的"本体论"推衍出来的政治思想是怎样的呢?他的政治目的,是要"推父母之心于百姓"。他在答范巽之的一封信上说:

> 朝廷以道学、政术为二事,此正自古之可忧者。巽之谓孔孟可作,将推其所得,而施诸天下邪?将以其所不为而强施之于天下欤?大都君相以父母天下为王道,不能推父母之心于百姓,谓之王道,可乎?所谓父母之心,非徒见于言,必须视四海之民如己之子;设使四海之内皆为己之子,则讲治之术,必不为秦汉之少恩,必不为五霸之假名。巽之谓朝廷言人不足与适,政不足与间,能使吾君爱天下之人如赤子,则治德必日新,人之进者必良士,帝王之道,不必改途而成,学与政不殊心而得矣。(《横渠先生文集》)

现在党、政、军各方面,对于民众,倘没有"推父母之心于百姓"的意识,那末,抗战建国的胜利与成功便没有把握。"推父母之心于百姓"的意识,是建立在"人我一体"的哲理上面。所谓党务与公务人员,全体军人,全国各界领袖,全国青年,对于全体国民,乃至全体国民相互间,也都应该明白"人我一体"的哲理。再推而至于国际上的友邦,甚之对于敌方的俘虏,以至敌国的上下,我们也应该相信他们是在"人我一体"的范畴里面的分子。我们所以要抗战,所以要推倒敌国的军阀,乃至反抗少数帝国主义国家帮助敌人的行为,也无非因为他们正在破坏"人我一体"的"浑然"形态。我们看到敌国内部人民的苦痛,同样要怜惜到他们的没有领袖,同样要痛恨他们的军阀不能"推父母之心于百姓"。我们的抗战,不但救中国,并且救了世界,就是因为我们的抗战实在是防止了和我们"一体"的世界各国的变乱。所以《西铭》说:"天地之塞,吾其体;天地之帅,吾其性。民,吾同胞;物,吾与也。"上面所谓"体",是从"静"的方面说,所谓"性",是从"动"的方面说,也就是统制物质界和精神界的意思。

最后的几句话,可以说是这篇《西铭》的结论,对我们现在的抗战有很多的指示。讲到我们现在环境,并不算得坏。有这么广大的土地,有这么悠久的历史,有这么多民主国家的友邦鼓励我们最后胜利的成功,有这么多勇敢的将士出死入生地和野兽一般的暴敌拼命,这都是自然给我们的助力。因为有这些助力,所以我们更加确信抗战必胜、建国必成的预言。《西铭》说"富贵福泽,将厚吾之生也",惟其因为天地以这么厚的助力帮助我们,所以我们更加应该用我们自己的"人力"去协助"天力"。再看我们二十多个月来的抗战,牺牲了不少的生命、财产,退出了南京,退出了杭州,退出了武汉,退出了南昌,但是失去每一个据点,却反潜伏着每一种的势力;遭受轰炸、屠杀、奸淫、强劫的压迫越是厉害的地方,对于反抗暴敌的工作越是进步。《西铭》说,贫贱忧戚,亦天地之爱汝,玉成于我也。惟其因为天地以这么苦心孤诣来期待我们的成功,所以我们对于现在暂时的困苦,应该毫不灰心地忍受着。我们活着一天,便该干一天抗战的工作。就算不幸而牺牲在暴力之下,我们的精神上,也得到了至高无上的安慰。盗男娼女的恶名,不过及身而止,只有一般做汉奸的狗子,上辱祖先,下累子孙,他们就算无疾而逝,在最后的刹那也会受到良心上的谴罚。我们大家理会了《西铭》"存,吾顺事;没,吾宁也"的两句话,便该不再有耻辱的行为。这就是张子在《西铭》里所指示给我们的抗战意识。

张子《东铭》

查猛济

编者按：本文原载《胜利》1939 年第 36/37 期，又见《前线》1939 年第 2 卷第 16 期、《浙江自治》1939 年 7 月 5 日。《浙江自治》所刊标题为《我为什么要介绍〈东铭〉？》。

我们要看张子《西铭》，先须选《礼运·大同》和《曾文正覆贺耦庚书》这两篇文章来放在前后的核心。

"天下为公"这四个字是古今政治的最高原则。但是天生人类本来是不平等的，加之以私欲的扩充，于是便造成比天生的不平等更变本加厉的人为的不平等，所以大同政治的推行，固然在确立"天下为公"的原则，而潜伏在人为的不平等的背后的个人私欲，便是这种理想政治的最大障碍。张子《西铭》，就是要根据"理一分殊"的观点，来打破那阻碍"大同"的"私欲"。同时还有一篇《东铭》，是张子精言心学的文章。刘蕺山先生说："《西铭》之道，天道也。《东铭》，其尽人者欤！"

曾文正覆贺耦庚的一封信，全从《东铭》推演出来。《东铭》的要旨，无非是因明至诚，目的就在对治学者长傲遂非的病根。选这封信来接续《西铭》，就是把《东铭》的意思包括在里面；因为《东铭》只是泛论到"诚"，没有事实的对证，要使读者把握得住这种玄虚的意识，是很不容易的，所以还不如介绍这篇文章。你看曾文正所谓"不欺""见过自讼，言动无妄""天质木讷，贞足干事""至性肫肫""行已知耻"都是从这个"诚"字上设想出来。上半篇从"诚"字的反面批评当时的学风，下半篇列举同时代的学人如何实践这"诚"字。所以这篇《东铭》是选第二篇和第三篇的关键。今天不能不将原文介绍在下面：

东铭

戏言出于思也，戏动作于谋也。发乎声，见乎四支，谓非己心，不明也；欲人无己疑，不能也。过言，非心也；过动，非诚也。失于声，缪迷其四体，谓己当然，自诬也；欲他人己从，诬人也。或者以出于心者，归咎为己戏；失于思者，自诬为己诚；不知戒其出汝者，归咎其不出汝者，长傲且遂非，不知孰甚焉！

《西铭》笺释

杜天縻

编者按： 本文原载《浙江自治》1939 年第 13 期、第 14 期、第 15 期。杜天縻（1891—1958），名文治，字志文，一字天縻，号鹏展，以天縻行，浙江余姚人。早年毕业于浙江高等学堂（今浙江大学前身）预科。辛亥革命时，与费德昭等参与光复运动。1953 年倡建梨洲文献馆，任馆长，捐赠书籍数千册。同年 8 月被聘为省文史研究馆馆员。

【题解】

《西铭》，宋张载所著，书于学堂左右两牖，右书《订顽》，左书《砭愚》，程颐改《订顽》曰《西铭》，《砭愚》曰《东铭》。朱熹曾于其所著《正蒙》中抽出而为之注释。（参阅《近思录》）

张载，宋郿县横渠镇人（一〇二〇至一〇七七），生宋真宗天禧四年，卒于神宗熙宁十年，年五十八岁。字子厚，少孤自立，喜谈兵事。年二十一，以书谒范仲淹，仲淹劝读《中庸》。载尚以为不足，又访诸释老，反而求之六经，与二程子（程颢、程颐）相切磋，深得道学之要。尝语云："为天地立心，为生民立命，为往圣继绝学，为万世开太平。"嘉祐（宋仁宗年号）间举进士，为祁州司法参军，调云岩令。熙宁初（一〇六八）为崇政院校书，寻屏居南山下与诸生讲学。卒，赐谥明公，世号横渠先生。其学说以《易》为宗，以《中庸》为的，以《礼》为体，以孔、孟为极。著有《正蒙》《理窟》《易说》等。其教授后学，以学古力行为主，以其讲学于关中，传其学者因称为关学，又称横渠学派。①

乾称父，坤称母，^(一)予兹藐^(二)焉，乃混然中处，故天地之塞，^(三)吾其体；天地之帅，^(四)吾其性。民，吾同胞；物，吾与也。

---

① 以上载于《浙江自治》1939 年第 13 期，第 12 页。

大君^(五)者，吾父母宗子^(六)；其大臣，宗子之家相^(七)也。尊高年，所以长其长；慈孤弱，所以幼其幼；圣，其合德；^(八)贤，其秀^(九)也。凡天下疲癃^(十)残疾惸独^(十一)鳏寡，皆吾兄弟之颠连^(十二)而无告者也。于时保之^(十三)，子之翼^(十四)也；乐且不忧，纯乎孝者也。违曰悖德，害仁曰贼，济恶^(十五)者不才，其践形^(十六)惟肖者也。知化^(十七)则善述其事^(十八)，穷神^(十九)则善继其志；不愧屋漏^(二十)为无忝^(二一)，存心养性^(二二)为匪懈。恶旨酒，^(二三)崇伯子^(二四)之顾养；育英才，^(二五)颍封人之锡类。^(二六)不弛劳而厎豫，舜其功也；^(二七)无所逃而待烹，申生其恭也。^(二八)体其受而归全者，参乎；^(二九)勇于从而顺令者，伯奇也。^(三十)富贵福泽，将厚吾之生也；贫贱忧戚，庸玉^(三一)汝于成也；存，吾顺事；没，吾宁也。

【注释】

（一）《易·说卦》："乾，天也，故称乎父；坤，地也，故称乎母。"〔按〕《尚书·泰誓上》"惟天地万物父母，惟人万物之灵"亦此意。

（二）小貌。

（三）《孟子·公孙丑上》："问：'何谓浩然之气？'曰：'难言也。其为气也。至大至刚，以直养而无害，则塞于天地之间。'"《赵注》："养之以义，不以邪事干害之，则可使滋蔓塞满天地之间，布旅（施）德教，无穷极也。"〔按〕谓天地间自有至大（不可限量）至刚（不可屈挠）之正气，使人得以养之而发为正直之气也。文天祥《正气歌》："天地有正气，杂然赋流形。下则为河岳，上则为日星。于人曰浩然，沛乎塞苍冥。"亦此意也。

（四）《孟子·公孙丑上》："夫志，气之帅也；气，体之充也。"《赵注》："志，心所念虑也；气，所以充满形体为喜怒也。志帅气而行之，度其可否也。"〔按〕气以充体，故曰："天地之塞，吾其体。"而志以帅气，制之勿妄动以复于本性，故曰："天地之帅，吾其性。"帅，即统率之意。

（五）谓万民之所宗者。《说文》："君，尊也，从尹；发号，故从口。"《白虎通》："君者，群也，群下归心也。"

（六）嫡长子。《诗·大雅·板》："宗子维城。"《正义》："礼有大宗小宗，为其族人所尊，故称宗子。"《礼·曲礼》："支子不祭，祭必告于宗子。"《孔疏》："宗子上继祖祢，族人兄弟皆宗之。"〔按〕古家族制度，以嫡长子继承祖父之业，为一族所尊；大君承天地之道，亦犹宗子之于家族也。

（七）古者卿大夫称家；助知卿大夫家事者曰家相，亦称家臣。《礼·曲礼》："士不名家相长妾。"《孔疏》："家相，谓助知家事者也。"

（八）《易·乾·文言》："夫大人者，与天地合其德。"［按］大人为人格之至极者，犹圣人也。（见《论语·季氏》注）与天地合德，即言其德可配天地也。

（九）特异曰秀，见《楚辞·大招》注，言特出之才。

（十）亦作罷癃，老病之状。

（十一）与嬛独同。无兄弟曰嬛，无子曰独。嬛、惸，俱音琼。《诗·正月》："哿矣富人，哀其惸独。"《释文》："惸，独也。"《毛传》："独，单也。"

（十二）犹颠沛，困苦之甚也。

（十三）《诗·周颂·我将》："畏天之威，于时保之。"《郑笺》："于，於；时，是也。"言于是而安之也。

（十四）辅助之意。

（十五）济，成也；济恶，成其恶。

（十六）意谓内心如其外形。《孟子·尽心》："形色，天性也，惟圣人然后可以践形。"《赵注》："形，谓君子体貌尊严也。践，履居之也。"焦循《正义》："圣人尽人之性，正所以践人之形，苟拂乎人性之善，则以人之形而入于禽兽矣，不践形矣。"

（十七）《易·系辞下》："穷神知化，德之盛也。"《孔疏》引《正义》："穷极微妙之神，晓知变化之道，乃是圣人德之盛极也。"［按］知化，变化之道。

（十八）《礼·中庸》："夫孝者，善继人之志，善述人之事者也。"［按］继志述事，进化无已，自强不息，此穷神知化之道也。

（十九）穷极微妙，所谓发明精神。参看注（十七）。

（二十）《诗·大雅·抑》："相在尔室，尚不愧于屋漏。"《毛传》："西北隅谓之屋漏。"《郑笺》："相，助也。不惭愧于屋漏，有神见人之为也。屋，小帐也；漏，隐也。"《礼·中庸》："《诗》云：'相在尔室，尚不愧于屋漏。'故君子不动而敬，不言而信。"《郑注》："视女（汝）在室独居者，犹不愧于屋漏；屋漏非有人也，况有人乎？"按：即慎独之意。

（二一）《诗·小雅·小宛》："夙兴夜寐，毋忝尔所生。"《毛传》："忝，辱也。"《孝经·士章》引《诗注》："所生，谓父母也。无辱其亲也。"

（二二）《孟子·尽心上》："存其心，养其性，所以事天也。"《赵注》："能存其心，养教其正性，可谓仁人。"［按］性有仁义礼智之端，心以制之，惟心为正。人能存其良心，以养育其天赋之本性，则自无邪恶矣。《孟

子》又曰:"君子所以异于人者,以其存心也;君子以仁存心,以礼存心。"(《离娄下》)

(二三)《孟子·离娄下》:"禹恶旨酒而好善言。"《赵注》:"旨酒,美酒也。仪狄作酒,禹饮而甘之,遂疏仪狄而绝旨酒。"

(二四)即夏禹。《史记·夏本纪·索隐》:"《连山易》云:'鲧(禹之父)封于崇,故《国语》谓之崇伯。'"[按]《书·舜典》:"伯禹作司空。"《传》云:"禹代鲧为崇伯。"是鲧与禹先后封为崇伯也。

(二五)《孟子·尽心上》:"得天下英才而教育之,三乐也。"《赵注》:"育,养也,教养英才,成之以道。"

(二六)春秋郑庄公既克弟公叔段,遂置其母姜氏于城颍,誓不再相见。颍封人名考叔见庄公,以遗肉感悟庄公,遂使庄公迎姜氏为母子如初,君子称颍考叔为纯孝,并引《诗》以美之。《诗》曰:"孝子不匮,永锡尔类。"事见《左传》鲁隐公元年。[按]所引《诗》为《大雅·既醉》章,《传》云:"永,长也。孝子之行,非有竭极之时,长以与女之族类,谓广之以教道天下也。"颍考叔能爱其母,因以施及庄公,此所谓锡类也。

(二七)《孟子·离娄上》:"舜尽事亲之道而瞽瞍厎豫,瞽瞍厎豫而天下化,瞽瞍厎豫而天下之为父子者定,此之谓大孝。"《赵注》:"厎,致也;豫,乐也。瞽瞍(舜之父)顽父也,尽其孝道而顽父致乐,使天下化之,为父子之道者定也。"

(二八)春秋晋献公宠骊姬,骊姬谋立其己子为太子,因谮太子申生,献公将杀申生。或劝其行,申生不许,自缢而死。《礼记·檀弓》称申生为"恭世子"。事见《左传》及《国语·晋语》。

(二九)参即曾参,孔子弟子,事亲至孝。临终时有"启手启足"之语,意谓身体发肤受之父母,不敢毁伤。参看《大戴记·曾子疾病》。

(三十)伯奇为周宣王臣尹吉甫之子。母早死,父听后妻之言,放伯奇于野。伯奇事后母孝,自伤无罪见逐,乃作《履霜操》。父感悟,求伯奇于野,射杀后妻。

(三一)爱也,成也。《诗·大雅·民劳》:"王欲玉女,是用大谏。"《郑笺》:"玉者,君子比德焉。我欲令女如玉然。"[按]玉作动词用。[1]

[按]横渠先生立说,穷生人之始,本诸天地;穷生人之终,信有委顺。今观《西铭》一文,首以乾坤体性,即率性之教也;极于穷神知化,即明天地之功

---

[1] 以上载于《浙江自治》1939 年第 14 期,第 13—14 页。

也;结以存顺没宁,即知命之学也。其后陆象山谓"宇宙即我,我即宇宙",何等胸襟,盖已将小我之见,一扫而空之。横渠以乾坤为父母,始能民胞物与,以成大我。锡类厎豫,以成大孝,亦即孝于天地,而后"天下为公",大同可期。文中上半提出"仁"字,下半提出"孝"字;孝于天地,即仁于万物,此之谓率性,《中庸》所谓"天命之谓性"是也。《易·系辞》谓:"在天成象,在地情形,变化见矣。"又云:"仰以观于天文,俯以察于地理,是故知幽明之故。"能穷天地之变化而察乎幽明,万理一贯,万物俱备,用能言动尚变,制器尚象,人智之增进,科学之发明,无不于"穷神知化""述事继志"二语中得之。此君子之所以"自强不息"而欲明造化之功也。道家一死生,齐彭殇,盖能勘破生死关头,始能泯除彼我畛畦、私利企图;苟一息之尚存,矢此志而不懈;及一朝之溘化,乃恬然而宁神,大澈大悟,不忧不惧,此即大无畏精神之所系,而古人之所以重知命欤![1]

---

[1] 以上载于《浙江自治》1939年第15期,第13页。

张子《西铭》注译

王缁尘

编者按： 本文原载《前线》旬刊1939年第2卷第18期。原题目为《张子西铭》，题目下有"王缁尘注译"5字，今为与其他文章区别，改题目为《张子〈西铭〉注译》。王淄尘，又名王子尘，浙江绍兴人。近代著名儒学家，信奉社会主义。少恶八股，不事科举。清末在绍兴创设白话报及报社，又设农事试验场、女工传习所。1912年在上海发行《新世界》杂志，以煮尘为笔名发表了一系列宣传社会主义的文章，在中国思想界产生了很大影响。著有《广解四书读本》《国学讲话》《儒家社会主义》等。

乾称父，坤称母；予兹藐焉，乃混然中处。故天地之塞，吾其体；天地之帅，吾其性。民，吾同胞；物，吾与也。大君者，吾父母宗子；其大臣，宗子之家相也。尊高年，所以长其长；慈孤弱，所以幼其幼。圣，其合德；贤，其秀也。凡天下疲、癃、残、疾、惸、独、鳏、寡，皆吾兄弟之颠连而无告者也。于时保之，子之翼也；乐且不忧，纯乎孝者也。违曰悖德，害仁曰贼，济恶者不才，其践形惟肖者也。知化则善述其事，穷神则善继其志；不愧屋漏为无忝，存心养性为匪懈。恶旨酒，崇伯子之顾养；育英才，颖封人之锡类。不弛劳而厎豫，舜其功也；无所逃而待烹，申生其恭也。体其受而归全者，参乎；勇于从而顺令者，伯奇也。富贵福泽，将厚吾之生也；贫贱忧戚，庸玉汝于成也。存，吾顺事；没，吾宁也。

张子，名载，字子厚，关中（今陕西）人，宋代大儒，学者称为横渠先生。

《西铭》

张子曾于学堂两处窗门前，各写一文，左曰《砭愚》，右曰《订顽》，后被伊川程颐见了，以为"砭愚""订顽"，有骂人的意思，容易惹起争端，改名为

《东铭》《西铭》。今《张子全书》中，只载《西铭》，历来儒者，都称为一篇有价值的大文章。

乾称父，坤称母；

乾坤是八卦中两个卦名；这两卦，又统含八卦的意义。原意：乾是阳的代名，坤是阴的代名，包括宇宙间的一切。用于自然界，则乾为天，坤为地；推于人事界，则乾为君、为父、为夫，坤为臣、为子、为妇，也都含阴阳二义。（今日结婚礼帖中，尚有写乾造、坤造者，是即以夫为乾、妇为阴也。）此文所说的乾坤，是指天地，人为天地间的生物，犹天地的儿子，不称天地而称乾坤者，以乾坤可包括天地也。

予兹藐焉，乃混然中处。

"予"，张子自称。"兹"，是这个。"藐焉"，是微小不大看得见的东西。"混然中处"，言混在这个天地中间。朱子（名熹）曰："自一家言之，父母是一家之父母；自天下言之，天地是天下之母父。"此节言人为天地的儿子，我这个微小的人，乃混处在天地的中间。

故天地之塞，吾其体；天地之帅，吾其性。

此节意思出于《孟子》。《孟子》曰："吾善养我浩然之气。"又曰："其为气也，则塞乎天地之间。"是说我能够好好的养我浩浩荡荡一种正大之气，这种气，则能够充塞于天地的中间。张子以"体"字代"气"字，是以为人必先有体而后有气，故说天地间塞满的，犹我的体也。"帅"，犹军队中元帅，元帅是主宰全军的，《孟子》曰："志，气之帅也。"是借用元帅的帅字，来主宰人的行动。张子改"志"字为"性"字，以为人必先有性，然后始有志。天地之帅，吾其性者，言天地之帅，是运行日月四时，犹我的性，主宰一切行动也。

民，吾同胞；物，吾与也。

人在家里，以同一父母所生者为同胞；在天下，则凡所有人民，亦皆为我同胞。民吾同胞者，言一切人民，都是我的同胞，我应该如兄弟的和他们亲爱。"物，吾与也"的"物"字，当用王阳明的意思来解释。阳明所说的大意是言人不但对人有同情心，就是对物，也有同情心。譬如在路上见了活泼泼的牛羊狗马，都觉得有些高兴；如见了死的牛羊狗马，或在将死的牛羊狗马，看它难过的情状，宛转啼叫的声音，就不觉也有些凄惨了。就是对植物，见了花开叶茂的草木，自然欢喜；若见了枝断干枯花落叶萎的草木，心情也就两样了。就是对于没有生机的建筑物，见华美堂皇的房屋，也觉得有些趣味；若见了东倒西歪的破屋或瓦砾堆，也就兴致索然了。这都是人对物同情心的自然发现。"物，吾与也"的意思，也是我愿物的繁盛，不愿物的衰败。我的同情心，既推广到天下的人民，又推广到天下的物物，故曰"民，吾同胞；物，吾与也"。

大君者，吾父母宗子；其大臣，宗子之家相也。

古时有公、侯、伯、子、男等封国，各国都有君王。大君，则天子也，即清以前的皇帝。宗子，是父母所生的长子，要他主祭祀，承宗祧，故曰宗子。家相，是管理一家事务的人，在国称宰相，在家称家相。上言人以天地为父母，故天子者，犹我家里的宗子，天子的大臣，犹我家里的家相。意思是说虽天子和大臣，也都是我一家的人。

尊高年，所以长其长；慈孤弱，所以幼其幼。圣，其合德；贤，其秀也。

"长其长，幼其幼"，上面一个"长"字作"敬"字解，"幼"字作"爱"字解。尊敬年高的人，就无异尊敬自己的长辈；慈爱孤儿弱妇，无异慈爱自己的幼辈。圣人的德性，能自合乎上面所说的道理，故曰"圣，其合德"。一般愚昧的人，不知尊敬慈爱他人的高年孤弱，贤人则能知之。所以贤人能优秀于一般人，故曰"贤，其秀也"。

凡天下疲、癃、残、疾、惸、独、鳏、寡，皆吾兄弟之颠连而无告者也。于时保之，子之翼也；乐且不忧，纯乎孝者也。

疲，是劳乏的人，癃，是年老有病的人。残疾，是耳目手足不全的人。惸，音琼，无兄弟者曰惸。独，是无子者。鳏，无妻者。寡，无夫者。言上述各项人，也都为天地之子，也都就是我的兄弟，他们颠连困苦，没有去告诉的地方，应时时保护他，故曰"于时保之"。翼，是羽翼，作"帮助"的解。"子之翼也"，言如人子之帮助父母，保护有残疾的子侄一样。"乐且不忧，纯乎孝者也"，是说我对于这种事体，出于中心所愿，所以只有欢乐而不忧自己的吃苦，这纯是孝子事亲的道理。

违曰悖德，害仁曰贼，济恶者不才，其践形惟肖者也。

违反上面所说的行为，是悖乎做人的道德，故曰"悖德"。"仁"字，现在多作"慈爱"解，其实不然。按"仁"，古训本为"二人偶"，言两个人遇在一处，始有人道可言，若只一个人，处在空山荒岛之中，是无所谓人道的，故"仁"，当解作"人道"。盗贼是只知杀人，不讲人道的，故曰"害仁曰贼"。"不才"，犹俗说"这不成才的东西"。"济恶"者，就是说专做悖德害仁的事体，是不成才的东西。"肖"，作"像"的解。"践形惟肖"，言这种东西，独独形貌像个人，其实不能算他是个人，故曰"其践形惟肖者也"。

知化则善述其事，穷神则善继其志；

朱子曰："孝子善继人之志，善述人之事者也。圣人知变化之道，则所行者无非天地之事矣！通神明之德，则所存者无非天地之心矣！"意思是说，孝子能继父之志，做父之事，与人对于天地一样。圣人能知天地之变化（如春生、夏长、秋收、冬藏、日月运行、雨露时降），则能体天地的意思，时时保护疲癃残疾等人，也如孝子能体谅父母的心，好好的做父所做的事，故曰"知化则善述其事"。"穷神则善继其志"者，"穷"，作"极端研究"的解。"神"，作"神而明之"的解。言能极端研究这种道理神而明之，则自能好好的继续这种志向，去做事做人。

不愧屋漏为无忝，存心养性为匪懈。

《诗经》里说："仰愧愧于屋漏。"又说："无忝尔所生。""忝"，作"站在这地位"的讲。"生"，是人的一生。"无"，作"不要"的讲。"尔"，是说"你"。意思是说你站在人的地位，不要辜负了一生做人的道理，就使穷苦到了屋漏不能修补，只要做人不错，也没有什么惭愧。张子简言之，故曰"不愧屋漏为无忝"。《诗经》里又说："夙夜匪懈。""夙"，是早起。"夜"，是夜里。"匪懈"，是不懈怠。言一个人要存着上述种种的心，又要养好性情，不乱行乱做，一直到底，这就是《诗经》所说早起夜里，都不懈怠，都要像孝子事亲一样，所以下面说六个孝子的事体，来作例子。

恶旨酒，崇伯子之顾养；

旨酒，是味道好的酒。崇伯子，夏禹未登王位时的封号。顾养，是顾全养生。据旧说：尧帝时，中国大水为灾，尧派名鲧的人去治水，办了九年，毫无成绩。后来舜做了帝，把鲧诛死，却派鲧的子伯禹（即夏禹王）去治水，禹乃苦心劳力了十三年，把水治好，以补救父鲧治水不成的过失，这事在《易经》里赞禹能"干父之蛊"。当时有个人名仪狄者，酿了美酒，禹饮了，以为味道好，因为恐饮酒有害身体，不能顾全养生，即不能做治水的事，补救父的过失，因此痛恶了酒不饮，故曰"恶旨酒，崇伯子之顾养"。

育英才，颖封人之锡类。

封人，是春秋时的官名。那时有个人叫颖考叔，做这个官，故称"颖封人"。"锡类"者，《诗经》里有"孝子不匮，永锡尔类"的句子。《左传》记：郑庄公有弟名段。庄公之母爱段而恶庄公，竟助段为乱，要篡夺庄公之位。庄公把段逐去，与母誓曰："不及黄泉，毋相见也。"后来颖考叔去见庄公，庄公给他肉吃，考叔把肉包了不吃，庄公问是何故，考叔道："小人有母，这肉拿回去请母吃。"庄公叹道："你有母，我独没有。"考叔问："怎么会没有母？"庄公就把前事说了。考叔道："只要掘个地道，到下面有了泉水，大家在那里相会，就应了誓言了。"庄公听了这话，果于地道中与母相见，大家都很喜欢，遂与以前要好时的母子一样。那时候有人称赞考叔道："能自己爱母，又能使庄公也爱母，使同类的人，都成为孝子。""不匮"者，言孝子的道理，不会匮乏的。"永锡尔类"者，言孝子能永远给你同类的人，都做孝子。此节说育英才，因庄公也是英杰有才能的人，但一蒙不孝之名，必使人家看不起他。今颖考叔能使庄公仍做孝子，无异是养育英才了。

不弛劳而厎豫,舜其功也;

据《孟子》《史记》所说,舜做百姓的时候,他的父亲叫瞽叟的,因娶后妻,常欲杀舜,舜则总是极尽孝道,故《孟子》曰"瞽叟亦厎豫",言瞽叟后来到底也安乐了。不弛劳,是舜不断的劳心力事亲,这是舜的功。

无所逃而待烹,申生其恭也。

春秋时,晋献公宠一姬,要杀儿子申生,人劝申生逃走,申生不肯,仍旧恭恭敬敬事亲,后终被烹死。

体其受而归全者,参乎;

参,是姓曾名参,是孔子弟子。他曾说自己身体是父母给与的,不敢把它有毫发毁伤。将死时,见手足发肤,果然一些不缺,以是称为孝子。这是说身体受之于父母,而完全归还于父母,是曾参吗!

勇于从而顺令者,伯奇也。

旧说:周朝尹吉甫爱后妻,把前妻所生之子伯奇逐出,伯奇并不怨父,竟顺从父令,投河而死。

富贵福泽,将厚吾之生也;贫贱忧戚,庸玉汝于成也。

富贵福气,是先人留下来的遗泽,把我们的生活养得丰厚些。贫贱忧愁悲戚,是使我们在艰难困苦中,造成一个大人物。

存,吾顺事;没,吾宁也。

这两句包括全文。照上面所说做人,我存在的时候,顺着这道理做事。没,是死。言死了,也心里安宁的。

张子《西铭》,与《礼运·大同》,意思相同而途径不同。《大同》是期望一个完善的社会,使人有乐无苦;《西铭》则说我对于人,都要如兄弟的看待,因为大家都是天地的儿子,此其不同之点。兹将本文大意译述如下:

天称父,地称母,我这个微小的人,乃混在这中间。所以天地中塞满的,犹我的体魄;天地所主宰的气候运行,犹我的性灵。天地间的人民,都是我的同胞;就是天地间的物,我也与以同情。

天子者,犹我家里的长兄;他的大臣,犹我家里管理事务的人。我们尊敬年纪高大的人,就是尊敬自己的长辈;慈爱孤儿弱妇,就是慈爱自己的幼辈。圣人是合于这种道德的,贤人能知这种道德,所以优秀于常人。故凡天下疲乏、老病、残疾、无兄弟儿子夫妇的人,都是困苦而没有地方可以告诉者,应时时保护他们,如人子帮助父母保护弟子。做这种事体,只有欢乐,且不忧疲乏的,这样,始纯然是个孝子。违反这行为的是悖违道德,损害这人道的是盗贼,做这种恶事,是个不成才的东西,不过只有形貌像个人罢了!

圣人能知天地变化的道理，则能体天地的意思，时时保护困苦的人，也如孝子能体父母的心，好端端做父母所做的事；能极端研究这种道理神而明之，则自能好好的继续这种志向做事做人。站在人的地位，不要辜负了一生做人的道理。就使穷苦到了屋漏不能修补，只要做人不错，也没有什么惭愧。一个人要存养这个心，又要养好性情，不要乱行乱做，就是早起夜里，都不可懈怠，如孝子事亲一样。古时有大禹，要补救父的过失，厌恶好味道的酒不肯饮，他要顾全养生，去治水。颖考叔爱自己的母，又能使庄公也爱母，养成庄公成了一个英才。不断的劳乏，只知事亲，使亲安乐，这是舜之功。不肯逃避而待父烹死，这是申生的恭敬；把身体完全归还父母的是曾参，情愿死而顺从父令者是伯奇。

富贵福泽，是把我的生活养得丰厚些。贫贱忧愁悲戚，是使我们在困苦艰难中争扎，造成一个大人物。这样我存在的时候，顺着这道理去做事；就是死了，心里也安宁的。

复次，《西铭》一文，昔人解者，至数万字，说"事天"，说"理一分殊"，未免深文曲说，使人难懂。今只照原文直解，不掺他说，浅漏错误，自知不免，请读者有以指正！

读《西铭》

朱逸人

编者按：本文原载《服务（诸暨）》1939年第2期。朱逸人，籍贯和生卒年不详。由文中观之，其肄业于浙江省立第一师范学校，为马叙伦的学生。据中国人民政治协商会议浙江省诸暨市委员会文史资料委员会所编《诸暨文史资料（第5辑）——教育史料专辑》中《诸暨简易师范漫记》记载，朱逸人曾任诸暨简易师范国文教员。

（一）前言

《西铭》为最难读，此一般所公认者也。回忆二十五年前，肄业浙江省立第一师范，时马师叙伦任修身科，对于宋儒理学，颇多指示。自毕业后，服务教界，年无暇晷，畴昔所学，什不一存。今不禁于吾心有戚戚也。用考古籍，略加切磋，并将研究所得，拉杂记录，以供读是篇者之参考。错误之处，在所不免，抛砖引玉，尤所切望焉。

（二）原文

乾称父，坤称母；予兹藐焉，乃混然中处。故天地之塞，吾其体；天地之帅，吾其性。民，吾同胞；物，吾与也。大君者，吾父母宗子；其大臣，宗子之家相也。尊高年，所以长其长；慈孤弱，所以幼其幼。圣，其合德；贤，其秀也。凡天下疲、癃、残、疾、惸、独、鳏、寡，皆吾兄弟之颠连而无告者也。于时保之，子之翼也；乐且不忧，纯乎孝者也。违德曰悖，害仁曰贼，济恶者不才，其践形惟肖者也。知化则善述其事，穷神则善继其志；不愧屋漏为无忝，存心养性为匪懈。恶旨酒，崇伯子之顾养；育英才，颖封人之赐类。不弛劳而底豫，舜其功也；无所逃而待烹，申生其恭也。体其受而归全者，参乎；勇于从而顺令者，伯奇也。富贵福泽，将厚吾之生也；贫贱忧戚，庸玉汝于成也。存，吾顺事；殁，吾宁也。

附注："弛劳"，或作"施劳"。《论语》："无施劳。"朱《注》："施有夸大之意。""汝"，或作"女"。"殁"，或作"没"。古均通用。

（三）总说

《西铭》为张子横渠所著。横渠名载，字子厚，宋郿人。其学大旨尚礼，生平以《易》为主，以《中庸》为体。尝于学舍双牖，右书《订顽》，左书《砭愚》，程伊川曰："是起争端。"因改《订顽》曰《西铭》，《砭愚》曰《东铭》。

朱晦庵曰："二铭虽同出于一时之作，然其词义之所指，气象之所及，浅深广狭，迥然不同。是以程门专以《西铭》开示学者，而于《东铭》则未之尝言。盖学者试于《西铭》之言，反复玩味，而有以自得之，则心广理明，意味自别。若《东铭》，则虽分别长遂非之失于毫厘之间，所以开警后学，亦不为不切，然意味有穷，而于下学工夫盖犹有未尽者，又安得与《西铭》彻上彻下，一以贯之之旨，同日而语哉！"

程明道曰："《西铭》极醇无杂，秦汉以来学者所未到。"又曰："《西铭》一篇，意极完备，乃仁之体也。"又曰："《西铭》立心，便达得天德。"又曰："游酢得《西铭》读之，即涣然不逆于心。曰：'此《中庸》之理也。'"

马师叙伦曰："大程子教人以识仁，张子誉《西铭》以自励，彼二子之遐心，殆欲吾人抗万物而为其父母。"又曰："夫吾人体天以立心，则其大莫能比也；抗万物而为其父母，则其尊莫与并也。父母之怀，莫不肫肫乎，慈之至也。故以仁为心。"又曰："苟体天以立心者，即我即天，毫无所异。故诚者，诚天即诚我；明者，明天即明我。盖小之为我，大之为天，天非大，我亦非小，我之性即天也。"又曰："志者，志于大伦；学者，学所以为大伦。自我而及盈天地之万物，我不得而异之者，万物皆大伦中之物也。我无分于物，而学其所以尽我尽物者，天下之道，尽在是矣。"

（四）注释

乾者，健也，阳之性也，故以拟父。坤者，顺也，阴之性也，故以拟母。《易》也：大哉乾元，万物资始；至哉坤元，万物资生。乾坤，即天地也。盖吾人禀气于天，赋形于地，而以藐小之身，浑合无间，而位乎其中，乃子道也。塞，充满也，谓天地之气，充塞乎两间，实人物之所资以为体者也。乾健坤顺，此天地之志，而为气之帅，乃人物之所得以为性者也。孟子称："浩然之气，直养而无害,则塞于天地之间。"又曰"志,气之帅也""天地之塞,吾其体;天地之帅,吾其性"两语,从此中体会出来。同胞,兄弟也;与,犹侪辈也。夫吾人与万物并生于天地之间,其所资以为体者,皆天地之塞;其所以为性者,皆天地之帅。惟人得形气之正,其性最灵,而有以通乎性命之全体,故于并生之中,为同类而最贵者,则其视之也,皆如己之兄弟矣。物则得夫形气之遍,而不若人之贵,然原其性体之所自,亦本之于天地而未尝不同也,则其视之也,亦犹己之侪辈矣。以乾为父,以坤为母,而人处其中,凡天下之人,皆天地之子矣。

《书》曰:"作之君。"君者,所以继承天地,统理人物者也,故为父母之宗子。而辅佐大君,纲纪象事,则大臣而已,故为宗子之家相。孟子称:"老吾老以及人之老,幼吾幼以及人之幼,天下可运于掌。""高年",即孟子所谓"老",老者吾能尊而礼之,乃所以长吾之长。"孤弱",即孟子之所谓"幼",幼者吾能慈而爱,乃所以幼吾之幼。圣人,与天地合其德;贤者,才德过于常人而秀出乎等伦者也。"疲癃",劳乏而罢病者;无兄弟曰"惸";无子孙曰"独";无妻曰"鳏";无夫曰"寡";颠连,流离困顿之意。此皆天下之穷民而无所控告者。合天下如一家,而民胞物与之旨,皆从此可见,程子所谓"理一而分殊"也。

"翼",犹敬也,畏天以自保,敬谨不失,即如子之敬其亲也。能乐天而不忧,自然尽道,即如子之纯粹乎孝也,若如此而不能自保,不能乐天,不循天理而循人欲,是谓悖弃其德性,戕灭其天理,而自绝乎本根矣。天理为善,人欲为恶,恶不可长也。济其恶者,是谓不才;不才者,父母之逆子也。倘能尽人之性,充人之形,使复反其本然之善,而与天地之塞,天地之归,瀹然契合,无所间离,是即父母之肖子也。夫孝者,善继人之志,善述人之事者也。圣人知变化之道,通神明之德,其所行者,天地之事,其所存者,天地之心,此二者乐践践形之事也。《诗》曰:"尚不愧于屋漏。""屋漏",犹暗室也。又曰:"无忝尔所生。""忝",辱也,父母也。又曰:"夙夜匪懈。""夙夜",犹朝夕也;"匪懈",犹不怠也。吾人能仰不愧于天,俯不怍于地,无时不以忠诚自勉,无地不以忠诚自处,则不辱乎所生矣。存其心而不放,养其性而不流,则不懈乎事天矣。此二者畏天之事,而君子之所求以践其形者也。

禹之父尝封崇伯,故称禹为崇伯子,史称仪狄作酒,禹饮而甘之曰:"后世必有以酒亡其国者。"遂绝旨酒。言其能不溺于嗜欲以顾天之养者也。颍封人,颍考叔也,郑庄公以其弟共叔段之叛而疏其母,置之于城颍而誓之曰:"不及黄泉,无相见也。"既而悔之。适颍考叔有献于公,公赐之食,遂乘机开悟庄公,使为母子如初。"锡",赐也。"类",畴也。《诗》曰:"孝子不匮,永锡尔类。"谓孝子之心无穷,能以己之孝感君之孝而赐及其畴类也。孟子曰:"舜尽事亲之道,而瞽瞍厎豫。""瞽瞍",舜父也。"厎豫",犹欣悦也。晋献公信骊姬毒胙之谗,将杀世子申生,申生不自白其谗而奔新城,自缢于新城之庙。将死,使猛足言于狐突曰:"申生不敢爱其死。虽然,吾君老矣,国家多难,伯氏不出,奈吾君何?伯氏苟出而图吾君,申生受赐以至于死,虽死何悔?"盖谓申生受谗,不自辩白,以至于死,陷父于不义,未得为全孝,仅能称恭而已。父母全而生之,子全而归之,《孝经》曰:"身体发肤,受之父母,不敢毁伤,孝之始也。"曾子名参,临终时启其手,启其足,是能体其所受乎亲者而归其全也。伯奇,尹吉甫子也,尝履霜中野,从父之命而不知有身。夫天之所以与我者,无一善之不备,亦全而生之也,人自当体其所受于天者而全归之。天之所以命我者,吉凶祸福,乃气数之适然耳,人自当勇于从而顺受其正。合之,舜与曾子以及申生伯奇,而知其所以事亲者,皆可通于事天也。

"福泽",谓福禄与恩泽也。"玉",谓用以磨砻,如玉之受磨砻以底于成也,盖天之予我富贵,而以福泽惠我者,非私我也,将欲吾之生,予之以为善之资,所以加重其责任也。天之予我贫贱,而以忧戚加诸我者,非厄我也,将以困心横虑,拂乱其心志,而增益其所不能也。"宁",安也,知天地之心,则当终身事之,故其存于世也,不敢逆天之理,而必尽吾所以顺事之道;及其殁也,则自安宁而无所愧于天也。

(五)后语

《西铭》所阐发者仁之体,亦即人道主义之最高准则也。当此人欲横流、惨酷悲痛之世,或谓倭寇凭陵,中原板荡,杀之不暇,何事于仁?吾侪熟读研究之旨,果何居乎?谨答之曰:吾固不敢妄度,然孟子不云乎"上无礼,下无学,贼民兴,丧无日矣"?夫学者,学所以为人也,亦即所以为国也,今日吾侪所负之责任,当莫重于保国矣。《西铭》大旨,在以天下为一家。陆象山谓"吾心即宇宙,宇宙即吾心,宇宙内事,乃吾分内事",其气象之宏,目光之远,责任之重,与《西铭》"民胞物与"之义同。

自抗倭军兴以来,吾同胞之断腿裂肢,以血膏润野草者,何可胜数?颠沛流离,呻吟于水深火热之中者,何可胜数?疲、癃、残、疾、惸、独、鳏、寡之被困于愁惨残酷之境,而无所控告者,又何可胜数?试问今之党政人员,能加以垂念而体恤之者,有几何人?能以一家人视之,抚爱而扶养之者,更有几何人?能视宇宙内事为己分内事,不私不偏,竭其忠诚而尽其职守者,又有几何人?吾徒见其不闻不睹而已,吾徒见其痛痒无关而已,吾徒见其钩心斗角、图多发国难财而已，吾徒见其瘠人肥己、悠闲自得而已。

呜乎！国家多难，外侮不已。而一般不知自爱之党政人员，竟敢荒戏贪污，枉法殃民，徇情舞弊，蒿目时艰，欲哭无泪，若辈肉，复何足食乎？故吾对于此篇之旨，虽不敢妄度，而其欲以先哲仁爱之言，药而救之，激发其天良，唤起其责任，正人心而挽颓风，或者其有意乎？吾人自当充其民胞物与之量，存自救救世之心，身体力行，矢志不懈，一致奋起，驱逐日寇，勇于从而顺令，胜残去杀，道在是矣。

张子《西铭》注

毛夷庚

编者按： 本文原载《江西地方教育》1939 年第 159/160 期。《大风（金华）》1939 年第 97/98 期亦有刊载。原标题为《张子西铭》。今为与其他文章区别，改名为《张子〈西铭〉注》。毛夷庚（1881—1951），原名毛常，又名翔，字夷庚，浙江江山人。1916 年为北京大学文学院旁听生，对《易经》有独到见解，为蔡元培所赏识，1919 年被聘为讲师。1923 年后，历任厦门大学讲师、河南中州大学教授。1927 年，蔡元培出任南京国民政府大学院院长，聘他为大学院秘书兼编审委员。1930 年再度赴厦门大学任教。抗日战争胜利后，出任英士大学教授。

乾称父，坤称母，予兹藐焉，乃浑然中处。故天地之塞，吾其体；天地之帅，吾其性。民，吾同胞；物，吾与也。大君者，吾父母宗子；其大臣，宗子之家相也。尊高年，所以长其长；慈孤弱，所以幼其幼。圣，其合德；贤，其秀也。凡天下疲、癃、残、疾、惸、独、鳏、寡，皆吾兄弟之颠连而无告者也。于时保之，子之翼也；乐且不忧，纯乎孝者也。违德曰悖，害仁曰贼，济恶者不才，其践形惟肖者也。知化则善述其事，穷神则善继其志；不愧屋漏为无忝，存心养性为匪懈。恶旨酒，崇伯子之顾养；育英才，颍封人之锡类。不弛劳而厎豫，舜其功也；无所逃而待烹，申生其恭也。体其受而归全者，参乎；勇于从而顺令者，伯奇也。富贵福泽，将厚吾之生也；贫贱忧戚，庸玉汝于成也；存，吾顺事；没，吾宁也。

【注】

张横渠曰：乾吾父，坤吾母，吾乃乾坤之子，与人物浑然处于中间者也。吾之体，不止吾形骸，塞天地间如人、如物、如山川、如草木、如鸟兽昆虫，皆吾体也。吾之性，不止于视听言貌，凡天地之间若动作、若流峙、若生植飞翔潜泳，必有造之者，皆吾之性也。既为天地生成，则凡与我同生于天地者，皆同胞也。既同处于天地间，则凡林林而生，蠢蠢而植者，皆吾党与也。

吾为天地之子，大君主天地之家事，是吾父母宗子也。大臣相天子以继天地之业，是宗子之家相也。高年先我生于天地间，有若吾兄，吾能尊之，是长天地之长也。孤儿幼子，后吾生于天地间，有若吾弟，吾能慈之，是幼天地之幼也。圣人合天地之德，贤人特天地之秀。人之有疲、癃、残、疾、惸、独、鳏、寡，是乃吾兄弟颠连而无告诉者也。于时保怃之，是子之能翼天以代养此穷民也。吾能乐天地之命，虽患难而不忧，此天地纯孝之子也。违天地之心，是不爱其亲者，故谓之悖德；害天地之仁，是父母之贼也。世济其恶，是天地不才之子；践履天地之形，以貌言视听思之形，为恭从聪明睿之用，是克肖天地之德也。

天地之事，不过乎化；天地之志，不过乎神。知化穷神，即善述善继天地之事志者也。天地之心，无幽明之间，不愧屋漏之隐者，乃无忝于天地。心性即天地，夙夜存心养性，是夙夜匪懈以事天地也。崇伯之子，禹也。酒能乱德，恶旨酒，乃顾天地父母之养也。颍谷封人，请遗羹于母，以起郑庄公之孝。今我育天地所生之英才，则是以孝心与其类也。舜夔夔斋栗，不弛劳而致父母之悦豫，吾能竭力为善，以致天地之喜，是舜之功也。大舜逢父母怒，大杖则走，小杖则受；申生不明乎道，以死为恭，成父之恶，不可为训。横渠之意，以为遭遇谗邪，此命也；顺受其死，以恭顺天地，如申生之恭可也。曾子得正而毙，吾能处其正，顺受而全归于天地，是有曾参之孝也。伯奇，尹吉甫之子。吉甫惑于后妻，虐其子，无衣无履，而使践霜挽车，伯奇顺父之令，无怨尤于天地，是乃伯奇之孝也。

富贵福泽，固天地之厚吾生；贫贱忧戚，亦天地之爱汝，玉成于我也。吾存则顺事天地而不逆，没则安其心志而不乱，是乃始终听命于天地，而为天地至孝之子焉。

张子《西铭》讲演

毛夷庚

编者按：本文原载《号角》1939年第30/31期。原标题为《张载西铭》，标题下有"毛夷庚先生讲演，徐翔笔记"11字。今为与其他文章区别，改名为《张载〈西铭〉讲演》。

张横渠先生是北宋时人，系宋朝道学派之一。最初听范文正公之劝，研读《中庸》，后来研究《易经》，又引用孔孟学说来证明《易经》的道理；同时，有程明道、程伊川两先生常在一起研究学问。因此他便成就一个道学的系统。他最重要的著作是《正蒙》，他整个学问都包含在这一部书之内。另外著作，有解释《易经》的，解释周礼的；不过据他自己说是《正蒙》最重要。今天讲的《西铭》，是《正蒙》里"乾称"篇的第一段。这第一段叫《西铭》（原名《订顽》），还有末段叫《东铭》（原名《砭愚》）。为什么叫东西铭呢？因为他是把第一段贴在书室窗之西边，末段贴在窗的东边，作为他的座右铭，可以时常看到的。现在从他的著作中抽出《西铭》来讲，因为《西铭》是包含着他的整个人生观。

（一）张横渠的宇宙论（一元哲学）

凡是一种学问，要能成功，就应该有一个系统。有了系统，一切道理才有所根据。无论是中国的学家，还是外国的学问家，在学问上所以能够自立一派，就都因为他们都有一个系统。没有系统，他的学说便站不住。那么，张先生的系统是怎么样的呢？他是从《易经》的"天地氤氲，万物化醇"推演出来。《易经》，简单的说来，就是这两句话，意思是说天地间只有阴阳之气在那里流动，如清浊、如浮沉等等，就是所谓"天地氤氲"，也就是乾坤一卦的作用。有了这气的作用，然后才能化生万物，所以宇宙中没有别的东西，只是一气流行，渐渐变化而已。

但是，既然一气流行而有阴阳的作用，却成为一物两体。《正蒙》里说：

"一物两体,气也。一故神,两故化。"自其清通未有形象而言,则谓之一,谓之神;自其氤氲相感成形成象而言,则谓之两,谓之化。这种说法,就是《易经·系辞》所说的"乾坤,其易之缊耶?乾坤成列,而易位乎其中。乾坤毁则无以见易"。横渠所谓"一物",就是指"易"而言;所谓两体,就是指"乾坤"而言。依横渠的系统,"一"就是本体,"两"就是作用。本体和作用,乃是一气流行,并不是离开而独立,所以他说"两不立,则一不可见;一不可见,则两之用息",就是《易经》所谓"乾坤毁则无以见易。易不可见,则乾坤或几乎息矣"。这就是他"一元哲学"的根据。

《正蒙》说:"太虚无形,气之本体。其聚其散,变化之客形耳。"气有本体,又有聚散,因阴阳两性结合,然后聚而成形,有人类万物各个体的分别,但各个体相对的东西有时要相反,而且相反到剧烈。譬如水是流的,因为阴阳性的作用,会变成冰或是沸腾;但沸点到极度,仍旧化为液,冰点到极度,仍旧化为水。这是气化的作用。由气化的结果而成万物,由万物的攻取又变成为太虚。这样变来变去,仍是一个太虚。所以《正蒙》又说:"太虚不能无气,气不能不聚而为万物,万物不能不散而为太虚。"这是张先生的整个宇宙论。他所谓太虚、宇宙,只有一个气化,不能分开的,气化即是太虚,太虚即是气化。所以他的哲学是一元性的。

天地间是太虚和气化的循环,人与物都是由气化而成,而太虚就是人、物的来源。他们是同一个来源,这来源就是人与万物浑然一体之"仁"。由万物分开来说,就叫"个体",各个体虽然只有一个,但有"个体"就有"共体",必定含着浑然一体的"仁",就人而言,就是天性。再就个体而论,生长有先后,有一定的次序,结构组织有大小精粗,有一定的规律;《正蒙》里说:"天之生物也有序,物之既形也有秩。"这种秩序,就是所谓"理"。因为"天地之气,虽聚散攻取百涂,然其为理也,顺而不妄",这种各个体所遵循的"理",也就是浑然一体的"仁",流行于个体之中。所以《正蒙》里说"合虚与气,有性之名"。一个人由浑然一体中分出个体,个体所含的性质,自然是从浑然一体中得来,这就是人与宇宙的关系。

(二)人与天地万物为一体(《西铭》前段)

《西铭》前段是说明人和天地万物为一体的道理。起首所谓"乾称父,坤称母,予兹藐焉,乃浑然中处",就是说,人从这阴阳气化而生,在此宇宙之中,是浑然分不开的。但既成为个体的人,那么人所得于天地的是什么东西呢?《西铭》说:"天地之塞,吾其体;天地之帅,吾其性。"从气化方面说,人是得天地流动的气化,变成一个身体,这个"塞"就是塞乎天地之间的"气"。"帅"

就是孟子所谓"志气之帅也"的"帅",就是横渠所说"一故神"的"神",就是浑然一体之"仁"。一个人得天地的气化而为体质,得气化的本源而为德性,所以人是与宇宙全体相同的。人既与万物一体,所以《西铭》说:"民吾同胞,物吾与也。"人类都是我们的同胞兄弟,万物都是我们共生的同类,大君大臣都是我们一家之人,圣人、贤人都是我们兄弟内的有德有才之人,老人、幼子都是我们兄弟内的年长年轻之人,就是一切有疾病的人、孤独的人,都是我们的兄弟颠连而无告之人,这都是说明人类与万物一体的道理。

(三)人生应该如此(《西铭》后段)

人生应该怎样呢?《西铭》后段"于时保之,子之翼也"以下,都是说明人生应该如此的道理。人的德性既然是万物一体之仁,那就应该保全这个德性,能够保全这个德性,就是尽其事天的职务,如子之事父母那样敬慎其事。因此得到保全天性的快乐,没有什么忧愁,就是纯粹孝顺事天的人。反过来说,违反这个天性,就是悖逆;残害万物一体之仁,就是破坏仁道之贼;如若凭仗才干成就恶事,那就不是天生之才。凡人既然有这形体,便有这形体所含的天性,依着这天性切实践履,这才是天之肖子。(其践形惟肖者也。)

宇宙的事业就是气化,气化的本源就是"不测之神"。我们既然是天地之肖子,应该懂得天地化育万物的事业,我们要祖述他的事业;应该懂得天地的事业是神妙不测的运用,我们继续他的精神,这就是"知化则善述其事,穷神则善继其志"的意思。再就做人方面说,"不愧屋漏为无忝,存心养性为匪懈",我们做人,第一不要欺骗自己本身,在屋漏无人的地方,无愧于心,那就不致羞辱父母,羞辱天地。常常存着本心,不要放出去,那就是涵养天性,保全万物一体之仁,这是我们"夙夜匪懈"的要务。要涵养天性,就要除去惑乱天性的嗜好,这就是"恶旨酒,崇伯子之顾养"。要涵养我的天性,也要使别人能涵养天性,人与我同是具有"天地之性"的人,就是同类的孝子,这是"育英才,颖封人之锡类"。"不弛劳而厎豫,舜其功也;无所逃而待烹,申生其恭也",舜的功劳,不在乎他在帝位,而在乎孝顺父母,不怕劳苦,终要使父母愉快。申生的恭顺,不在乎保全性命,而在乎保全孝亲的天性,保全天地之性,为天地之孝子。曾子之孝,不敢毁伤父母所遗的身体,即是保全天地所授之身体。伯奇之孝,不敢违悖父母的命令,即是顺滋天地之命令。这些都可以说明事父母的道理就是事天的道理。处顺境如此,处逆境也应如此,总是顺受其正,不要亏损我们的天性就是。至于"富贵福泽,将厚吾之生也;贫贱忧戚,庸玉女于成也",富贵对于德性无甚关系,但能厚我之生;患难是勉励我们的时候,要当"动心忍性,增益其所不能",这就是我的成功。凡人生存的时候,是顺着天性做事,死是安宁的时候。受了天地所赋予的身体和德性，没有亏损了一点，仍旧归还于天地，这是最合理的人生。

（四）从《西铭》说到政治是王道

《西铭》的意义是说明人物一体之仁，若照这个道理施行政治，即以百姓为同胞。就孟子的政治学说而言，是："先王有不忍人之心，斯有不忍人之政。"这"不忍人之心"，就是从人物一体之仁所发。推广这"不忍人之心"，于是"视民如伤"，以百姓的苦痛为苦痛，所以不得不行仁政。仁政最重要的不外教、养二事，《西铭》所说"知化则善述其事"，就是祖述天地化育万物的事业，施行"长养万民"的事业；"穷神则善继其志"，就是继续天地神妙之运用，施行教育万民的事业。在孟子所说的仁政中，其一为"使民养生送死无憾"，是养的事情；其二为"谨庠序之教，申之以孝弟之义"，是教的事情。这都是"以德行仁者王"的王道。《西铭》的道理是从"仁"字推衍出来，所以就政治方面说，也同孟子一样的王道。

（五）从《西铭》说到处世的修养

《西铭》后段是讲做人处世的道理，处顺境不失其"天地之性"，处逆境也是这样；处富贵如此，处患难也是如此；从种种经历事变之中把握中心，不致放失了浑然一体之仁，就是修养。程明道先生"识仁篇"是说修养方法，他说："仁者，浑然与物同体……"《西铭》意思，乃备言此体。又说："识得此理，以诚敬存之而已。"《西铭》前段说明浑然一体之仁，后段说明人生处世的道理，与明道先生修养方法相同。不过明道先生说"以诚敬存之"，而横渠则示人从种种事变中存着"浑然与物同体"之仁，比明道先生较为说得切实可循罢了。

（六）从《西铭》解决生死问题

《西铭》所说"存，吾顺事；没，吾宁也"，是解决死生问题。照横渠先生说"太虚不能无气，气不能不聚而为万物，万物不能不散而为太虚"，依这个系统，人的形体由气化凝聚而成，散而复归于太虚，则是"聚是吾体，散亦是吾体"。若能一生尽其天性，则死时天性并不丧失，所以说"生无所得，死无所丧"。这就是儒家的人生态度。

（七）《西铭》所说仁体与墨翟兼爱不同

《西铭》说仁，与墨子兼爱之说有三点不同。第一，《西铭》说人我是从一个来源生出，人我互相亲爱是发于德性之自然；墨翟却是有个天志来统制，他说人们如不相爱，天便要降祸于他，是有宗教性的。第二，墨子对父母路人一样的亲爱，《西铭》最重要的是父子之亲，其次乃亲爱他人，次乃及万物。第三，《西铭》是说人生应该这样，而墨翟的兼爱，却是说要这样才有利益，否则便有害。在意义上有这三点不同。所以墨翟的兼爱是功利主义的；《西铭》的说仁是正谊明道的。程明道弟子谓横渠《西铭》所主张，与墨翟兼爱之说无异。明道说《西铭》主张"理一分殊，故与墨子兼爱之说不同"。朱子《西铭注》亦申明此旨，但未尝分别指示而已。

（八）道学家之责任

宋代道学家的责任，有横渠四句话可以包括之。他说："为天地立心，为生民立命，为往圣继绝学，为万世开太平。"天地之心，即浑然万物一体之仁。《西铭》整个的意思就是揭出天地之心。这天地之心，无形象可见，要从人心所发的德性才能证实，人心原来包含浑然一体之仁，所发见的就是天地之心，所以道学家从人心中立定一个仁体，就是"为天地立心"。人的体性完全得着天地的本体与气化，有这身体，有这德性，就叫作"命"。使人人懂得这个道理，处世做人能够不失了天所赋予的德性，就是"为生民立命"。这种浑然万物一体的学说，从《论语》孔子所说的"仁道"、孟子所说的"万物皆备于我"以来，已成了儒家的学统，却是中间没有人继述，断绝了好些时候。到了宋朝道学家，如横渠的《西铭》，明道先生的《识仁篇》，都是继续孔孟的学统，这就是"为往圣继绝学"。这种"浑然物我一体之仁"的学说，是说明人人各有其"浑然物我一体之仁"，人人得各尽其"亲亲、仁民、爱物"的德性，人人能尽其德性，那就没有犯上作乱、彼此争夺的事情，便成了太平世界，所以维持这个学统，就是"为万世开太平"。

张子《西铭》论

毛夷庚

编者按： 本文原载《浙赣月刊》1940年第1卷第5期。原标题为《张子西铭》，今为与其他文章区别，改名为《张载〈西铭〉论》。

《西铭》，是张载所作，他是北宋陕西人，学者称为横渠先生，在宋学中称为关学，因为他是成立一种道学系统。他的重要著作，是一部《正蒙》，这一篇《西铭》，就是《正蒙》里面的一段，原属于《乾称篇》之中，他从《乾称篇》里摘出来，贴在书斋的西牖之旁，所以叫《西铭》；还有一段贴在东牖之旁，叫做《东铭》。今天所说的是《西铭》。

宋人学问，都有一个系统，都是从宇宙观念说到人生观念，无论心学理学，都有这种说法。张先生的宇宙论，根本是"气"。这在宋学里是特殊的见解，他根据《易经·系辞》的"天地絪缊，万物化醇"这两句话而定一个根本观念。因为宇宙间，只是一"气"流行的动荡作用，酝酿而起生机，然后化生万物。但是"气"的作用，有这样的例："一物而两体，一故神，两故化。""气"是一种物，他有两个体，两个什么体？就是阴阳。因为"气"有阴阳，才有作用，然后才能变化，然后才能发生万物。就他有形状可见而说，由气变为"物"，这就谓之"气化"；从无形可见而言，却有一个领导者，领导阴阳之气，使他变化，这领导的东西，就谓之"神"，但是这个"神"和"气化"是分不开的，所以谓之"一物而两体"，这就是他的整个宇宙观念。他又把整个的宇宙加以说明，他说："太虚不能无气，气不能不聚而为万物，万物不能不散而为太虚。"他说宇宙本体是太虚，什么都看不见，因为太虚中充满着是"气"，"气"就不能不变化而为各种物质，物质是不断的变化，不会固定，故仍"散"而归于太虚。宇宙间像这种循环，一直循环下去，是没有间断的，这是他的宇宙观念。

不过这一点，"一"物而"两"体，"一""两"两个字是很重要。"一"就是宇宙的本体，宇宙本体是看不见的，但能领导"气化"，而永久存在。所以领导"气"的变化，聚而为物，物散而为气，仍回到太虚，而"一"仍存在。我们举一个例来说：譬如一条水，水的本质是很清洁的东西，可以说他是"一"，他起变化，就是因为受到高的温度而变热，或受冷气而结成冰，等到热退冰融，他的本质清洁仍旧是存在。

宇宙观念确定了，进而为人生观念，因为人都是生长在宇宙间"气化"之中，从"气化"聚而为人，所以最初人与万物，同为"气化"中所发生的，宇宙气化，可以作为宇宙的身体，人与物都从他一体中化出来，所以"人与物""彼与我"都是从一体分来。这一点在此一篇文字中，是很重要，因为人从宇宙气化而生，而宇宙根本的"一"，亦赋予在吾人身体之内，吾人既系宇宙所生，就应当保全宇宙所赋予的"一"。"气化"虽有聚有散，吾人视之为常理，丝毫没有稀奇。那么吾人的有生有死，也就是这平常之理，而且虽有物质上的生死，而精神上的"一"仍旧存在。

"一"的意义，究竟是什么呢？根据"一物两体"，化生万物的公例说，这个意义就是一个"仁"字，"仁"怎样是发生？程明道先生对于"仁"字第一种解释，曾举出桃仁来说明，核桃有桃心，桃心就是"仁"，桃仁就是生机，由桃仁生桃树，桃树而又生出桃仁，这一个桃仁，就包括着桃树的全体。依照这个理论，天地气化的根本，赋予在吾人天性之内。那末，吾人天性之内便包含着天地气化的全体。所以孟子说："万物皆备于我。"吾人既与万物同体，所以能感觉到他人的苦痛，而发生"恻隐之心"，这种"恻隐之心"，就是吾人心中之"仁"，所以明道先生说："仁者浑然物我一体。"《西铭》这一篇，完全是解释一个"仁"字。这篇文章可以分作两段读，就是：

> 乾称父，坤称母，予兹藐焉，乃混然中处。故天地之塞，吾其体；天地之帅，吾其性；民吾同胞，物吾与也。大君者，吾父母宗子；其大臣，宗子之家相也。尊高年，所以长其长；慈孤弱，所以幼其幼；圣其合德，贤其秀也。凡天下疲、癃、残、疾、惸、独、鳏、寡，皆吾兄弟之颠连而无告者也。（此是第一段）

> 于时保之，子之翼也；乐且不忧，纯乎孝者也。违曰悖德，害仁曰贼，济恶者不才，其践形惟肖者也。知化则善述其事，穷神则善继其志。不愧屋漏为无忝，存心养性为匪懈。恶旨酒，崇伯子之顾养；育英才，颖封人之锡类。不弛劳而厎豫，舜其功也；无所逃而待烹，申生其恭也。体其受而归全者，参乎；勇于从而顺令者，伯奇也。富贵福泽，将厚吾之生也；贫贱忧戚，庸玉汝于成也。存，吾顺事；没，吾宁也。（此是第二段）

依照上述的理论，这篇文字，并不很深。

第一段的意义，就是说明浑然物我一体之理（又可说人我），人是从宇宙"气化"所生，所以说："乾称父，坤称母，予兹藐焉，乃混然中处。"吾人在宇宙里所得的"两"就是这里说的"天地之塞"（"塞"字，就是孟子所说"浩然之气，塞乎天地"之塞）。这"塞"字是指气而言。天地之气，分与我而为我的身体，故曰："吾其体。"吾人所得宇宙之"一"，就是这里说的"天地之帅"（帅，志也，孟子曰"志气之帅也"）。这"帅"字是指性而言，天地之性，赋予吾心，而为吾之性，故曰"吾其性"。合性与气而构成一个人，凡耳目口鼻之用与物质相接者，属于气质；凡以领导气质而使之合理者，属于精神，即吾人心中所具之性，无论任何人，都具此"天地之性"与"天地之气"。故人与我是混然一体。既是宇宙间所有的人，均是同体所生，所以说"民吾同胞，物吾与也"。"大君者，吾父母宗子；其大臣，宗子之家相也。"就是国家的君主，也是我兄弟中的长子；其大臣，是我长兄的帮助人。至于尊敬高年的人，慈爱幼小的人，也就是替天地而尊敬，替天地而慈爱。吾人所称为圣人的，他是与天地合德，他能够完全发挥天地所赋予的德性，故说"圣其合德"。至于有才干的人，他是得着天地所赋予的秀气，所以能超出普通人的才干之上，所以说"贤其秀也"。凡一切即残疾孤独可怜的人，也都是我们的兄弟遭受痛苦的人。这第一段的意义，完全是说明宇宙中的人，地位环境虽然有不同，但都是我们的同胞兄弟一样。

第二段就是说明"人"应该怎么样，就是人生观念。根据第一段的意义，"人"是以天地之性为性，而天地之性就是"仁"，所以吾人对于本心之"仁"，是应该保持的，保持吾们本心的"仁"，就是保全天地之性。所以说"于时保之，子之翼也"，于这个天地之性，能够保持着，就是能尽事天的责任，亦如为人子的能够保全父母所遗之德性，就是敬慎（翼）其事亲的重要道理。"乐且不忧，纯乎孝者也。"既能保全天地之性，于是乐乎"万物皆备于我"，性分之内足乎已无待于外，而不忧其不足，这是纯合乎事天之孝者也。这一段是把事亲的道理，说明事天的道理。因为从宇宙全体而言，人是以天地为父母；若就吾人一身而言，则以生我者为父母，故天地与父母其理是相同。"违曰悖德"，违背天地之性，就谓之悖德。"害仁曰贼"，伤害天地之仁，就谓之贼。"济恶者不才"，才是天生给我的，而我把这种才干来成就恶事，这就谓之不才。"其践形惟肖者也。"（"践形"两字，是《孟子》中来。）凡吾人的形体是天地所赋予的，天地赋给我人的形状，同时并赋给我做人的道理，我们既然是人的形状，应该尽做人的道理。能够实践做人的道理，那才是天地的克肖之子。"知化则善述其事"，我们懂得宇宙的"气化"是能生成万物，生成万物是宇宙的事业。我们依照这种道理，做成种种事业，就是继续天地的事业。"穷神则善继其志"，天地所以能生长万物，有其神妙不测之用，这种神妙不测之用，就是领导万物的主宰。其在吾人心中就是"志帅气"之"志"，吾人能够穷尽意志的作用，就是以精神支配物质，而不为物质所拘束，使此精神常为领导者，这就善于继续天地的意志。（这一句话是指内心而言，上一句是指事物而言，做成事业，固然是我们应分的事，但要以心统物，以理统事，所以贵乎精神之修养。）

要修养这种充实的精神，却须有缜密的功夫。此处说"不愧屋漏为无忝"（《诗经》"相在尔室，尚不愧于屋漏"），就是说吾人在屋内黑暗处，心中毫无恶念发生，对于黑暗处，内心没有惭愧，就是常存光明之心，发为正大的行为，这样，才不致羞辱天地生我之身（《诗经》"无忝尔所生"）。"存心养性为匪懈。"孟子曾说："存其心，养其性，所以事天也。"吾人之心，"出入无时，莫知其乡"，或是被诱于嗜好里去，或是驰逐于名利那边，念念不舍，顷刻不停，如果养成这种心理习惯，那就天性消灭，物欲炽张，一生就会堕落了去。所以要常存本心，不许他奔驰于外诱，而时时注意到天地赋予我之性，一点仁爱的心，使之常存，那末，一切嗜好名利之念，便退听不会发生。就是孟子所说的"先立乎其大者，小者勿能夺也"的功夫，这样就是涵养天地赋予之性，自朝至暮，用力于这件事情，才是《诗经》所谓"夙夜匪懈"的人生要务。

存养天地之性，要使没有一点昏乱，常常明灵不昧。"恶旨酒，崇伯子之顾养。"就是因为酒是一种兴奋麻醉剂，饮酒会摇动本心，搅乱天性，而且助成一切恶事，就是"不顾父母之养"。父母所遗之德性，不能保全，反而好饮酒，使他丧失了去，这便等于不能养其父母。"育英才，颖封人之锡类。"这是谈到教育别人的问题。教育别人，要如颖考叔这样用感化的方法。颖考叔用孝子之心感动郑庄公，郑庄公也能因为"小人有母"的话感悟到母亲，这可以证明孝亲之心，人人所同具。所以说"孝子不匮，永锡尔类"。依照这种事例，推到教育天下英才，天生的英才也是我的同类。我有天地所赋予的性，他们也有天地所赋予的性，我们但发挥我的天性，他们也就感动起来。所以教育最重要的在道德，而道德的原理，人人心中所同有，由己及人，予以"感化"，没有不成就的。

再就事亲实际上说："不弛劳而厎豫，舜其功也。"舜尽事亲之道，虽然父顽母嚚，而舜不辞劳苦，终能得到父母的欢心。舜是不失其天地所赋予之性，即是成就事天之功。"无所逃而待烹，申生其恭也。"申生为骊姬所谮，致之死地，但申生不肯逃避偷生，终于自杀。处境虽然极其困难，然能保持其孝子之心，虽死而不失天地之性，这是事天之恭。"体其受而归全者，参乎。"曾子以为吾人的身体，是受之于父母，父母给我们的身体，应该完全的归还父母，所以一生谨慎小心，不敢有一言一行之失，致辱父母所遗之身体。所以说"身体发肤受之父母，不敢毁伤"。一直到临死的时候，使弟子"启予足，启予手"，然后知一生并没有受辱，乃得完全的归还父母。这虽然就身体一方面说，但亦是不失天地所赋予之身体，亦是事天之孝。"勇于从而顺令者，伯奇也。"尹吉甫之子伯奇，是元配所生，后为后母所谮，使之历尽艰苦，但伯奇毫无怨气，只是顺从父母之命。这也是能尽孝亲之心，不失天地所赋予之性，即所以顺从天地之命。天地之性以"仁"为本，而行"仁"之第一事为孝。所以人生以孝亲为大本，从虞舜、申生以至曾子、伯奇，虽然遭遇不同，或归全，或牺牲，然皆能保全天地之性，却是相同，是即人生重要的事务。

至于人生境遇的不同，亦有种种处置的方法，"富贵福泽，将厚吾之生也；贫贱忧戚，庸玉汝于成也"。在富贵福泽的环境中，只是认为天地给我，所以厚吾之生；在贫贱忧戚的环境中，我们亦不必烦闷，只是认为天地所以切磋琢磨我的，使我坚固卓绝，乃所以成就我。但是"素富贵行乎富贵，素贫贱行乎贫贱"，无论富贵贫贱，而吾之德性即存乎其中，仍不失其所受于天地之性，所以"存，吾顺事"，吾人生存的时候，就是顺着这个道理而做成种种事业。"没，吾宁也。"死的时候，我的事业已成功，也觉得很安宁。这种人生观念，是很透澈。根据宇宙观念，人的生死，就是气的变化，《正蒙》里说："太虚不能无气，气不能不聚而为万物，万物不能不散而为太虚。"依照这个系统，生与死不过聚与散的不同，其实都在一气流行之中，并没有增加，亦没有减少，所以说"聚亦吾体，散亦吾体"，"生无所得，死无所丧"。这就是儒家最透澈的人生观念。

关洛学说先后考

张德钧

编者按：本文原载《图书月刊》1941年第1卷第6期。张德钧（1916—1971），四川南充人。马一浮在复性书院的弟子。曾在支那内学院从欧阳竟无学佛学，故尤长于佛学。儒学亦颇有根柢。与金景芳友谊甚笃。中华人民共和国成立后曾任中国社会科学院历史研究所研究员。

吕与叔作《横渠行状》谓："见二程尽弃其学而学焉。"伊川睹之，甚不慊然，属与叔刬去。与叔乃逾年而不刬，有闻于伊川者。伊川曰："表叔平生议论，谓颐兄弟有同处则可；若谓学于颐兄弟，则无是事。顷年属与叔刬去，不谓尚存斯言，几于无忌惮矣！"（程子二十二代孙刻本《二程遗书》卷三十六）伊川则可谓不忘久要矣！而与叔先尝受业横渠，横渠殁后，始负笈于洛阳；今为《行状》竟如此，伊川不安而与叔安之，则亦不无少负师门也！与叔虽卒以伊川之言改定："见二程乃尽弃异学，醇如也。"然其意亦若曰：横渠平生学问，实多得力于二程者。文字转换之间，不无犹存抑扬之意也。故朱子《书行状后》言："横渠之学，实亦自成一家（案："亦"字微寓贬义）；但其源，则自二先生发之耳。"（《伊洛渊源录》卷六）即根据与叔之言也。至于龟山跋横渠与伊川简，竟断然云："横渠之学，其源出于程氏，而关中诸生，尊其书，欲自为一家；故余录此简以示学者，使知横渠虽细务必咨于二程，则其他固可知。"（《杨龟山集》卷五）不许横渠自为一家，盖已泰甚阿其所好。夫朋友切偲，互为增上，事至常也，讵可定为学说渊源所自！退横渠为伊洛附庸，实大悖伊川之心。非但后诬横渠，抑所谓几于无忌惮也！伊川固明明曰："谓颐兄弟有同处则可。"是仅有同处，而不同者，或反多。"谓学于颐兄弟则无是事。"是伊川深知彼此异撰，不敢以同者即为己出，严杜攘窃表襮之习。伊川，诚君子人也！今以事迹绌察之，则伊川良亦非谦退自逊之词耳。诸天共食，盖各有所得焉。

案：《行状》初述"横渠年十八，见范文正公，劝读《中庸》。未以为足，又访诸佛老之书，累年尽究其说。知无所得，反而求之六经"云。据此，是横渠先已自癙佛、老无得，固不由于二程也。而次乃云："嘉祐初，见洛阳程伯醇、正叔昆弟于京师，共语道学之要。先生涣然自信曰：'吾道自足，何事旁求。'乃尽弃异学，醇如也。"此则与前说不无相左。案：是年横渠年已三十七，明道则才二十五，伊川年才二十四。而伊川述《明道行状》曰："先生为学，自十五六岁时，闻汝南周茂叔论道，遂厌科举之业，慨然有求道之志。未知其要，泛滥于诸家，出入于老释者几十年，返求诸六经而后得之。"是二程于此时乃返求六经，已后于横渠矣，何得言横渠反受其启示耶？且二程此时涵养亦未得粹然。如明道云："某年十六七时好田猎，既而，自谓已无此好。周茂叔曰：'何言之易也，但此心潜隐未发，一日萌动，复如初矣。'后十二年暮归，在田间见猎者，不觉有喜心，果知未也。"（《遗书》卷七）则谓二程此时已能以其所得，大影响于横渠，诚恐未然，非但与前述自悟异学无得相左已！

又案：遗书所存众家纪语，率在元丰己未以后。是时明道年已四十八，伊川四十七，而横渠已不在世矣。盖二先生学问，至是乃臻精醇。故四方学者麕至，得有《语录》流行。中惟《洛阳议论》一卷，朱子识云："熙宁十年，横渠先生过洛，与二先生议论，此最在诸录之前。"（见《遗书》目录）案：横渠即以是年谢世，而中有一条，记二程解"穷理尽性以至于命"，横渠则谓二程失于太快。（详见《遗书》卷十）是二程所说，横渠尚多不惬。顾可谓横渠学问，得自二先生耶？

横渠《理窟》云："某学来三十年，自来作文字说义理无限。其有是者，皆只是亿则屡中。""观古人之书，如探知于外人；闻朋友之论，如闻隔墙之言。皆未得其门而入，不见宗庙之美，室家之好。此岁方似入至其中，知其中是美是善，不肯复出。天下之议论，莫能易此。"（《张子全书》卷七）则其初纵获闻二程议论，亦未得门而入。讵能谓一夕晤谈，遂能使横渠涣然有得？再考伊川云："吾四十以前读诵，五十以前研究其义，六十以前反覆绅绎，六十后著书。"（《遗书》卷廿四）是程子四十以前犹少真得。谓横渠学出于彼，真谩语也！

盖横渠尝言："学贵心悟，守旧无功。"（《张子全书》卷六）故稽览全书，多是心得之语，其于二程议论，绝少称道。而二程于横渠则每称其《西铭》。如云："《西铭》，某得此意，只是须子厚如此笔力，他人无缘做得。孟子以后，未有人及此。得此文字，省多少言语。"（《遗书》卷二上）又曰："《订顽》之言，极纯无杂，秦汉以来学者所未到。"（同上）又曰："《订顽》立心，便可达天德。"（《遗书》卷五）书中似此，不一而足。故二先生常以《西铭》教授学者。如尹和靖见伊川后，半年方得《大学》《西铭》看。（见《和靖语录》）则二先生且不轻以示人，虽于其师濂溪之书，亦未尝尊重若此也！盖程子一生学问唯在识仁，而横渠先得此心之同然，不啻导乎先路；故程子言仁时，多推阐《西铭》之义。如曰："《订顽》一篇，意极完备，乃仁之体也。学者其体此意，令有诸己，其地位已高。到此地位，自别有见处，不可穷高极远，恐于道无补也。"（《遗书》卷二）《识仁篇》亦曰："《订顽》意思，乃备言此体；以此意存之，更有何事。"（同前）盖仁为性道之元，体包四德；《西铭》言理一分殊，最足显发此意。故程子称之不置也。又程子言："论性不论气不备，论气不论性不明。"（《遗书》卷六）朱子最喜称之。实则是横渠有天地之性，有气质之性之注脚也。横渠启发二程者有如是。故神宗问明道以张载邢恕之学，奏云："张载臣所畏，邢恕从臣游。"（《遗书》卷三十七）程子与横渠书，亦常自称小子。（见《二先生文集》）则谓横渠学源于二程者，果何据耶？

程子尝言："某接人多矣！不杂者三人，张子厚、邵尧夫、司马君实。"（语凡数见，此在卷二上）以今观之，信然。横渠终身干佛，不稍假借，务为崖岸。而二先生则反不能无出入，一犹见猎心喜也。如侯世与云："某年十五六时，明道先生与某讲孟子，至勿正心勿忘勿助长处，因举禅语为况云：'事则不无，拟心则差。'某当时言下有省。"（《遗书》卷一）又程子云："庄生形容道体之语，仅有好处。《老子》'谷神'一章最佳。"（《遗书》卷二下）又云："《中庸》言无声无臭，如释氏言非黄非白。"（《遗书》卷五）又云："看一部《华严经》，不如看一艮卦，经只言一止观。"（《遗书》卷六）又云："贫子宝珠。"（同上，案：禅家多用此喻。）又云："洒扫应对，与佛家默然处合。"（《遗书》卷七）又云："释氏之学，正似用管窥天，一直便见，道他不是不得；只是却不见全体。"（《遗书》卷三十）伊川尝言："今僧家读一卷经，便要一卷经中道理受用。儒者读书，却只闲读①了，都无用处。"（卷三十七）明道先生尝至禅寺，方饭，见趋进揖逊之盛，叹曰："三代威仪，尽在是矣！"（同上）如是者，未可殚举。是二程于异学，实未能尽弃。顾可谓横渠尽弃异学，乃由于程子一言乎？（然二程之学，毕竟不同于佛家，此当另详。）

余尝阅王偁《东都事略》，见所为《横渠传》（在卷一百一十四）。但云："与程颢程颐讲学。"此七字外，更无它言，盖乃实录。然伊川属与叔删去者，实所以存真。而与叔但改而不去者，犹不能无妄。故东莱颇致疑于《行状》年月事迹差谬。晦庵又深识与叔非深知横渠。（见朱子《与吕伯恭书》）验之上例，非诬词也！

---

① 原文脱"读"，据《二程遗书》补。参见李冬梅、郑伟编《张德钧文集》（上），四川大学出版社，2020，第74页。

文写成，检全谢山《南轩学案叙录》曰："南轩似明道，晦翁似伊川。向使南轩得永其年，所造更不知如何也。北溪诸子，必欲谓南轩从晦翁转手，是犹谓横渠之学于程氏者，欲尊其师而反诬之，斯之谓矣！"案：谢山此言，亦足为横渠白诬，故附录之。钧识。

尹和靖言："横渠昔在京师，坐虎皮说《周易》，听众甚众。一夕，二程先生至，论《易》。次日横渠撤去虎皮，曰：'吾平日为诸公说者，皆乱道。有二程近到，深明《易》道，吾所弗及，汝辈可师之。'横渠乃归陕西。"（《和靖语录》）案：此事不见余家笔记，《行状》及《东都事略》亦不见载。元脱脱等修《宋史》，始摭入于传。而周海门著《圣学宗传》，黄梨洲编《宋儒学案》一仍之，谓在嘉祐初。乃其事甚可疑。寻伊川自著家世旧事，谓此年过醴泉，（见《伊川文集》卷八）则并未在京师也。而横渠于次年即登进士第，始仕祈州司法参军。（见《横渠行状》）则何得论学不如，遂遽归陕西。非所谓年月事迹差谬欤？今考《横渠易说》（《张子全书》卷九至卷十一），与《伊川易传》，诚多不同。然使当日果自认为乱道，则后来又何以传其书耶？（《易说》何时作，年岁虽不知，而与伊川不同却是事实。）横渠学问，最邃于《易》。而和靖述其事如此，殆与与叔述"尽弃其学而学焉"同类。编《宋史》诸人遂漫然取之，亦不核甚也！乃今日言中国哲学者，亦并不考其后先，率以伊洛建首。自《宋儒学案》《圣学宗传》以来，已如是矣！余恶得不费辞以辨之？钧又识。

跋《张子全书》

张德钧

编者按：本文原载《志学》1942年第2期。

横渠之学，与伊洛异撰，其群辈皆位伊洛上。而后世言学史者，往往先伊洛而后横渠，此何故耶？则伊洛薪传有人，而横渠学脉早斩也。自吕大临为《行状》，首诬其师，龟山、和靖并起和之，坚谓横渠闻道于二程。元人沟畔，笔于《宋史》，遂定案叵逃也。吕东莱虽尝默识其谬，第未指摘成文。如王偁《东都事略》者，庶几一代信史乎？而世儒蓏固，不读其书。故史失其纪，而横渠真面，迄不章也。伊洛之门，则英材辐辏。四传而后，又得晦庵、南轩、东莱。三子者，并一时之选也。晦庵搜辑《二程遗书》，不避重沓，悉为最录。南轩佐之，一刊于建宁，再刊于曲江，又刊于严陵，复刊于长沙，赫哉盛矣。而晦庵意犹不厌，复与东莱编述《伊洛渊源录》，乃祖濂溪，宗二程，而百源、横渠，并附属焉。故伊洛光且大，世莫与京。流衍于元明，及亡清，泽犹未替，而学之继，则熠焉久矣。盖自横渠死后，大弟子如苏昞、吕大临、大钧辈，并归命洛阳，关学骤失中心，遂一时亡也。此伊川所以致叹："关中学者，今日几不复讲。"上蔡亦言："横渠之学，今已无传也。"一二谨笃之士，即抱守遗篇，龟山又以"欲自成一家"訾之。故寝致于篇籍，亦与偕亡。（上详见拙作《关洛学说先后考》）晁公武曰："横渠《易说·系辞》差详，而今无之。"其时已如此。诚以莫为镂版，钞者每任意割取也。然《易说·系辞》一卷，究未终失。而空俄之书，则倍蓰于是矣。盖有《孟子解》十四卷，《春秋说》一卷，《祭礼》一卷，《文集》十卷，《语录》三录，《礼记并说》《仪礼说》《孟子统说》《信闻录》等，共若干卷，并散见其名于宋代各家书录与文集中，而今亡矣。关学之不竞，至于是尔，惜哉！（《四库全书总目提要》谓张子不以著作繁富为长，殆未深考也。）如横渠《正蒙》《理窟》《易说》《语录》《文集》等，盖皆各自单行，不为一帙。故此有或彼无，彼有或此无。迨明天顺间，国子监合刻程子四书（谓《遗书》《外书》《经说》《文集》四种），南阳李文达题曰《二程全书》。而后集刻古人丛著者，始多颜之曰全。俾备一家，不令分散。《张子全书》殆于是仿。顾修《四库总目》者，犹昧其原。以今观之，张子书信非完帙，盖始于吕泾野也。泾野时，张子《文集》虽已不完，然其得自马伯循者，犹有二卷。（泾野撰《张子钞释自序》，谓张子书存者，止二铭、《正蒙》《理窟》《语录》《文集》，而《文集》又未完，止得二卷于马伯循氏，云云。）永乐中，胡广等编《性理大全》，采有张子语录，多在今《语录钞》外，则其时《语录》二卷，犹未亡也。至泾野撰《张子钞释》，乃多所刊落。吕书行，而张子之逸文，乃更无人辑理。故徐必达编《张子全书》时，《文集》《语录》都只能沿泾野之旧。题之曰"钞"，尤灼然见其由泾野《钞释》中录出而剟去其释耳。（《四库全书总目提要·周张全书》未能说明此义，亦系失考。）另于二种遗书《近思录》《性理大全》，录得张子之说，则已不知原隶何篇，故通称曰《拾遗》，其用功可勤也。顾横渠经说诗文见引于他书者，实不止此。拾而不周，则其陋也。至于清张伯行编《正谊堂全书》，于徐编张子书益加删削，而仍称全集，则名实弥乖。金不知编辑体例也。读横渠书者，往往不究其学之隆替，书之存佚之故，其亦博古者之一蔽欤。故为备考其迹，跋之云尔。

民国庚辰秋九月癸卯，张德钧记

示张德钧

马一浮

编者按：本文选自《马一浮全集》（浙江古籍出版社2013年版）第一册下《尔雅台答问续编》卷二《示语二》。《示张德钧》是马一浮在复性书院教学时对马一浮的学术指导性批语。其中有关《关洛学说先后考》《读〈西铭〉》等的批语，对张德钧的学术思想颇有影响。兹录于此，从中可见马一浮在张载及关学研究方面的独到见解，以及他对弟子在学术上要求之谨严。

大凡看先儒书，须引来自勘，理会他长处，可以对治自己病痛者方切。即有疑不安者，亦须细思他何以如此说，我今日见地何故不及他。如此却于自己有益。若只一味比较同异，轻下雌黄，则醍醐变成毒药矣。

横渠以自诚明为先尽性后穷理，自明诚为先穷理后尽性。如此则穷理、尽性分为两事，此或是对机发药之言。若论此语见处，自不及二程直截。

朱子编《伊洛渊源录》，体例自合如此，安有以张、邵为附庸之意？《近思录跋》谓吕伯恭过寒泉精舍，相与读周子、程子、张子之书，叹其广大闳博，因共缀辑，以为此编。周、程、张并称，岂有轩轾存乎其间？吕与叔作行状中语，诚不能无失，伊川已斥之。龟山之言，乃指关中后学欲自立门户之失，谓其源于程氏，亦谓二家本无异耳，安有甚之訾之意？至撤去皋比一事，正是美谈，小事必咨，尤见横渠冲德，何故恶之而必以为诬邪？作者之意，盖欲为横渠雪屈，不知古人为学孰非自得，师友往还，即言语小异，其见得端的处决不相违，绝无一毫人我胜劣、门庭盛衰之见。此只是旧来习气，以私意窥测，反成赃诬古人。不解作得如许张致，于横渠分上有何增益？于自己分上又有何交涉？要得亲见横渠，且将横渠现存之书细读，且莫作此间计校。若令横渠见此，必将斥为俗气也。

程子言："关中学者，以今日观之，师死而遂倍之，却未见其人，只是更不复讲。"吕与叔但是下语有过，亦不可谓遂倍其师。程子虽加严斥，若与叔果倍横渠，岂得居程子门下？

横渠《语录》云："某比年所思虑事，渐不可移动，岁年间只得变得些文字，亦未可谓辞有巧拙，其实是有过。若果是达者，其言自然别，宽而约，没病痛。""圣人之道，以言者尚其辞。辞不容易，只为到其间知得详，然后言得不错。譬之到长安，极有知长安仔细者。然某近来思虑义理，大率亿度屡中可用。"横渠自说他得处。今观横渠《正蒙》文字，直是精醇，而其不自肯如此，犹以为有过。未到宽而约，只以亿则屡中自居。何不体取此语？

又横渠云："某所以使学者先学礼者，只为学礼则便除去了世俗一副当世习熟缠绕。譬之延蔓之物，解缠绕即上去，上去即是理明矣。""苟能除去了一副当世习，便自然脱洒也。"此正横渠吃紧为人处。今观贤所记，令横渠见之，或将诧为一副当世习熟缠绕，正须学礼除去始得。要识横渠，须从此等处著实用力。

又《程氏外书》云："佛氏以天地万物为妄，何其陋也！张子厚所深辟者，此耳。"横渠辟佛氏以山河大地为见病，程子正指此说。此横渠说道理大头脑处，至一切不用佛语，却未必然。如曰："洪钟无声，因叩故有声。圣人无知，因问故有知。不以苟知为得，必以了悟为闻。"此独非佛语邪？先儒无不会禅，有时拈出，正为其语实好。若有意避去不用，亦是作意安排耳。但见处自是有别，亦莫向言语边讨，未到此田地而轻欲格量，亦是盲人摸象耳。

（以上五条批《关洛学说先后考》）

途路良苦，有小诗奉赠，差足解慰。诗曰："莫谓征途苦，千山即是家。不因知足痛，何处有玄沙。"愿贤于玄沙悟处，忽然瞥地，便可抵得草鞋钱也。

疑则许疑，不容著胜心。上言"余谓"云云，此又直斥其支离。辞气如此，何不自觉？方说"克己复礼"，为是已克，为是未克？为是已复，为是未复邪？切宜儆省。

《楞伽》译文隐奥，最为难说。邱先生殚精于此，其书当不苟作。惜其未就而殁，阅之良为惋叹。他日有暇，亦愿以其稿本一相示。

有意要排奡，即非佳诗。诗亦煞费工夫，到纯熟时自然合辙，勉强安排不得。（按：王敬身句云"要令排奡出平夷"，所记颇称道之。）

此为世间有一等人念旧恶者说，不是贬夷、齐。若程子尚识不得夷、齐，何以为程子？（按，《遗书》曰："以夷、齐之隘，若念旧恶，将不能处世矣。"）

明道《答横渠定性书》在何时，可考之。然考得考不得实无甚关系，此只是作年谱材料耳。

伊川十八岁作《颜子所好何学论》，岂全未有得邪？作《易传》自述如此，乃是戒学者轻《易》耳。

《祭法》："远庙为祧。"祧者，迁也，乃藏其迁主之所。如三庙祭曾祖、祖、祢，则迁高祖之主于祧。

心中烦急不得。看《二程遗书》后而烦急，殊不可解。

鸟鸣非候，于人无与，心中烦急，却是不佳。

观所记读《二程遗书》诸条，未见有一语引到自己心上来，只是寻他罅隙，摘他瑕疵，似乎以此为快，如此不如不看。看时胸中似隐隐有个物作祟也，此是何故？请贤自勘。

"气质之性，君子有弗性焉。"此岂荀卿所能及？横渠教人学礼，是除其习气。荀卿虽亦善言礼，却是将这好底习气换却他那坏底，故终是知修而不知性。如《西铭》文字，程子所以叹为孟子以后未有。今观荀子书有此等义理否？《正蒙》亦非荀子所能道。谓横渠似孟则是，拟于荀卿则非。

月川诚有割裂之失（按：指《西铭述解》）。其于《通书》却有理会得细处。其《西铭述解》本附《太极图说述解》之后，遂连类刻之耳。以示初机亦无害，病其割裂则可，亦不须深诋之。凡格量古人得失，如其分而止。删去末后数语，亦以其气象不佳。一似负气与人争而故作反语以诮之者，此亦习气所当除去者也。试平心思之可见。

能如此理会，方不负横渠。反观前来关、洛门庭之见，有何交涉邪？

（批《读〈西铭〉》条）

释《西铭》

孙常钧

编者按：本文为孙常钧编注《释西铭》（沅陵中报社1942年版）的全文。《释西铭》虽然为单行本，但其实是由孙常钧解释《西铭》的一篇文章和他的岳父张伯良所作的一篇序组成。这次整理，将张序一并收入。孙常钧（1897—1952），别号敬业，湖南长沙人。黄埔军校第一期毕业。早年加入湘军，1924年入黄埔军校第一期第二队学习，在学期间任第二队分队长。毕业后历任黄埔军校第四期学员大队区队长，军校教导一团第三营上尉侦察队长、连长，中央教导第二师副营长，第八十七师中校团附、团长，独立第四旅副旅长、旅长，第二十五师一五五旅旅长。抗日战争爆发后，任湖南省军管区副司令，湖南省第八区、第三区行政督察专员兼保安司令。1949年任第一兵团司令部高参，同年8月随程潜、陈明仁参加湖南和平起义。中华人民共和国成立后，任湖南省人民政府参事。

序

敬业之娶予长女为继室也，代择者曰："敬业笃性好学者也。敬业亲亲爱人者也。"予初未之见，迄今犹未之见也。近阅所释《西铭》一卷，义理详明，辞意深远，已足触予遐思，又为之词曰："《西铭》之释，原为沅陵青年团之请首次演讲唤醒青年而作。然依横渠《正蒙》本意，认为家庭良好教材：（一）因常钧儿女多人，长者专注科学，于经义未曾研究，恐孝弟之道微，《西铭》以孝立基，可引以为训。（二）常钧以续娶之故，希望儿女履行孝道。（三）盼各儿不为世俗所染，策励将来，使成其大。（四）《论语》《孟子》《易》《诗》《书》《礼》《春秋》《左传》，皆万以上若干千字，不易择取；《西铭》二百五十三字，言简意赅，诸子假中归来，最便讲习。"以是等意，请为之序。

予为之喟然曰：予已见敬业矣，非所谓贤而识其大者欤！夫保旧有家声之绵长，即当时贤豪之去取，自洒扫应对之微，迄立身行己之大，掇拾陈言，杂糅己见，士大夫著法戒以训子弟者多矣，敬业何不择而取之？乃拳拳于《西铭》，若有不能已于言者？闻敬业知《易》，殆欲辙合天人，以教其子欤？然此本儒者一贯之道，吾人童而诵之，而未察耳。《论语》首言"学"之一字，学者何？次章孝弟为仁之本是也。十五志学之始，六十、七十耳顺从心之终，真修里地，步步实践，事非虚玄，名无假托，孟子以传贤传子之天与，纳诸人民之视听，亦即此意耳。然必曰"道之大原出于天"者，何也？是则哲学途径，谓为宇宙原则。哲学之原则，无论其唯一无二与否，第欲有以演绎之，不得不先有以归纳之。事由于理，见事之非倘至，理彻诸事，明理之非脱空，由是以藐焉之一点，摄全景于一环，然后吾同体之大悲心花，平等开放，灿烂辉煌。不如是，从何而知凡疲癃、残疾、惸独、鳏寡之皆为吾兄弟之颠连而无告者乎？人类同情尚矣。世之乱也，莫大于无悲心，彼侵略者，举生聚教训之谋，皆强弓毒矢之术，见广大疆土之非己有，思而占据之，见丰富财源之非己有，思而掠夺之，遂不惮忍心害理，惨将现有之主人翁，殄之灭之，以肥其身。而长养其子孙，殉节贞于兽行，戎无辜于弹毒，平原膏血，市郊白骨，不法之罪，世之所无，书契以来，未之或录，然其究也，驱所爱子弟以殉之，并祖宗坟墓而自掘之，狂言"乾坤一掷"，宁曰父母一杀。倭人者，无悲心之尤者也。吾国人群茹苦忍痛，树抵抗之先声，导全球于轨物，悲之大者也。悲者何？恻隐之心是也，仁也。仁之本维何？孝也。仁以行孝而孝大，孝以推仁而仁普。《礼》曰："事君不忠，非孝也。莅官不敬，非孝也。战陈无勇，非孝也。"又曰："断一木、杀一兽不以其时，非孝也。小孝用力，中孝用劳，大孝不匮。夫孝而不匮，吾人之大事毕矣。"舜称大孝，武王、周公达孝，明目达聪之政立，制礼作乐之功成，仁之事，孝之事也。禹、稷之己溺己饥，同胞攸切，孟子之老老幼幼，锡类甚宏，禹、稷、颜子异地而皆然。委吏承田与帝王何异？举宗子、家相、圣德、贤秀，一炉而冶之，斯平民总统，总统平民，素位而行之。非然者，富贵福泽而不知所以厚吾生，贫贱忧戚而不知所以玉吾成，何能饭糗茹草，若将终身。被袗鼓琴，若固有之哉！孝子之功能，不可限量若此。今之重国家教育而不轻家庭教育者，诚为数典而不忘其祖也。仁孝合一，家国共荣，教子之道得矣。乃敬业希望儿女孝行至以续娶为言者，虑有伯奇申生事哉？无之也。吾女挈异日己生子之爱，平等爱前生子，效教师全班学生之爱，平等爱长幼儿女，早矢决心。入门三日，与诸儿女发生极亲爱关系，敬业叠引《桃夭》《螽斯》，欢诚赞美。世不无家庭之变起自后母者，敬业家无之也。特以父顽母嚚，犹号泣而怨之慕之，况慈父悲母，而不求得之顺之，正以策励诸儿如其本愿所期者耳。是谓序。

三十年十二月，张伯良作于避难处之湘乡罗家湾陈宅

释《西铭》（三十年八月六日）

一

在没有解释《西铭》以前，我还要将西铭的作者——张载先生的生平和学术思想，向各位做一个简单的介绍。

张先生的生平，可以分为三点来叙述：

第一，张先生的世系：先生名载，别号子厚。世居大梁（今河南开封）。父亲名迪，在宋仁宗时为殿中丞，后知涪州，卒于官所。那时几个儿子年纪都很小，一家数口，无力东归，因而就侨寓在凤翔郿县横渠镇。先生生于宋真宗天禧四年（西元一〇二〇年），卒于神宗熙宁十年（西元一〇七七年），享年五十八岁。死后学者尊他为横渠先生，并且为他拟定谥号，最初叫"远"，后改为"诚"，再改为"明"，嘉定中赐谥为"献"，追封郿伯，从祀学宫。

第二，张先生的事迹：先生当民族势力最微弱的朝代，眼看着外敌的侵凌和内政的纷扰，所以自幼就有澄清天下的抱负，尤喜谈兵。十八岁便想联络豪侠之士，收复洮西之地（今甘肃宁夏一带地方，当时为西夏所占）。后来作书晋谒范文正公，公知道他是想有造就的人物，因而劝告他说："儒者自有名教可乐，何事于兵！"随即授以《中庸》一篇，嘱他专心研究。先生从此"翻然有志于道"。后来觉得儒家之学，尚不能满足他的求知欲，又"访诸释老，累年极究其说，终无所得"，最后仍回过头来，研讨六经。嘉祐间到了京师，尝拥皋比讲《易》，从学者极众，但到后来见了程颢、程颐，自知学问不及他们，即日撤坐辍讲，吩咐门徒改从二程求学，自己也和他两人常来常往，互相讨论，学问因此大进。

后来考取了进士，仕为云岩令。熙宁初迁著作佐郎，又迁渭州军事判官，再迁崇文院校书。那时正是王安石执政，与张先生政见不合，于是派他按狱浙东，借以驱逐他出京，使不致与自己作梗。程纯公（颢）时官御史，知道了这件事，大为不满，跑去质问王安石说："张载以道德进，不宜治狱。"王安石说："淑问如皋陶，然且识因，庸何伤！"先生狱成还朝，恰值他的弟弟张戬为了反对新法，为王安石所怒，先生于是也就托疾归隐。

熙宁九年，又因吕汲公荐举，召知太常礼院，旋以与有司议礼不合，再辞官返横渠。不幸走到临潼，沐浴更衣就卧，无疾而终，时为熙宁十年十二月。

第三，张先生的政绩：先生居官的历史，虽不很久，而德政深入人心，是值得我们效法的。我们只要举出一个例，就可以看到他是如何的勤政爱民了。"仕为云岩令，以敦本养俗为先。每月吉朝具酒食，召父老高年者亲与劝酬为礼，使人知养老事长之义，因问民所苦，及告所以训诫子弟之意。每乡长受事至，即谆谆与语，令归谕其里闾，民因事至庭，或行遇于途，必问某时命某告若曹以某事，若闻之乎？闻则已，否则，诘责其受命者。故教命出，虽僻壤妇人孺子毕与闻，俗用丕变。"

关于张先生的学术思想，我们可以归纳为下列几点：

一、张先生的学术思想，完全是渊源于我国固有的正统文化，"以《易》为宗，以《中庸》为的，以《礼》为体，以孔、孟为极"。

二、他为学的历程，是经过了几个时期的变迁的：最初欢喜谈兵，是一个跌宕豪纵的人物；自受裁于范文正公，才"翻然知性命之求"，但不能专心一志，所以随后又出入于佛老者累年；最后切磋于二程，才"涣然于吾道自足，何事旁求"，于是"精思于六经，得归吾道之正"。他常常对人说："学者当为天地立心，为生民立命，为往圣继绝学，为万世开太平。"于此可见他的抱负是如何伟大。

三、张先生教人的宗旨，是注重在"知礼成性，变化气质"。他常说："学必如圣人而后已。"他以为"知人而不知天，求为贤人而不求为圣人，乃秦汉以来学者之大蔽"。他主张把人性分为两种：一种是"本然之性"；一种是"气质之性"。"本然之性"是至善的，是先天的，不随人生而生，亦不随人死而灭，是独自存在的。"气质之性"则是恶的，是后天的，与人生死俱来俱逝的。为学的工夫就在变化气质之性，恢复本然之性。他说："为学大益，在能变化气质，不尔，则为人欲所蔽，卒无所发，不见得圣人之奥，故学须变化气质。"这也可以说是他的"人性论"。

四、张先生的宇宙观，拿现代的术语来说，可以叫做"气一元论"。他认宇宙间一切现象，都不外一气的变化，就是所谓"太和"。在《正蒙》里他说："太和所谓道，中涵浮沉、升降、动静、相感之性，是生缊氲、相荡、胜负、屈伸之始。"人物、鸟兽、草木、虫鱼固是一气所化生。飞潜、动静、屈伸、胜负也是一气所琢育，而冥冥中主宰这一种变化工作的，则是一个"无体无方"的神。"天地之动，神鼓之也。"这是他的宇宙观，也就是他的"万物发生论"。

五、张先生的政治学说，完全是主张效法三代的。他对于当时的政治现象，极端的感觉不满，因而对于往古的政治表示留恋。当神宗皇帝问他治道的时候，他回答说："为治不法三代，终苟道也。"对于王安石的变法维新，他极不赞成，所以弃官归隐，消极的和他不合作。先生曾购地试验井田制度，他以为"治天下不以井田，终无得平。""仁政必自经界始，经界不正，即贫富不均，教养无法，虽欲言治，牵架而已。"所以他认为恢复井田制，为恢复古代政治的不二法门。其次，他更主张恢复封建制度，理由是："必要封建者，天下之事，分得简则治之精，不简则治不精。故圣人必以天下分之于人，则事无不治者。"

六、张先生的社会伦理观念，也是主张古代"宗子之法"，树立宗法社会的堡垒。他说："宗子之法，在管摄天下人心，收宗族、厚风俗、使人不忘本。"又说："宗法不立，则人不知统系来处，不知来处，则骨肉无亲，虽至亲，恩亦薄。"

张先生的著作，流传到现在的，有《东铭》《西铭》《正蒙》《横渠易说》《经学理窟》等。

二

《西铭》是张先生著作之一。先生尝于书室两牖，左书《砭愚》，右书《订顽》，后来被程伊川先生看到了，对他说："是启争端，不若改为《东铭》《西铭》。"二铭虽同作于一时，而《西铭》意旨更纯粹广大，故程门专以《西铭》开示学者。

《西铭》之意义，从"订顽"两个字就可以看出。医家的说法，手足痿痹叫做"不仁"，一个人如果只知道有"己"，不知道有"人"，正好比手足的麻木不仁，所以全篇主旨在发挥"仁"的极则，除"我"与"非我"的界限，而使个体与宇宙合一。他说："事天如事亲。"所以引用许多孝亲的例子，说明天地万物同为一体，一夫不得其所，都是我们没有尽到事天的责任。这种崇高伟大的精神，正是中国五千年正统思想的核心。尧以是传之舜，舜以是传之禹，禹以是传之汤，汤以是传之文武周公，文武周公传之孔孟，横渠先生继承其说，而为生民立说。所以我们今天来研究《西铭》，就应当激发良知，坚定我们的意志，确立革命的人生观，为和平扫除障碍，促世界进于大同，使全体人类的生活能够增进，宇宙继起的生命得以延续。

三

以下我再按字逐句，将全篇文字加以说明。

乾称父，坤称母；予兹藐焉，乃混然中处。

乾为天，坤为地，何以不曰天地，而称乾坤呢？因为天地只是形体，乾坤才是性情。"乾者，健而无息之谓也"，为宇宙万物所资以始的。"坤者，顺而有常之谓也"，为宇宙万物所资以生的。所以《易经》上说："乾知大始，坤作成物。"

在数学上有所谓奇、偶两数，"奇偶者，数之始也"。在八卦里的记号，奇为"、"（假读单字），偶为"、、"（假读折字），奇属阳，偶属阴，一阳加一阳为太阳，再加一阳便为"乾"（☰）。一阴加一阴为太阴，再加一阴便为"坤"（☷）。乾像父，坤像母。自小的范围而言，人的一身固是父母所生，然"父母之所以为父母者，乃是乾坤"，所以从广大的范围来说，"天地为万物之父母"。我能得以赋形为人，便是从天地得来，而和万物浑然同处于天地之间，因此宇宙为一大天地，而我为一小天地，我与万物既同为一体，就应当推"己溺人溺，己饥人饥"的心肠。以秉承天地之心为心，而为生民立命，为万世开太平。

故天地之塞，吾其体；天地之帅，吾其性。

凡充塞于天地之间者，皆吾之体也。主宰于天地之间者，皆吾之性也。故张横浦说："吾之体，不止吾形骸，塞天地间，如人、如物、如山川、如草木、如禽兽昆虫，皆吾之体也。吾之性，不止吾视听言貌，凡天地之间，若动作、若流峙、若生植飞翔潜泳，必有造之者，皆吾之性也。"就是天地之"气"充塞吾体，天地之"志"主帅吾性，也是孟子所谓"志，气之帅也；气，体之充也。夫志至焉，气次焉。故曰持其志，无暴其气"的道理。

我们青年，必须立志以救国救民，养吾浩然之气，来创造宇宙继续的生命。

民吾同胞，物吾与也。

万物既并存于天地之间，同为天地所生，所以应当一视同仁，如兄如弟。就是那林林而生、蠢蠢而植的，虽不与我同类，然推原其体性之所自，也是本之天地，与我亦未尝有所不同，所以也当视之如己之侪辈。

自"九一八"事变发生以来，日本帝国主义者穷凶极恶，侵略我土地，蹂躏我同胞，我弟兄姊妹宛转呻吟于铁蹄之下的不知凡几。我们一息尚存，绝不能坐视不救，应当急速激发"民胞物与"的精神，振奋大无畏的勇气，与残暴者作殊死战。收复失地，使那些哀哀无告的同胞，早日脱离苦海。这样才算尽了我们应尽的责任，也才可以仰不愧于天，俯不怍于地了。

大君者，吾父母宗子；其大臣，宗子之家相也。

大君，是指天子，在民主国家就叫大总统，或叫主席，或称领袖。我们全体人类，虽同为天地之子，然而继承天地统摄万物的，则由大君总揽其成，所以说大君是父母宗子；而大臣的工作，则是辅佐大君纲纪众事，所以说是宗子之家相。

依照权能分开的主张来解释，则"大君"的意义，更为精透。把我们四万万人比作天子，把政府和革命党员比作诸葛亮，一方面说明民权的要义，一方面勉励我们革命党人，以"鞠躬尽瘁死而后已"的精神，来辅导一般国民。依照这个说法，则我们全国国民都是天地的宗子，而政府官吏只是宗子之家相，即所谓人民的公仆。

尊高年，所以长其长；慈孤弱，所以幼其幼。

高年，先我而生于天地之间，好比我们的尊长，我们敬事他，就是长天地之长。孤弱,后我们生于天地之间,我们爱护他,就是幼天地之幼。这也就是孟子"老吾老,以及人之老;幼吾幼,以及人之幼"的同一说法。

圣其合德,贤其秀也。

修养人格造乎至极之地,才叫圣。圣人能以天地之心为心,所以与天地合其德,与日月合其明,与四时合其序,与鬼神合其吉凶。贤者,只是才德过于常人,所以还只能算个天地间最秀出的人物,我们立志为学,应当以圣人为法。

凡天下疲癃、残疾、惸、独、鳏、寡,皆吾兄弟之颠连而无告者也,于时保之,子之翼也。

衰颓老病叫"疲癃",肢体损伤叫"残疾",无兄无弟叫"惸",无子无女叫"独",无妻叫"鳏",无夫叫"寡",这些人都是我们同胞中最困苦、最可怜的,我们应该同情他们,随时周济保护他们。这样才算是赞天地以行化育,也才算是尽了以敬事天的能事。

乐且不忧,纯乎孝者也。

"乐且不忧",就是《易经》上所说的"乐天知命故不忧"的意思,也就是说"顺天者昌"。一切动作能顺乎天心,合乎天理,自然可以享通,即使遇到困难,也能消弭。但这是要绝对能合乎天心才行,所以说"纯乎孝者",才能"乐且不忧"。

讲到这里,我要特别的声明一句话,"乐天知命",并不同于"听天由命"。"听天由命"是以现状自足,因循苟且,不求进取,与《易经》上说的恰恰相反。"乐天知命"是要人体会"天行健自强不息"的道理,不断努力,随时进取,以达到增进人类生活,使底于至善至美的境界。

违曰悖德,害仁曰贼,济恶者不才,

违背天理而徇人欲的,一定不能善事其亲,而欲丧失民胞物与的良知,所以叫做"悖德",即是孔子云"不爱其亲而爱他人者,谓之悖德"的道理。戕灭天理,凶暴淫虐,所以叫做"贼",即是孟子云"贼仁者,谓之贼"的道理。怙恶不悛,世济其凶,所以称为"不才",故"世济其美,不陨其名",而世济其恶者,是天地不才之子。

现在的一般侵略者,倒行逆施,横凶极恶,势焰固然足以震烁一时,无可向迩,但是"违天者不祥",将来定要永受恶名。现在倭国灾害荐至(风灾、水灾),就是"悖德""害仁""济恶"的影响。

其践形惟肖者也。

"形",就是自然之性。孟子说:"惟善人,然后可以践形。"善人能尽天地之性,所以能"以貌、言、视、听、思之形,为恭、从、明、聪、睿之用",而与天地混一不违。我们要求取法圣人,期与天地合德,也当顺天地之性,为天地扶持正气，为人类培植元气，兢兢业业，以服务为目的，以尽事天职责。

知化则善述其事，穷神则善继其志；

所谓"神"与"化"者，张先生解曰："气有阴阳，推行有渐为化，合一不测为神。其在人也，知义用利，则神化之事备矣。"所以"天地之事，不过乎化"。能知变化的极则，则其行事无一不合乎天地的常理；"天地之志，不过乎神"，能通神明的德性，则其存心无一不合乎天地的意旨。如果不知化穷神，则不免要倒行逆施，无一事得当，无一人得安了。

不愧屋漏为无忝，

天地之心，并没有幽明的间隔，所以人的一举一动，都要做到仰不愧、俯不怍，然后才算是无辱于所生。若是当面仁义道德，背后悖德害仁，不独为人神所同嫉，也要被天地所不容了。所以我们要随时去人欲，存天理，就是在人所不知惟己独知的场所，也要能正心诚意，切勿自欺，这才对得起天地父母了。

存心养性为匪懈。

心性，就是天理。存心养性的功夫，应当慎始慎终，夙夜不懈，稍一放纵，就要为人欲所蔽，不得见圣人之奥。

恶旨酒，崇伯子之顾养；

好饮酒而不顾父母之遗体，最是不孝的事。因为人的嗜酒很容易乱德，所以应注意遏人欲，存天理。像大禹的恶旨酒，这样才算是尽到存心养性的功夫。

相传大禹时，仪狄作旨酒，献给禹王，禹王喝着很觉甘美，但随即就感到他的害处，于是告诫大家说："后世必有以酒亡其国者。"从此疏仪狄，而绝旨酒。

育英才，颖封人之锡类。

性为万物之源，非一人所得而私，所以应当为天下乐育英才，借以养成纯孝的风气，使天下皆得其所，万物各遂其生。颖考叔因自己的纯孝，推而及于庄公，确是能体天地之仁心，以尽事天地之能事。

原来庄公是春秋时郑国的国君，因为他弟弟共叔段与他不和，于是将叔段驱逐出国去了。同时因为他母亲武姜平日偏爱叔段，所以也将母亲送出京城，安置在城颖地方，并向他立誓："不及黄泉，无相见也。"这件事被颖谷封人颖考叔知道了，认为庄公不孝，于是借献物的名义，去见庄公，庄公留他吃饭。他将好吃的肉留下了。庄公很奇怪，问他为什么要留下，他说："小人有母，皆尝小人之食矣，未尝君之羹，请以遗之。"庄公听了，不禁长叹一声，对他说："尔有母遗，繄我独无！"于是把过去的情形详细告诉他，深悔自己的错误，很想把母亲迎回来奉养，但以盟誓在先，没有法子。颖考叔说："君何患焉，若掘地及泉，隧而相见，其谁曰不然。"庄公从之，于是母子相聚如初。颖考叔能以纯孝施及庄公，故《诗》曰："孝子不匮，永锡尔类。"

不弛劳而厎豫，舜其功也；

由不乐而致于乐，叫做"厎豫"。大舜因父顽母嚚，他就敬慎恐惧，不矜其孝，而使父母喜悦。就是对于傲弟象，亦以"象忧亦忧，象喜亦喜"的诚意去感化他。

《史记》上有言："舜父母使他去治仓廪，去其梯而焚之，舜乃以两笠自捍而下，得不死。又使舜穿井，深入，瞽瞍与象共下土实井。舜于匿空中出。"但是舜始终"尊亲养亲"，"不藏怒，不宿怨"。故孟子曰："舜尽事亲之道而瞽瞍厎豫，瞽瞍厎豫而天下化，瞽瞍厎豫而天下之为父子者定，此之谓大孝。"

无所逃而待烹，申生其恭也。

申生是春秋时晋献公的太子，献公爱骊姬，将立骊姬的儿子奚齐而废申生，于是使申生出居于曲沃。一天，骊姬与中大夫成谋，诳申生说："君梦齐姜，必速祭之。"齐姜是献公之嫡夫人，就是申生之生母。申生听了，果真照着去做，归胙于公，恰巧公出猎去了，骊姬乃置诸宫六日，等到献公回来，骊姬和毒于胙肉里进献于公，并说道："外来的东西，应详细考查一番再吃。"公乃将肉试地，地突然高起；与犬，犬立刻毙命；与小臣，小臣也死了。骊姬佯泣曰："贼由太子。"于是献公动怒，将欲加罪于申生，有人告诉申生快到献公前去辩明冤屈，申生说："我的父亲年纪老了，非骊姬寝不安，食不甘，我假使前去辩明，骊姬必然得罪，恐伤我父亲的心。以后饮食起居谁能安慰他呢？"结果还是自杀了。这种孝事父母，不惜牺牲的精神，后称为"恭世子"。

体其受而归全者，参乎；

以《论语·泰伯》篇来解释：曾子有疾，召门弟子曰："启予足，启予手。《诗》云：'战战兢兢，如临深渊，如履薄冰。'而今而后，吾知免夫，小子。"曾子以为受身体于父母，不敢毁伤，所以使弟子启视，看有没有损伤，就是"父母全而生之，子全而归之"的道理。

勇于从而顺令者，伯奇也。

伯奇，尹吉甫之子。吉甫是周宣王时逐猃狁至于太原的功臣。惑于后妻，虐其子，无衣无履而使之践霜挽车。伯奇顺父母之命，无怨尤于天地，是纯乎孝者也。

富贵福泽，将厚吾之生也；贫贱忧戚，庸玉汝于成也。

富贵福泽，是天地欲培养我们，这就是要"在上不骄，高而不危，制节谨度，满而不溢。高而不危，所以长守贵也。满而不溢，所以长守富也。富贵不离其身，然后能保其社稷，而和其民人"的道理。贫贱忧戚，这是天地欲玉成我们，也就是孟子说"天将降大任于斯人也，必先苦其心志，劳其筋骨，饿其体肤，空乏其身，行拂乱其所为，所以动心忍性，曾益其所不能"的道理。所以事天地也当如事父母，"爱之则喜而不忘，恶之则惧而无怨"。试观历代圣贤豪杰，能够名垂竹帛，那一个不是筚路蓝缕，备尝艰苦而来？我们堂堂华胄，上承五千年列祖列宗遗留下来的厚泽，就应当体天地之心，继往开来，为后世再造无疆之麻，这样才算是无忝于所生。

存，吾顺事；没，吾宁也。

以天地之心为心而事天地，即以此心还之天地，所以我们生存的时候，既能顺之而不逆，死的时候也就安然而不乱。孔子曰："朝闻道，夕死可也。"这"闻"不是耳闻，如云"见道"不是目见，简直是自心证实方有是处，如孟子说"浩然之气"，是他亲自领略得到的。以夙夜匪懈无忝所生之心，领略天地之心到究竟地，其所依以建立言论功德，亦与天地同寿、精神不死乃可以死，这真是全受全归，大孝至孝。

四

以上是《西铭》全篇的义理，阐说虽未详尽，而其"推仁行孝"的本旨，却已指出。还望各位秉承"力行就是革命"的召示，多多研究，切实推行。现在再把本文的要旨，作一个简单的结论吧！

我们研读古人的书籍，有两个要点：一是精读其文辞，一是详阐其义理。《西铭》的义理，已解释了，它的文辞是如何的呢？各位只要仔细去研究其结构的紧严，纲举的翔实，就能体会出其文辞的珍贵了。典籍中的《易经》，依形画卦，把乾坤六子，参伍变化，错综其数，而成为六十四爻，其所含吉、凶、悔、吝、进、退、存、亡、若天、若人的道理，直待数圣人的象象爻词，才穷其义蕴。至其奇、偶之间，更取依类像形的义理。这一部书的文辞，真是穷神绝妙。而今天所讲的《西铭》，晓喻后辈要以孝父母的心思去孝天地，这样自上演下，以人合天，正可和《易经》媲美。大家只看全文仅只寥寥二百五十多字，竟将天人根本的道理，存养省察的工夫，与夫尽人事天的至理，说得透澈分明，了无尘垢，是如何的难能可贵！宜乎程门用以昭示后学，而历代的学者，更无人不研之诵之，所谓"言之无文，行而不远"，文辞的珍贵，直非平庸者所可想像的了。

张先生的《西铭》，虽是九百年以前的著作，然而他所昭示的立身行己、做人处世的要义，却随着时间的增进，日益彰著。四万万个天子的主张，直把孔、孟的微言大义，若隐若现的指陈出来，打破了二千年来专制政体下所虚说的幌子，而使一般人民各个认识自己的责任。我们就应该知道人之所以为人者，万不可虚生虚死，像草木的春荣秋枯，蜉蝣的朝生暮死，纯为气化支配，而要把救国救民的铁担子担上肩来。

再有一点，须得提示诸君的：《西铭》是张子《正蒙》全书中最精要的一篇，其取"蒙以养正，圣功也"之义，也就结晶于此。诸君都是英气勃勃的青年，作圣之功从今天发轫，也就是顺事之功从今天开始。诸君就该把握时间，及时振奋，莫待中年悠尤丛集，才来忏悔。须知老大徒伤，是追悔莫及的。全国青年同志，果能一致震醒，日新又新的精进不懈，便可贤才辈出，民族前途，国家前途，是未可限量的了。这个至诚的要求，希望诸君采纳，同时也愿以此与诸君共勉！

张载与邵雍

易　戈

编者按：本文原载《自修》1942年第225期，为作者所著《史心集》第23集。易戈（1922—2012），原名徐开垒，曾用笔名余羽、徐翊、易戈等，浙江宁波人。曾就读于东吴大学、暨南大学。1949年后曾任《文汇报》编辑、记者、文艺部副主任等。著有《巴金传》《美丽的上海》《徐开垒散文选》等。20世纪40年代初，曾以笔名易戈在《自修》上连载其《文知集》和《史心集》的史学论文。

端午节前二天中午，沉闷的天空飘下荒雨。望着这时停时起的雨丝，谁会没有过一些感慨吗？而我也若有所忆似的想起昔日的人物来了。

从一个可痛恨的境地里，终难免想到过去，尽管过去并不一定优越，但它却终于成为美丽理想中的记忆了。看诗人们对于忆念是如何的描写：

> 有如虚阁的悬琴，失去了亲切的玉指，
> 黄昏风过，弦弦犹颤着昔日的声息，
> 又如白杨的落叶，飘在无言的荒郊，
> 片片互递的叹息，犹似树上的萧萧。

那失去了亲切玉指的虚阁的悬琴，在黄昏的微风中，响着的昔日的声息；那飘在无言荒郊中的白杨的落叶，像树上萧萧的叶动声，郊地上的落叶的叹息是有所忆念的。

我们面对着惨痛的现实，心境上便浮起往日的记忆。记忆里可以唤起我们的欢乐，我们的安慰，我们的理想。为了要获得欢乐，要获得安慰，要获得理想，我们不仅在记忆里去找寻，而且在历史上去觅求。

张载与邵雍是我在历史上觅求得的人物。而怀恋过去，憧憬过去，追求过去，却也正是生活在苦闷境地中的他们二人的一贯思想。

张载字子厚，凤翔郿县横渠镇人，世称横渠先生。生于真宗天禧四年，卒于神宗熙宁十年。二程的父亲是他的外兄弟，可知他与理学先驱的周敦颐是同辈。因吕公著之荐，入朝见神宗帝，帝问他的治世之道，他很干脆地说："为治不法三代，终苟道也。"后因与王安石"新法"不合，退而著书。

神宗时代，正是内忧外患交迫得最厉害的时候，士大夫阶级的人物，自然感到刺激而忆念起过去来，张载就是其中之一。

他的政治思想，主张复古。复古之道，依他的意思，就是最先应该恢复古代的井田制度，他说：

> 治天下不由井田，终无由得平，周道止是均平。
>
> 井田至易行，但朝廷出一令，可以不笞一人而定。盖人无敢据土者，又须使民欲从，其多有田者，使不失其为富。借此大臣有据土千比者，不过封与五十里之国，则已过其所有。其他随土多少与一官，使有税租，人不失故物，治天下之术，必自此始。今以天下之土，棋画分布，人受一方，养民之本也。
>
> 井田亦无他术，但先以天下之地，棋布画正，使人受一方，则自是均。前日大有田产之家，虽以其田授民，然不得分种，如租种矣，所得虽差少，然使之为田官以掌其民，使人既喻此意，人亦自从，虽少不愿，然悦者众而不悦者寡矣。又安能每每恤人情如此。其始虽分公田与之，及一二十年，犹须别立法，始则因命为田官，自后则是择贤。

除了向往于古代的井田制之外，他还渴望过去了的封建制：

> 必要封建者，天下之事分得简，则治之精，不简则不精，故圣人必以天下分之于人，则事无不治者。圣人立法，必计后世子孙，使周公当轴，虽揽天下之政，治之必精。后世安得如此。且为天下者，贪为纷纷必亲天下之事。今使封建，不有者复逐之，有何害，岂有以天下之势，不能正一百里之国，使诸侯得以交结以乱天下，自非朝廷不能治，安得如此。而后世乃谓秦不封建为得策，此不知圣人之意也。

在玄学方面，他所言的则不出阴阳变化之理。以为阴阳虽二，其究则一。分同来说，是"阴"与"阳"。合起来讲，就是他所说的"太和"。故开卷第一，便以"太和"命篇：

> 两不立，则一不可见，一不可见则两之用息。两体者虚实也，动静也，聚散也，清浊也，其究一而已。

较张载早出生十年，而却与张载同年逝世的邵雍，在宋学史上，也难免使人想到他的依恋憧憬于过去的思想。

邵雍字尧夫，本为范阳人，后从父徙其城，居苏门山百源之上。生于真宗大中祥符四年，卒于神宗熙宁十年。生前自名其居为"安乐窝"，自号"安乐先生"。

他虽不一定是一个复古论者，但至少他是一个崇古论者。他崇拜过去，向往于过去的境地，因而对现实非常的悲观，创造出历史退化论的思想：

> 用无为，则皇也。用恩信，则帝也。用公正，则王也。用智力，则霸也。霸以下则夷狄，夷狄而下，是禽兽也。

在绝望中，他提出了他的政治主张，这主张便是希望圣君在位：

> 天与人相为表里。天有阴阳，人有邪正。邪正之由，系乎上之所好也。上好德则民用正，上好佞则民用邪，邪正之由，有自来矣。虽圣君在上，不能无小人，是难其为小人。虽庸君在上，不能无君子，是难其为君子。自古圣君之盛，未有如唐尧之世，君子何其多耶？时非无小人，是难其为小人，故君子多也。所以虽有四凶，不能肆其恶。自古庸君之盛，未有如商纣之世，小人何其多耶？时非无君子也，是难其为君子，故小人多也。所以虽有三仁，不能遂其善。

他以为圣君在位，天下才能平安。这自然有几分理由，但也仅仅是几分而已。要能天下平安，其实单靠一个圣君，也还是渺茫得很。

关于他的理学学说，则可概分为二。第一就是他的"先天图"学说。何谓"先天图"呢？他把它分为四：一曰"八卦次序图"，二曰"八卦方位图"，三曰"六十四卦次序图"，四曰"六十四卦方位图"。他以为伏羲所书之卦才真是和他所说一样，文王的卦就和他不同了，因此他就名之曰"先天"，所以分别文王之"后天"的卦。

邵氏之"八卦次序图"，以一分为二，二分为四，四分为八，于是有太阳少阳太阴少阴之名。至于他的"八卦方位图"，则置乾于南，坤于北，离于东，坎于西，震于东北，兑于东南，巽于西南，艮于西北。

他的第二学说，就是关于他的认识论方面，就是他自己所说的"观物"。他的大意是：

> 物之大者，无若天地，天道动而生阴阳，地道静而生刚柔。动之大者，谓之太阳，其小者谓之少阳。静之大者，谓之太阴，其小者谓之少阴。太阳为日，太阴为月，少阳为星，少阴为辰。日月星辰交，而天体尽之矣。太柔为水，太刚为火，少柔为土，少刚为石，水火土石交，而地体尽之矣。

又说：

> 太极，一也，不动，生二，二则神也。……神生数，数生象，象生器。太极不动，性也。为则神，神则数，数则象，象则器，器之变复归于神也。神无方而易无体。滞于一方，则不能变化，非神也。有定体则不能变通，非易也。易虽有体，体者象也。做象以是体，而本无体。

所谓"器之变复归于神"的意思，则是明明指着"物质"由"概念"而存在。换一句话说，便是一切物质都靠概念而出现。没有概念，便无所谓有物质。

这种思想，按其实已是玄虚得很，但"夫所以谓之观物者，非以目观之也。非观之以目[①]，而观之以心也。非观之以心，而观之以理也。天下之物，莫不有理焉，莫不有性焉，莫不有命焉"，却更玄妙了。

然而最后，谈到万事之道，仍似乎以人身为主，他说："道为天地之本，天地为万物之本。以天地观万物，则万物为物；以道观万物，则天地亦为万物。道之道，尽于天矣；天地之道，尽于物矣；天地万物之道，尽于人矣。"这才有些积极的乐观思想气味！

---

① "目"，原文作"日"，据文意改。

《西铭》新话

王建新

编者按：本文原载《湘桂月刊》1943年第2卷第8期。王建新，籍贯及生卒年不详。20世纪三四十年代在《湘桂月刊》《长城》《远东月报》等刊物发表过多篇杂论。

《西铭》是宋儒张横渠先生的作品，现在已成为一切为国家民族努力的人们必读的文字。一般人研究《西铭》常产生两种感想：第一是《西铭》所表现的思想在革命事业上具有何种意义？第二这篇文字写得比较深奥，怎样才可以使他得到多数人的彻底了解？概括说来，这里所提出的一个是研究的价值问题，一个是内容的认识问题。就着拙见所及，关于这类问题，我愿分以下几项贡献一点意见。

一、《西铭》研究的价值

《西铭》这篇文字所代表是一种人生观。这种人生观，足以代表我们民族先哲对于人生的正确理解和中心信仰，同时又是在存诚功夫上很能满足革命事业的最大需要。

革命事业原是悲天悯人的事业。在贯彻上必得有大无畏的精神、牺牲的决心、纯洁的操守和热烈而经久的行动。这些条件全不是凭一时的冲动所可以做到的，非有伟大的哲学思想做基础不可，而正确的宇宙观和人生观正是建立革命信仰的第一层基础。我们知道革命的原动力是"诚"，而革命的出发点是"公"，后有"诚"就做不到"公"，没有正确的宇宙观和人生观就做不到"诚"。《西铭》是以一种"上下与天地同流"的精神为背景的宇宙观做中心而形成的人生观。我们如果对于这样的人生观有了彻悟，便不患没有诚。有了"诚"才会产生真实的革命行动。从发扬民族固有精神的见地来讲，这篇文字和《礼记·礼运·大同篇》有相得益彰之妙，因为它能代表我们中国人所独具的政治理想。这种理想是要求伦理与政治合一的，是注重保持人与人间合理关系的。先哲讲"德惟善政"，直可以说在服务人民的事项上，没有好的表现就谈不到有道德。又说"为政在人，取人以身，修身以道，修道以仁"，显示政治非建筑在道德的基础上不可。这种伦理与道德合一的思想，在《西铭》所讲的是注重在个人活动方面，而在《大同篇》所讲的是注重在社会活动方面，可是两者的中心观念是一致的。我觉得要从思想上、精神上把一个形式上的中国人，变成了真正的中国人，像《西铭》这样的文字，是最低限度应该研谈的东西。如果把一个形式上的革命者，变成了忠实的革命同志，这篇文字的领略更是绝不可少。

二、《西铭》作者的生平

要了解应该先认清了它的作者。《西铭》的作者，是宋代有数的大儒张横渠先生。他名载字子厚，横渠是一般人就着他的里居而称他的别号。他生在宋真宗大中祥符以后，卒年五十八岁，正当宋神宗熙宁十年。（就民国纪年推算，他的生卒年月是民前八九二到民前八三五。）横渠先生生在贤明政治家的家庭里，他的祖父（复）父亲（迪）在真宗、仁宗两朝都担任过政治上的要职的。他的祖籍是大梁，侨寓陕西凤翔郿县横渠镇南之大振谷口，据吕大临给他作的行状所载，他的早年生活是这样的：

> 少孤自立，无所不学，与邻人焦寅游，寅喜谈兵，先生悦其言。当康定用兵时，年十八，慨然以功名自许。上书谒范文正公，公一见知其远器，欲成就之，乃责之曰："儒者自有名教，何事于兵！"因劝读《中庸》。先生读其书，虽爱之，犹以为未足也。于是又访诸释老之书，累年尽究其说。知无所得，返而求之六经。嘉祐初，见洛阳程伯淳、正叔昆弟于京师，共语道学之要。先生涣然自信，曰："吾道自足，何事旁求！"乃尽弃异学，淳如也。间起从仕，日益久，学益明。

从这里可以见到他学术思想之渊源。至于他的政治生涯，从嘉祐二年登进士后，他曾做过祁州司法参军、丹州云岩县令，升任著作佐郎，签书渭州军事判官公事。熙宁二年冬，被召入朝奏对，任崇文院校书，同知太常礼院。他醉心于唐虞三代的政治，毕生以笃学力行为务，很受当时许多学者的宗仰，而尊之为"关西夫子"。后来因为他的政见与当时的执政不合，执政竟派他为法官，硬使他处理他素所不习的司法案件。终于在熙宁十年因疾移归乡里，行到临潼卒于馆舍。他的著作，最重要的有《西铭》和《正蒙》。《正蒙》可以说是他毕生读书的心得录。《西铭》是足以代表他思想最精部分的作品。

三、《西铭》内容的诠释

"西铭"二字的由来，是有一段故事做背景的。横渠先生讲学的地方，有东、西两牖。张先生做了两篇文字，分悬两牖。一篇是讲"仁"的，名为《订顽》，悬在西面；一篇是讲"义"的，名为《砭愚》，悬在东面。所谓"订顽"的意思，是说人而不仁，就是犯了麻木不仁或冥顽不灵症，必得订正他一下；所谓"砭愚"的意思，是说人而不义，等于不辨是非的下愚，所以要痛下针砭。后来因为程伊川先生见了"订顽"和"砭愚"字样，认为在感情上有刺激作用，易起争端，就改《订顽》为《西铭》，《砭愚》为《东铭》，一向受着思想界的推崇，甚至有人称它为《孟子》一书以后，举世所仅见的大文章。

《西铭》的大意是说，天地是人类的父母，人类应该以天地之心为心。惟如此的便是天地之孝子，不然便是天地之罪人。我们应该向天地尽至孝，并且不关环境上的变化若何，这种精神应该始终不变。

分开来讲，我们可把全文的主要论点列为以下几项而加以诠释。

（一）说明人生的本质

他说：

> 乾称父，坤称母，予兹藐焉，乃混然中处。故天地之塞，吾其体；天地之帅，吾其性。民，吾同胞；物，吾与也。

本来宇宙间有两种最大的力量：一种是创造力，属于天的；一种是长养力，是属于地的。人是由于这两种力量生成的，所以人兼有天、地的两种属性。换言之，人既是宇宙精神的派生物，人的精神自然应该与宇宙的精神一致而且要永远融合无间，以达到如孟子所谓"上下与天地同流"（见《孟子·尽心篇》）的境界。

这里说"乾为父，坤称母"，是根据《易经·说卦传》的说法："乾为天，为父""坤为地，为母"。"乾""坤"本是八卦里两卦的名称。"乾"代表天的特性就是"健"，是"自强不息"，也就是创造力。"坤"代表地的特性是"顺"，是"厚德载物"，也就是长养力。人为天地所生，可以称天为父，称地为母。"予兹藐焉"的"藐"字，训"小"，这句可解为"微小的我"。"乃混然中处"，是说恰好处在天地之间，而与天地在本性上有不可分的关系。"故天地之塞，吾其体；天地之帅，吾其性。""塞"，就是充塞。"帅"，就是领导。"其"字，在本文里有许多地方用法很古奥，应该依古义训作"之"（例如《论语·子张篇》"不若是之甚也"，在汉石经里作"不若是其甚也"；又如《逸周书·太子晋篇》"尽忘吾其度"训为"尽忘吾之度"），"吾其体"即"吾之体"，"吾其性"即"吾之性"。本文后节有"舜其功也""申生其恭也"各"其"字，同是这样用法。人类和天地在本性上既有不可分的关系，所以说为天地的力量之所充塞的，是吾之体；为天地的精神之所领导的，是吾之性。这样就是说，人体就是宇宙本体的一部分，人性也就是宇宙精神之所由表现。"民，吾同胞；物，吾与也。""同胞"，就是弟兄姊妹。"与"，就是随从（例如《国语·齐语》"桓公知天下诸侯多与己也"，"与"，古训为"从"。又范文正《岳阳楼记》"微斯人吾谁与归"，义同）。这是由自身推到同类又推到万物的说法。自身与同类都是天地所生的，那么人类就是我们的同辈，而万物也是天地所生，不过关系远了一些，可以说就是我们的随从。

（二）说明人与人的关系

他说：

> 大君者，吾父母宗子；其大臣，宗子之家相也。尊高年，所以长其长；慈孤弱，所以幼其幼。圣，其合德；贤，其秀也。凡天下疲、癃、残、疾、惸、独、鳏、寡，皆吾兄弟之颠连而无告者也。

"大君"，就是最高领袖；"宗子"，是长子。"大臣"，是支持要政的主干；"家相"，是管理家事的要员。"尊高年"，就是尊重老年人。"长其长"，是奉养那父母认为家庭中年长的分子。"幼其幼"，是葆爱那父母认为家庭中年幼的分子。"圣"，是人格最完全的人；"合德"是引用《易经》上"与天地合其德"的话；"贤"，是才能优越的人；"秀"，是出类拔萃的俊杰。"疲"，是弱；"癃"，是衰老；"残"，是肢体不全；"疾"，是患病；"惸"（读"穷"），是无兄弟的人；"独"，是无子的人；"鳏"，是无妻的人；"寡"，是无夫的人。"颠连"，是困苦的形容词；"无告"，是有苦无处诉之意。这一段等于说，人类彼此的关系，如同一个大家庭的各个分子。在这里，有主持家政的长子，就是最高领袖；有辅佐治家的要员，就是支持要政的主干；有完全与父母精神相合的家庭分子，就是人类中的圣哲；有才能出众的家庭分子，就是人类中的贤俊；有受了环境打击而遭遇不幸，值得同情的同辈们，就是人类中的疲、癃、残、疾、惸、独、鳏、寡。

（三）说明善恶的差别

他说：

> 于时保之，子之翼也；乐且不忧，纯乎孝者也。违曰悖德，害仁曰贼，济恶者不才，其践形惟肖者也。

这是说人类的善恶，应该以本人对于天地之心的从违为断。天地之心，就是发生之心，《易》所谓"天地之大德曰生"。它的运用，是一面要有崇高的理性，一面要有深厚的情感，就是《中庸》上所说"高明配天""博厚配地"。"于时保之"，是引《诗经·周颂·我将》篇"我其夙夜，畏天之威，于时保之"。"于时"，即古语之"于是"。"畏天之威，于时保之"，是说敬重天的尊严，于是保持天理，不敢有违。"子之翼也"的"翼"，古训"敬"，这是说为人子者的一番恭敬。"乐且不忧"，是《易经·系辞上传》上所说的"乐天知命故不忧"。"违曰悖德"，是说违反天命（就是真理或天地之心）叫做不道德。"害仁曰贼"，是说违反仁爱，也是不合天心，就是罪恶。"贼"字，等于《孟子·尽心上》篇所说"德之贼也"的"贼"字。"济恶"，是同恶相济的行为。"不才"，就是恶劣的分子，古时坏儿子叫不才子。"践形"，语出《孟子·尽心篇》，原文是"形色，天性也，惟圣人然后可以践形"。说浅白些，人既生来一副人的形体，就应该做人事。有人形而能做人事，使人格无亏的，就叫做"践形"。不然，便是有人形而无人味的人。"肖"，就是像父母之形的意思。总之，体天地父母之心去做事的，是天地的孝子，也就是人类中的完人，就是善；不顺从天地之心的，无论是"违理"是"济恶"或是不能践形的，都是不孝的行为，也就是恶。

（四）怎样立身

他说：

> 知化则善述其事，穷神则善继其志。不愧屋漏为无忝，存心养性为匪懈。恶旨酒，崇伯子之顾养；育英才，颍封人之锡类。不弛劳而厎豫，舜其功也；无所逃而待烹，申生其恭也。体其受而归全者，参乎；勇于从而顺令者，伯奇也。

这里说明怎样才是最合理想的人生。他举了许多例，把事天之道和事亲之道对比，以说明这种境界。他以为，人能够做到了使自身生命完全合于天理的要求，也就是宇宙精神的要求，才算是最好。"穷神知化，德之盛也"，见《易·系辞下传》第五章。"知化"，就是知天地之变化；"穷神"，是穷天地的精神之所在。（张先生释"化"为"推行有渐"，"神"释为"合一莫测"。）这样才能做到"善述人之事"和"善继人之志"的一个天地的孝子。"不愧屋漏"，是虽在暗室也不欺心。语出于《诗经》上的"相在尔室，尚不愧于屋漏"。"屋漏"，在古时是室西北隅的称谓。"无忝"，是"无忝尔所生"（《孝经》引《诗经》语）一句的简化，意思是不辱没父母。"存心养性"，是引证《孟子·尽心篇》"尽其心者，知其性也。知其性，则知天矣。存其心，养其性，所以事天也"。人心既与天地之心同体，所以尽心便是知人之性，知性便是知天，存心养性使不变质，便是事天。"匪懈"，是《孝经》上引《诗经》的话"夙夜匪懈"的节语。"恶旨酒"，是大禹的事迹。大禹之父为崇伯即鲧，故呼禹为"崇伯子"。"顾养"，是顾全对父母的孝义。"育英才"，是作育人才的意思，出于孟子"得天下英才而教育之，三乐也"。其作用，等于把行孝的感动力推广，如同春秋时代颍考叔以纯孝感动郑庄公（见《左传·郑伯克段于鄢章》），而达到《诗经》上所说"孝子不匮，永锡尔类"的境界。"锡类"，有扩充其族类的意思。颍考叔的官职是"颍谷封人"，所以称为"颍封人"；"不弛劳"，是《论语》上所说的"不施劳"，就是不显自己的功劳，不求人知的意思。"厎豫"，就是有欢心。大舜的父亲瞽瞍行为很坏，总想杀害舜，而舜能曲尽孝心的来侍奉他，终于得到他的欢心，这是舜在不求人知之中而有的大功，其功在感动天下人去行纯孝。"无所逃而待烹"，指春秋时晋世子申生被害事（见《左传·僖公四年》"晋献公杀世子申生"一章）。申生明知因逸将被害，惟以笃爱其父的缘故，不肯去国，终于自缢。可是并非被烹，这里所说的"待烹"，或许根据某种传说也说不定。"恭"字训"顺"，是说申生能顺而受死，好在这里举例的意义，重在"见危授命""临难不苟免"和"杀身成仁"的精神，申生的如何死法是无关大旨的。"体其受而归全"，是说"身体发肤，受之父母，不敢毁伤"的孝道。曾子做到了这一点，临终时嘱其门人"启予手，启予足"，并且说"而今而后，吾知免夫"，就是说为人子的，能做到不糟踏自己受之于父母之身体，而保持其纯洁与健全，也是孝道之一。"参乎"，"参"是曾子的名字。"勇于从而顺令"，指尹伯奇因后母向其父尹吉甫进谗中伤，被逐至野外，有"清朝履霜"的事迹。彼时他自伤无罪被逐，作《履霜操》，后来有说尹吉甫感悟，即射杀其后妻的，有说伯奇投水而死的，传说多歧。总之在伯奇被逐时，他虽自身遭遇不幸，也不肯违反他父亲的命令的。

理想的人生，应该是使天理流行在自己的生命中，并且为天理的要求，在平时注重修己与事亲（广义的指服务人类在变时，即牺牲一切亦所不顾）。"知化，穷神"，是追求真理、把握真理。"不愧屋漏"，是严格自制、表里如一。"存心养性"，是求人格的永久纯洁与充分发展。"恶旨酒"，是抗拒罪恶。"育英才"，是尽力服务，为公家造就人才。"不弛劳"，是为善不求人知。"无所逃而待烹"，是有成仁取义的决心与勇气。"体其受而归全"，是保持身体、精神之绝对健全。"勇于从而顺令"，是对于真理作无条件的服从。像横渠先生所想象的人生，可以说是非常伟大非常光明。

（五）怎样处变

他说：

> 富贵福泽，将厚吾之生也；贫贱忧戚，庸玉女于成也。存，吾顺事；没，吾宁也。

环境上的变化，足以影响人格。可是在意志坚强、人格光明的人，他决不受环境的支配，而依然用不可□、不可侮的精神来支配环境。环境上最大的变化，莫过于贫富与死生。"富贵福泽"，是环境最优越的时候；"贫贱忧戚"，是环境最恶劣的时候。可是在环境优越时，容易为了养尊处优，而消灭了自己前进的勇气；在环境恶劣时，容易激发人凌厉无前的勇气。横渠先生以为"富贵福泽"，是天给了我许多慰藉，让我能发展生命力而多所贡献。这里"厚吾之生"的"生"字，有很深的含义。"贫贱忧戚"，未尝不是天葆爱我、造就我，使我有所成就。这样遇上优越的环境，必不致于堕落；遇上困顿的环境，也不致于沮丧。那么就可以做到"富贵不能淫，贫贱不能移，威武不能屈"。（"庸玉女于成"的"庸"字，义近于"或许"；"玉"字古义犹"葆爱"；"女"即古"汝"字。）"存，吾顺事"，就是生存时，我就顺命以事亲。"没，吾宁也"，就是遇上死亡，正是我休息的机会。这样把生死看得很超脱，直截了当的认为活着是尽自己的责任，死了不过是生命入于静止状态，也没有什么可悲可怖的。我们有了这样的胸襟，才可以挺立于天地之间，做一个堂堂正正的人。

（六）《西铭》读后的感想

"人"的因素在政治上如何重要，这是不可否认的。我国固有的政治思想，是注重"人的条件"的。好人多起来，政治才会转为优良；而施政的终极目标，也在于化民成俗，把一切国民的素质完全变好。所以我国伦理思想上最高的要求是产生仁人；而政治上的最高要求，是施行仁政。"仁"的基本精神，就出于以天地为父母，以人类为一家，以求各安其所、各遂其生的概念。这种思想足以造成一个民族生命的颠扑不破，更足以造成全人类的长治久安。革命就是"行仁"，近处的是行仁政于中国，远处的便是行仁政于世界。所有赴汤蹈火、甘为救国救民的革命事业而献身的，全是仁人志士，所有冒万险、排万难，同黑暗的势力奋斗，以求为中国觅出路，为人类保自由的，也是有成仁取义决心的这般人。关于"仁"字含义的领略，我们在读古书时，虽不难有东鳞西爪的发现，但总没有像读《西铭》时所得的概念这样明确。这一点可以说是《西铭》给后学的一个最大贡献。有人讲，《西铭》所讲的是"仁之体也"，如果用现代的话来解释，应该说《西铭》讲的是仁之本质。这个判断总不失为正确。我们惟有把宇宙的精神认识清楚，并且确实领略到人的精神与宇宙的精神原属一体，并且是永远无尽的。我们须臾也不可妄自菲薄，而陷不孝的行为以自贻伊戚。因为救人类就是救自己，害人类就是害自己。我们一定要拥护正义、反对侵略到底，一定要以服务为人生的目的，以成仁取义为无上的光荣。我们要使创造高过享受。所有危害人类文明的侵略者野心家，从《西铭》的观点看来，都是天地间的逆子，极大的罪徒。他们的行径是悖德，是贼，是不肖。我们如果以天地之心为心，必能发拯救人类、担负革命重任的宏愿，更必能嫉恶如仇，把这些自外天地生成的罪恶势力，予以彻底扫荡。我们对于《西铭》的教训，如果能深切领略，则孟子所说的浩然之气，与一个革命者应具的精诚，必能在不知不觉中养到很充足的地步。这样才可以给革命事业造出丰美的果实，写成光辉的史页。孟子说得好："诚者，天之道也；思诚者，人之道也。至诚而不动者，未之有也。不诚，未有能动者也。"我们要想从自身把川流不息的革命行动表现出来，就应该把能够发动我们精诚的《西铭》先彻底的研究一下。

《西铭》注

陈敦仁

编者按：本文原载《福建训练月刊》1943年第2卷第3期。原标题作《名著选读：〈西铭〉》，标题下有"张载作　陈敦仁注"7字。今为标题体例一致，改为《〈西铭〉注》。编入时内容有删减。陈敦仁（1903—？），又名陈梦韶，福建同安人。1921年入厦门大学教育系学习，1926年曾师从鲁迅学习中国文学史。中华人民共和国成立后在厦门大学从教。著有《绛洞花主》（剧本）、《古代汉语特殊句法》、《鲁迅旧诗新译》、《文学与语言》、《古代汉语语法新编》等。

【本篇要旨】

本篇为公务员必读名文之一。全篇要旨，在"求仁推爱"四字。原名《订顽》，程伊川以其悬于书室西牖，为改名《西铭》，并云："'订顽'之言，极精纯无杂，秦汉以来学者所未到，意极完备，乃仁之体也。"刘蕺山曰："'订顽'云者，医书以手足痿痹为不仁，今人但知有己，而不知有人，其病亦若是。'订'者，正也。'顽'者，冥顽无知。一体之痛痒若不相关，此不仁之甚也。必须识得天地万物与我为一体，而后可以言仁，故曰'订顽'。"《东铭》（《砭愚》）、《西铭》（《订顽》），乃横渠哲学思想精髓，而《西铭》之旨更广纯，为程门讲学所宗云。

【重要注释】

乾称父，坤称母；予兹藐焉，乃混然中处。

《易·说卦》："乾，天也，故称乎父。坤，地也，故称乎母。"

故天地之塞，吾其体；

《孟子·公孙丑》："其为气也，至大至刚，以直养而无害，则塞于天地之间。"此所谓"塞"，即充塞天地间之元气。此元气，亦即吾人之本体。

天地之帅，吾其性。

《孟子·公孙丑》："夫志，气之帅也。"心之所之谓之志，行有所主谓之帅。此所谓"帅"，即指天地好生之心。此好生之心，亦即吾人之本性。

民，吾同胞；物，吾与也。

"胞"，谓母胎所生者。"与"，党与也。《书·泰誓》："惟天地，万物父母。"天地为万物父母，则凡天地所生，皆吾之兄弟党与也。

大君者，吾父母宗子；其大臣，宗子之家相也。尊高年，所以长其长；慈孤弱，所以幼其幼。

"大君"，天子也。"宗子"，长子也。大君代天地治天下，犹长子代父母治一家，故称"吾父母宗子"。

圣，其合德；贤，其秀也。

"其"，指天地言。圣人与天地合德，与日月齐明，故云"圣，其合德"。贤人出于其类，拔乎其萃，故云"贤，其秀也"。

凡天下疲、癃、残、疾、惸、独、鳏、寡，皆吾兄弟之颠连而无告者也。

"疲"，音"罢"，瘦弱也。"癃"，音"隆"，老病也。"残"，指聋、哑、瞽、跛、残废之人。"疾"，指疯、癫、癎、痴、恶疾之辈。"惸"，音"琼"。无兄弟曰"惸"，无子孙曰"独"。《诗·小雅·正月》："哿矣富人，哀此惸独。""鳏"，音"关"。无妻曰"鳏"，无夫曰"寡"。《诗·小雅·鸿雁》："爰及矜人，哀此鳏寡。"

于时保之，子之翼也；

"时""是"，古通用。"于时"，犹言"于是"。《诗·周颂·清庙》："畏天之威，于时保之。""子"，对天地父母言。"翼"，扶护也。言能为天地保恤此颠连无告之人，是犹子代父母扶护其昆季然。

乐且不忧，纯乎孝者也。违曰悖德，害仁曰贼，济恶者不才，

"且"，又。"纯"，专。君子居易以俟命，则乐天；求仁而得仁，则不忧。乐天不忧，则不失天地之心，事天地如事父母，故曰"纯孝"。

其践形惟肖者也。

"践"，谓践履。"形"，即人之形貌，亦即视听言动之尊严态度。《孟子·尽心》："形、色，天性也。惟圣人然后可以践形。"焦循曰："圣人尽人之性，正所以践人之形。苟拂乎人性之善，则以人之形而入于禽兽矣，不践形矣。"戴震云："人物成性不同，故形色各殊。人之形，官器利用，大远于物，而于人之道不能无失，是不践此形也。犹言之而行不逮，是不践此言也。"吾人若能顺人性之善，不失为人之道，是亦能践形，堪称为天地之肖子也。孟子云："圣人与我同类者。"又云："尧舜与人同耳。"

知化则善述其事，穷神则善继其志；

"化"，造化，变化也。"穷"，穷究而明之也。天地之事，不外乎化；天地之志，不过乎神。圣人观象制器，以利民生，是能知化，而善述天地之事也；率性修道，以蓄民德，是能明神，而继天地之志也。《易·系辞》："知变化者，其如神之所为乎！"《中庸》："夫孝者，善继人之志，善述人之事者也。"

不愧屋漏为无忝，

"屋漏"，深邃之处，非人所居。无人之处不愧，有人之处不愧必矣。《诗·大雅·荡》："相在尔室，尚不愧于屋漏。""无忝"，谓不愧对天地父母也。《诗·小雅·小宛》："夙兴夜寐，无忝尔所生。"

存心养性为匪懈。

"存心"，谓存其善心；"养性"，谓养其本性。《孟子·尽心》："存其心，养其性，所以事天也。""匪懈"，即不怠。《诗·大雅·烝民》："夙夜匪懈，以事一人。"心性即天地，夙夜存心养性，是夙夜匪懈，以事天地也。

恶旨酒，崇伯子之顾养；

"旨酒"，美酒也。"崇伯子"，禹也。酒能乱德，崇伯之子恶旨酒，乃所以为天地父母顾养其身也。

育英才，颖封人之锡类。

《孟子·尽心》："得天下英才而教育之。"《左传》引《诗》称颖考叔云："孝子不匮，永锡尔类。"颖谷封人（颖考叔）遗羹于母，起郑庄公之孝思，是能以自己之孝，使他人亦行孝也。今我为天地作育英才，使人立如己立，使人达如己达，是亦颖封人锡类之事也。

不弛劳而厎豫，舜其功也。

"弛"，音"矢"，废也。"厎"，致也。"豫"，悦也。《孟子·离娄》："舜尽事亲之道，而瞽瞍厎豫。"舜能任劳事亲，致父母之喜悦，先齐其家，以成其治天下之大功。我能竭力行善，致天地之喜，其功行亦与舜同。

无所逃而待烹，申生其恭也。

《礼记·檀弓》："晋献公将杀其世子申生，申生不欲行，曰：'天下岂有无父之国哉？吾何行如之！'再拜稽首，乃卒。是以君子谓之恭世子。"申生不明乎道，以死为恭，成父之恶，不可为训。张子之意，以为遭遇谗邪，莫非命也，顺受其死，以恭顺乎天地，如申生之恭可也。

体其受而归全者，参乎；

《礼记·祭义》："父母全而生之，子全而归之。"《论语·泰伯》："曾子有疾，召门弟子曰：'启予足！启予手！《诗》云：'战战兢兢，如临深渊，如履薄冰。'而今而后，吾知免夫！小子！"朱子注云："曾子平日以为身体受于父母，不敢毁伤，故于此使弟子开其衾而视之。""参"，曾子名。

勇于从而顺令者，伯奇也。

"伯奇"，周宣王贤臣，尹吉甫之子。吉甫惑于后妻，虐其子，无衣无履，而使践霜挽车。伯奇从父之言，顺父之令，无怨尤于天地。琴操云："伯奇无罪，为后母谗而见逐，晨夜履霜，自伤见放。"

富贵福泽，将厚吾之生也；

"泽"，恩也。"厚"，裕也。此谓富贵福泽，乃天将以优裕吾人之生活者也。

贫贱忧戚，庸玉汝于成也。

"戚"，愁也。"庸"，用也。《孟子·告子》："天将降大任于斯人也，必先苦其心志，劳其筋骨，饿其体肤，空乏其身，行拂乱其所为，所以动心忍性，曾益其所不能。"《礼记·学记》："玉不琢，不成器。"此谓贫贱忧戚，乃天用以磨琢吾人，使成材器也。

存，吾顺事；没，吾宁也。

"存"，谓生时。"没"，谓将死。生时则顺事天地而不逆，将死则安其心志而不乱。始终听命于天地，为天地至孝之子。

《西铭》述评

——《宋明儒家哲学述评》中关于《西铭》的论述

冯友兰

编者按：本文节选自冯友兰《宋明儒家哲学述评》（原载《中央周刊》1943年第5卷第45期）。题目为编者根据内容拟定。

张横渠的《西铭》——

> 乾称父，坤称母。予兹藐焉，乃混然中处。故天地之塞，吾其体；天地之帅，吾其性。民，吾同胞；物，吾与也。大君者，吾父母宗子；其大臣，宗子之家相也。尊高年，所以长其长；慈孤弱，所以幼其幼。圣，其合德；贤，其秀也。凡天下疲、癃、残、疾、惸、独、鳏、寡，皆吾兄弟之颠连而无告者也。于时保之，子之翼也；乐且不忧，纯乎孝者也。违曰悖德，害仁曰贼，济恶者不才，其践形惟肖者也。知化则善述其事，穷神则善继其志；不愧屋漏为无忝，存心养性为匪懈。恶旨酒，崇伯子之顾养；育英才，颍封人之锡类。不弛劳而底豫，舜其功也；无所逃而待烹，申生其恭也。体其受而归全者，参乎；勇于从而顺令者，伯奇也。富贵福泽，将厚吾之生也。贫贱忧戚，庸玉汝于成也。存，吾顺事；没，吾宁也。

——为后世人所极推崇，认为《孟子》以后第一篇大文章。程明道谓《西铭》之意，我亦有之，但惟张子厚能书之。朱子对此文，亦备极推崇。可是这篇文章好在什么地方，未见有确切的说明。照我们的说法，他的好处，是在从"事天"的观点以看道德的事，有高于道德的意义。

何谓事天？知道个人乃至任何事物都是宇宙的一部分，谓之知天。由此观点，知道对于任何事物的服务，对于任何事物的改善，对于任何事物的救济，都是替宇宙服务，即谓之事天。从宇宙观点看各种道德行为，都是事天行为。从事天观点去看道德行为，不仅是道德行为，而且还是替天服务。《西铭》即从宇宙观点来看道德的事，则所有道德的事都是事天行为了。《西铭》说："尊高年，所以长其长；慈孤弱，所以幼其幼。"这个"其"字的意义，是指乾坤——即宇宙。所以高年与孤弱，不仅是社会的高年孤弱，还是宇宙的高年孤弱。由此看来，尊社会的高年孤弱，就是尊宇宙的高年孤弱。全文所用的"其"字，都是一样的意思。又说："知化则善述其事，穷神则善继其志。""化""神"也都是宇宙的"化""神"，所以穷神知化，不仅是求知，且还是穷宇宙未竟之功，这是《西铭》之高深所在。

《西铭》哲学之精神
——《新原道》中关于《西铭》的论述

冯友兰

编者按： 本文节选自冯友兰《新原道》（商务印书馆1945年版）第九章"道学"。题目为编者根据内容拟定。

张横渠的《西铭》，是道学家的一篇重要文章。《西铭》云："乾称父，坤称母。余兹藐焉，乃混然中处。故天地之塞，吾其体；天地之帅，吾其性。民，吾同胞；物，吾与也。""尊高年，所以长其长；慈孤弱，所以幼其幼。圣，其合德，贤，其秀也。""知化则善述其事，穷神则善继其志。""富贵福泽，将厚吾之生也；贫贱忧戚，庸玉汝于成也。存，吾顺事；没，吾宁也。"（《正蒙·乾称》）当时及以后底道学家，都很推崇这篇文章。程明道说："《西铭》某得此意，只是须得他子厚有此笔力。他人无缘做得。孟子后未有人及此。得此文字，省多少言语。"（《二程遗书》卷二上）

横渠以"气"为万物的根本。气之全体，他称之为太和或道。他说："太和所谓道，中涵浮沉升降动静相感之性，是生絪缊相荡胜负屈伸之始。"（《正蒙·太和》）气之中，涵有阴阳二性，气之涵有阴性者，是静底，是沉而下降底；气之涵有阳性者，是动底，是浮而上升底。气如是"升降飞扬，未尝止息"，"相荡"，"相感"，故有聚散。聚则为物，散复为气。"气之聚散于太虚，犹冰凝释于水。"（同上）

乾坤是天地的别名。人物俱生于天地间。天地可以说是人物的父母。《西铭》说："乾称父，坤称母。"人与物同以乾坤为父母。不过人与物有不同者，就是人于人的形体之外，还得有"天地之性"。我与天地万物，都是一气之聚，所以我与天地万物本是一体。所以说"天地之塞，吾其体"。"天地之性"是天地的主宰。我的性，就是我所得于"天地之性"者，所以说"天地之帅，吾其性"。就我的七尺之躯说，我在天地之间，是非常渺小底；就我的形体及心性的本源说，我是与天地万物为一体底。了解至此，则知"民，吾同胞；物，吾与也"。

横渠说:"性者,万物之一源,非有我之得私也。惟大人为能尽其道,是故立必俱立,知必周知,爱必兼爱,成不独成。彼自蔽而不知顺吾理者,则亦未如之何矣。"(《正蒙·诚明》)不但性是万物之一源,非有我所得私。气亦是万物之一源,非有我所得私。人之性发为知觉。"合性与知觉,有心之名。"(《正蒙·太和》)人有心所以能觉解,性与气都是万物之一源,圣人有此觉解,所以"立必俱立,知必周知,爱必兼爱,成不独成"。此即是所谓能尽心,能尽性。

横渠说:"大其心则能体天下之物。物有未体,则心为有外。世人之心,止于闻见之狭。圣人尽性,不以闻见梏其心。其视天下无一物非我。孟子谓尽心则知性知天,以此。天大无外,故有外之心,不足以合天心。"(《正蒙·大心》)无外者是至大,是大全。天无外,"大其心"者"合天心",故亦无外。合天心者,一举一动都是"赞天地之化育"。所以《西铭》说:"尊高年,所以长其长;慈孤弱,所以幼其幼。"篇中诸"其"字,都指天言。尊高年,慈孤弱,若只是长社会的长,幼社会的幼,则其事是道德底事,做此等事底行为,是道德行为。但社会的长,亦是天的长。社会的幼,亦是天的幼。合天心者本其觉解,以尊高年,慈孤弱,虽其事仍是尊高年,慈孤弱,但其行为的意义则是长天之长,幼天之幼。其行为的意义,是超道德底。

科学上所谓研究自然,利用自然,在合天心者的觉解中,都是穷神知化的工作。穷神是穷天的神,知化是知天的化。天有神化,而人穷之知之。人继天的未继之功,合天心者做此等事,亦如子继其父之志,述其父之事。所以亦有事天的意义。合天心者本其觉解,做其在社会中所应该做底事。富贵亦可,贫贱亦可,寿亦可,夭亦可。一日生存,一日继续做其在社会中所应做底事。一日死亡,即作永久底休息。此所谓"存,吾顺事;没,吾宁也"。

此所说底是一种生活态度,亦是一种修养方法。此种修养方法,亦是所谓"集义"的方法。道学家的"圣功",都是用这一种方法。所以他们以为他们是直接孟子之传。合天心者,所做底事,虽仍是道德底事,但因他所做底事对于他底意义,是超道德底,所以他的境界亦是超道德底。他并不是拘于社会之内,但对于他并没有方内方外之分。高明与中庸的对立,如是统一起来。横渠《西铭》讲明了这个义理。这就是这篇的价值之所在。

横渠哲学

李相显

编者按：本文原载《文艺与生活》1946年第2卷第2期。李相显，生卒年不详。山东曹县人。1929年毕业于北京大学政治系，1935年入清华大学研究院哲学部。1941年至陕西城固任教于西北大学，后又先后任教于西北师范学院、北平师范学院、山西大学等。从事中国哲学的研究，著有《朱子哲学》《先秦诸子哲学》《宋明哲学》等。

一、气

（一）太极

张横渠以气包括宇宙之全体，解释宇宙间一切事物。此气自其为宇宙之本体言之，则谓之"太极"。张横渠曰：

> 阴阳、刚柔、仁义，所谓性命之理，易一物而三才备。阴阳，气也，而谓之天；刚柔，质也，而谓之地；仁义，德也，而谓之人。一物而两体，其太极之谓欤？阴阳，天道，象之成也；刚柔，地道，法之效也；仁义，人道，性之立也。三才两之，莫不有乾坤之道也。易一物而合三才，天人一。阴阳，其气；刚柔，其形；仁义，其性。（《张子全书·易说下》，卷十一，页二十九）

太极即易，乃宇宙之本体也。太极一物而两体；一物即太极，两体即阴阳、刚柔或仁义也。太极在天曰阴阳，在地曰刚柔，在人曰仁义。天、地、人之三才，为宇宙之全体，太极既一物而三才备，一物而合三才，故太极包括宇宙之全体也。

太极为气。张横渠曰：

　　　　一物两体，气也。一故神，两故化，此天之所以参也。两不立，则一不可见；一不可见，则两之用息。两体者，虚实也，动静也，聚散也，清浊也，其究一而已。（《张子全书·易说下》，卷十一，页二十八）

一物两体既为太极，又为气，故太极即气也。太极或气为一物，两体即虚实、动静、聚散或清浊也。气为一物，故神妙不测；气为两体，故化生万物。气为①本体，两体为现象。若无现象，则不足以表现本体；若无本体，则现象亦无有矣。其实气既为一物，又为两体，故本体即现象也。

太极为一。张横渠曰：

　　　　有两则有一，是太极也。若一则有两亦在，无两亦一在。然无两则安用一？不以太极，空虚而已，非天参也。（《张子全书·易说下》，卷十一，页二十八）

太极为一，一即太极之别名也。一为本体，两为现象。本体为永久存在者，不因现象之有无而改变。但若无现象，则本体将无所用之；若无本体，则现象将空无所有矣。

（二）太虚

此气自其未化生万物之状态言之，则谓之"太虚"。张横渠曰：

　　　　气块然太虚，升降飞扬，未尝止息，《易》所谓"絪缊"，庄生所谓"生物以息相吹""野马"者欤！此虚实、动静之机，阴阳、刚柔之始。（《张子全书·正蒙·太和篇第一》，卷二，页二；《易说下》，卷十一，页二十四）

太虚之气，升降飞扬，未尝止息；故太虚虽未化生万物，然本身具有化生万物之能力，而活动不止。因太虚活动不止，故为虚实、动静之机，阴阳、刚柔之始，而为虚实、动静、阴阳、刚柔所从出。

太虚为气。张横渠曰：

---

① "气为"，原文作"为气"，据文意改。

> 太虚无形,气之本体;其聚其散,变化之客形尔。(《张子全书·正蒙·太和篇第一》,卷二,页二)
>
> 气之聚散于太虚,犹冰凝释于水。(同上,页三;《张子全书·易说下》,卷十一,页十二)
>
> 太虚为清,清则无碍,无碍故神;反清为浊,浊则碍,碍则形。(《张子全书·正蒙·太和篇第一》,卷二,页三)

太虚为气之本体,既清且神,故无形体。太虚不聚散,其聚其散,变化之客形尔。气之聚散于太虚,犹冰凝释于水,冰乃由水而成,气乃由太虚而成也。

太虚非无。张横渠曰:

> 知太虚即气则无无。故圣人语性与天道之极,尽于参伍之神,变易而已。诸子浅妄,有有无之分,非穷理之学也。(《张子全书·正蒙·太和篇第一》,卷二,页三)
>
> 知虚空即气,则有无、隐显、神化、性命,通一无二。顾聚散、出入、形不形,能推本所从来,则深于易者也。若谓虚能生气,则虚无穷,气有限,体用殊绝,入老氏有生于无自然之论,不识所谓有无混一之常,若谓万象为太虚中所见之物,则物与虚不相资,形自形,性自性,形性、天人不相待而有,陷于浮屠以山河大地为见病之说。(同上,页二)

太虚为实。张横渠曰:

> 太虚者,天之实也。万物取足于太虚,人亦出于太虚。太虚者,心之实也。(《张子全书·语录抄》,卷十二,页四)
>
> 至虚之实,实而不固。……实而不固,则一而散。(同上;《正蒙·乾称篇第十七》,卷三,页二十二)
>
> 天地之道,无非以至虚为实,人须于虚中求出实。……凡有形之物即易坏,惟太虚无动摇,故为至实。(《张子全书·语录抄》,卷十二,页五)

太虚为真实者,故万物取足于太虚,人亦出于太虚。但太虚为至虚之实,真实而不固定,故能一本散为万殊。太虚为无形者,故不动摇而不坏,而为至实。

太虚生天地。张横渠曰:

> 由太虚，有天之名。（《张子全书·正蒙·太和篇第一》，卷二，页三）

> 天地以虚为德。至善者，虚也。虚者，天地之祖，天地从虚中来。（《张子全书·语录抄》，卷十二，页五）

天地从太虚中来，故太虚为天地之祖。太虚既为天地之祖，故"由太虚，有天之名"。

太虚生万物。张横渠曰：

> 太虚不能无气，气不能不聚而为万物，万物不能不散而为太虚。循是出入，是皆不得已而然也。（《张子全书·正蒙·太和篇第一》，卷二，页二）

太虚有气，气聚而生万物；万物既死，气复散而为太虚。气聚散而出入于太虚，万物生生死死，此乃自然而然，且不得不然也。

（三）太和、道

此气自其流行而化生万物言之，则谓之"太和"，又谓之"道"。

所谓"太和"者，张横渠曰：

> 太和所谓道，中涵浮沉、升降、动静、相感之性，是生絪缊、相荡、胜负、屈伸之始。其来也几微易简，其究也广大坚固。……散殊而可象，为气；清通而不可象，为神。不如野马絪缊，不足谓之太和。谓道者知此，谓之知道；学易者见此，谓之见易。（《张子全书·正蒙·太和篇第一》，卷二，页一）

太和即道，太和乃道之别名也。野马絪缊为气，而谓之太和，故太和即气也。太和涵有浮沉、升降、动静、相感之性，即涵有流行之性；既涵有流行之性，故为生絪缊、相荡、胜负、屈伸之始，即为生阴阳之始也。太和既流行，故有去来，其来之始则几微易简，其去之极则广大坚固。其来也则清通而不可象为神，其去也则散殊而可象为气。此乃太和流行而化生万物之情形，亦道流行而化生万物之情形也。

所谓"道"者，张横渠曰：

由气化，有道之名。（《张子全书·正蒙·太和篇第一》，卷二，页三）

体不偏滞，乃可谓无方无体。偏滞于昼夜、阴阳者，物也。若道，则兼体而无累也。以其兼体，故曰一阴一阳，又曰阴阳不测，又曰一阖一辟，又曰通乎昼夜。语其推行故曰道，语其不测故曰神，语其生生故曰易，其实一物，指事异名尔。（《张子全书·正蒙·乾称篇第十七》，卷三，页二十三）

"由气化，有道之名"，故道为气，且道为流行之气也。一阴一阳，阴阳不测，一阖一辟，通乎昼夜，皆流行之谓也。故所谓道者，乃由气之推行而言也。

道为形而上者。张横渠曰：

一阴一阳，不可以形器拘，故谓之道。……运于无形之谓道，形而下者不足以言之。……形而上，是无形体者也，故形以上者谓之道也；形而下，是有形体者，故形以下者谓之器。无形迹者，即道也。……凡不形者、以上者，皆谓之道。（《张子全书·易说下》，卷十一，页十五至十六）

道运于无形，而无形体，故不可以形器拘，而为形而上者。所谓道为形而上者，即谓道无形体或无形迹也。

道有天道、地道及人道。张横渠曰：

阴阳，天道，象之成也；刚柔，地道，法之效也；仁义，人道，性之立也。（《张子全书·正蒙·大易篇第十四》，卷三，页十二）

天道曰阴阳，地道曰刚柔，人道曰仁义。

天、地、人之道是相通的。张横渠曰：

天、人不须强分，易言天道，则与人事一滚论之。若分别，则是薄乎云耳。自然人谋合，盖一体也；人谋之所经画，亦莫非天理耳。（《张子全书·易说下》，卷十一，页二十八）

天、地、人之道既相通，故"人道所以可久可大，以其肖天地而不杂也；与天地不相似，其违道也远矣"（《张子全书·性理拾遗》，卷十四，页二）。

天地之道为四时寒暑。张横渠曰：

> 天道不穷，寒暑已。（《张子全书·正蒙·太和篇第一》，卷二，页四）
>
> 天道四时行，百物生，无非至教。（《张子全书·正蒙·天道篇第三》，卷二，页十一）
>
> 天地之道，惟有日月寒暑之往来屈伸动静两端而已。（《张子全书·易说中》，卷十，页二）

（四）游气、阴阳、五行

此气自其化生万物之状态言之，则谓之"游气"，又谓之"阴阳"。所谓"游气"者，张横渠曰：

> 游气纷扰，合而成质者，生人物之万殊。其阴阳两端，循环不已者，立天地之大义。（《张子全书·正蒙·太和篇第一》，卷二，页四）

游气即运转而生人物之气，其运转纷扰参错不齐，合而成质，而生人物矣。游气之运转，必有屈伸之两端，此两端即是阴阳，阴阳屈伸循环不已，而生天地人物矣。故运转而生人物之气，自其运转之全体言之，则谓之游气；自其运转之两端言之，则谓之阴阳。其实游气即是阴阳，因其所从言之方面不同，而名称亦异。

所谓"阴阳"者，张横渠曰：

> 阴阳，气也。（《张子全书·正蒙·大易篇第十四》，卷三，页十一）
>
> 若阴阳之气，则循环迭至，聚散相荡，升降相求，絪缊相揉。盖相兼相制，欲一之而不能，此其所以屈伸无方，运行不息。（《张子全书·正蒙·参两篇第二》，卷二，页九）

阴阳为气。阴阳之气，循环迭至，聚散相荡，屈伸无方，运行不息，此其化生万物之状态也。

阴阳系相反者。张横渠曰：

> 阳之德主于遂，阴之德主于闭。阴性凝聚，阳性发散。（《张

子全书·正蒙·参两篇第二》，卷二，页十）

＞阳明胜，则德性用；阴浊胜，则物欲行。（《张子全书·正蒙·诚明篇第六》，卷二，页二十）

阳遂阴闭，阳聚阴散，阳善阴恶，故阴阳之性质相反也。

阴阳化生万物。张横渠曰：

＞浮而上者阳之清，降而下者阴之浊。其感遇聚散，为风雨，为雪霜。万品之流形，山川之融结，糟粕煨烬，无非教也。（《张子全书·正蒙·太和篇第一》，卷二，页二；《张子全书·易说下》，卷十一，页二十四）

＞阴聚之，阳必散之，其势均。散阳为阴累，则相持为雨而降；阴为阳得，则飘扬为云而升。故云物班布太虚者，阴为风驱，敛聚而未散者也。凡阴气凝聚，阳在内者不得出，则奋击而为雷霆；阳在外者不得入，则周旋不舍而为风。其聚有远近虚实，故雷风有小大暴缓。和而散，则为霜雪雨露；不和而散，则为戾气曀霾。阴常散缓，受交于阳，则风雨调，寒暑正。（《张子全书·正蒙·参两篇第二》，卷二，页十至十一）

张横渠对于五行，有所讨论曰：

＞木曰曲直，能既曲而反申也。金曰从革，一从革而不能自反也。水火，气也，故炎上润下，与阴阳升降，土不得而制焉。木金者，土之华实也，其性有水火之杂。故木之为物，水溃则生火，然而不离也，盖得土之浮华于水、火之交也。金之为物，得火之精于土之燥，得水之精于土之濡，故水、火相待而不相害，铄之反流而不耗，盖得土之精实于水、火之际也。土者，物之所以成始而成终也，地之质也，化之终也，水、火之所以升降，物兼体而不遗者也。（《张子全书·正蒙·参两篇第二》，卷二，页十一）

此五行之说也。张横渠对于五行，反对"中宫土寄王"之说，故曰："中宫土寄王之说，于理非也。大率五行之气，分王四时。土固多于四者，然其运行之气，则均施错见。金、木、水、火皆分主四时，独不见土之所主，是以有寄王之说。"（《张子全书·语录抄》，卷十二，页五）

二、自然法则

（一）事物关系

气流行运转而化生万物，遵守自然之法则。张横渠曰：

> 天地之气，虽聚散攻取百涂，然其为理也顺而不妄。（《张子全书·正蒙·太和篇第一》，卷二，页二）

> 生有先后，所以为天序；小大高下相并而相形焉，是为天秩。天之生物也有序，物之既形也有秩。知序然后经正，知秩然后礼行。（《张子全书·正蒙·动物篇第五》，卷二，页十六）

万物之化生，并非杂乱无章者，乃系有条理者。从时间来说，万物之生有先后之次序，是谓天序。从空间来说，万物之形有小大高下之秩序，是谓天秩。天序、天秩为自然之秩序，即为自然之法则，此即所谓理也。天地之气聚散攻取，流行运转，而化生万物，乃遵守自然之法则而不妄也。

从宇宙的整体来说，一切事物彼此皆有关系。张横渠曰：

> 物无孤立之理，非同异屈伸终始以发明之，则虽物非物也。事有始卒乃成，非同异有无相感，则不见其成。不见其成，则虽物非物，故一屈伸相感，而利生焉。（《张子全书·正蒙·动物篇第五》，卷二，页十六）

一物与其他一切物皆有关系，一事与其他一切事皆有关系；故宇宙为一整体。在此整体中，一切事物皆互相关系，而不能孤立。

从万物的本身来说，一切万物各个皆为个体。张横渠曰：

> 即是人之性虽同，气则有异。天下无两物一般，是以不同。（《张子全书·语录抄》，卷十二，页七）

> 造化所成，无一物相肖者，以是知万物虽多，其实一物无无阴阳者，以是知天地变化，二端而已。（《张子全书·正蒙·太和篇第一》，卷二，页五）

万物各个所以成为个体，而彼此不同者，乃因其气质不同也。惟其气质不同，故"人与动植之类，已是大分不齐。于其类中，又极有不齐"（《张子全书·语录抄》，卷十二，页三）。因之张横渠尝谓："天下之物，无两个有相似者，虽一件物亦有阴阳左右。譬之人一身中，两手为相似，然而有左右。一手之中五指，而复有长短。直至于毛发之类，亦无有一相似。至如同父母之兄弟，不惟其心之不相似，以至声音形状，亦莫有同者。以此见直无一同者。"（同上）

（二）两一法则

两一法则，即辩证法中之对立统一法则也。张横渠曰：

> 两不立，则一不可见；一不可见，则两之用息。两体者，虚实也，动静也，聚散也，清浊也，其究一而已。感而后有通，不有两，则无一。（《张子全书·正蒙·太和篇第一》，卷二，页四）

两即对立物之对立，一即对立物之统一，此即辩证法中之对立统一法则也。若无对立，则无统一；若无统一，则无对立。例如"一物两体，气也。一故神，两故化"（《张子全书·易说下》，卷十一，页二十八），此有统一即有对立也；又如虚实动静等，其究一而已，此有对立即有统一也。

两一法则又发现为正反合之法则。张横渠曰：

> 气本之虚，则湛本无形；感而生，则聚而有象。有象斯有对，对必反其为。有反斯有仇，仇必和而解。故爱恶之情同出于太虚，而卒归于物欲。（《张子全书·正蒙·太和篇第一》，卷二，页五）

气感而生，则聚而有象，此正也；有象斯有对，对必反其为，此反也；有反斯有仇，仇必和而解，此合也。例如有爱是正也，有恶是反也，爱恶卒归于物欲是合也。

三、万物化生

（一）神化

气能化生万物，气之化生万物谓之"神化"。张横渠曰：

> 一物两体,气也。一故神(两在故不测),两故化(推行于一)。(《张子全书·正蒙·参两篇第二》,卷二,页五)

> 神,天德;化,天道。德,其体;道,其用。一于气而已。(《张子全书·正蒙·神化篇第四》,卷二,页十三)

> 气有阴阳。推行有渐为化,合一不测为神。……天之化也运诸气。(同上)

气一物而两体,对立统一也。一故神,两在故不测,有统一即有对立也;两故化,推行于一,有对立即有统一也。故气之化生万物,实依照对立统一之法则也。气有阴阳,推行有渐为化。化为气之伸而化生,合一不测为神,神为气之屈而合一,故神化即气之一伸一屈而化生万物也。神为体,化为用,而一于气,故神化为气之体用也。

气所以能化生万物者,因神之清通神妙也。张横渠曰:

> 故所以妙万物而谓之神。(《张子全书·正蒙·乾称篇第十七》,卷三,页二十二)

> 语其不测故曰神。(同上,页二十三)

> 鬼神者,二气之良能也。……神者,太虚妙应之目。(《张子全书·正蒙·太和篇第一》,卷二,页四)

> 清通而不可象为神。(同上,页一)

> 太虚为清,清则无碍,无碍故神。……凡气清则通,昏则壅,清极则神。(同上,页三)

气之清通为神,神则神妙不测,故能化生万物也。

气所以能化生万物者,因神之能动而无所不在也。张横渠曰:

> 鼓天下之动者,存乎神。天下之动,神鼓之也。神则主于动;故天下之动,皆神为之也。(《张子全书·易说下》,卷十一,页十五)

> 惟神为能变化,以其一天下之动也。人能知变化之道,其必知神之为也。(同上,页十一;《张子全书·正蒙·神化篇第四》,卷二,页十五)

又曰:

> 虚明照鉴,神之明也。无远近幽深,利用出入,神之充塞无间也。(《张子全书·正蒙·神化篇第四》,卷二,页十三)

神既鼓天下之动,而能变化,故神能动。无远近幽深,神之充塞无间,故神无所不在。神既能动而无所不在,故气能化生万物。气既能化生万物,故天地万物之形体皆为神化之糟粕。张横渠曰:

> 凡天地法象,皆神化之糟粕尔。(《张子全书·正蒙·太和篇第一》,卷二,页四)
> 万物形色,神之糟粕。(同上,页五)
> 太虚为清,清则无碍,无碍故神。反清为浊,浊则碍,碍则形。(同上,页二)

故神为气之清者,而天地万物之形体为神化之糟粕①也。

气屈伸而化生万物,伸则散为万殊,屈则合为一本。张横渠曰:

> 太虚者,气之体。气有阴阳、屈伸、相感之无穷,故神之应也无穷;其散无数,故神之应也无数。虽无穷,其实湛然;虽无数,其实一而已。阴阳之气,散则万殊,人莫知其一也;合则混然,人不见其殊也。形聚为物,形溃反原。反原者,其游魂为变与?所谓变者,对聚散存亡为文,非如萤雀之化,指前后身而为说也。(《张子全书·正蒙·乾称篇第十七》,卷三,页二十三)

太虚之气有阴阳屈伸,其感无穷,其散无数。其感虽无穷,其实湛然而清通;其散虽无数,其实仍为一太虚:此皆神之妙应之所为也。阴阳之气伸而出,则散为万殊而为万物;屈而归,则合为一本而为太虚。此乃气之化生万物之状态也。所谓万物化生,乃以万物与太虚相对而言,万物有其生灭;非以万物彼此相对待而言,万物彼此互变也。

气之屈伸化生万物,乃由渐而至。张横渠曰:

> 动物本诸天,以呼吸为聚散之渐;植物本诸地,以阴阳升降为聚散之渐。物之初生,气日至而滋息;物生既盈,气日反而游散。至

---
① 原文脱"糟粕"二字,据文意补。

之谓神，以其伸也；反之为鬼，以其归也。（《张子全书·正蒙·动物篇第五》，卷二，页十六）

气之屈伸，万物之生灭，乃由渐而至之自然变化也。自神化而言，气之屈者为神而伸者为化；自鬼神而言，气之伸者为神而屈者为鬼。其实气之屈伸皆神之妙应之所为，故其屈其伸皆可谓之神也。

气之化生万物，乃气聚而构成其身体，气散而毁灭其身体也。张横渠曰：

气之为物，散入无形；适得吾体，聚为有象。（《张子全书·正蒙·太和篇第一》，卷二，页二）

气于人生而不离，死而游散者谓魂；聚成形质，虽死而不散者谓魄。（《张子全书·正蒙·动物篇第五》，卷二，页十六）

气聚，则离明得施而有形；气不聚，则离明不得施而无形。方其聚也，安得不谓之客；方其散也，安得遽谓之无？（《张子全书·正蒙·太和篇第一》，卷二，页三）

离为目。"气聚，则离明得施而有形"，即气聚而构成人物之身体，有形而能为目所见；"气不聚，则离明不得施而无形"，即气散而毁灭人物之身体，无形而不能为目所见。气聚而构成人物之身体，而人物有其生；但人物之生，乃变化之客形，而非气之本体也。气散而毁灭人物之身体，而人物有其死，但人物虽死而归于无有，而气之本体仍存在自若，故不得谓之无也。所以然者，盖因"太虚无形，气之本体；其聚其散，变化之客形尔"故也。魂为人身精细之部分，魄为人身粗糙之部分。合魂与魄而为人身之全部，魂、魄皆为气所造成，故人之身体乃为气所构成也。

（二）象

象为气，而介于形上与形体之间。张横渠曰：

凡可状，皆有也；凡有，皆象也；凡象，皆气也。（《张子全书·正蒙·乾称篇第十七》，卷三，页二十一）

所谓气也者，非特其蒸郁凝聚，接于目而后知之；苟健顺动止，浩然湛然之得言，皆可名之尔。然则象若非气，指何为象？（《张子全书·正蒙·神化篇第四》，卷二，页十三）

故形而上者，得词斯得象；但于不形中得以措词者，已是得象可状也。今雷风有动之象，须谓天为健；虽未尝见，然而成象，故以天道言。及其发，则是效也；著则是成形，成形则是道也。（《张子全书·易说下》，卷十一，页二十七）

凡有皆象也，凡象皆气也。象若非气，指何为象？故象为气。气既化生万物，遂分三个等级，一为形上之气，二为象之气，三为形体之气。太极、太虚、太和、道、游气、阴阳为形上之气，所谓"气本之虚，则湛本无形"是也。健顺动止，浩然湛然之得言，皆可名之象尔，是谓象之气。蒸郁凝聚，而成人物之身体，接于目而后知之，是为形体之气。形而上者，得词斯得象；但于不形中得以措词者，已是得象可状也，故象之气在形上之气之后。及其发，则是效也；著则是成形，成形则是道也，故象之气在形体之气之前①。由此观之，可见象之气乃介于形上之气与形体之气之间也。

象为名象。张横渠曰：

> 形而上者，得意斯得名，得名斯得象。不得名，非得象者也。故语道至于不能象，则名言亡矣。（《张子全书·正蒙·天道篇第三》，卷二，页十三）

> 知几其神。……几者，象见而未形也。形则涉乎明，不待神而后知也。（《张子全书·正蒙·神化篇第四》，卷二，页十五）

> 有变则有象，如乾健坤顺。有此气，则有此象可得而言；若无，则直无而已，谓之何而可？是无可得名。……如言寂然湛然，亦须有此象。有气方有象，虽未形，不害象在其中。（《张子全书·易说下》，卷十一，页二十七）

形而上者，得意斯得名，得名斯得象，此即名象也。所谓名象，即抽象事物之意象，例如乾健坤顺，寂然湛然，有义意可得命名，即是名象。名象近于形上之气，故无形状；虽无形状，亦不害有此象也。

象为法象。张横渠曰：

> 凡天地法象，皆神化之糟粕尔。（《张子全书·正蒙·太和篇第一》，卷二，页四）

> 气本之虚，则湛本无形；感而生，则聚而有象。（同上，页五）

---

① "前"，原文作"后"，误，据文意改。

> 气之为物，散入无形；适得吾体，聚为有象。（同上，页二）

"万物形色，神之糟粕。"凡天地法象，皆神化之糟粕，故法象即具体万物之形象也。所谓"适得吾体，聚为有象"，即指人身之形象而言也。形象近于形体之气，故有形状；虽有形状，亦不害为此象也。

四、性、心

（一）性

性乃由气而来。张横渠曰：

> 由太虚，有天之名；由气化，有道之名；合虚与气，有性之名。（《张子全书·正蒙·太和篇第一》，卷二，页三）

太虚为气之本体，气化为人物之气质；合气之本体与人物之气质，即所谓性也。因此之故，性遂有天地之性与气质之性之分。张横渠曰：

> 形而后有气质之性，善反之，则天地之性存焉；故气质之性，君子有弗性者焉。（《张子全书·正蒙·诚明篇第六》，卷二，页十八至十九）

天地之性由太虚而来，气之性由气化而来；天地之性为本来即有者，气质之性为有形体方有者，此二者之不同也。

天地之性为气所固有，且常有而未尝无。张横渠曰：

> 气之性本虚而神，则神与性乃气所固有。（《张子全书·正蒙·乾称篇第十七》，卷三，页二十一）
>
> 动静、阴阳，性也。（《张子全书·易说下》，卷十一，页一）
>
> 未尝无之谓体，体之谓性。（《张子全书·正蒙·诚明篇第六》，卷二，页十七）
>
> 道德性命是常在不死之物也。已身则死，此则常在。（《张子全书·经学理窟·义理》，卷六，页二）

阴阳为气，而谓之性，故气即性也。气既为性，虚而神又为气之性，故性为气所固有。性之为有，乃常有而未尝无之体，盖因己身虽死，而性则常在不死也。故曰：

> 聚亦吾体，散亦吾体，知死之不亡者，可与言性矣。（《张子全书·正蒙·太和篇第一》，卷二，页二）

天地之性既久且大，而不为气质所蔽。张横渠曰：

> 天地之性，久大而已矣。（《张子全书·正蒙·诚明篇第六》，卷二，页二十）
>
> 天所性者，通极于道，气之昏明不足以蔽之。……性通乎气之外，命行乎气之内。气无内外，假有形而言尔。（同上，页十七至十八）

天地之性为常有而未尝无者，故久且大。天地之性通极于道，故不为气质所蔽；所以不为气质所蔽者，盖因其通于人物形体气质之外，而气质不能蔽之也。

天地之性为人物所同有。张横渠曰：

> 性者，万物之一源，非有我之得私也。（《张子全书·正蒙·诚明篇第六》，卷二，页十七）
>
> 天性在人，正犹水性之在冰，凝释虽异，为物一也。受光有小大昏明，其照纳不二也。（同上，页十八）
>
> 则是人之性虽同，气则有异。……性则宽褊昏明名不得，是性莫不同也。（《张子全书·语录抄》，卷十二，页七）

性为万物之一源，而非人类所独有，故："尽性，然后知生无所得，则死无所丧。"（《张子全书·正蒙·诚明篇第六》，卷二，页十七）性为人类所同有，故人之性相同。天地之性之在人，正犹水性之在冰，虽有在人与否之别，皆为天地之性也。人之有天地之性，又犹物之受光，人所得天地之性虽有大小之不同，仍同为天地之性也。

气质之性，为性之行于气质中者。张横渠曰：

> 天所命者，通极于性，遇之吉凶不足以戕之。……性通乎气之外，命行乎气之内。气无内外，假有形而言尔。（《张子全书·正蒙·诚

明篇第六》，卷二，页十七至十八）

性犹有气之恶者为病。（《张子全书·语录抄》，卷十二，页七）

天所命者为性，命行乎气之内，即性行于气质中，而为气质之性。性既行于气质中，必受气质之害；故气质之性不是天地之性。但天所命者，通极于性，故气质之性与天地之性相通也。

气质之性又名攻取之性。张横渠曰：

湛一气之本，攻取气之欲。口腹于饮食，鼻舌于臭味，皆攻取之性也，知德者属厌而已。不以嗜欲累其心，不以小害大、末丧本焉尔。（《张子全书·正蒙·诚明篇第六》，卷二，页十八）

饮食男女皆性也，是乌可灭？（《张子全书·正蒙·乾称篇第十七》，卷三，页二十一）

饮食、男女，口腹于饮食，鼻舌于臭味，皆攻取之性也。

气质是不同的，张横渠曰：

气质犹人言性气。气有刚柔、缓速、清浊之气也。质，才也。气质是一物。若草水之生，亦可言气质。（《张子全书·经学理窟·大学原上》，卷六，页八）

凡物莫不有是性，由通蔽开塞，所以有人物之别；由蔽有厚薄，故有智愚之别。塞者牢不可开，厚者可以开而开之也难，薄者开之也易。开则达于天道，与圣人一。（《张子全书·性理拾遗》，卷十四，页二）

气质有通蔽开塞之别，又有刚柔缓速清浊之异。

大凡宽褊者，是所禀之气也。气者，自万物散殊时，各有所得之气；习者，自胎胞中以至于婴孩时，皆是习也；及其长而有所立，自所学者，方谓之学。性则分明在外，故曰气其一物尔。气者在性习之间，性犹有气之恶者为病，气又有习以害之，此所以要鞭辟至于齐，强学以胜其气习。其间更有缓急精粗，则是人之性虽同，气则有异。天下无两物一般，是以不同。孔子曰："性相近也，习相远也。"性则宽褊昏明名不得，是性莫不同也，至于习之异斯远矣。（《张子全书·语

录抄》，卷十二，页六至七）

气质既不同，气质之性亦因之而不同。张横渠曰：

> 天下凡谓之性者，如言金性刚，火性热，牛之性，马之性也，莫非固有。（《张子全书·性理拾遗》，卷十四，页二）
>
> 性美而不好学者无之，好学而性不美者有之，盖向善急便是性美也。（《张子全书·语录抄》，卷十二，页八）
>
> 释氏之说所以陷者，以其待天下万物之性为一，犹告子生之谓性。（同上，页四）

人物之气质之性，乃系生而固有者。因人之气质不同，故人之气质之性亦不同；因物之气质各异，故物之气质之性亦各异。若不知此，而谓人物之气质之性皆相同，则错误矣。

学能变化气质。张横渠曰：

> 人之刚柔缓急，有才与不才，性之偏也。天本参和不偏，养其性，反之本而不偏，则尽性而天矣。……德不胜气，性命于气；德胜其气，性命于德。穷理尽性，则性天德，命天理。气之不可变者，独死生修夭而已。故论死生则曰有命，以言其气也。（《张子全书·正蒙·诚明篇第六》，卷二，页十九）

人之气质虽偏，但天本参和不偏；故养其气，可以反之本而不偏。

> 人之气质美恶与贵贱夭寿之理，皆是所受定分。如气质恶者，学即能移；今人所以多为气所使，而不得为贤者，盖为不知学。（《张子全书·经学理窟·气质》，卷五，页四）
>
> 变化气质。孟子曰：居移气，养移体。况居天下之大居者乎？居仁由义，自然心和而体正。更要约时，但拂去旧日所为，使动作皆中礼，则气质自然全好。……大抵有诸中者必形诸外，故君子心和则气和，心正即气正。（同上）

既能变化气质，故气质之性亦可反于天地之性。张横渠曰：

性不美，则学得亦转了。（《张子全书·语录抄》，卷十二，页八）

性于人无不善，系其善反不善反而已。（《张子全书·正蒙·诚明篇第六》，卷二，页十八）

天地之性善，气质之性有不善；天地之性美，气质之性有不美。若用学之功夫，则气质之性之不善者可反于善，不美者可反于美，而反于天地之性矣。故曰：

形而后有气质之性，善反之，则天地之性存焉；故气质之性，君子有弗性者焉。

（二）心

心乃由性而来，张横渠曰：

合虚与气，有性之名；合性与知觉，有心之名。（《张子全书·正蒙·太和篇第一》，卷二，页三）

心与性之分别，即性无知觉，而心则有知觉。心为合性与知觉而成，故含有性与知觉两种性质。因心含有性之性质，故心之知识由心之作用而来；因心含有知觉之性质，故心之知识由五官之感觉而来。

心之知识由五官之感觉而来，张横渠曰：

人谓己有知，由耳目有受也；人之有受，由内外之合也。（《张子全书·正蒙·太心篇第七》，卷二，页二十一）

心所以万殊者，感外物为不一也；天大无外，其为感者絪缊二端而已。物之所以相感者，利用出入，莫知其乡，万物之妙者欤！（《张子全书·正蒙·太和篇第一》，卷二，页五；《张子全书·易说下》，卷十一，页二十四）

有无一，内外合，此人心之所自来也。……无所不感者，虚也，感即合也，咸也。以万物本一，故一能合异；以其能合异，故谓之感。若非有异，则无合。天性乾坤阴阳也，二端故有感，本一故能合。天地生万物，所受虽不同，皆无须臾之不感，所谓性即天道也。（《张子全书·正蒙·乾称篇第十七》，卷三，页二十一至二十二）

人若专恃五官之感觉而得知识，则其知识甚小。张横渠曰：

由象识心，徇象丧心。知象者心，存象之心，亦象而已，谓之心可乎？（《张子全书·正蒙·大心篇第七》，卷二，页二十一）

言尽物者，据其大总也。今言尽物者，未说到穷理，但恐以闻见为心，则不足以尽心。人本无心，因物为心。若只以闻见为心，但恐小郤（同"隙"）心。今盈天地之间者，皆物也，如只据己之闻见，所接几何，安能尽天下之物？所以欲其尽心也。穷理则细微甚有分别。若便谓推类以穷理为尽物，则是亦但据闻见上推类，郤见闻见，安能尽物？今所言尽物，盖欲其尽心耳。（《张子全书·语录抄》，卷十二，页九）

五官之感觉必有物之形象作对象，故由物之形象然后可见心之知识；但若专恃五官之感觉而得知识，则将徇象丧心，而其知识甚小矣。吾人当扩充知识，以尽知天下之物；欲尽知天下之物，必须穷万物之理。若恃五官之感觉以知天下之物，则不能尽知天下之物；盖因天下之物无穷，而五官之感觉有限，实不能尽知天下之物也。若据五官之感觉所知之物，而作类推，则仍以五官之感觉为范围，而不能尽知天下之物。"故圣人则不专以闻见为心，故能不专以闻见为用。"（《张子全书·正蒙·乾称篇第十七》，卷三，页二十一至二十二）且"知合内外于耳目之外，则其知也过人远矣"（《张子全书·正蒙·大心篇第七》，卷二，页二十一）。

心之知识由心之作用而来。张横渠曰：

大其心，则能体天下之物；物有未体，则心为有外。世人之心止于闻见之狭，圣人尽性，不以见闻梏其心，其视天下，无一物非我。孟子谓尽心则知性知天以此。天大无外，故有外之心，不足以合天心。见闻之知乃物交而知，非德性所知，德性所知，不萌于见闻。（《张子全书·正蒙·大心篇第七》，卷二，页二十一）

由心之作用而得之知识即德性之知识，德性之知识只能由心之作用而得之，而不能由五官之感觉而得之。欲扩充心之作用，必须养心使之伟大。而"求养之道，心只求是而已。盖心弘则是，不弘则不是。心大则百物皆通，心小则百物皆病。悟后心当弘，触理皆在吾术内，睹一物又敲点着此心，临一事又记念着此心，常不为物所牵引去"（《张子全书·经学理窟·气质》，卷五，页六至七）。如此久之，则其心可大至无外，而与天心合一矣。

人若依心之作用而得知识，则其知识甚大。张横渠曰：

> 盖心本至神。（《张子全书·经学理窟·义理》，卷六，页三）
> 天之明莫大于日。故有目接之，不知其几万里之高也。天之声莫大于雷霆，故有耳属之，莫知其几万里之远也。天之不御莫大于太虚，故心知廓之，莫究其极也。人病其以耳目见闻累其心，而不务尽其心。（《张子全书·正蒙·大心篇第七》，卷二，页二十一至二十二）

耳目之见闻虽可达于几万里之外，但心之作用则可廓张太虚之广大于无穷。故依心之作用而得之知识甚大，而心之作用之神妙不测亦可见矣。

横渠之学

钱 穆

编者按：本文选自《濂溪百源横渠之理学》（原载《东方杂志》1946 年第 42 卷第 10 辑）中论述"横渠之学"的内容。标题为编者根据内容拟定。钱穆（1895—1990），字宾四，笔名公沙、梁隐等，江苏无锡人。中国现代历史学家、思想家、教育家。曾任教于燕京大学、北京大学、清华大学、北平师范大学、西南联合大学、齐鲁大学、武汉大学、浙江大学、华西大学、四川大学、昆明五华书院、云南大学、江南大学等校。1949 年南赴香港，创办新亚书院。1967 年迁居台北。其著作有《先秦诸子系年》《中国近三百年学术史》《国史大纲》《中国历代政治得失》《中国历史精神》《中国思想史》《宋明理学概述》等多部。

第二期宋学，以周、邵、张、程为主，而濂溪、百源、横渠三家，又与二程微不同。前者如佛学之空、有二宗，后者如佛学之台、贤、禅三家；前者偏于本体之探讨，后者偏于功夫之修证；前者偏向宇宙万物，后者偏向一己内心。

…………

濂溪乃宋学中道家，百源乃宋学中阴阳家，则横渠确是宋学中儒家。彼乃儒家中之荀子，属于尚礼一派。横渠思理缜密，精于辨析，彼在《正蒙》中剖辨道、释与儒家异同，对当时儒学复兴有大贡献。正如荀子有《正论篇》《非十二子篇》等，但横渠最大著作，则为《西铭》。今先录其全文：

乾称父，坤称母，予兹藐焉，乃浑然中处。故天地之塞，吾其体；天地之帅，吾其性。民，吾同胞；物，吾与也。大君者，吾父母宗子；其大臣，宗子之家相也。尊高年，所以长其长；慈孤弱，所以幼其幼；圣，其合德；贤，其秀也。凡天下疲、癃、残、疾、惸、独、鳏、寡，皆吾兄弟之颠连而无告者也。于时保之，子之翼也；乐且不忧，纯乎孝者也。违曰悖德，害仁曰贼，济恶者不才，其践形惟肖者也。

知化则善述其事，穷神则善继其志；不愧屋漏为无忝，存心养性为匪懈。恶旨酒，崇伯子之顾养；育英才，颍封人之锡类。不弛劳而厎豫，舜其功也；无所逃而待烹，申生其恭也。体其受而归全者，参乎；勇于从而顺令者，伯奇也。富贵福泽，将厚吾之生也；贫贱忧戚，庸玉汝于成也。存，吾顺事；没，吾宁也。

横渠《西铭》，与濂溪《太极图说》，同为宋儒，有数大文章。程门专以《西铭》《大学》开示学者，并为当时所重如此。《西铭》大理论，只说一个"万物一体"，其实此论并非儒家言。孟子只说："老吾老，以及人之老；幼吾幼，以及人之幼。善推此心，可以保四海。"孟子只主张一种人类同情心之推扩，并未说天地万物本属一体；若说是一体，亦只从人类同情心上说去。其由外面观点，确实指说万物一体者，乃庄周、惠施。庄周属道家，由直观宇宙大化而言万物一体。惠施属名家，由分析名言所指异同而归结到万物一体。庄周由万物实体言，惠施由人心思辨言，皆由理智方面证成万物一体。儒家则专就人类仁孝之心，即人类同情心方面，建立人伦，却不透过一层说万物一体。故儒家思想为中立的、平面的，每不肯透进一层讲话。但道家、名家则要透过平面，深入里一层，后来佛家更然。初期宋学尚多平面话，第二期诸家耐不得，便多不免要透进一层说。濂溪《太极图说》，实也是一种万物一体论。他从宇宙万物创造生成的历史方面来指陈万物一体。横渠《西铭》，却别无万物一体之论证，只就万物一体的见解上来推演人生哲学。孙夏峰谓"《西铭》就既有天地说起，《太极图说》就未有天地说起"，即是此意。

因此《西铭》比较似在平面上讲话，比较近古代儒家思路，故二程极推《西铭》，却不称道《太极图说》。其实《西铭》说法，并非古代儒家所有。如云"天地之塞，吾其体"，此即佛家之法身也；"天地之帅，吾其性"，此即佛家之佛性也。佛学流传中国几百年，此等思想，已深入人心，故宋儒虽存心辟佛，不知不觉间多用了佛义。其实此问题却颇费周张。试问所谓万物一体，究竟应该由内心证成之，还是由外物证成之？在佛家自有他一套理论，但在宋儒却不得不另寻说法。明道《识仁篇》云：

仁者浑然与物同体。《西铭》备言此体，以此意存之，更有何事！

此乃主由内心存证。但稍后伊川，于明道"诚敬存之"之说以外，又补上"致知"一义，又以"格物"为"致知"工夫。直到晦庵，在此方面推阐尽致，便转到由外物来证成此理的一边去。故朱子又要推尊濂溪《太极图说》也。二陆意见则稍近明道，这里便兆出朱陆争端，此乃宋学一大问题。

现在且看横渠自己意思。大体彼所谓万物一体，亦似由外证成，其理论全在《正蒙》。伊川《答横渠书》云：

> 以大概气象言之，则有苦心极力之象，而无宽裕温和之气，非明睿所照，而考索至此，故意屡偏而言多窒，小出入时有之，更望完养思虑，涵泳义理，他日当自条畅。

又《告杨龟山》云：

> 横渠立言诚有过者，乃在《正蒙》，若《西铭》扩前圣所未发，与孟子同功。

明道亦云：

> 《西铭》，横渠文之粹者，充得尽，圣人也。然言有两端，有有德之言，有造道之言。有德之言，说自己事，如圣人言圣人事也。造道之言，则智足以知此，如贤人说圣人事也。

此因二程皆主内心直证，不善物外推寻。而谓横渠只是后一路，尤其《正蒙》，是推索所至，非涵养所达，故不能相契也。今即根据《正蒙》，则知横渠意见，大体仍本《易经》。《正蒙》云：

> 太虚无形，气之本体，其聚其散，变化之客形尔。至静无感，性之渊源，有识有知，物交之客感尔。客感客形与无感无形，惟尽性者一之。

［今按］《易·系》只云："一阴一阳之谓道。"阴阳只是一气，并没有在气外另立一太虚之体。又说："继之者善，成之者性。""继"与"成"亦即指一阴一阳之道言，并没有在一阴一阳之前另立一无感之源。《易·系》代表中国古代儒家思想，还是平面的一元论。横渠则必透进一层，变成双层的、二元的，此正是横渠受佛家影响处。《正蒙》又说：

> 知虚空即气，则有无、隐显、神化、性命通一无二。若谓虚能生气，

则虚无穷，气有限，体用殊绝，入老氏"有生于无"自然之论，不识所谓有无混一之常；若谓万象为太虚中所见之物，则物与虚不相资，形自形，性自性，形性、天人不相待而有，陷于浮屠以山河大地为见病之说。

此处横渠排击佛老，正证其受佛老之影响。若果虚空与气即一非二，何烦却立二名？今云"太虚""气之本体""聚散""变化之客形"，或显已划分为二，若就《易·系》言，只是一气聚散，更无所谓主客与体用。即老庄"有生于无"之说，其实亦系对名言之遮诠，而非为实际之表诠。老庄思想尚是平面的一元的，直要佛书传入，始有双层的二元的想像。横渠虽辟佛，实仍受佛书影响，故谓太虚为气之体，无感为性之源，而曰：

形而后有气质之性，善反之，则天地之性存焉，故气质之性，君子有弗性者焉。

此说为程门所采，朱子极称之，以为：

气质之说，起于张、程，极有功于圣门，有补于后学，前此未曾说到。故张、程之说立，则诸子之说泯矣。

其实只成其为变相的荀子。试问太虚即气，又如何分辨天地与气质？岂非以天地为太虚本体，而以气质为聚散客形乎？如此则天地之性正略如王介甫所谓"未发之性"，气质之性则略如王介甫所谓"已发之情"。惟横渠不言"发"，而言"感"，必以无感为性源，此即天地之性；而以知识为物交后之客感，此即气质之性。则孟子所谓恻隐羞恶辞让是非，何一非物交后之客感？何一非气质之性乎？除却气外，更何来一太虚？除却一切客感，更何来有一无感乎？横渠《正蒙》到底不脱一种上下双层前后两截的二元论，并非平面中立的一元论。

邵尧夫在理学派中是比较最豪放的，他说："所行之路，不可不宽，宽则少碍。"他也不严肃地讲修养问题。濂溪、横渠都注重讲个人修养，理学气皆极重，但二人亦有不同。周元公是一高洁人物，黄鲁直赞他如光风霁月，其理想境界为无欲，如青莲之出污泥而不染。横渠则是艰苦卓绝，他自说：

言有教，动有法，昼有为，宵有得，息有养，瞬有存。

这可见他生活之谨严。他又说：

> 为天地立心，为生民立命，为往圣继绝学，为万世开太平。

这又可见他志愿之宏大。我尝欲为横渠此两节话题一名字，称之为"六有""四为"之学，这是横渠内心外行绝大人格之表现。朱子云：

> 横渠教人道，夜间自不应睡，只为无应接，他人皆睡了，己不得不睡。他著《正蒙》时，或夜里默坐彻晓。他直是恁地勇，方做得。

此等处，他又像是儒家中的墨子。

《正蒙》大义发微

钱 穆

编者按： 本文原载《思想与时代》1947 年第 48 期。

周、张、二程，为北宋理学四大儒。然二程论学旨趣，已不尽同。其于濂溪，虽少尝从游，然终身不甚推挹。于其《太极图说》，更无一言道及。而盛推横渠《西铭》，顾又不许其《正蒙》，曰："横渠立言，诚有过者，乃在《正蒙》。"朱子一尊二程，又确然以濂溪为二程所自出，谓濂溪《太极图说》传自二程。其于横渠，则尊《西铭》，疑《正蒙》，皆本二程之意。后世言宋学，则承袭晦翁，几于奉为定论。惟明末王船山，独宗横渠，特为《正蒙注》，颇辨程、张之异，顾又以《正蒙》比傅于濂溪之《太极图》。此在朱子固已剖辨，谓："《正蒙》说道体处，止是说气，说聚散，其流乃是个大轮回，须是周子说无极而太极最好。"今船山乃谓"《正蒙》《太极》，陈义相同"，是船山仍未脱晦翁樊篱，故牵附太极图为说，于《正蒙》独特处，不仅不能为之洗发，又转益歧之矣。今《正蒙》精义既隐，而空推其《西铭》，若论《西铭》，立言宗旨原本《正蒙》，拔其根而撷其实，又岂为能真知《西铭》者？窃谓欲究周、张、二程论学大体，当各就其所见，分别而观，庶可以得各家之真相。本篇于《正蒙》隐旨，稍加抉发，不仅横渠一家面目从此显露，即濂溪、二程、晦翁之异同，亦可借以推见。治斯学者，倘能继续寻绎，则此篇开其涂辙，绝非小有裨补而已也。

太和所谓道，中涵浮沉、升降、动静、相感之性，是生纲缊、相荡、胜负、屈伸之始。

高忠宪曰："太和，阴阳会合冲和之气也。《易》曰：'一阴一阳之谓道。'张子本《易》以明器即是道，故指太和以明道。盖理之与气，一而二，二而一者也。理无形而难窥，气有象①而可见。假有象者而无形者可默识矣。浮沉、

---

① "象"，原文作"像"，误，径改。

升降、动静也，阴阳二气自然相感之理，是其体也。絪缊交密之状，二气摩荡，胜负屈伸，如日月寒暑之往来，是其用也。"

［按］高注此条最缔当。

朱子曰：此以太和状道体，与发而中节之和无异。

［按］太和乃一气冲和阴阳未分之际，岂可与发而中节之和相拟？朱子盖承程子意而误说也。

王船山曰："《太和篇》首明道之所自处，物之所自生，性之所自受，而作圣之功，下学之事，必达于此而后不为异端所惑，盖即《太极图说》之旨，而发其所涵之蕴也。"

［按］濂溪《太极图说》，用意在说明天地万物所由始，故曰无极而太极。此即寿涯之倡，所谓"有物先天地，无形本寂寥，能为万象主，不逐四时凋"也。刘原父谓"太极乃为气之先，一种无物之物"，此说太极义最的。若必求天地万物何由始，则必涉于渺茫之域。老庄谓"天地万物生于有，有生于无"，"无极而太极"，即此意。朱子谓"理生气"，即本濂溪而微变之者。横渠则屏除此问题不论，即气之一阴一阳者便是道，更不问此气何自始，何自来。惟高忠宪一注，独得其神理。船山此条，谓明"道所自出，物所自生，即《太极图说》之旨"，可谓失之毫厘，谬以千里矣。船山论学，颇得横渠奥旨，而此意实误，不容不辨。

船山又曰："太和，和之至也。道者，天地人物之通理，即所谓太极也。阴阳异撰，而其絪缊于太虚之中，合同而不相悖害，浑沦无间，和之至矣。未有形器之先，本无不和。即有形器之后，其和不失，故曰太和。"

［按］船山以"理"字、"太极"字释道，皆不恰当，皆非横渠本旨。谓阴阳絪缊于太虚之中，亦有语病，辨详后。

太虚无形，气之本体，其聚其散，变化之客形尔。至静无感，性之渊源。有识有知，物交之客感尔。客感客形，与无感无形，惟尽性者一之。

朱子曰："客感客形，与无感无形，未免分截作两段事，圣人不如此说，只说形而上形而下而已。"

［按］横渠又云："气之为物，散入无形，适得吾体。"此即以太虚无形为气之本体也。盖说气犹落在有形一边，故横渠补出气之散而为太虚一层。太虚只是无形，而非无。横渠又曰："气不能不聚而为万物，万物不能不散而为太虚，循是出入，是皆不得已而然也。"是则气聚为万物，气散为太虚，太虚之与万物，不过一气之聚散，并非一气与万物聚散于太虚之中也。何以横渠必为补出太虚一语？盖苟不立太虚之体，则庄生所谓万物以不同形相禅，一气聚散，各自为物，不相关顾，即近于佛氏之轮回，即不免有生死存亡，今为特立太虚之体，则聚为万物，散归太虚，既不如"语寂灭者往而不返"，又不如"徇生执有者之物而不化"。盖横渠用意，正为破轮回，朱子乃谓："《正蒙》说道体处，如'太和''太虚''虚空'云者，止是说气。说聚散处，其流乃是个大轮回。"此断非横渠原义，实不如高忠宪以体用为释（见前引注文）之妙得作者旨趣也。明夫此，则朱子批评此条谓分截作两段事者，亦非也。

《二程遗书》："或问太虚，曰亦无太虚。遂指虚，曰皆是理，安得谓之虚，天下无实于理者。"

［按］依横渠意，当曰太虚皆是气，天下无实于气者。二程可谓理一元论，横渠则气一元论也。横渠于万象纷错之后面，建一太虚以为之体；二程则只就万象纷错中究寻一相通之理，不主于万象后面再立本体，此程张两家之异。至朱子主理生气，则现象、本体转成二元矣。

聚亦吾体，散亦吾体，知死之不亡者，可与言性矣。

船山曰："朱子以横渠言既聚而散，散而复聚，讥其为大轮回。而愚以为朱子之说，反近于释氏灭尽之言。车薪之火，一烈已尽。而为焰为烟为烬，木者仍归木，水者仍归水，土者仍归土，特希微而人不见尔。一甑之炊，湿热之气，蓬蓬勃勃，必有所归，若盦盖严密，则郁而不散。汞见火则飞，不知何往，而究归于地。有形者且然，况其绁缊不可象者乎？故曰往来，曰屈伸，曰聚散，曰幽明，而不曰生灭。生灭者，释氏之陋说也。"

［按］船山此辨，颇得近代科学家物质不灭之精义。然自最近有原子能之发见，则质不可见，而能独存在。质相当于横渠之气，能相当于横渠之虚。横渠以太虚为气之体，更合近代科学分析原子，而最后净存一种能力之义。然则横渠所谓"聚亦吾体，散亦吾体""死而不亡者"，不如以能力不灭之意说之，更为恰当。故曰知此"可以言性"，性即一种能也。横渠归气于虚，即近代归质于能之旨耳，与老、释有无先后之辨实不同，此处最当着眼。

知虚空即气，则有无隐显、神化性命，通一无二。若谓虚能生气，则虚无穷，气有限，体用殊绝，入老氏有生于无自然之论，不识所谓有无混一之常。若谓万象为太虚中所见之物，则物与虚不相资。形自形，性自性，形性天人不相待而有，陷于浮屠以山河大地为见病之说。此道不明，正由懵者略知体虚空为性，不知本天道为用，反以人见之小因缘天地，明有不尽，则诬世界乾坤为幻化，幽明不能举其要，遂躐等妄意而然。遂使儒佛老庄，混然一途。

王船山曰："误解太极图者，谓太极本未有阴阳，因动而始生阳，静而始生阴。不知动静所生之阴阳，为寒暑、润燥、男女之情质，乃固有之蕴，其纲缊充满在动静之先。动静者，即此阴阳之动静，动则阴变于阳，静则阳凝于阴，非动而后有阳，静而后有阴，本无二气，由动静而生，如老氏之说也。"

［按］横渠此条，辟老辟佛，自标己旨，最为明白。至濂溪《太极图说》大意，实本于老氏。故必曰无极而太极。若求天地最先第一因，必陷于无因可得。此正横渠所讥以人见之小，因缘天地，彼见世事常若因果相续。因据以推天地，必谓天地万物有其前因。西方宗教，则谓天地万物由上帝所造，老庄则谓天地万物实无前因，忽然而有，故曰自然。此即濂溪"无极而太极"之本义也。象山与晦庵辨太极图，坚谓"无极"一语本诸老氏，此实有据。今船山因晦翁盛尊太极图，遂曲相弥缝，以《正蒙》《太极》混成一说，而于"无极"二字，避而不论，可见其破绽矣。《太极图说》明曰："太极动而生阳，动极复静，静而生阴。"船山必曰"非动而后有阳，静而后有阴"，此明破《太极图说》，而谓之是《太极图说》，可乎？且如船山语，阴阳二气，早在动静之先，则可以称太极，又何以称无极乎？岂无极中早已有阴阳二气乎？今所以必加明辨者，非以驳濂溪，乃以表《正蒙》也。

《朱子语类》："问：'横渠云太虚即气，太虚何所指？'曰：'他亦指理，但说得不分晓。'曰：'太和如何？'曰：'亦指气。'曰：'他又云由昧者指虚空为性，而不本天道，如何？'曰：'既曰道，则不是无，释氏便直指空了。大要横渠当初说出此道理多误。'"

［按］横渠明云太虚即气，乃朱子偏云太虚指理，则自见横渠为说得不清楚矣。学者其细辨之。

又问："横渠云'太虚即气'，乃是指理为虚，似非形而下。"曰："纵指理为虚，亦如何夹气作一处？"

［按］横渠明说太虚即气，朱门偏要说成太虚即理，学者必从此等处觑破，始能分辨得古人学术真相。

气聚则离明得施而有形。气不聚则离明不得施而无形。方其聚也，安得不谓之客？方其散也，安得遽谓之无？故圣人仰观俯察，但云知幽明之故，不云知有无之故。

王船山曰："聚而明得施，人遂谓之有。散而明不可施，人遂谓之无。不知聚者暂聚客也，非必为常存之主，散者返于虚也，非无固有之实。人以见不见而言之，是以滞尔。"

［按］此条船山解极明析。《正蒙》但论幽明，不论有无。幽明属知识论，有无属本体论。人所不见，只可谓之幽，不可谓之无，太虚即幽也。《正蒙》从未推论到天地未生之前，是《正蒙》独特处。孙夏峰谓"《西铭》就既有天地说起，《太极图说》就未有天地说起"，此说极是。《正蒙》全书，皆是就既有天地说起也。

气之聚散于太虚，犹冰凝释于水。知太虚即气，则无无。故圣人语性与天道之极，尽于参伍之神，变易而已。诸子浅妄，有有无之分，非穷理之学也。

王船山曰："人之所见为太虚者，气也，非虚也。虚涵气，气充虚，无有所谓无者。"

［按］"虚涵气，气充虚"六字，尚非《正蒙》原义。与"阴阳絪缊于太虚之中"同一语病。

太虚为清，清则无碍，无碍故神。反清为浊，浊则碍，碍则形。

程子曰："一气相涵，周而无余。谓气外有神，神外有气，是两之也。清者为神，浊者何独非神乎？"

［按］太虚即气，则清而无碍者亦气也，何尝谓气外有神，神外有气，而两之乎？据《正蒙》原意，气有清浊之分，故有神形之别，是神与形皆气也。程子则谓善与恶皆理，清与浊皆神，二者立意各不同。后人以程纠张，遂两失之。

《朱子语类》："明道说：'气外无神，神外无气。谓清者为神，则浊者非神乎？'后来亦有人与横渠说，横渠却云'清者可以该浊，虚者可以该实'，却不知形而上者还他是理，形而下者还他是气，既说是虚，便是与实对了，既说是清，便是与浊对了。"

［按］横渠之意，谓清可以该浊，虚可以该实者，其实乃总可以该别，全体可以该部分也，此义通观《正蒙》前后文自可知。若定把字面说之，谓虚与实对，清与浊对，则濂溪无极之无，岂不与有对？朱子不彼之非，而必此之辨，何也？

又问："太虚之说，本是说无极，却是说得无字。"曰："无极是该贯虚实清浊而言，无极字落在中间，太虚字落在一边了。"

［按］《正蒙》与《太极图说》本不同，船山谓太虚是太极，误也。朱门强指太虚为无极，仍误。朱子谓虚实落在一边，无极该贯虚实，落在中间，岂不可谓有无落在一边，太虚该贯有无，落在中间乎？

又问："横渠有清虚一大之说，又要兼清浊虚实。"曰："渠初云清虚一大，为伊川诘难，乃云清兼浊，虚兼实，一兼二，大兼小，渠本要说形而上，却成形而下。"

［按］伊川晦翁理气分说，故指理为形而上，气为形而下。横渠则形上形下，只是一气，故晦翁认其为只是形而下也。

或问："横渠先生清虚一大之说，如何？"曰："他是拣那大底说话，来该摄那小底，却不知道才是恁说，便偏了，便是形而下者，不是形而上者。须是兼清浊虚实一二小大来看，方见得形而上者行乎其间。"

［按］此即理兼善恶，神兼清浊之说也。故朱子又云："有此理则清浊虚实皆在其中。"不悟如此，又成理气对立。《正蒙》独特处，则为唯气一元。

又横渠言清虚一大为道体，是于形器中拣出好底来说耳，《遗书》中明道尝辨之。

［按］明道云："子厚以清虚一大名天道，是以器言，非形而上者。"又云："横渠立清虚一大为万物之源，恐未安。须兼清浊虚实，乃可言神。道体物而不遗，不应有方所。"此皆朱子所本。横渠正欲指出气即是道，形上者从形下见，非由形上产出形下也。

王船山曰："其在于人，太虚者，心涵神也。浊而碍者，耳目口体之各成其形也。碍而不能相通，故嗜欲止于其所便利，而人己不相为谋。官骸不相易，而目不取声，耳不取色，物我不相知，则利其所利，私其所私。聪明不相及，则执其所见，疑其所罔，圣人知气之聚散无恒，而神通于一，故存神以尽性，复健顺之本体，同于太虚，知周万物，而仁覆天下矣。"

［按］船山此条，颇可与《正蒙》本义相发明。心与耳目口体之别，亦全体与部分之别也。

由太虚，有天之名；由气化，有道之名；合虚与气，有性之名；合性与知觉，有心之名。

朱子曰："本只是一个太虚，渐细分得密尔。且太虚便是四者之总体，而不离乎四者而言。'由气化，有道之名'，气化是阴阳造化，寒暑昼夜，雨露霜雪，山川木石，金水火土，皆是。只此便是太虚，但杂却气化说。虽杂气化说，而实不离乎太虚，未说到人物各具当然之理处。'合虚与气，有性之名'，有这气，道理便随在里面，无此气，则道理无安顿处。如水中月，须是有此水，方映得月。心之知觉，只是那气之虚灵底。聪明视听，作为运用，皆是。有这知觉，方运用得这道理。所以张子说：'人能弘道，是心能尽性，非道弘人，是性不知检其心。'邵子说：'心者，性之郭郭。'此等语皆秦汉以下人道不到。"

［按］朱子此条，初看似颇合横渠本意，细味仍是朱子自己意见。他说"合虚与气，有性之名"，以为有这气，道理便随在里面，无此气，则道理无安顿处。是仍认太虚为理，由气而见。横渠本意，则谓太虚即气，并非以太虚安顿在气里也。然则横渠何以又谓"合虚与气"乎？盖横渠之意，太虚是总体之名，气是个别之名，若仅有总体，不散为个别，则太虚无形，至静无感，便不见有所谓性。但若散为个别，而更无总体存在，则亦将无性可言。故必合虚与气，而始有性之名，此即前引"客感客形与无感无形，惟尽性者能一之"之说也。

朱子曰"由气化，有道之名"，如所谓"率性之谓道"是也。然使明道形容此理，必不如此说。

［按］"由气化，有道之名"，乃一阴一阳之谓道，非"率性之谓道"也。朱子心中自存"性即理""理生气""太虚即指理"等观念，故说如此。

两不立，则一不可见；一不可见，则两之用息。两体者，虚实也，动静也，聚散也，清浊者，其究一而已。

高忠宪曰："本一气而已，而有消长，故有阴阳。有阴阳，而后有虚实动静聚散清浊之别也。"

［按］高注此条，本一气而已，语最透截。非言阴阳，则无以见一气。非言太虚与气，亦无以见一气。《正蒙》必立太虚与气之两者，其意亦在使人更见一气之真耳。故曰"两体者，虚实也，动静也，聚散也，清浊也"。"清虚静散"四字，皆属太虚一边，惟横渠之意，则谓清虚静散可以该浊实动聚而已。

感而后有通，不有两，则无一。故圣人以刚柔立本，乾坤毁则无以见易。
（以上《太和篇》）

王船山曰："籍令本无阴阳两体虚实清浊之实，则无所容其感通，而谓未感之先初无太和，亦可矣。今既两体各立，则溯其所从来，太和之有一实，显矣。非有一，则无两也。"

［按］王注此条，论太和有一实，极是。太虚即太和也，乌得

谓太虚非有一实？此即高忠宪所谓"本一气而已"也。

一物两体，气也，一故神，（两在故不测。）**两故化，**（推行于一。）**此天之**①**所以参也。**（《参两篇》）

朱子曰："此语极精。一故神，只是这一物周行乎事物之间，如阴阳屈伸往来上下，以至于行乎十百千万之中，无非这一个物事。所以谓'两在故不测'。'两故化'，凡天下之事，一不能化，惟两而后能化。且如一阴一阳，如能化生万物，虽是两，要之亦推行乎此一耳。"

［按］横渠谓一物而两体，并非谓别有一物周行乎事物之间也。朱子谓这一个事物者，乃指理言。若横渠，则明明谓一物两体只是气。

朱子曰："一是一个道理，却有两端，用处不同。譬如阴阳，阴中有阳，阳中有阴，阳极生阴，阴极生阳，所以神化无穷。"

［按］横渠原义，一是一个气，气一物而两体。惟其是一物，故神，惟其是两体，故化。若一是一个理，理与气已成两体，非一物。若是一物，则仍是一个气。

高忠宪曰："一物两体，即太极两仪也。太极，理也，而曰气者，气以载理，理不离气也。气唯一物，故无在无不在，而神是两者，以一而神妙也。气惟两体，故一阴一阳，而化是一者，以两而变化也。"

［按］高注此条，以太极释一物，乃指《易经》之太极言，不指濂溪《太极图说》言，较为无病。又云"太极，理也"，似仍未脱净朱子牢笼，然下文紧接而曰气者而解释之，终为扣紧横渠《正蒙》原旨，故不为病也。

天体物而不遗，仁体事无不在也。（《天道篇》）
朱子曰："体物，犹言为物之体也，盖物物有个天理。凡言体，便是做他那骨子，本是言物以天为体。"

---
① "之"，原文作"王"，据《张载集》改。

［按］天即太虚，上文"由太虚，有天之名"是也。物物都以天为体，却非以天理为体。横渠只言万物一体，不言万物一理。

神，天德；化，天道。德，其体；道，其用。一于气而已。
高忠宪曰："不外乎阴阳，故曰一于气而已。"

［按］《易》云："非至德，至道不凝焉。"此与老庄先道而后德者适相反。濂溪《太极图说》，则先道而后德也。

神无方，易无体，大且一而已尔。
高忠宪曰："既大且一，故无方所，无形体之可求也。"

［按］此大且一者，即神也，亦即太虚也，故曰清虚一大。高注极是。岂如程子所云"清虚一大，便落方所，为形而下乎"？

气有阴阳，推行有渐为化，合一不测为神。《中庸》曰"至诚为能化"，孟子曰"大而化之"，皆以其德合阴阳，与天地同流而无不通也。世人取释氏销碍入空，学者舍恶趋善以为化，此直可为始学遣累者，薄乎云尔，岂天道神化所可同日①语哉！
朱子曰："'神化'二字，虽程子说得亦不甚分明，惟是横渠推出来。"
王船山曰："释氏以真空为如来藏，谓太虚之中本无一物，而气从幻起，以成诸恶。为障碍真如之根本，故斥七识乾健之性，六识坤顺之性，为流转染污之害源。"

［按］横渠盖以天地为一气所充周，此即神也。万物乃一气所转变，此即化也。神化尽在一气，自与释氏真空之见不同，亦与老庄由无生有自然之论有辨。

神化者，天之良能，非人能。故大而位天德，然后能穷神知化。

［按］天者全体之称，人则个别之辞。人求穷神知化，必先由个别中解放，以期达到天德全体之境而后可。此与释氏销碍入空近似

---

① "曰"为衍文。此段话为《正蒙·神化篇》之摘录，语不全。

而有辨，亦非老庄游心于无之说。细味《正蒙》前后文，可得其趣，即所谓德合阴阳，与天地同流而无不通也。

无我而后大，大成性而后圣，圣位天德不可致知谓神。故神也者，圣而不可知。

［按］位天德，即无我也。性必合虚与气而成，故大而后能成性也。

徇物丧心，人化①物而灭天理者乎？存神过化，忘物累而顺性命者乎？
高忠宪曰："徇物欲即灭天理，忘物累即顺性命。间不容发。"

［按］徇物，谓拘于个别，而忘其全体也。存神，则存其大全，以范围乎个别而不失矣。

无我，然后得正己之尽；存神，然后妙应物之感。范围天地之化而不过，过则溺于空，沦于静，既不能存夫神，又不能知夫化矣。（以上《神化篇》）

［按］范围天地之化而过者，如释之言真空，老之言守静是也。无我则合一不测矣，存神则忘物顺性矣，此皆合虚与气，融小我入大一之旨。

天人异用，不足以言诚；天人异知，不足以尽明。所谓诚明者，性与天道不见乎小大之别也。
王船山曰："《中庸》曰'天命之谓性'，为人言，而物在其中。又曰'率性之谓道'，则专乎人，而不兼乎物矣。物不可谓无性，而不可谓有道。道者，人物之辨，所谓人之所以异于禽兽也。故孟子曰'人无有不善'，专乎人而言之。善而后谓之道。泛言性，则犬之性、牛之性，其不相类久矣。尽物之性者，尽物之理而已。虎狼噬人以饲其子，而谓尽父子之道，亦率虎狼之性为得其道而可哉？禽兽无道者也，草木无性者也。张子推本神化，统动植于人而谓万物之一源，切指人性，而谓尽性者不以天能为能。同归殊途，两尽其义，其视程子以率性之道为人物之偕焉者，得失自晓然易见。"

又曰："性虽在人而小，道虽在天而大。以人知天，体天于人，则天在我而

---

① "化"，原文作"非"，据《张载集》改。

无小大之别也。"

[按]合虚与气，即天人合一也，此惟人能之，而物不能。物者，气而已，不复合虚，此横渠之所以异夫老庄也。船山本此辨张、程之异，极是有见。

性者，万物之一源，非有我之得私也。惟大人为能尽其道，是故立必俱立，知必周知，爱必兼爱，成不独成。彼自蔽塞而不知顺吾理者，则亦未如之何矣。

朱子曰："所谓性者，人物之所同得。非惟己有是，人亦有是；非惟人有是，物亦有是。"

王船山曰："此章统万物于一源，溯其始而言之，固合人物而言。而曰立曰成，则专乎人之辞尔。"

[按]船山此条，较朱子为尤惬。朱子专本性即理言，船山据率性之为道言，两者自有区别也。

天能谓性，人谋谓能。①**大人尽性，不以天能为能，而以人谋为能，故曰"天地设位，圣人成能"。**

王船山曰："尽心为尽性之实功。天地有其理，诚也；圣人尽其心，诚之者也。"

[按]船山此条，以孟子尽心为尽性实功说之，亦是。朱子注《孟子》，却倒说了，谓尽性而后能知心。此是程、朱与横渠见解不同处。

尽性，然后知生无所得，则死无所丧。

高忠宪曰："生死者，形也。性岂有生死哉？"

[按]此乃横渠言性异孔孟处。

未尝无之谓体，体之谓性。

《朱子语类》："问：'横渠说："天性在人，犹水性之在冰，凝释虽异，其理一也。"又言"未尝无之谓体，体之谓性"。先生皆以其言为近释氏冰水之

---

① 两"谓"字，原文均作"为"，据《张载集》改。

喻，有还元反本之病，云近释氏则可。"未尝无之谓体，体之谓性"，盖谓性之为体本虚，而理未尝不实，若与释氏不同。'曰：'他意不是如此，亦谓死而不亡耳。'"

[按] 横渠谓性死而不亡者，盖指性合太虚与气而成，言其太虚之体则未尝亡也。然横渠此义，实近释氏。朱子辨之甚是。盖横渠论性，固与程、朱异，亦与孔、孟不同。船山之辨，亦彰其一而昧其一也。

性通乎气之外，命行乎气之内，气无内外，假有形而言尔。

王船山曰："人各有形。形以内，为吾气之区宇；形以外，吾之气不至焉，故可立内、外之名。性命乎神，天地万物，函之于虚灵而皆备。然则命者私也，性者公也，性本无蔽，而命之戕性，惟不知其通极乎性也。"

[按]《中庸》曰"天命之谓性"，而船山谓命之戕性，盖谓由偏害全也。然横渠此等处，本与孔孟不同，孔孟未尝言性通乎气之外也。

天性在人，正犹水性之在冰。凝释虽异，为物一也。受光有小大昏明，其照纳不二也。

《朱子语类》："问：'水冰之说，何谓近释氏？'曰：'水性在冰，只是冻凝成个冰，有甚造化？及其释，则这冰复归于水，便有迹了。与天性在人自不同。'曰：'程子"器受日光"之说便是否？'曰：'是。除了器，日光便不见，却无形了。'"

[按] 此处见张、程两家论性异点。若如器受日光之说，则光、器终是二物，故成朱子之理气二元论。横渠冰、水之喻，冰、水只是一实，故为唯气一元论也。

高忠宪曰："以水喻天，以冰喻人，以凝释喻生死，以受光喻气禀之不同，以照纳喻性之不二。"

[按] 横渠言天性之于人，正犹太虚之与气。横渠极不愿言轮回，故于气外又言太虚。又极不愿言生死，故以冰水之喻说性。横渠本意，求欲超轮回而出死生，其实受佛家影响甚大。孔孟言性，则如水之凉，

火之热，水灭火熄，凉与热亦自不在。至于人生之不朽，则别自有在。其言仁，亦不从万物一体之说。此皆宋儒与先秦相异绝大节目。学者不仅当分别周、张、程、朱，又当分别宋与先秦。各各分别而观，则自得各家之真相也。

性其总，合两也；命其受，有则也。不极总之要，则不至受之分。天所[①]**自不能已者谓命，不能无感者谓性。虽然，圣人犹不以所可忧而同其无忧者，有相之道存乎我也。**

《朱子语类》："问：'横渠谓"所不能无感者谓性"。性只是理，安能感？恐此言只可名心否？'曰：'横渠此言，虽未亲切，然亦有个模样。虽感固是心，然所以感者，亦是此心中有此理，方能感。理便是性，但将此句要来解性，便未端的。'"

又问："横渠言'物所不能无感谓性'，此语如何？"曰："有此性，自是因物有感，见于君臣父子日用事物当然处，皆感也。所谓'感而遂通'是也。此句对了'天所不能自已谓命'，盖此理自无止息时，昼夜寒暑，无一时停，故'逝者如斯'，而程子谓'与道为体'，这道理今古昼夜无须臾息，故曰'不能已'。"

[按]横渠言性，犹其言太虚，言天，故曰合两之总。迨其命于人，则由全至别，由总至分，犹太虚之为气矣。故既曰"合虚与气，而有性之名"，又曰"不极总之要，则不至受之分"。盖欲尽我禀受之分，则必上穷天命之全也。迨夫性之既禀而有分，则彼我不能无相感，天地无忧，是至静无感，性之源也。圣人辅相天地而有忧，是物交之客感。必客感与无感相一，而后谓之尽性，即极总之要，乃至受之分之意也。故又曰："有无虚实通为一物者，性也；不能为一，非尽性也。"又曰："性通极于无，气其一物尔。"朱子两条，皆牵搭"理"字为释，非横渠真义。

湛一，气之本。攻取，气之欲。口腹于饮食，鼻舌于臭味，皆攻取之性也。知德者，属厌而已。不以嗜欲累其心，不以小舍大、末丧本焉尔。

朱子曰："湛一是未感物之时，湛然纯一，此是气之本。攻取如目之欲色，耳之欲声，便是气之欲。"曰："攻取是攻取那物否？"曰："是。"

---

① "所"，原文作"明"，据《张载集》改。

［按］攻取，即气质之性也；湛一，则天地之性也。攻取，亦所谓不能无感者耳，故曰"属厌而已"。口腹不能无饮食，鼻舌不能无臭味，惟此皆别于人人，不以此害其性之大全之源可也。

形而后有气质之性，善反之则天地之性存焉。故气质之性，君子有弗性者焉。

朱子曰："天地之性，则太极本然之妙，万殊之一本者也；气质之性，则二气交运而生，一本而万殊也。"

又曰："天地之性，是理也。才到有阴阳五行处，便有气质之性，于此便有昏明厚薄之殊。"

又曰："论天地之性，则专指理而言。论气质之性，则以理与气杂而言之。"

又曰："气质，阴阳五行所为，性即太极之全体。但论气质之性，则此体堕在气质之中耳，非别有一性也。"

［按］天地之性，指其总全而言；气质之性，指其分别而言。总与分，并非二物，不如理与气之异。朱子谓此性堕在气质之中，非横渠意。当云天地之性分散而为气质之性，非天地之性堕在气质中也。

又曰："气质之说，起于张程，极有功于圣门，有补于后学，前人未经说到，故张程之说立，则诸子之说泯矣。"

王船山曰："气质者，气成质而质还生气也。气成质，则气凝滞而局于形，取资于物以灌其质。质生气，则同异攻取，各从其类。故耳目口鼻之气，与声色臭味相取，亦自然而不可拂违。此有形而始然，非太和细缊之气，健顺之常所固有也。旧说以气质之性为昏明强柔不齐之品，与程子之说合。今按张子以昏明强柔得气之偏者系之才，而不系之性，故下章详言之。而此言气质之性，盖孟子所谓耳目口鼻之于声色臭味者尔。盖性者生之理也，均是人也，则此与生俱有之理，未尝或异，故仁义礼知之理，下愚所不能灭，而声色臭味之欲，上智所不能废，俱可谓之为性，而或受于形而上，或受于形而下，初无二理。但形而上者，为形之所自生，则动以清，而事近乎天。形而后有者，资形起用，则静以浊，而事近乎地。形而上者，亘生死，通昼夜，而常伸，事近乎我。形而后有者，困相形，而固将竭，事近乎鬼。则一屈一伸之际，理与欲皆自然，而非由人为。故告子谓食色为性，亦不可谓为非性，而特不知有天命之良能尔。若夫才之不齐，则均是人而差等异，殊非合两而为天下所大总之性，性则统乎人而无异之谓。"

［按］船山此条辨张、程气质之性之不同，辨才性之异，剖析甚微，而实未全是。谓张、程言性相异，是也。辨下章刚柔缓急谓非气质之性，则非也。横渠之意，天地之性乃其全，气质之性乃其偏，然舍偏亦无以见全。故曰"合虚与气，有性之名"，若谓性统乎人而无异，则气质自气质，性自性。船山亦仍有程、朱理气之意梗于胸中，而不自知也。

人之刚柔、缓急，有才与不才，气之偏也。天本参合不偏，养其气，反之本而不偏，则尽性而天矣。性未成则善恶混，故亹亹而继善者，斯为善矣。恶尽去，则善因以亡，故舍曰善，而曰"成之者性"。

王船山曰："程子谓天命之性与气质之性为二，其所谓气质之性，才也，非性也。张子以耳目口体之必资物而安者为气质之性，合于孟子；而别刚柔缓急之殊质者为才。性之为性，乃独立而不为人所乱。盖命于天之谓性，成于人之谓才。静而无为之谓性，动而有为之谓才。性不易见，而才则著，是以言性者但言其才为性隐。张子辨性之功，大矣哉！"

又曰："商臣之蠭目豺声，才也；象之傲而见舜则忸怩，性也。居移气，养移体，气体移则才化，性则不待移者也。"

［按］船山辨才性，其实乃程氏意耳，其语屡见于《遗书》而船山都不有记，何也？其实才性之辨即犹理气之辨，此皆程朱论学大条目。孟子曰："非天之降才尔殊也。"又曰："为不善，非才之罪。未尝异才于性也。"横渠《理窟》有《气质篇》，又有《义理篇》，皆言变化气质。又《学大原篇》上谓："气质犹人言性气，气有刚柔、缓速、清浊之气也；质，才也。惟其能克己则为能变，化却习俗之气性，制得习俗之气，所以养浩然之气。某旧多使气，后来殊减，更期一年，广几无之，如太和中容万物，任其自然。"大抵横渠认气质之性落于偏，非太和中正，故须变化，若曰性不待移，横渠何又屡言成性乎？

德不胜气，性命于气；德胜其气，性命于德。

［按］德，天德，正德也。气，形气，偏气也。德与气合始成性。若德不胜气，则性受命于气，落于一己小我之偏私，此即气质之性也。若德胜其气，则性受命于德，为太和大中至正之性，即天地之性也。

利者为神，滞者为物。是故风雷有象，不速于心，心御见闻，不弘于性。
（以上《诚明篇》）

高忠宪曰："御，止也。为见闻所梏也。风雷犹有象，故不如心之速。心御见闻，故不如性之宏。然则人心无物，则不滞而神矣。"

［按］心御见闻，则易落于形质之偏，故横渠又言："凡物莫不有性，由通蔽开塞，所以有人物之别。由蔽有厚薄，故有智愚之别。"盖物为气质所蔽塞，不能由气反虚，不能合气于虚，故虽有性，亦不得谓之性矣。

大其心，则能体天下之物。物有未体，则心为有外。世人之心，止于闻见之狭。圣人尽性，不以见闻梏其心，其视天下无一物非我。孟子谓尽心则知性知天，以此。天大无外，故有外之心不足以合天心。见闻之知，乃物交而知，非德性所知；德性所知，不萌于见闻。

朱子曰："体犹仁体事而无不在，言心理流行，脉络贯通，无有不到。苟一物有未体，则便有不到处，包括不尽，是心为有外。盖私意间隔，而物我对立，则虽至亲，且未必能无外矣。"

问体之义，曰："此是置心在物中，究见其理，如格物致知之意，与体用之体不同。"

［按］朱子"置心在物中，究见其理"云云，乃程子意，非横渠意。横渠正言体用之体，犹《西铭》"天地之塞我其体"也。横渠以万物为一体，故视天下无一物非我，故须无我，此指小我言。须大其心，此指闻见之心言。必使此心无外，则位天德而合乎性矣。故曰"合性与知觉，有心之名"。见闻之心，有知觉而不能合性，依横渠之意，即不谓之心可也。

问："如何得'不以见闻梏其心'？"曰："张子此说，是说圣人尽性事。如今人理会学，须是有见闻，岂能舍此？先是于见闻上做工夫，到然后脱然贯通，盖寻常见闻，一事只知得一个道理，若到贯通，便都是一理。曾子是已。"

［按］朱子以格物穷理说横渠此条，大非横渠意。明道云："仁者浑然与物同体，识得此理，以诚敬存之而已，更有何事？"此却较近。格物穷理，仍是闻见之心，仍不是与物一体也。

王船山曰："大其心，非故扩之使游于荒远也。天下之物相感而可通者，吾心皆有其理，惟意欲蔽之，则小尔。由其法象，推其神化，达之于万物一源之本，则所以知明处当者，条理无不见矣。天下之物皆用也，吾心之理其体也，尽心以循之，则体立而用自无穷。"

又曰："尽性者，极吾心虚灵不昧之良能，举而与天地万物所从出之理合，而知其大始，则天下之物与我同源，而待我以应而成。"

［按］横渠言万物一体，船山言万物同源；横渠言太和，船山言大始。船山谓万物同出一理，此皆程、朱义，非横渠义。故船山以太极说太虚也。

朱子曰："横渠此说固好，然只管如此说，相将便无规矩，无归著，入于邪遁之说，此心便瞥入虚空里去了。"

［按］横渠言心无外，言万物一体，实如朱子之评，此心瞥入虚空里去。惟因程明道极推《西铭》，故朱子婉转言之。若论伊川、晦翁自己路脉，则与横渠此等处相隔甚远。

由象识心，徇象丧心，知象者心。存象之心，亦象而已，谓之心可乎？

［按］存象之心，落于形气，不足以合性，故横渠不谓之心也。

耳目虽为性累，然合内外之德，知其为启之之要也。

王船山曰："累者，累之使御于见闻之小尔，非欲定之而后无累也。内者，心之神；外者，物之法象。法象非神不立，神非法象不显。多闻而择，多见而识，乃以启发其心思，而会归于一，又非徒恃存神而置格物穷理之学也。"

［按］内外指形气也，中人自据形气以我为内，以物为外也。合内外之德，由耳目闻见启之，故曰合虚与气，合性与知觉，横渠并不并气与知觉而蔑弃之也。船山必牵搭朱子格物穷理为说，大非横渠原义。

释氏不知天命，而以心法起灭天地，以小缘大，以末缘本，其不能穷而谓之

幻妄，所谓疑冰者欤！

王船山曰："'天命'，太和絪缊之气，屈伸而成万化。'小'，谓耳目心知见闻觉知之限量。'大'者，清虚一大之道体。'末'者，散而之无疑于灭，聚而成有疑于相，缘以起而本无生。盖太虚之中，无极而太极，充满两间，皆一实之府，缘小体视听之知，则但见声色俱泯之为无极，而不知无极之为太极也。"

　　[按]船山此条，牵搭无极、太极，殊非横渠原义。故误以散而之无与聚而成有者同为末，而不知散即太虚，乃本也。凡此横渠原文极明显。后人必牵搭周、张、程、朱在一线上，故终是指说不分明耳。

释氏妄意天性，而不知范围天用，反以六根之微，因缘天地，明不能尽，则诬天地日月为幻妄，蔽其用于一身之小，溺其志于虚空之大，所以语大说小，流遁失中。其过于大也，尘芥六合，其蔽于小也，梦幻人世，谓之穷理，可乎？（以上《大心篇》）

王船山曰："流俗之徇欲者，以见闻域其所知也；释氏之邪妄者，据见闻之所穷，而遂谓无也。致知之道，惟在远此二愚，大其心以体物、体身而已。"

　　[按]大其心以体物，是矣。体身又何说乎？横渠万物一体之旨，船山似始终未领肯也。

以上撮录《正蒙》要旨，又条系程、朱、高、王四家之评释，而较量其异同得失竟。今综合述之，则横渠乃主张唯气一元论者，其大体颇近老庄。惟老庄推论气之原始为无，横渠最所反对。又横渠乃主张万物总为一体论者，而庄子则谓"万物以不同形相禅"，又曰"自其同者视之，则万物一体，自其异者视之，则肝胆楚越"，故老庄实主拆散万物而归之无，横渠则主总合万物以同于一，此其异也。横渠立说，似全本《周易》，然《易》言阴阳，不言万物一体，万物一体之旨，出于墨家。墨翟上本天志，惠施辨析名类，今横渠则借用道家体统，而完成墨家之论旨。故其自言："爱必兼爱，立必俱立，知必周知，成不独成。"而《西铭》则曰"天地之塞，吾其体；天地之帅，吾其性"，此显然为一种全体浑一之主张。惟其全体浑一，故曰"民，吾同胞；物，吾与也"，一视同仁，更无分别。杨龟山疑《西铭》近墨子，其流将遂至于兼爱，殊为有见。惟二程极推《西铭》，故伊川告龟山，谓："《正蒙》立言，诚有过者。《西铭》推理以存义，扩前圣所未发，与孟子性善养气之论同功，岂墨氏之比？《西铭》明理一而分殊，墨氏则二本而无分。老幼及人，理一也。爱无差等，本二也。"伊川以理一说《西铭》，此非横渠本旨。《西铭》立论，本原在于《正蒙》，《西铭》亦《正蒙》中之一节。《正蒙》只言气一，不言理一也。气一则万物总为一体，从此流出，不得再有分殊。明道曾云："《订顽》一篇，意极完备，乃仁之体也。学者其体此意，今有诸己，其地位已高，到此地步，自别有见处，不可穷高极远，恐于道无补也。"盖二程只取《西铭》境界，以自附于其理一之见。若横渠《正蒙》气一之说，则正二程所谓穷高极远，于道无补也。若言分殊，《西铭》既曰"民，吾同胞"，其间更不见有分，故曰"尊高年，所以长其长；慈孤弱，所以幼其幼"，则凡世之高年，皆我之长，皆当尊；凡世之孤弱，皆我之幼，皆当慈。与孟子"老吾老以及人之老，幼吾幼以及人之幼"自不同。孟子乃推此心以及四海，横渠则先立万物总为一体之大前提，何烦再推扩此心乎？故横渠只主大其心，以实体此总全之体，岂尝主张有差等之爱乎？尹和靖曰："人本与天地一般大，只为人自小了，若能自处以天地之心为心，便与天地同体，《西铭》备载此意。"明道尝言："天地之常，以其心普万物而无心；圣人之常，以其情顺万事而无情。"此处乃理一论者与气一论者之相合点，亦其相歧点也。故二程取《西铭》，议《正蒙》，以《西铭》尚有与二程合头处，《正蒙》则歧而远矣。后人欲考各家学术思想之本真，则断当以《正蒙》阐《西铭》，不当以二程意见阐《西铭》也。而朱子则谓"《西铭》要句句见理一而分殊"，不知此成二程之《西铭》，非横渠之《西铭》矣。横渠性气，实有许多近似墨子处。学者若以老庄理论、墨翟精神，会合相通，以读横渠之《正蒙》，则必窈然有深解矣。横渠力辟老，而其言多取之老。又极辟佛，而其义亦多取之佛。如云"天地之塞，吾其体"，此即佛法身也；"天地之帅，吾其性"，此即佛性也。此非横渠有意窃取老佛为说，乃由其入之已深，故能辟之得其要窍，而不自知其染涉之已甚沦浃，而不可洗浣也。

张子立心立命之说即《礼运·大同》之义

罗事宜

编者按： 本文原载《聚学》1947 年第 2 期。罗事宜，生平事迹不详。

周、程、张、邵五子，为宋学之祖，五子中邵偏于数，后世理学家不以为正宗；周、程则途辙相近，薪传有人，蔚然为宋明理学一大宗派。然求其规模阔大，制行坚卓，纯然道者，实无如横渠。横渠之学，与伊洛殊名，而年辈在伊洛上；徒以后继无人，学脉早斩，后世□之，遂以伊洛为径焉。

某尝读《张子全书》，虽非完本（见《志学》期刊第二期，张德钧《跋张子全书》），犹略能知其学以天地万物为一体，而归□□。《西铭》一篇，阐明民胞物与之旨，已足见其精深独到。而其为范育言"为天地立心，为生民立命，为往圣继绝学，为万世开太平"（《张子全书》卷十四《近思录拾遗》，及朱子《近思录》"二、为学大要"），此岂他人所能道哉！

窃尝深维横渠斯言，必有所指，循览注释，朱子则曰："此皆先生以道自任之意。"叶氏采曰："天地以生生为心，圣人参赞化育，使万物各正其性命，此为天地立心也。建明义理，扶植纲常，此为生民立命也。继绝学，谓缵述道统。开太平，谓有王者起必来取法，利泽垂于万世也。"观叶氏之注，其义空泛，益苦其幽眇而难知，深闳而不可测度也。及读《礼运》（《小戴记·礼运》第九），低回往复，循诵者再，与横渠之言，若合符契。

《礼运》云："大道之行，天下为公，选贤与能，讲信修睦。""公"之一字，其所谓天地之心，往圣之学欤！《老子》曰："天地不仁，以万物为刍狗；圣人不仁，以百姓为刍狗。"（《老子章句》五章）夫以百姓、万物为刍狗，则无爱恶之心，无是非之心，混然无间，一视同仁。天地圣人之仁，其实仁之至也，此即所谓"公"矣。故周子云："圣人之道，至公而已矣。或曰：'何谓也？'曰：'天地至公而已矣。'"（《周子全书》卷一《通书·公第卅七》）程子亦曰："仁者，公也，人此者也，……孔子曰'己欲立而立人，己欲达而达人'，'能近取譬，可谓仁之方也'已；尝谓孔子之语仁以教人者，唯此为尽，要之不出于公也。"(《二程遗书》卷九《先生语录》九)是则天心圣学,至公而已矣,立天心,继圣学,为公而已矣。张子视公为仁,阐发仁之义,无微不至。《西铭》篇云:"天地之塞,吾其体;天地之帅,吾其性。民,吾同胞;物,吾与也。""民胞"七字,正《孟子》"亲亲而仁民,仁民而爱物"之说也。故朱子曰:"《订顽》(《西铭》本名)之训,示我广居。"广居者,仁也。

义所以行仁,礼所以行义,故张子教学者,又以礼为先。其言曰:"生有先后,所以为天序;小大高下相并而相形焉,是为天秩。天之生物也有序,物之既形也有秩。知序然后经正,知秩然后礼行。"彼以物之生成有定序,此即所谓礼也,是礼出于天,而非出于人也。其所谓天者,正指礼(自然律)之运行。以虚为德,其发为仁,故曰:"由太虚(即气,气的本性虚而神,具有一切之法则,宇宙万物之原质唯此一种;"天地之塞吾其体"正谓此),有天之名;由气化,有道之名;合虚与气,有性之名;合性与知觉,有心之名。"(张子《正蒙·太和第一》)是则天、道、性、心四者,名异而实同也。天无私覆,地无私载,其心至公而已矣("天地之帅,吾其性"指此),复性之虚明,于天之太虚混同一体,所以成仁也。故《天道篇》云:"天体物而不遗,犹仁体事而无不在也。礼仪三百,威仪三千,无一物而非仁也。"(《正蒙·天道第三》)是则张子之学以礼为用,以仁为归,而立天心,继圣学之所由发欤!

《礼运》又云:"使老有所终,壮有所用,幼有所长,矜寡孤独废疾者皆有所养也。"如夫是,则覆载之人,老安少怀,内无怨女,外无旷夫,壮者无弃置之憾,废疾无告者不受饥寒冻馁之苦,有生有养。求乾坤之不息,岂非"为生民立命"哉!故张子《西铭》云:"尊高年,所以长其长;慈孤弱,所以幼其幼,凡天下疲、癃、残、疾、惸、独、鳏、寡,皆吾兄弟之颠连而无告者也。于时保之,子之翼也;乐且不忧,纯乎孝者也。"是以张子适岁大歉,疏食不凿,犹愧不能以之拯饿殍,甚或咨嗟对案,不食者数四。又尝以为欲致太平必自经界始,贫富不均,教养无法,虽欲言治,亦苟而已。至于欲与学者买田一方,画为数井,以救灾恤患,敦本抑末。(吕大临《张子厚行状》)则其意亦不外使贫者有养,而为生民立命也。

晁错《论贵粟》云:"民贫则奸邪生,贫生于不足,是则欲臻太平,必使民生富厚,民俗醇懿,开其资源,多其积蓄。如《管子》所云:'仓廪实而知礼节,衣食足而知荣辱。'"《孟子》所谓:"圣人治天下,使有菽粟如水火,菽粟如水火,而民焉有不仁者乎?"(《孟子·尽心章句上》)《大学篇》亦云:"生财有大道,生之者众,食之者寡,为之者急,用之者舒,则财恒足矣。"财恒足,庶足以塞千万世之争端乎!故《大同章》云:"货恶其弃于地也,不必藏于己;力恶其不出于身也,不必为己。"如是则明民共财,财恒足而天下永宁矣，岂非"为万世开太平"哉？

余既读《礼运》，因列举四端以与张子立心立命之说相较。探溯原委，久乃豁然，以谓横渠之言，盖出于此。然则非立心立命之说，不足以赅大同之精义，舍《礼运·大同》，无以为立心立命之注脚。若言无所本，则幽眇难知，张子斯说，不免空论矣。故宜两明其旨趣，以促进世界于大同。昔秦凤帅吕公曰："张子之学，善发圣人遗旨。"（《张子行状》）诚哉言乎，是尝有见类于此者矣！

《西铭》口授

枯 木

编者按：本文原载《海潮音》1948年第29卷第2期。枯木，生平事迹不详。观文末题款，当为武林佛学院僧人会觉。

儒家有理学，亦犹佛教之有禅宗。禅则直指心源，理学则直言性理。孔子天人一贯之道，至宋儒有以明其体用之全，殆亦禅宗启发之也。《中庸》曰："天命之谓性，率性之谓道，修道之谓教。"天即理也，人禀天地之正，亦有人欲之私，克人欲而复天理，是谓率性，是谓修道。故圣人行而是为天下则，言而是为天下法。孔子祖述尧舜，宪章文武，此儒家所以称为三代文教者也。

《西铭》，宋儒张载横渠先生所作，读此篇可以窥理学之全貌。凡立身处世，修己治人之道，无不言之恳切有余。昔日佛教专教人出家修行，忽略人天乘为在家修行，建立人道，暗托之于儒家。今人连儒家伦常之道亦唾弃之，而于出世之道益觉空疏孤立，失其基础。故近代之佛教渐衰落，于此为一大原因。况今日之社会情形已非其旧，未可徒知孜孜言出家事，亟宜建立大乘佛教以安定民生，然后出世之高级佛教始有所托，始有施设教化之余地，此为虚公大师历年倡导佛教之意旨者也。故诸生求学，亦须旁通儒家，以为立身处世待人接物，施设教化之方便，且为修己之下学工夫，建立菩萨行之基础，特选此篇授之。

乾称父，坤称母，予兹藐焉，乃混然中处。

乾者，天之健，其理位乎上而覆育万物；坤者，地之顺，其气形乎下而载生万物，故称为父母。则吾兹藐小焉，乃禀天地而生，处乎其间，与之混合而无间。于此便见儒家不仅指生之育之者为父母，乃共天地而总目之也。此为儒家继天立极，建立人道之始。

故天地之塞，吾其体；天地之帅，吾其性。

吾之身受天地造化而生，即天地之正气充塞吾之体矣。吾之性禀天理而成，即天地之大道统率吾之性矣。其视一身关乎天地之重为何如哉？

民，吾同胞；物，吾与也。

吾既禀天地而生，则天下万民亦皆禀天地而生，是为吾之同胞兄弟也。人得天理之全，生为最灵，动植诸物得天地之偏，亦皆同受天之所与也，又恶可不为之爱护乎？

大君者，吾父母宗子；其大臣，宗子之家相也。

君者，才德具备之称。天下一家，君为一家之长，代天行事，统理万民，俾各得其所，是为父母之宗子。其辅弼之者，又为宗子之家相也。凡有关乎民生日用之重，纲纪众事，执劳服役，皆以一身任之，吾能无感于衷乎？然于尊卑长幼，进退出入，宜乎有以礼节之也。

尊高年，所以长其长；慈孤弱，所以幼其幼。

天下之高年一也，皆应尊敬之，所以长吾之长。天下之孤弱一也，皆应慈爱之，所以幼吾之幼。

圣，其合德；贤，其秀也。

圣人者，有以合乎天地之德，可以参赞化育。贤者，亦才德过于常人，是皆吾兄弟中之可敬者也。

凡天下疲、癃、残、疾、惸、独、鳏、寡，皆吾兄弟之颠连而无告者也。于时保之，子之翼也。

其他如身躯不全之疲癃残疾，生活无依之惸独鳏寡，又皆吾兄弟中之困苦颠连之人，以子道言之，宜乎时而保护之，以敦其翼敬也。

乐且不忧，纯乎孝者也。

人之立身天地间，其于上述诸端，乐且不忧，行之余裕，可谓纯乎其孝矣。于此可见儒家之言孝，不仅养其口体，必有言行合乎天理之全，乃称纯孝焉。佛教所言不限于现生，范围尤为广阔，能得父母许可出家修道，度脱累生父母，称为大孝，不亦宜乎？苟如不肖僧人，终日纷纷，不知出家所为何事，则其为不孝甚矣！

违曰悖德，害仁曰贼，济恶者不才，其践形惟肖者也。

人禀天地之理而成形，即有顺乎天性所应尽之职责，苟违背之，是谓悖德。倘或戕灭天理，残杀同类，是有害乎好天地生之仁爱，是之谓贼。其如长恶不悛，不可教化之人，又为不才之甚也。然则其有顺乎天理践其形之所应尽之职责者，其唯肖之者也。

知化则善述其事，穷神则善继其志；

天地之造化大矣，唯有知之者其所言所行，乃有合乎天理，是谓善述其事。神者莫测之功，唯有穷理尽性之人，其犹孝子善述其志者也。

不愧屋漏为无忝，存心养性为匪懈。

孔子曰："十目所视，十手所指，其严乎？"则不愧于屋漏矣，又何忝乎生于天地之间？《诗》曰："夙夜匪懈。"如此存其心，养其性，可谓不懈乎？

恶旨酒，崇伯子之顾养；育英才，颖封人之锡类。

酒为乱性之物，好饮酒不顾父母之养，儒家亦以为戒。崇为国名，伯子指禹而言。禹生平不饮酒，其所以顺养天性为何如乎？郑伯克段于鄢，置其母于城颖，考叔能以孝道启迪之。《诗》曰："孝子不匮，永锡尔类。"其亦有育英才之意欤？

不弛劳而厎豫，舜其功也；无所逃而待烹，申生其功也。

瞽叟不道，舜能本乎天性事之，终致其悦豫，见其存养之有素也。晋太子申生遭骊姬之谮，坐待其烹，所谓夭寿不二，修身以俟之。则存养之功深矣！

体其受而归全者，参乎；勇于从而顺令者，伯奇也。

孔子曰："父母全而生之，子全而归之，可谓孝矣。"曾参为传道统之人，临危之际召其门弟子曰："启予足，启予手。"以示其归全。其实即禀天理之全，而全归之之意也。昔尹吉甫惑于后妻逐伯奇，而伯奇作履霜操，自伤见逐毫无怨色，是勇于从而顺受其正者。如此诸人皆存养有素，不苟于患难，皆足为吾之法也。

富贵福泽，将厚吾之生也；贫贱忧戚，庸玉汝于成也。存，吾顺事；没，吾宁也。

总而言之，立身天地间，顺其天性，存乎德行，求之在我。富贵福泽，天将原吾而生之也，吾顺而受之。贫贱忧戚，天用玉我而成全之也，吾安而行之。生则顺天理而行，乃吾之顺事。没则以此归全之，亦无愧于天地矣。其一种弘规谨让，乾乾不息之意，见于字里行间。学者深味而玩索之，当有得焉。

三十六年十一月于武林佛学院，会觉

张横渠的理学
——《理学纂要》中关于张载理学的论述

蒋伯潜

编者按：本文选自蒋伯潜所著《理学纂要》（正中书局1948年版）之第四章"张横渠"。蒋伯潜（1892—1956），名起龙，又名尹耕，以字行，浙江富阳人。现代学者、教育家。1920年夏，考入北京高等师范国文系，在钱玄同、胡适、鲁迅诸名师熏陶下，学业日进。五四爱国运动中，积极参加游行，并在《新青年》《东方杂志》等刊物上发表文章。1926年秋，参与策动浙江省省长夏超起义，响应国民革命军。次年，任《三五日报》主笔，抨击时政，文名鹊起。抗日战争时期，应邀赴上海大夏大学、无锡国学专修学校任教，同时兼任世界书局特约编审。中华人民共和国成立后，任浙江图书馆研究部主任，同时当选为省第一届人大代表。后调任浙江文史馆研究员。蒋伯潜于经学、文学、校雠目录学等方面均有很深造诣。主要著作有《经与经学》《十三经概论》《经学纂要》《理学纂要》《诸子通考》《诸子学纂要》《中学国文教学法》《校雠目录学》《字与词》《章与句》《体裁与风格》《诗与词》《散文与骈文》等。

与周、邵二子同时而稍后的理学家，有张载和程颢、程颐。张横渠长大程子十二岁，他们初会见时，横渠三十七岁，大程子方二十五岁，且二程子于横渠为外兄弟之子，故以年辈为次，横渠当先于二程。（《宋元学案》置"横渠学案"于二程之后。）

张载，字子厚。先世居大梁。父迪，知涪州，卒于官，乃侨居郿县之横渠镇，故学者称"横渠先生"。少有大志，喜谈兵。尝上书谒范仲淹。仲淹谓之曰："儒者自有名教可乐，何事于兵！"授以《中庸》。乃立志求学。初求之佛老，后恍然曰："吾道自足，何事旁求！"尝讲《易》学于京师。见二程子，与谈《易》，乃告诸生曰："二程深明《易》道，吾不及也，可往师之。"即辍讲。举进士，官云岩令，迁渭州军事判官。召对，除崇文院校书。尝出按狱浙东。寻托病归横渠。又召为同知太常礼院。告归，至临潼，以疾卒，年五十八。

著有《正蒙》《易说》《理窟》《西铭》《东铭》等。《宋史》入《道学传》。

横渠之学，以《易》为宗，以《中庸》为的，以《礼》为体，以孔、孟为极。尝曰："为天地立心，为生民立命，为往圣继绝学，为万世开太平。"其告诸生，亦谓"学必如圣人而后已"。故《宋元学案》全祖望《横渠学案叙录》曰："横渠先生勇于造道，其门户虽微有殊于伊洛，而大本则一也。"

横渠讲学时，尝作二铭，张于讲室的两牖，东曰《砭愚》，西曰《订顽》。小程子见之，曰："是启争端，不若曰《东铭》《西铭》。"这二篇铭，虽作于一时，而《西铭》尤为纯粹广大。程子曰："《订顽》之言，极纯无杂，秦汉以来学者所未到，意极完备，乃仁之体也。"故程门常以《西铭》开示学者。其文曰："乾称父，坤称母；予兹藐焉，乃混然中处。故天地之塞，吾其体；天地之帅，吾其性。民，吾同胞；物，吾与也。大君者，吾父母宗子；其大臣，宗子之家相也。尊高年，所以长其长；慈孤弱，所以幼其幼。圣，其合德；贤，其秀也。凡天下疲、癃、残、疾、惸、独、鳏、寡，皆吾兄弟之颠连而无告者也。于时保之，子之翼也；乐且不忧，纯乎孝者也。违曰悖德，害仁曰贼，济恶者不才，其践形惟肖者也。知化则善述其事，穷神则善继其志。不愧屋漏为无忝，存心养性为匪懈。恶旨酒，崇伯子之顾养；育英才，颍封人之锡类。不弛劳而厎豫，舜其功也；无所逃而待烹，申生其恭也。体其受而归全者，参乎；勇于从而顺令者，伯奇也。富贵福泽，将厚吾之生也；贫贱忧戚，庸玉汝于成也。存，吾顺事；没，吾宁也。"刘蕺山尝谓："此篇乃求仁之学。仁者以天地万物为一体。故民胞物与，痛痒相关。医书谓手足麻痹者曰不仁。彼但知有己，不知有人者，正因不知同体的痛痒，所以不仁。本篇既以吾人之体为天地之体，吾人之性为天地之性，故视天地为父母，天下之人为同胞，天下之物为同类，其胸襟至为阔大。"程子弟子中，有谓《西铭》之主张与墨子兼爱之说无异者。程子谓："《西铭》主张理一分殊，故与墨子兼爱之说不同。"朱子《西铭注》所说，也是如此。其实，二者并不相同。《西铭》是哲学的见解，仍以孔子所说之仁为根据；墨子的兼爱说，则以宗教式的天志为根据，而且有功利的色彩的。

《伊洛渊源录》引吕大临所作横渠的行状说："熙宁九年秋，先生感异梦，忽以书属弟子，乃集所立言，谓之《正蒙》。出示门人曰：'此书予历年致思之所得，其言殆与前圣合。'"可见《正蒙》是张子的重要著作。此书共十七篇：（1）《太和》；（2）《参两》；（3）《天道》；（4）《神化》；（5）《动物》；（6）《诚明》；（7）《大心》；（8）《中正》；（9）《至当》；（10）《作者》；（11）《三十》；（12）《有德》；（13）《有司》；（14）《大易》；（15）《乐器》；（16）《王禘》；（17）《乾称》。

《太和篇》曰："太和所谓道。"是横渠名"道"曰"太和"，故又曰：

"语道者知此，谓之知道。""此"，即指上文所说的"太和"。但又曰："学《易》者见此，谓之见《易》。"则"太和""道""易"，是三位一体的了。"太和所谓道"句下，又申说曰："中涵浮沉、升降、动静、相感之性，是生絪缊、相荡、胜负、屈伸之始。"《宋元学案》引高忠宪公曰："浮沉、升降、动静者，阴阳二气自然相感之理，是其体也。絪缊，交密之状。二气摩荡，胜负屈伸，如日月寒暑之往来，是其用也。"这就是说，"太和"中涵有相对而又能相感的两种性：相感则相絪缊，相摩荡，而生出相对的胜与负、屈和伸的作用。这两种性，无以名之，名之曰"阴阳"。《易·系辞》曰："一阴一阳之谓道。"即是这意思。《太和篇》又曰："两不立，则一不可见；一不可见，则两之用息。两体者，虚实也，动静也，聚散也，清浊也，其究一而已。"所谓"一"，即是"太和"；所谓"两"，即是相对而能相感的两种性，即是所谓"阴阳"。（"浮沉""升降""动静""虚实""聚散"，只是用两两相对的字以说明"阴阳"之相对性。）《参两篇》曰："一物两体，气也。"何以又名之曰"气"呢？《太和篇》曰："散殊而可象为气；清通而不可象为神。"程子批评道："一气相涵，同而无余。谓气外有神，神外有气，是二之也。"其实横渠这两句话，并不是说"气外有神，神外有气"，是就两方面说明所谓"太和"：就其清通而不可象的方面说，则谓之为"神"；就其散殊而可象的方面说，则谓之为"气"。所谓"气"，即指"太和"中所含的阴、阳二性。他所著的《易说》曰："有两则有一，是太极也。……一物而两体，其太极之谓欤？"则又以"太和"指"太极"了。《易·系辞》曰："易有太极，是生两仪。"张子说"太和"中涵有阴、阳二性的气，正与之同。

气不但能"散"，并且能"聚"。故又曰："气之为物，散入无形，……聚为有象。"此云气"聚为有象"，似乎和"散殊而可象者为气"自相矛盾了。其实，所谓"可象"，只是说它仿佛可象，与实有此象不同。气散时，仿佛可象，而实无形；气聚时，方有形，方有象。以其"无形"，故名之曰"太虚"。所谓"散入无形"，即是散入太虚。又曰："太虚不能无气。气不能不聚而为万物，万物不能不散而为太虚，循是出入，是皆不得已而然也。"气聚则为万物，故有形有象；万物死了，毁灭了，便又不能不散为气而复为太虚，故有无形无象。这是不得已而然的。又曰："太虚无形，气之本体。其聚其散，变化之客形尔。"又曰："气聚，则离明得施而有形；气不聚，则离明不得施而无形。方其聚也，安得不谓之'客'？方其散也，安得遽谓之'无'？故圣人仰观俯察，但云知幽明之故，不云知有无之故。"《易·说卦》有"离为目"的话。"离明"即指人目能见之明。气聚而为万物，则人目可见而有形；万物复散为气，则人目不得见而无形。故其有形，只是暂时的，只能谓之"客形"；其无形，只是人目不能见而已，亦不能谓之为真"无"。故又曰："气之聚散于太虚，犹冰凝释于水。知太虚即气，则无'无'。"故他所谓"太虚"，并不是无物的真空，太虚是"气之本体"，不过为人目所不能见，故为无形的，故名之曰"太虚"。人也是万物之一。人之生，不过是气之聚；人之死，不过是气之散。聚散虽殊，其为气也则一。故散亦无所减，无所失；聚亦无所增，无所得。故曰："气之为物，散入无形，适得吾体；聚为有象，不失吾常。"明乎此，则生亦无足恋，死亦无足悲，任化而已。故曰："聚亦吾体，散亦吾体。知死之不亡者，可与言性矣。"又曰："尽性，然后知生无所得，则死无所丧。"此即孟子"夭寿不贰"的说法，自是儒家对于生死的见解。道教的求长生，是对于"生"的依恋，"有"的执着；佛教的阐明无生，则恰是相反的"无"的执着：都和儒家的见解不同。故曰："彼语寂灭者，往而不反；徇生执有者，物而不化。二者虽有间矣，以言乎失道，则均焉。"

《太和篇》又曰："天地之气，虽聚散攻取百涂，然其为理也，顺而不妄。"他于"气"之外，又提出一个"理"字来了。《动物篇》说："生有先后，所以为'天序'。小大高下，相并而形焉，是为'天秩'。天之生物也有'序'；物之既形也有'秩'。"生物的"天序"，成物的"天秩"，大概就是所谓"理"了。生物成物，固然有所谓"理"：气之所以不能不聚而为万物，万物之所以不能不复散为气而入于太虚，所以有这种"不得已而然"的变化，也是循这个"理"而已。但他所谓"理"，只是指"气"之变化的规律秩序而言，并非以"理"与"气"相对立。所以他的"宇宙论"，仍是"一元"的，而不是"二元"的。

《太和篇》又曰："由太虚，有天之名；由气化，有道之名；合虚与气，有性之名；合性与知觉，有心之名。"这几句话，是由"宇宙论"说到心性方面。"太虚"是气之本体，虽有气而无形，其意义和我们常说的"太空"相仿佛。我们常以"太空"指"苍苍者天"，故曰"由太虚，有天之名"。"气化"，则指"太和"中所涵的相对性的阴阳二气之变化。"一阴一阳之谓道"，故曰"由气化，有道之名"。《中庸》曰："天命之谓性。"人性由于天命，故亦得天性之一部分。气聚而为人，故亦为气化之道。故曰"合虚与气，有性之名"。"合虚与气"，就是说合太虚之天与气化之道。《诚明篇》曰："天性在人，正犹水性之在冰。凝释虽异，为物一也。"人性中有天性，和冰中仍有水性一般。水之凝而为冰，也和气之聚而为人一般。人性中有天性，就是得太虚之天的一部分；气之所以凝聚而为人，就是气化之道。人有此天性，又有知觉，所以有种种心的作用。性是心的体，知觉是心的用。故曰"合性与知觉，有心之名"。《诚明篇》又曰："形而后有气质之性。善反之，则天地之性存焉。故气质之性，君子有弗性者焉。"朱子曰："气质之说，起于张程，极有功于圣门，有补于后学。前此未曾有人说到。故张程之说立，则诸子之说泯矣。"可谓推崇之至。横渠所谓"形而后有气质之性"者，"形"即是气聚而成形；成为人之后，方有所谓"气质之性"。"善反之"者，即由气质之性反而复其天地之性。是横渠的论性，是"二元"的了。又曰："天所性者，通极于道；气之昏明不足以蔽之。"是说天地之性无不善，气质之性则因气有昏明，有善有不善了。但又曰："性于人无不善，系其善反不善反而已。"这"性"字似仅指"天地之性"，故以为"无不善"，善反之，则天地之性存焉；不善反之，则纯以气质之性为主了。横渠尝言："为学之要，在自求变化气质。"所谓变化气质，即是求反之天地之性。此即是孟子所云"汤武反之"，也即是李翱所谓"复性"。又曰："湛一，气之本；攻取，气之欲。口腹于饮食，鼻舌于臭味，皆攻取之性也。知德者，属厌而已，不以嗜欲累其心，不以小害大，末丧本尔。"《太和篇》有"天地之气，聚散攻取百涂"的话。则"攻取"原也是天地之气本有的一种作用。天地之气有"攻取"，人由天地之气凝聚而成，当然也有攻取之性。口腹之欲饮食，鼻舌之欲臭味，都是"攻取"。攻取本未必是恶，但若以口腹鼻舌的攻取之欲累其心，则是以小害大，以末丧本了。气质之性有善不善，即是因此。故须善反之，以存其天地之性。不但须能反能存，还须能尽。所谓"尽性"，即尽量扩充其天地之性。此天地之性，为万物所同具，故曰："性者，万物之一源，非有我之所得私也。惟大人为能尽其道。""尽其道"，即是"尽性"。又曰："天地所以长久不已之道，乃所谓诚。"尽其性，尽其道，亦即是"诚"。故曰："自明诚，由穷理而尽性也；自诚明，由尽性而穷理也。"

《大心篇》曰："大其心，则能体天下之物。物有未体，则心为有外。世人之心，止于闻见之狭。圣人尽性，不以闻见梏其心，其视天下，则无一物非我。《孟子》谓尽心则知性知天，以此。天大无外，故有外之心不足以合天心。"世人之心所以小者，因囿于见闻之狭。能不以闻见梏其心，故能大其心。把心境扩大来，则可以体天下之物，视天下之物无一非我。至此，吾心大至无外，方可与无外的天心相合。这就是《西铭》所说的境界，方是所谓"仁"，方是修养到了极处。《大心篇》又曰："以我视物，则我大；以道体物我，则道大。故君子之大也，大于道。大于我者，容不免狂而已。"所谓"大其心"，是说能以道体物，不是说以我视物，所以和妄自夸大的狂，截然不同。又曰："见闻之知，乃物交而知，非德性所知；德性所知，不萌于见闻。"《诚明篇》曰："诚明所知，乃天德良知，非闻见小知而已。"所谓"诚明"，是"天德良知"。"德性所知"是"不萌于见闻"的，故与物交而知的见闻小知绝异。知识方面，必须到此境界，方是真知。故又曰："天人异用，不足以言诚；天人异知，不足以尽明。"则所谓"诚",即大其心而至"天人合一"的境界;所谓"明",即人到此境界时所具之真知了。

  周濂溪于"太极"之上,冠以"无极",似为调和儒家之"太极"与道家之"无极"者。"太极"又似佛教所谓"依言真如","无极"又似佛教之"离言真如"。但谓"无极而太极",则似以"无"为根据了。横渠只说到"太极",不提"无极",其所谓"太虚"者,又不可谓之"无",且批评《老子》"有生于无"之说,以为错了,则是以"有"为根据的。此二子根本不同处。横渠提出一"气"字,又以性为有"天地之性""气质之性",亦为周子所未尝说及的。濂溪对于佛教,殊少显著的排斥之论。横渠著作中,则排佛之言甚多。如斥佛教之"以山河大地为见病","以六合为尘芥","以人生为幻妄","以有为赘疣","以世为荫浊"……这些正是《楞严经》的世界观、人世观,所谓"销碍入空"者。这是二子对于佛教的态度不同之处。横渠的书中,说《易》,说《中庸》,说礼乐,说为学之道……还有许多的话,原书具在,可以参阅,不复赘录。

后记

《二十世纪前期关学研究文献辑要·张载研究》是业师刘学智先生和我近年搜集整理和研究近现代学术转型背景下张载研究文献的重要结集，也是我们在此前关学研究基础上进一步拓展推进的成果之一。

早在2017年我将主要心力投入到关学研究中时，就注意到关学在近现代的学术转型和现代研究问题，同时开展了20世纪前期关学研究文献的搜集、编目与整理、研究。对此，业师刘学智先生给予了充分的肯定和积极的鼓励。但是由于多种原因，当时我只是比较系统地研究了曹冷泉、党晴梵等先生的关学研究成果，先后撰写了《曹冷泉先生关学研究述评——兼论现代关学研究之基本认识与方法》（《人文杂志》2018年第12期）、《党晴梵先生〈关学学案〉稿本考述——兼论党晴梵先生早期思想历程》（《唐都学刊》2019年第2期）、《党晴梵〈明儒学案表补〉版本考述》（《渭南师范学院学报》2020年第3期）、《关学近代重构的主体之维——基于党晴梵〈关学学案〉等文本的观念解读》（《天津社会科学》2020年第3期）等文，但对这一时期关学研究文献的系统整理和全面研究还没有展开。

2020年是关学宗师张载诞辰1000周年。陕西师范大学出版总社邀请业师刘学智先生主编一套能体现关学研究前沿成果的丛书，即《关学文丛》。业师于是对我提出："我们应该在前期研究的基础上予以推进，通过文献的搜集整理，更为充分、全面地把20世纪前期关学研究的基本面貌展现出来。"业师的这一想法得到陕西师范大学出版总社的支持，这一计划被列入《关学文丛》。为了完成这一计划，业师从2020年初即抽出精力，指导我编制了编撰计划和体例，同时投入到繁重的文献搜集和整理工作中。经过多次讨论，我们决定将20世纪前期关学研究的相关成果定名为《二十世纪前期关学研究文献辑要》，并根据其内容、体量分为"张载研究""明清关学研究与关学综论""关学与陕西历史文化"3卷予以出版。其中"张载研究"卷主要收录了20世纪前期关于张载生平、著作和思想研究的主要成果，"明清关学研究与关学综论"卷收录了20世纪前期明清关学学人研究的主要成果和这一时期对关学进行阶段性、整体性论述的主要成果，"关学与陕西历史文化"卷则收录了20世纪前期关学在近现代学术发展历程中转型重构以及融入陕西文化的主要成果。在《二十世纪前期关学研究文献辑要》的编撰过程中，业师耗费了不少心血，他搜集补充了不少新发现的文献，同时花费了不少时间，对文献做了细致的校订。经过长时间的细致工作，这部书终于得以出版。多年来，我在学业上的进步和事业上的发展，都是在业师的关心和帮助下实现的，其中每一步都包含着业师的付出和心血，这部书的出版也不例外。在此，我向业师的提携、指导致以崇高的敬意和真挚的感谢！

文献的录入工作是文献整理的基础，这是一项非常繁重的工作。值得庆幸的是，在这一过程中，我的学生大多投入其中，为在有限时间内顺利完成这一工作付出了辛勤劳动。2020年疫情期间，我为西北大学哲学学院2019级硕士研究生主讲"关学概论"。为了提高研究生对关学的认知和文献辨识能力，我将其中一部分文献做了分类，作为课程实践作业分配给上课的学生，他们在我的指导下开展了关学研究文献的录入工作。参与文献录入工作的主要有：西北大学哲学学院2019级马克思主义哲学专业硕士研究生王凯民、沈守涛、金海贝、王旭、郑凯、赵婧辰，中国哲学专业硕士研究生李旭洲、冀俊竹、王鹤群，宗教学专业硕士研究生吕贺、刘珈豪，伦理学专业硕士研究生柴鑫彤。同时，作为我直接指导的学生，2018级中国哲学专业硕士研究生干宇洁、张新瑞，2018级社会工作专业硕士研究生陈忠玉，2019级社会工作专业硕士研究生古文丽，2020级中国哲学专业硕士研究生王佃晓、李凯旋等，也参与了部分文献录入工作。其中付出最多的，是刘珈豪、王鹤群、李凯旋、王佃晓4位同学，本书的大量文献都是他们负责录入的。在大家的共同努力下，文献录入得以顺利完成。在此，我向为文献录入付出艰辛劳动的同学们表示感谢！

还需要提及的是，本书的正式出版，得到了西北政法大学赵馥洁先生、陕西省人民政府参事室主任徐晔先生、陕西师范大学副校长党怀兴教授、陕西师范大学出版总社刘东风社长、陕西省文史研究馆馆员路毓贤先生、西北大学出版社马来社长及陕西师范大学出版总社侯海英女士等各位领导和师友的鼓励与支持，陕西师范大学出版总社张爱林女士为此书的编辑出版付出了辛勤的劳动。在此向他们表示诚挚的感谢和敬意！

魏　冬

2021年7月于西北大学关学研究院